高等职业教育
旅游大类系列教材

京师职教
Jingshi Vocational Education

NEIMENGGU DAOYOU
JIANGJIE SHIWU

内蒙古导游
讲解实务

■ 主　编：刘春玲　苏鹏飞　刘伟东
■ 副主编：庄　元　伊丽娜　张　雯　曲红光
■ 参　编：杨智勇　亚　吉　李英格　丛晓明
　　　　　姜海涛　武　岳　王旭丽　袁　鹏
　　　　　郭　慧　周　威　周云斌　额尔敦高娃
　　　　　斯钦布和　周首臣　李晨晨

北京师范大学出版集团
BEIJING NORMAL UNIVERSITY PUBLISHING GROUP
北京师范大学出版社

图书在版编目(CIP)数据

内蒙古导游讲解实务 / 刘春玲，苏鹏飞，刘伟东主编 . —北京：北京师范大学出版社，2020.10(2021.1 重印)
ISBN 978-7-303-26369-1

Ⅰ.①内… Ⅱ.①刘… ②苏… ③刘… Ⅲ.①导游－内蒙古－高等职业教育－教材 Ⅳ.①K928.926

中国版本图书馆 CIP 数据核字(2020)第 182155 号

营 销 中 心 电 话	010-58802755　58800035
北师大出版社职业教育分社网	http://zjfs.bnup.com
电 子 信 箱	zhijiao@bnupg.com

NEIMENGGU DAOYOU JIANGJIE SHIWU

出版发行：北京师范大学出版社　www.bnupg.com
　　　　　北京市西城区新街口外大街 12-3 号
　　　　　邮政编码：100088

印　　刷：天津中印联印务有限公司
经　　销：全国新华书店
开　　本：889 mm×1194 mm　1/16
印　　张：15.75
字　　数：300 千字
版　　次：2020 年 10 月第 1 版
印　　次：2021 年 1 月第 2 次印刷
定　　价：42.80 元

策划编辑：易　新	责任编辑：周　鹏　王思琪
美术编辑：焦　丽	装帧设计：焦　丽
责任校对：康　悦	责任印制：陈　涛

《内蒙古导游讲解实务》
编者名单

主　　编：刘春玲（呼和浩特职业学院）

　　　　　苏鹏飞（呼和浩特市导游协会、内蒙古绘景文旅有限责任公司）

　　　　　刘伟东（内蒙古正圣旅游服务公司、鄂尔多斯市旅游导游协会）

副 主 编：庄　　元（包头职业技术学院）

　　　　　伊丽娜（阿拉善职业技术学院）

　　　　　张　　雯（内蒙古建筑职业技术学院）

　　　　　曲红光（锡林郭勒职业学院）

参编人员：杨智勇（内蒙古财经大学）

　　　　　亚　　吉（呼伦贝尔学院）

　　　　　李英格（兴安职业技术学院）

　　　　　丛晓明（内蒙古工业大学）

　　　　　姜海涛（内蒙古农业大学职业技术学院）

　　　　　武　　岳（内蒙古师范大学）

　　　　　王旭丽（内蒙古化工职业学院）

　　　　　袁　　鹏（内蒙古商贸职业学院）

　　　　　郭　　慧（包头职业技术学院）

　　　　　周　　威（呼和浩特职业学院）

　　　　　周云斌（呼和浩特职业学院）

　　　　　额尔敦高娃（呼和浩特职业学院）

　　　　　斯钦布和（内蒙古将军衙署博物院）

　　　　　周首臣（呼和浩特市导游）

　　　　　李晨晨（呼和浩特公主府讲解员）

前　言

　　《内蒙古导游讲解实务》旨在适应内蒙古自治区旅游业转型升级需要，提升内蒙古导游人员的讲解能力，培养区域旅游业发展所需要的复合型和创新型的导游人才。教材具备以下三个特点。

　　第一，校企合作，联合开发。本着深化产教融合，促进教育链、人才链与产业链、创新链有机衔接的理念，根据内蒙古旅游产业发展以及行业需求、职业标准和岗位规范的要求，采用校企合作、联合开发的形式进行教材的编写与创作。编写组成员均来自内蒙古各旅游院校资深教师和旅游行业或企业专家。

　　第二，体例新颖，实践性强。按照项目引导、任务驱动设计编写体例，开发编写内容，充分强调"教、学、做"一体化。教材共分3个项目，13个任务。3个项目分别是：导游讲解基本能力训练、蒙古族专题讲解能力训练、内蒙古特色旅游商品讲解能力训练。13个任务分别是：导游服务礼仪训练、导游讲解语言表达能力训练、导游词编写与创作能力训练、致欢迎词与致欢送词能力训练、概况讲解能力训练、沿途讲解能力训练、景区（点）讲解能力训练、蒙古族生活习俗讲解能力训练、蒙古族文化与艺术讲解能力训练、蒙古族节庆习俗讲解能力训练、蒙古族礼仪习俗讲解能力训练、蒙古族马文化与骑马注意事项讲解能力训练、内蒙古特色旅游商品讲解能力训练。

　　第三，内容实用，用途多样。根据全国导游人员资格考试科目五"导游服务能力"考试大纲和内蒙古考区科目五"导游服务能力"考试大纲的要求，教材重点选取现场讲解考试规定景点为范例，并在附录部分附考试大纲及训练题库。因此教材既可直接用于内蒙古旅游院校学生讲解能力训练，也可用于内蒙古在职导游人员讲解能力提升培训，还可直接用于全国导游资格考试内蒙古考区考生备考训练。此外，因教材选取内容丰富，涉及内蒙古历史、地理、文化、宗教、民俗、旅游景点等，具备一定的知识普及性质，所以还可供旅游者以及社会学习者使用。

　　在教材编写过程中，编者不仅得到各地旅游景区、景点的大力支持和帮助，还得到自治区各旅游院校老师的大力协助。在此，谨向关心、参与本书编写的各位专家、同人以及给予协作的各景区景点人员表示衷心的感谢。

　　由于时间仓促、水平有限，书中难免有不妥之处，敬请各位同行、读者批评指正。

编　者

目　录

项目一 导游讲解基本能力训练

>> 任务一 导游服务礼仪训练① <<

【实训设计】

实训任务	导游服务礼仪形象设计
实训目标	1. 知识目标：学会导游服务礼仪的基础知识； 2. 技能目标：学会导游服务礼仪操作规范； 3. 素质目标：形成良好的服务礼仪形象
实训建议	1. 可邀请导游和景区讲解员共同参与实训，做礼仪示范； 2. 可通过视频、音频等手段，例如，播放优秀导游的讲解，展示导游礼仪形象
实训流程	1. 测评导游服务礼仪； 2. 优秀导游服务礼仪形象展示； 3. 理论点播； 4. 导游服务礼仪分项训练：仪容礼仪、仪表礼仪、仪态礼仪、交际礼仪等； 5. 导游服务礼仪形象展示（录制1分钟视频或实训室现场展示）； 6. 实训评价
实训学时	4～8学时
实训考核	1. 考核内容：导游服务礼仪分项考核和整体形象考核； 2. 考核方式：视频或现场展示； 3. 考核主体：教师、学生； 4. 考核百分比：态度10%＋纪律10%＋过程50%＋成果展示30%

【理论知识】

导游人员的职业形象是指其在从事导游服务过程中所展现出来的与其职业相匹配的外部形态，如仪容、仪表、仪态、礼节、礼貌、行为、举止等。每一位导游人员都需要具备塑造自我职业形象的意识，勤于练习相关职业礼仪，使自己的言谈举止都符合职业规范和职业特点。

---

① 任务一由刘春玲和郭慧共同编写。

一、仪容与仪容礼仪形象设计

正所谓"内正其心，外正其容"。职业礼仪的首要要求就是仪容美，是对他人的尊重，也是对自己的尊重。仪容美是内在美、自然美、修饰美的统一。它能体现一个人良好的精神面貌和对生活的乐观、积极的态度。良好的仪容需要必要的修饰，需要养成讲卫生、爱清洁的好习惯。在此基础上，导游人员在进行仪容形象设计时，还需要注意以下四个方面。

1. 头发礼仪：第一，应始终保持头发的清洁和整齐，要经常梳洗，保持头发拥有光泽、顺滑不乱、无头屑；第二，头发长短适宜，符合职业要求；第三，不梳怪异发型，女士最好盘发，显得干净利落；第四，头发被吹乱后，应及时梳理，但不可当众梳头，以免失礼。

2. 口腔礼仪：洁白的牙齿给人以美感。因此，应保持牙齿洁净，坚持饭后漱口、刷牙。工作时，忌吃葱、蒜、韭菜等易留异味的食物，必要时可用口香糖或茶叶来减少口腔异味。

3. 面容礼仪：导游人员应保持面容整洁、光泽。女士可施淡妆，但不要浓妆，不当众化妆或补妆；男士应修剪鼻毛，不蓄须。不可在游客面前做出擤鼻涕、挖鼻孔等不雅动作。

4. 手部礼仪：导游人员应注意手部清洁。指甲应及时修剪，不留长指甲；指甲内不藏污纳垢；尽量不涂指甲油，如果涂指甲油，也尽量涂无色指甲油。

二、仪表与仪表礼仪形象设计

仪表是指人的外表。良好的仪容仪表是树立良好形象的基础和前提，是对游客的尊重。保持良好的仪表，可以使导游人员保持心情轻松和愉快，也可使游客对自己充满信心。在仪表方面，除了遵循职业工作者的基本礼仪规范外，导游人员还应该注意以下几个方面。

1. 着装符合职业特点，符合自己气质和性格特点。正如加拿大的导游专家帕特里克·克伦教授所说的："穿着得体比浓妆艳抹更能表现出趣味的高雅和风度的含蓄。"导游人员的着装应符合自己的职业特点，以朴素、整洁、大方且便于行动的服装为宜。上班时，穿着不可过于时尚、怪异或花哨，以免喧宾夺主，使游客产生反感。无论男女，衣裤都应平整、挺括。特别要注意衣领、衣袖的干净。男士不得穿无领汗衫，尽量不要穿休闲短裤。

2. 鞋袜舒适整洁，符合职业特点。导游人员的鞋袜首先要讲求舒适度，因为导游人员经常要走很远的路，合适的鞋袜就显得尤其重要。此外，还要注意鞋袜穿着礼仪：男士最好不要赤脚穿凉鞋；女士可赤脚穿凉鞋，但趾甲应修剪整齐；袜子应常换洗，不得带有异味；女士夏季穿裙装，不可裸腿，需要穿肉色丝袜，且保证丝袜不脱丝、破损，注意袜口不可露在裙边之外。

3. 室内导游时要注重帽子、手套和眼镜等佩戴礼仪。进入室内，男士应摘下帽子，脱掉手套；女士的帽子、手套如果是专门用于与服装配套的，则可以不摘。无论男女，在室内都不可戴墨镜，如有眼疾非戴不可，则应向他人说明原因。

4. 饰品符合身份，便于工作。导游人员佩戴饰品要遵循符合身份、便于工作和少而精的原则。一般除了代表本人婚姻状况的戒指等饰品外，饰物佩戴不宜过多，以不超过 3 件为宜。

三、仪态与仪态礼仪形象设计

(一)站姿

导游人员站姿的基本要求是挺直、舒展、线条优美、精神焕发。站立时要直立，从正面看，身体重心线应在两腿中间向上穿过脊柱及头部，要防止重心偏左或偏右。重心要放在两个前脚掌。眼睛要平视，挺胸、收腹。表情自然，双臂自然下垂或体前交叉在腰间，不可抱在胸前。

女性站姿有两种：一是双脚呈"Ⅴ"字型，膝和脚后跟要靠紧，两脚张开的距离约为两拳；另一种是双脚呈"丁"字型，把重心放在一脚上，另一脚的脚跟后跟靠在前脚的中后位置，倾斜 45°左右略弯曲，这种站姿自然、优美。两种站法上身都要保持挺直，下巴略收，肩膀要平，腹部要收，臀部不能翘起。

男性站立时，双脚与肩同宽，身体要正直，不可把脚向前或向后伸得太多或叉开很大。向长辈、朋友、同事问候或做介绍时，不论握手还是鞠躬，双足应并立，相距大约 10 厘米，膝盖要挺直。

站立时忌讳无精打采或东倒西歪；忌双手叉在腰间或抱在胸前；忌将身体倚靠在墙上或以其他物品作为支撑点；忌弓腰驼背，两肩一高一低；忌身体晃动，肩抖腿摇；忌将双手斜插裤兜；忌各种习惯性小动作。

(二)坐姿

导游人员坐姿的基本要求是沉稳、庄重、大方。入座要轻盈、和缓、从容自如。从椅子的左边入座及从左边站立是坐椅子的一种礼貌。至少要坐满椅子的 2/3；落座后要保持上身正直，头平正，不可歪斜肩膀，含胸驼背。两臂可弯曲放于桌上或椅子扶手上，也可搁在双膝上。两腿间距和肩宽大致相等，两脚自然着地。正式场合也不可将头向后仰靠。要移动椅子的位置时，应先把椅子放在应放的地方，然后再坐。

就座后不能两手叉腰，不能两臂交叉在胸前或摊开在桌上。不要摆弄手指或茶杯，也不要做各种小动作。将一条腿翘在另一条腿上要脚尖内收。入座后不可摇摆双腿，不要将一只脚交叉到另一只脚上。

无论男女，入座后两腿都不要分开太大，尤其是女性。女性穿裙子可采用侧坐姿势，但与别人说话时一定要正坐。

(三)走姿

导游人员走姿的基本要求是轻松有力且有节奏感。

男性走路姿势应昂首、闭口、两眼平视前方、挺胸收腹、直腰。行走间上身不动，两肩不摇，步态稳健。

女性走路应头部端正，不宜抬得过高；目光平和，直视前方；行走间上身自然挺直，收腹，两手前后摆动幅度要小，两腿尽量用力向上伸直舒展（显得下肢修长有挺拔感）。

走路要小步，走成直线，步态要自如、匀称、轻柔。忌在行进中摇头晃脑，左顾右盼，重心前倾，步态不稳；忌重心后坐，步态拖沓。

忌脚尖内、外八字，身体晃动；女士尤其忌讳交叉步态行进，上身肢体摇摆；忌手臂摆动僵硬，或双手紧贴裤缝。

(四)蹲姿

导游人员蹲姿的基本要求是自然、大方、美观、端庄。下蹲时，两腿合力支撑身体，应使头、胸、膝关节在一条直线上，使蹲姿优美。若用右手捡东西，可以先走到东西的左边，右脚向后退半步后再蹲下来。脊背保持挺直，臀部一定要蹲下来，避免弯腰翘臀的姿势。男性两腿间可留有适当的缝隙，女性则要两腿并紧，穿旗袍或短裙时需更加留意，以免尴尬。

女性可采用交叉式蹲姿。下蹲时右脚在前，左脚在后，右小腿垂直于地面，全脚着地。左膝由后面伸向右侧，左脚跟抬起，脚掌着地。两腿靠紧，合力支撑身体。臀部向下，上身稍前倾。

女性还可采用高低式蹲姿。下蹲时右脚在前，左脚稍后，两腿靠紧向下蹲。右脚全脚着地，小腿基本垂直于地面，左脚跟提起，脚掌着地。左膝低于右膝，左膝内侧靠于右小腿内侧，形成右膝高、左膝低的姿态，臀部向下，基本上以左腿支撑身体。

女性无论采用哪种蹲姿，都要将腿靠紧，臀部向下。切忌在弯腰捡拾物品时，两腿叉开，臀部向后撅起或者两腿展开平衡下蹲。下蹲时注意不要露出内衣。

四、人际交往礼仪与职业形象设计

(一)交谈礼仪

导游人员在与游客进行交谈时，应以游客为中心，本着尊重、热情、诚恳、亲切、宽容的原则，语言表达得体，高雅文明。要学会掌握分寸，谦逊有礼，多用肯定与赞誉，多用征询与委婉语气。

交谈时要注意五个"不能"：不能训斥游客；不能挖苦游客；不能急于纠正游客或直接指出游客的缺点及问题；不能指责或质疑游客；不能随便接话题。

交谈内容应该是对方擅长的问题、时尚的话题或格调高雅的问题，不要涉及以下内容：不非议党、国家和政府；不涉及国家秘密和行业秘密；不在背后议论领导、同行、同事；不谈论庸俗低级的话题；不谈论个人隐私。

交谈时，不宜离游客太远或太近，以能听清楚游客的声音为准，一般保持1米左右距离较合适。

(二)语言表达礼仪

导游人员应讲普通话，讲规范话，语言清晰标准、文明礼貌。导游讲解的内容应丰富、健康、规范。答复游客的提问或咨询时，应耐心细致、不急不躁；对游客的提问，尽量做到有问必答、有问能答；对回答不了的问题，应致以歉意。

讲解时要注意时刻使用礼貌用语。使用礼貌用语的态度一定要诚恳，要表达得体、谦逊文雅，尽量使用敬语。例如，"请您随我参观""请您抓紧时间，闭馆时间到了""欢迎您下次再来"等。

(三)问候与致意礼仪

导游人员在遇到游客时，第一个礼貌礼节就是问候和致意。问候就是相对说一些表示良好祝愿或欢迎的话。例如，"各位游客朋友们，大家好！"致意包括招手、微笑和点头示意等。与游客第一次见面时可以问候，再见面时可用微笑或点头示意。

(四)介绍礼节

导游人员在向游客行问候礼后，一般要进行自我介绍。自我介绍时一般要使用谦称。如若介绍他人或为他人做介绍时，一般是将主人介绍给客人，将身份低者、年轻者介绍给身份高者和长者，将男子介绍给女子。介绍时，双方应起立，长者和身份较高的女士可例外。

(五)称谓礼节

称谓礼节很重要，它会反映人与人的相互关系，显示出一个人的修养，在某种程度上反映了社会风尚。导游员应重视称谓并正确运用。若能在短时间内了解游客的身份，记住游客的姓名，并能在日常交往中正确地称呼他们，定会产生很好的交往效果。

称谓一般可分为六种。一是职务称谓，即以其职务相称。二是姓名称谓，即以姓名加"同志"或"先生""女士"。三是一般称谓，即泛称某人为"先生""女士"等。四是职业称谓，如"张师傅""刘老师"。五是代词称谓，如"您""他"等。六是亲昵称谓，是指亲属、好友间的称呼。

在导游服务时，一般称男子为"先生"，称女子为"夫人""太太""女士"和"小姐"，一般称前可冠以"姓"，如林先生、林太太。"职业称谓"，对教授、医生、法官、律师，可直接称其为"教授""医生"等；或冠以"姓"，如张教授、张律师等；或加上"先生"，如法官先生等。对军人，要称其"军衔"，如上校先生、将军阁下等。对有荣誉爵位的人，要称他们的爵位，或称"阁下"。对地位高的人，可称他们为"阁下"，如"部长阁下"或"部长先生阁下"。对王室成员，要尊称其为"女王陛下"或"陛下""亲王殿下""公主殿下"或"殿下"。

（六）见面常用礼仪

1. 握手礼：握手时，主人、身份高者、年长者和女子先伸手，以免对方尴尬；朋友平辈间以先伸手为有礼；祝贺、谅解、宽慰对方时以主动伸手为有礼。行握手礼时，上身稍前倾，立正，目视对方，微笑，说问候语或敬语。握手时要摘帽、脱手套，女子和身份高者可例外。握手时不要将左手插在裤子口袋里，不要边握手边拍人家肩头，不要眼看别人或与他人打招呼，更不要低头哈腰。无特殊原因不用左手握手，多人在一起时避免交叉握手。长时间的握手表示亲热，双手握住对方的手以示尊敬。

2. 鞠躬礼：鞠躬是中国、日本、韩国、朝鲜等国家传统的、普遍使用的一种礼节。行鞠躬礼时应立正、脱帽、微笑、目光正视、上身前倾15°～30°。行鞠躬礼时脖子不可伸得太长，不可挺出下颌；耳和肩在同一高度；保持正确的站立姿势，两腿并拢，双目正视对方，随着身体向下弯曲，双手逐渐向下，朝膝盖方向下垂。平辈应还礼，长辈和上级欠身点头即算还礼。行鞠躬礼时视线由对方脸上落至自己的脚前1.5米处（15°礼）或脚前1米处（30°礼）或脚前0.4米处（60°礼）。男性双手放在身体两侧，女性双手合起放在身体前面。15°鞠躬礼用在一般的应酬场合，如问候时、介绍、握手、让座等；45°鞠躬礼一般用于下级给上级，学生给老师，晚辈给前辈，服务人员给来宾表示敬意；90°属于最高的礼节，多用于道歉或者最高礼遇者。

3. 合掌礼：合掌礼是一种佛教礼仪，盛行于印度和东南亚的一些佛教国家，泰国尤为盛行。行礼时，双手略合拢并齐胸前，手掌稍向下倾斜，掌尖与鼻尖基本持平，微微低头。对长者，双手略举高，以示有礼，但指尖不能超过额头。接待游客时，对方行合掌礼，导游人员应以同样形式还礼，但不主动向游客行合掌礼。

知识链接
导游职业道德
与职业心理素质

>> 任务二 导游讲解语言表达能力训练①<<

【实训设计】

实训任务	"我的家乡"3分钟讲解
实训目标	1. 知识目标：能复述导游讲解语言表达的相关知识； 2. 技能目标：能熟练应用导游讲解语言表达相关知识和技能技巧； 3. 素质目标：形成良好的导游讲解语言表达能力
实训建议	1. 可邀请导游和景区讲解员共同参与实训，做讲解示范； 2. 可通过视频、音频等手段，例如，播放优秀导游的讲解案例
实训流程	1. 通过1分钟的自我介绍，测评语言表达能力，并给出点评； 2. 布置"我的家乡"3分钟讲解任务； 3. 理论点播； 4. 分项训练： (1)导游讲解语言表达基本要求及声音和气息训练； (2)导游讲解语言表达基本技巧(语气、语调、语速、音量、重音、停连、节奏)训练； (3)导游讲解副语言表达技巧(目光语、表情语、姿态语、手势语)训练。 (4)导游讲解基本方法(概述法、分段讲解法、突出重点法、问答法、虚实结合法、触景生情法、制造悬念法、类比法)训练； 5."我的家乡"3分钟讲解展示(录制视频或实训室现场展示)； 6. 实训评价
实训学时	4～8学时
实训考核	1. 考核内容：分项技能＋"我的家乡"导游讲解； 2. 考核方式：视频或现场展示； 3. 考核主体：教师、学生； 4. 考核百分比：态度10％＋纪律10％＋过程50％＋成果展示30％

【理论知识】

导游讲解是一种口头表达艺术，是指导游人员在进行导游服务时运用生动形象的语言，引导游客进行参观游览和传播文化知识。精彩的导游讲解不仅可以提高游客观光游览的效果，而且还能使游客获得更充分的审美体验和更高层次的文化熏陶。良好的导游讲解服务离不开良好的语言表达能力。

一、导游讲解语言表达的基本要求

(一)口语化

导游讲解语言具有丰富的表达力，是一种生动形象的口头语言，是一种口语文化。因此，导游人员必须在口语化上下功夫。一般来讲，应注意以下两个方面：首先，要多用口语词汇，当然也要有浅显易懂的书面语词汇，但要避免难懂的书面语

---

① 任务二主要由刘春玲编写，其中，"导游讲解语言表达声音与气息训练"由周威编写。

词汇和音节拗口的词汇；其次，多用短句，少用或不用长句，以便说起来利索、顺口，听起来轻松、易懂。

(二)真实准确

导游人员是"文化大使"，向游客传播相关文化信息。这就要求导游的讲解内容必须真实准确。例如，解说的概念要准确，引用的数据、资料必须认真核对，实事求是。在进行讲解时切忌信口开河、随意杜撰、张冠李戴。

(三)生动有趣

在进行导游讲解时，导游人员要尽量使讲解内容生动有趣，这样才能提高游客的游兴，吸引游客的注意力，满足游客的求知目的。尤其是讲解人文景观时，导游更要注意讲解的生动性与趣味性，如只是平铺直叙、泛泛而谈，游客会感到枯燥、乏味，甚至昏昏欲睡。

知识链接
导游讲解基本
要求

(四)条理清晰

要把一个复杂、丰富的内容向游客讲清楚、讲明白，导游人员就需要注意讲解的逻辑层次，要做到条理清晰。因此，一定要事先组织好讲解结构，先讲什么、后讲什么、中间穿插什么，要进行精心的构思。

二、导游讲解语言表达基本技巧

俗话说，"一年拳，两年腿，三年才练一张嘴"，又说"台上一分钟，台下十年功"。可见，表达能力不是一朝一夕就能够练就的。除了坚持锻炼、勤于学习之外，还要掌握一定的语言表达技巧。

(一)语气

语气是指在一定的思想感情支配下具体语句的声音形式，表现出说话人对所讲到的情况和内容所持的态度。相对于书面语而言，有声语言具有明显的优势，因为它有直接可感性。"音有千态之殊"，究其原因是语气的不同。对于"语气"一词，《辞海》(1999)的解释是：通过一定的语法形式表示说话人对行为动作的态度，如陈述语气、祈使语气、虚拟语气。《现代汉语词典(第7版)》对"语气"的解释是：说话时流露出来的感情色彩。由于情感要求、环境氛围、游客群体、游客状态等方面的不同，导游人员所表达的每一个语句必然呈现出"这一句"的具体感情色彩和分量，并表现为千差万别的声音形式。语气的色彩和分量是语句的灵魂，但必须固定在一定的声音、气息的形式、形态中。语句中所包含的是非、爱憎等会有不同程度的区别，也叫作分寸、火候。其分量的差异要具体把握，并要在表达中用重度、中度、轻度来分别。一般来说，语气有四种形式，分别是陈述语气、疑问语气、祈使语气和感叹语气。

1. 陈述语气：是直接陈述事实，或肯定，或否定。单纯讲解和介绍事物、某种事实或表示某种意见，一般都会用陈述语气。陈述语气有的时候也会带着某种感情色彩，如常用"了""嘛""啊""呢""吧"等语气词。例如："大家现在看到的就是闻名中外的成吉思汗旅游区了。"

2. 疑问语气：疑问语气可分为有疑而问和无疑而问。

无疑而问就是常用的"反问"。反问是用疑问的形式表达陈述的内容，因此不要求回答。字面上是肯定的，意思是否定的；字面上是否定的，而意思却是肯定的。例如："夕阳下的草原难道不美吗？"

有疑而问则包含三种形式，分别是是非问、特指问和选择问。

是非问语气：是非问语气和陈述语气相同，把陈述语气改用疑问句的语调，就变成了是非问语气。语气词可以用"吗"，不能用"呢"；可以用"的确""真的"等副词，不能用"到底""究竟"等。是非问语气可以用"是的""不是""嗯""唔""好的"等来回答。例如："大家（真的）喜欢这里吗？"

特指问语气：特指问语气一般会有疑问代词指明疑问点。疑问点可以不止一个，语气词一般用"呢"，不用"吗"。例如："这个纪念品，您想买给谁呢？""大家会坐哪个交通工具到沙漠里呢？"

选择问语气：选择问语气是在语言中出现几个并列项目，或一件事的正、反两个方面，要求对方选定一种来回答。如果用语气词，用"呢"不用"吗"。例如："大家对蒙古族骑马、射箭、摔跤的哪一项更感兴趣呢？"

3. 祈使语气：祈使语气是表达直接命令、需要、劝告或请求的语气。

祈使语气一般还用来表示禁止、许可或任何其他类的警告、劝告。可分为第二人称祈使句和第一、三人称祈使句。例如："大家请往这边走。""这位小朋友请不要在水边乱跑。""千万别在这里拍照。"

4. 感叹语气：感叹语气是表达对事物、行为表示赞赏或否定，有强烈肯定或否定的情感色彩，如快乐、惊讶、悲哀、厌恶、恐惧等。例如："今天的草原很美啊！""我太喜欢大家啦！"

不同的语气体现不同的思想感情，不同的语言内容包含不同的思想感情。导游人员在工作中的说话语气应以亲切、热望、赞扬、活泼、喜悦等色彩为主。当然，语气的具体表达形式还要依据所讲内容而定。

（二）语调

语调是指语句的高低升降，是一个人讲话的腔调，即讲话时语音的高低起伏和升降变化。抑扬顿挫的语调变化往往使语言具有音乐般的节奏感，使游客乐于倾听。游客都讨厌千篇一律，耳朵听到同一种连续的声调会感到不舒服。根据表达的语气和感情态度的不同，语调可分为四种类型：平调、升调、降调、曲折调。

1. 平调：这种语调，整个句子语势平稳舒缓，没有明显的升降变化，一般用于不带特殊感情的陈述、解释和说明，还可表示庄重、严肃、悲痛、冷淡等感情。例如："呼和浩特旧称'归绥'。'归'是指'归化城'，'绥'是指'绥远城'。"(解释和说明)

2. 升调：这种语调前低后高，语势上升。一般用来表示疑问、反问、惊讶、号召等语气。例如："您看过草原日出吗?"(疑问)"我们一定要在草原上纵马驰骋!"(号召)

3. 降调：降调通常用来陈述事实，还可用于特殊疑问句中。常用来表示陈述、感叹、请求等语气。例如："草原是多么的壮美辽阔啊!"(感叹)

4. 曲折调：语调弯曲，或先升后降，或先降后升，往往把需要突出的部分加重、拖长，并造成曲折。曲折调语气包括升降调语气和降升调语气。升降调语气前高后低，语势渐降。一般用于陈述句、感叹句、祈使句，表示肯定、感叹、自信、赞叹、祝福等感情。例如："多么美妙的景色啊!"降升调前低后高，语势渐升。这种语调常用来表示夸张、讽刺、厌恶、反语、怀疑等语气。例如："儿童都能爬到山顶，难道您爬不上去吗?"

(三)语速

语速是指一个人讲话速度的快慢程度。在导游讲解或同游客谈话时，要力求做到徐疾有致、快慢相宜。如果语速过快，游客会感到听起来很吃力，甚至跟不上导游人员的节奏，对讲解内容印象不深甚至遗忘;如果语速过慢，游客会感到厌烦，注意力容易分散;如果一直用同一种语速，像背书一样，不仅缺乏感情色彩，而且使人乏味，令人昏昏欲睡。在导游讲解中，较为理想的语速应控制在每分钟 200 字左右。当然，具体情况不同，语速也应适当调整。譬如，对中青年游客，导游讲解的速度可稍快些，而对老年游客则要适当放慢;对讲解中涉及的重要或要特别强调的内容，导游语速可适当放慢一些，以加深游客的印象，而对那些不太重要的或众所周知的事情，导游则要适当加快讲解速度，以免浪费时间，令游客不快。

(四)音量

音量是指一个人讲话时声音的强弱程度。导游在进行讲解时要注意控制自己的音量，力求做到音量大小适度。一般说来，以每位游客都能听清为宜。但在游览过程中，音量大小往往受到游客人数、讲解内容和所处环境的影响，导游人员应根据具体情况适当进行调节。譬如，当处于游客人数较多、室外嘈杂的环境时，导游应适当调高音量;对于讲解中的一些重要内容、关键性词语或要特别强调的信息，导游要调高音量，以提醒游客注意，加深游客的印象。

(五)重音

在语音学中，重音是相连的音节中某个音节发音突出的现象。重音有通过增加音强来表示的力重音和通过音高的变化来表示的乐调重音。在语言表达的过程中，那些根据语句目的、思想感情需要而给予强调的词或短语就是重音。导游在说话时要学会使用重音，着重强调和突出那些重要的音节、词语或词组。因为重音能够起到强调的作用，也能够让导游的讲解更清晰、更具有目的性，也会使得讲解过程更加生动。

一般来说，导游要善于捕捉语言中的重点词汇，掌握重音的位置，因为这些重点词汇就是传情达意的重要元素。例如，"他坐过沙漠索道"这句话里，如果强调的重音不一样，效果也会不一样。如果强调谁做过沙漠索道，那重音就是"他"。如果强调他坐过什么交通工具，那么重音就是"沙漠索道"。可见，重音不一样，意思和效果就有不同。这只是一个简单的小句子，如果句子长了，重音不清楚，就会很容易把游客弄糊涂，误解自己想表达的意思。

如何选择重音呢？重音是突出语句目的的中心词，说明了语句的目的和导游的中心思想，很自然能表达这些意图的词句就是重音了。对语句性质有重大影响的中心词，如"是"或者"不是"，这种因素的判定也是根据语句的中心目的确定的。一般来说，语句中的时间、地点、人名和展现逻辑关系的词等，就是一些常规重音。

怎么强调重音呢？重音就是突出。什么是突出呢？和其他内容表现方式的不同就是突出。首先要有个度，不仅重音数量不能过多，而且强调的幅度不能太大，如果过分了，有时候听众会以为你在说反话，产生语句意思混乱。最常用的办法是重音词比其他词加重，和其他词有个对比，从而突出。在正常的表达中，语速快慢的变化、语气强弱的变化也可以突出重音。

在确定重音和表达重音的时候，要以"自然流畅、不生硬"为标准，还要在重音中区分出主要重音和次要重音来，用最合适的方法来表达，才能有好的效果。一些新导游往往因为找不到重音而烦恼。那么你不妨多练习，或者干脆从感觉入手，以情带声，感觉会告诉你哪些是重音。然而，一些老导游在掌握重音技巧后会出现满口都是重音的现象，那么这时候就需要抓住最主要的了。

(六)停连

通常，人们在写文章的时候，要通过标点符号来表明句读，以此来阐明作者的思想、观点。同样，人们在说话的时候，也需要有停顿和连接，因为人不可能一口气把所有想说的内容都说完，这不符合人的生理和心理特点，听者也不可能听懂和听好。因此，导游人员需要掌握语言的停连技巧。要想正确运用停连，为内容和思想感情服务，首先要找准停连的位置。其次还应注意，停顿不宜太多，否则会使讲解的内容支离破碎，影响表达效果。看下面的例句。

1."下面我将带大家欣赏∧颐和园十七孔桥的美景。"这句话的停连属于呼应性停连，这种停连要厘清句子成分中哪个是"呼"哪个是"应"，也就是要厘清语句的本意。"欣赏"是"呼"，"美景"是"应"，这是一呼一应。因此，一定要在"欣赏"后边停。

2."服装上▲直的、斜的打折，∧利用▲纽扣、花边、花结▲对服装进行修饰……"这句话属于并列性停连，是由两个小并列组成一个大并列关系。因此，在"直的、斜的打折"后边一定要停。再具体一点就是，要显示出小并列关系，还必须在"服装上""利用""花结"的后边停顿。

需要注意的是，要灵活自然地进行停顿和连接，不可为了停连而停连，语言表达的一切技巧都应该以自然、适宜为准。导游的有声语言表达过程要以有声语言的语法规律和语言的抑扬顿挫为第一要务，努力营造自然流畅的表达效果。

（七）节奏

四季的更迭，大海波涛的起落，世间的万事万物都有自身的节奏。语言也有节奏。语言的节奏一般是从声音的强弱、起伏、快慢等方面的变化来归类的。通常，语言可以分为六种节奏类型：轻快型、凝重型、低沉型、高亢型、舒缓型、紧张型。比如，在进入圆明园遗址，导游讲解到英法联军"火烧圆明园"时，语言的节奏应为凝重型或低沉型。

知识链接
克服不良的口
语习惯

三、导游讲解副语言表达技巧

导游讲解并不是单靠动口就可以圆满完成的，必须用副语言来辅助讲解，如眼神、手势、表情等。将副语言运用得恰到好处，就会增加讲解的效果和魅力。

（一）目光语

目光语是通过人与人之间的视线接触来传递信息的一种态势语言。"眼睛是心灵的窗户"，意思是透过人的眼睛，可以看到他人的心理情感。目光主要由瞳孔变化、目光接触的长度及向度三个方面组成。

瞳孔变化，是指瞳孔的放大或缩小，一般来说，当一个人处在愉悦状态时，瞳孔就自然放大，目光有神；反之，当一个人处在沮丧状态时，瞳孔就自然缩小，目光暗淡。

目光接触的长度，是指目光接触时间的长短。导游人员连续注视游客的时间一般应控制在1～2秒，以免引起游客的误解或厌恶。

目光接触的向度，是指视线接触的方向。一般来说，人的视线向上（即仰视）表示"期待""盼望"或"傲慢"等含义；视线向下（即俯视）则表示"爱护""宽容"或"轻视"等含义；而视线平行（即正视）表示"理性""平等"等含义。导游人员一般应视线平行（即正视）接触游客，让游客从中感到自信、坦诚、亲切和友好。

（二）表情语

表情语是指通过人的眉、眼、耳、鼻、口及面部肌肉运动来表达情感和传递信息的一种态势语言。

导游的面部表情应该让游客感到自然：额头自然平滑，目光柔和诚挚，面部两侧笑肌略有收缩，下唇方肌和口轮肌处于自然放松的状态，嘴唇微闭。这样的表情，才能使游客产生亲切感。

微笑是一种富有特殊魅力的面部表情，导游的微笑要给游客一种明朗、甜美的感觉，微笑时要使自己的眼轮肌放松，面部两侧笑肌收缩，口轮肌放松，嘴角含笑，嘴唇似闭非闭，以露出半牙为宜。

(三)姿态语

姿态语是通过端坐、站立、行走的姿态来传递信息的一种态势语言。具体可分为坐姿、立姿和走姿三种。

导游的坐姿要给游客一种温文尔雅的感觉。其基本要领是：上体自然挺直，两腿自然弯曲，双脚平落地上，臀部坐在椅子中央。男性一般可张开双腿，以显其自信、豁达；女性一般两膝并拢，以显示其庄重、矜持。坐态切忌前俯后仰、摇腿跷脚或跷起二郎腿。

导游的立姿要给游客一种谦恭有礼的感觉。其基本要领是：头正目平，面带微笑，肩平挺胸，立腰收腹，两臂自然下垂，两膝并拢（女性）或分开与肩平（男性）。不要两手叉腰或把手插在裤兜里，更不要有怪异的动作，如抽肩、缩胸、乱摇头、擤鼻子、掐胡子、舔嘴唇、拧领带、不停地摆手等。

导游的走姿要给游客一种轻盈稳健的感觉。其基本要领是：行走时，上身自然挺直，立腰收腹，肩部放松，两臂自然前后摆动，身体的重心随着步伐前移，脚步要从容轻快、干净利落，目光要平稳，可用眼睛的余光(必要时可转身扭头)观察游客是否跟上。行走时，不要把手插在裤袋里。

(四)手势语

手势语是通过手和手指的动作来传情达意的体态语言。不同的手势传递不同的信息，体现着人们的内心活动和对待他人的态度。所以手势动作的准确与否、幅度大小、力度强弱、速度快慢、时间长短都是有讲究的，如使用不当，很容易让游客感到不愉快或产生误解。在导游讲解服务中，手势语的使用一定要规范和适度。

导游使用最多的手势语言是引导手势，如请游客进入景点、为游客指引方位、物品或为他人做介绍等。在使用引导手势过程中一定要采取正确的做法：一是要使用手掌，而不能仅用手指，因为用手指指点他人带有指挥、教训或傲慢之意，是不礼貌的行为；二是要掌心向上，而不宜掌心向下。因为掌心向上，且手指微曲，具有虚心、坦诚、尊重他人之意；而掌心向下则会让游客感到带有强制和命令的意味，不够坦率、缺乏诚意。另外，使用引导手势时一定要面带微笑，言行并举，给游客文雅大方的感觉。

此外，在讲解过程中，导游还要避免手势过多、过大或手舞足蹈，这样会给人以轻浮之嫌。更不要出现以下一些错误手势：端起双臂、双手抱头、摆弄手指、手插口袋、十指交叉、双手叉腰、随意摆手、指指点点、搔首弄姿等，尤其忌讳在讲解中，用手习惯性地抚摸头、鼻子、嘴、眼镜等动作，这往往会给游客不卫生的感觉。还要注意不可乱用手势，因为同一种手势，在不同的国家、地区往往会有不同的含义，如竖起大拇指，多数国家表示"好""称赞"之意，而在欧洲则表示"请求搭车"，在日本指"老爷子"，在澳大利亚却是一种粗野的动作。还有招呼别人、敲额头、搔头发以及"V"型、"OK"等诸多手势，在不同的国家存在着歧义，所以导游在接待外籍游客时应当格外留神，最好事先了解清楚游客所在国家的风俗习惯与禁忌，注意自己的手势，不可乱用，以免产生误会，甚至酿成大错。

四、导游讲解语言表达的基本方法

在进行导游讲解时，导游应该根据具体的讲解环境和讲解内容，恰当地运用导游讲解方法，将游客引入自己事先设定好的意境当中，进而抓住游客的心理和思想，使其注意力始终围绕着自己，专心致志地听自己讲解。下面介绍几种常用的导游讲解方法。

(一)概述法

概述法是导游就旅游城市或景区的地理、历史、社会、经济等情况向游客进行概括性的介绍。这种方法多用于沿途导游中，它好比是交响乐中的序曲，能够使游客对所参观游览的城市或景区有一个大致的了解，能起到引导游客进入特定的旅游意境和熟悉游览目的地的作用。

(二)分段讲解法

分段讲解法就是把那些规模较大、内容较丰富的景点，分为前后衔接的若干部分来逐段进行讲解的导游方法。一般来说，导游可首先在前往景点的途中或在景点入口处的示意图前介绍景点概况(包括历史沿革、占地面积、主要景观名称、观赏价值等)，使游客对即将游览的景点有个初步印象，达到"见树先见林"的效果。然后按顺次游览景点，进行导游讲解。导游在讲解这一部分的景物时注意不要过多涉及下一部分的景物，但要在快结束这一部分的游览时适当地讲一点下一部分的内容，目的是为了引起游客对下一部分的兴趣，并使讲解环环相扣、景景相连。

(三)突出重点法

突出重点法就是在导游讲解中突出讲解对象的某一方面的导游方法。一处景点，要讲解的内容很多，导游必须根据不同的时空条件和对象区别对待，重点突出，详略得当，疏密有致，有的放矢，而不是面面俱到。常用的做法有：突出景点的独特之处；突出具有代表性的景观；突出游客感兴趣的内容；突出"……之最"。

(四)问答法

问答法就是在讲解时，导游向游客提问题或启发他们提问题的导游方法。使用问答法的目的是活跃游览气氛，激发游客的想象思维，促使游客和导游人员之间产生思想交流，使游客获得参与感或自我成就感，加深游客对所游览景点的印象。具体形式有：我问客答、客问我答、客问客答、自问自答等方式。

(五)虚实结合法

虚实结合法就是导游在讲解中将典故、传说与景物介绍有机结合，即编织故事情节的导游方法。所谓"实"是指景观的实体、实物、史实、艺术价值等，而"虚"则指与景观有关的民间传说、神话故事、趣闻逸事等。"虚"与"实"必须有机结合，但以"实"为主，以"虚"为辅，"虚"为"实"服务，以"虚"烘托情节，以"虚"加深"实"的存在，努力将无情的景物变成有情的导游讲解。

(六)触景生情法

触景生情法就是在导游讲解中见物生情、"借题发挥"的一种导游方法。在讲解时，导游不能就事论事地介绍景物，而是要"借题发挥"，利用所见景物制造意境，引人入胜，使游客产生联想，从而领略其中之妙趣。

(七)制造悬念法

制造悬念法就是导游在讲解时提出令人感兴趣的话题或问题，但不告知下文或暂不回答，引而不发、产生悬念的导游方法，俗称"吊胃口""卖关子"。这种"先藏后露、欲扬先抑、引而不发"的手法，一旦"发（讲）"出来，就会给游客留下特别深刻的印象。

(八)类比法

类比法就是导游在讲解中用事物对比，以熟喻生，以达到类比旁通的一种导游方法。导游用游客熟悉的事物与眼前景物进行比较，既便于游客理解，又使他们感到亲切，从而达到事半功倍的效果。

五、导游讲解语言表达的注意事项

要提高导游讲解的质量和效果，需要注意以下几个方面。

1. 讲解不是背诵。讲解是建立在背诵基础之上的，但是讲解不是背诵，机械背诵只会令讲解内容显得更生涩、难懂，且缺乏生动性。导游首先应该把要讲解的内容进行理解和消化，并转化成自己的东西，然后再用符合口语表达习惯以及自己风格的语言表达出来。

2. 讲解需要充足的知识储备。现代的导游，应该"上知天文，下知地理"，既是"杂家"，又是"专家"。所以，导游一定要不断学习，不断积累科学文化知识，不断提升自己的知识储备，这样才能为游客提供优质的导游讲解服务。

3. 讲解需要设计。在进行讲解前，导游需要把讲解内容进行统筹安排，做好规划，分好层次，建立好结构。比如，要突出哪些知识点，怎么突出；准备延伸哪些知识点，怎么延伸；每个知识点之间的衔接采取什么样的方法；怎么增加讲解的条理性等。

4. 讲解需要把握好时机。导游进行讲解时，要把握好讲解的时机，要照顾游客的心理，即要充分考虑到游客群体的地域、层次、年龄、性别、文化程度等方面的差异以及生理和心理上的不同需要，要因地制宜、因人而异、灵活多变，而不能千团一面、团团一词。

5. 讲解需要技巧。导游提升讲解效果还需要讲解技巧的辅助。例如，注意讲解语气和讲解语言技巧的运用。这不妨借鉴很多艺术形式，如多模仿和学习相声演员、主持人、旅游节目讲解员等，观察和学习他们的语言表达技巧。

六、导游讲解语言表达声音与气息训练

(一)声音弹性训练

声音弹性主要是指声音的可变性。这种变化通过声音的高与低、强与弱、实与虚、快与慢等产生。这其中实声与虚声的获得是比较难的。实声声音响亮扎实，常用于表达激动、紧张或兴奋的感情色彩。虚声(类似于说悄悄话时的用声状态)伴有呼气声，声音柔和，常用于表达轻松亲切的感情色彩。导游在具体的语言表达过程中，虚实声的运用要遵循以实声为主、虚实声相结合的手法，用不同的音色表现不同景物间形象。

例如："(实)这些树木有的挺拔，像威武的战士。(虚实之间)有的端庄，像文静的书生。(虚)有的娉婷多姿，像仙女一样。"

(二)气息支撑训练

生活中，有的人说话时给人的感觉是有气无力，有的人说话时给人的感觉是气足声硬。如何获得一个好的发声状态，根本是在气息的使用上。比较常见的呼吸方式有胸式呼吸法、腹式呼吸法和胸腹联合式呼吸法。正确发声状态的感觉是：声音像一条有弹性的带子，下端从小腹拉出，垂直向上，至口咽腔，沿着上腭中纵线前行，受口腔节制形成字音，字音好像被吸住挂在硬腭的前部，由上门齿背弹出，流动向前。借鉴传统的戏曲说唱艺术中的"丹田"气(丹田位于肚脐下三指的地方)，掌握"力发于丹田"的要领，可以帮助人们把握稳劲的呼气状态。用力发出"嘿"的声

音，当你是用丹田发声时，会感觉腹部肌肉变硬。为了获得"丹田气"，导游在日常生活中需要多做一些加强腹部肌肉群弹发力和持久力的训练，比如，模仿狗喘气声、闻花香可以训练弹发力，具体训练步骤如下。

狗喘气：张开嘴，然后开始吸气、呼气，逐渐由慢到快，这时你就会感到你的小腹在随着气息在鼓起、塌下，活像夏天天热时狗伸长了舌头在喘气。"狗喘气"练习由此而得名。

闻花香：吸气时双肩放松，胸稍内含，腰腿挺直，像闻鲜花一样将气息吸入。要领为，气下沉，两肋开，横膈降，小腹收。

此外，还需要训练腹部肌肉群的持久力，比如，延长发音和绕口令坚持不换气发声训练。如绕口令《数枣》："出东门，过大桥，大桥底下一树枣儿，拿着杆子去找枣儿，青的多，红的少。一个枣儿，两个枣儿，三个枣儿，四个枣儿，五个枣儿，六个枣儿，七个枣儿，八个枣儿，九个枣儿，十个枣儿，九个枣儿，八个枣儿，七个枣儿，六个枣儿，五个枣儿，四个枣儿，三个枣儿，两个枣儿，一个枣儿。"这是一则绕口令，一气说完才算好。

发声的气息训练不是一朝一夕就能完成的，需要持之以恒加以训练。导游在讲解过程中，很容易出现声音疲惫，甚至是声音干涩、嘶哑的状态，要想改变此类状态，还需从锻炼自如的气息着手，因为气息是声音的原动力。

>> 任务三 导游词编写与创作能力训练① <<

【实训设计】

实训任务	编写某旅游景点导游词
实训目标	1. 知识目标：能复述导游词的基本结构、修辞手法和编写与创作的基本要求、注意事项、基本方法等知识； 2. 技能目标：学会编写和创作导游词； 3. 素质目标：团队合作能力；工具书使用能力；查阅资料及资料处理能力；文字编写与文案处理能力；PPT 课件制作能力；总结与汇报能力
实训建议	1. 问题研讨：导游讲解和景区(点)讲解员讲解所用的导游词风格的异同； 2. 分组学习，集体研讨和编写导游词； 3. 可聘请兼职教师，现场分析和评价学习小组导游词作品
实训流程	1. 分配学习小组，明确小组任务； 2. 学习小组赴选定的旅游景点参观、观摩导游讲解； 3. 查阅景点相关资料，编写导游词； 4. 实训指导教师审阅初稿，提出修改意见； 5. 学习小组修改稿件，制作与导游讲解内容相匹配的PPT，并进行小组汇报； 6. 教师、学生评价； 7. 学习小组再次修改稿件，提交最后成果
实训学时	6 学时
实训考核	1. 考核内容：导游词初稿＋导游词成稿＋PPT 汇报； 2. 考核方式：现场展示； 3. 考核主体：教师、学生； 4. 考核百分比：态度 10％＋纪律 10％＋过程 50％＋成果展示 30％

【理论知识】

　　导游词是应用文文体之一，是导游引导游客观光游览时的讲解词，是导游同游客交流思想，向游客传播文化知识的工具。导游必须学会编写和创作导游词，这是导游讲解的基础。只有经过导游自己修改、编写或创作的导游词，才能更符合自己的讲解风格，形成自己的讲解特色，取得良好的讲解效果。

一、导游词的基本结构

　　一篇完整的导游词，一般由习惯用语、概括介绍和重点介绍三部分组成。

　　1. 习惯用语。习惯用语即游览前的"欢迎词"和游览结束时的"欢送词"等。随着大众旅游时代的到来，旅游者的旅行经验日渐丰富，且更加追求自由、个性、多样化的旅游体验。因此"欢迎此"和"欢送词"等习惯用语，也应该随着旅游者的变化而更加灵活机动、更加富有特色。只有这样，才能真正起到与游客沟通和交流的目的。

---

① 　任务三由刘春玲编写。

2. 概括介绍。概括介绍即用概述法概括介绍旅游目的地，一般包含旅游景点的位置、范围、地位、意义、历史、现状和发展前景等，以帮助游客宏观了解即将游览的对象，引发游客的游览兴趣，犹如"未成曲调先有情"。导游在概括介绍时，应根据时间、游客需求以及游客特点而定，可长可短，可详可略。

3. 重点讲解。重点讲解即对主要游览内容的详细讲述，如景点的成因、历史传说、文化背景、审美功能等方面，使游客对旅游目的地有一个全面、正确的了解。这部分是导游词最重要、最精彩的部分。导游一定要精心布置重点讲解内容，突出景点的特点和价值，向游客传播景点所蕴含的知识与文化，陶冶游客的审美情操，给游客留下深刻而难忘的印象。

二、导游词编写与创作的基本要求

一篇优秀的导游词必须结构严谨、层次清晰、主次分明、文字流畅。只有在掌握丰富资料的基础上，经过科学系统的加工整理，并在实践中不断修改、丰富和完善，才能形成具有自身讲解特色的优秀的导游词。除此之外，导游词的编写与创作还要注意满足以下基本要求。

1. 注重口语化。导游语言是一种生动形象、具有丰富表达力的口头语言，具有通俗易懂、亲切自然等口语化风格。因此，在编写与创作导游词过程时，需要在语音、词汇、语法、修辞等各方面做口语化处理。在语音方面，要善于利用重音、语调等手段，要注重音节的恰当搭配和音步的灵活调整，使音节①、音步②节奏明快和谐匀称，朗朗上口。在词语方面，应该大量使用浅显易懂的基本词汇、常用词汇、口语词汇，以及一些为人们所喜闻乐见的成语、惯用语、歇后语、谚语、格言警句，要避免使用晦涩难懂的书面语词汇和音节拗口的词汇。在语法方面，要灵活运用现代汉语的语法规则，体现出语法上的灵活性和变通性。在修辞方面，主要注意句式的选择，要多采用明快、简洁的短句、散句，同时还要充分调遣并综合运用整句与散句③、长句与短句，使它们错落有致，各尽其长。

---

① 音节是语音中最自然的结构单位。确切地说，音节是音位组合构成的最小的语音结构单位。它的构成分头腹尾三部分，因而音节之间具有明显可感知的界限。在汉语中一般一个汉字的读音即为一个音节。

② 音步是诗歌的节拍。节拍是由词决定的，一句诗有几个词构成就是几拍。而一句诗有几拍就是几音步。最常见的音步类型包括抑扬格、扬抑格、扬抑抑格、抑抑扬格和抑扬抑格。此外还有其他类型的音步。其实在汉语中，一个音节或者多个音节组合，会形成"顿"，而顿就是音步。例如，劝君//更尽//一杯/酒，这些停顿则为音步。

③ 整句指结构相同或相似，形式匀称的句子；散句则是指结构不同，形式错落的句子。整句和散句是相对的一组概念。单个句子无所谓整散，许多句子组织在一起就有了整散的区别。从语言的交际功能看，散句是它的自然形态，也是基本形态，人们平时说话、写文章，主要用散句；整句则是一种修辞方式，是一种辅助形态，它除了在格律诗、快板诗、对口词等少数文艺形式中起主导作用外，一般都要与散句结合使用。

2.重视知识与文化性。一篇优秀的导游词需具有丰富的知识和深厚的文化，这才能使导游词具备传播知识、满足游客求知需求的功能。因此，在编写导游词的时候，要尽量掌握大量的材料，巧妙运用各种引人入胜的方式，融会贯通各类知识和文化，吸引游客注意力，向游客传播特定的知识和文化，让游客获得知识和文化上的熏陶。

3.突出趣味性。趣味性更容易激起游客的兴趣和好奇心理，使导游讲解的效果更好。因此，在编写导游词的时候，导游一定要注意多运用生动形象和幽默风趣的语言，并恰当地运用比喻、比拟、夸张、象征等手法，使静止的景观深化为生动鲜活的画面，揭示出游览对象的内在美，使游客沉浸陶醉其中。此外，还要善于编织故事情节，不失时机地穿插与游览对象有关的历史传说和民间故事，以激起游客的兴趣和好奇心，从而达到最佳的讲解效果。

4.加深情感性。导游词中的语言应是文明、友好和富有人情味的语言，应言之有情，让游客赏心悦耳、倍感亲切温暖。因此，在编写导游词的时候，导游要本着以人为本，游客至上的原则，将游客看作朋友、亲人，多用富有人情味的语言，以沟通和游客的情感，让游客感受到自然、亲切与热情。

5.注意思想性。导游讲解是向国内外游客宣传历史悠久的中华文明，介绍我国壮丽的河山、勤劳的人民及其伟大创造，宣传中国特色社会主义建设的伟大成就，以帮助外籍游客更多的了解中国，帮助中国游客更好地认识我们的祖国和人民。因此，在编写和创作导游词时，导游要注重思想性，传播正能量，弘扬爱国主义精神，宣扬积极向上的价值观等。

6.强调创新性。在编写与创作导游词时，导游要广泛收集材料，经过认真阅读、分析、比较，去除糟粕，吸取优秀的、科学的、符合时代精神的、富有艺术性的精华。尤其要努力从新的角度去思考和观察客观世界的对象，或前人虽已有涉猎但尚未充分表现的东西，从而写出新意。也就是说，要做到"四新"：新内容、新见解、新材料、新角度。

7.注意张扬个性。这里所谓的个性就是指特色和特点。导游词一定要突出所描写景观的个性，即充分揭示其本身独有的、不同于其他任何景观的特色。个性越鲜明，则带给游客的旅游体验越强烈。

三、导游词编写与创作的注意事项

编写与创作导游词的时候，要注意选择鲜明的主题，树立正确的观点，建立层次清晰的结构，理顺各部分的逻辑关系，同时要注意设计与游客的交流和互动环节，处理好"景"与"事"的关系，故事或者事理切合景点内容。除此之外，还要注意以下几点。

1.传奇而不传谣。一篇故事性强、富有传奇色彩的导游词的确会让游客听得津津有味。但导游不可以编造一些稀奇古怪、子虚乌有的故事，不可以生搬硬套某种传说、观点，或者引用一些未经证实的消息、事件等。

2. 幽默而不油滑。一篇幽默风趣的导游词能给游客带来欢声笑语，创造一种其乐融融的美好氛围。值得注意的是，导游千万不可为了博取游客的欢心，一味地为幽默而幽默、为笑话而笑话、为滑稽而滑稽，结果自然就滑进了油滑的泥潭。

3. 通俗而不庸俗。一般而论，导游词应该是通俗易懂，应该通俗化，但通俗不等于庸俗，不等于像白开水一样淡而无味，苍白肤浅。这里的通俗，应该是语言不庸俗、内容不庸俗、表达不庸俗。

4. 有的放矢而不千篇一律。游客是复杂多样，千差万别的，导游词也要因人、因时、因需、因环境而异，要有的放矢，要具有针对性，且不可以一代百、千篇一律。正所谓"到什么山唱什么歌，见什么人说什么话"。

5. 有重点而不是面面俱到。每个景点都有代表性的景观，每个景观又都有它特色的内容。导游词必须在照顾全面的情况下突出重点。面面俱到，没有重点的导游词是不成功的。因此，导游必须在有限的时间内，抓住景点的重点内容和特色内容，做到重点和特色突出。

6. 通俗而不失文学品味。导游词的语言应该是规范的，文字是流畅的，结构是严谨的，内容是符合逻辑的。此外，导游还要有意识地在导游词的关键地方适当地引经据典，得体地用上一两句诗词或名人的名言，提高导游词的文学水平。但不可故弄玄虚，满篇引经据典、充满诗词名句，其结果定会适得其反。

四、导游词的修辞手法

一篇优秀的导游词，不仅需要做到语言准确、逻辑清晰、内容丰富，还要注意运用恰当的修辞手法对导游词进行艺术加工。只有这样，才能使讲解内容更加深刻，更能吸引游客的兴趣，吸引游客的注意力。汉语言的修辞手法多种多样，如比喻、比拟、对比、排比、夸张、引用、列数字等，都能令导游词的编写和创作更上一层楼。下面简单介绍几种导游词常用的修辞手法。

(一) 比喻

比喻，即表示两种不同程度的事物，彼此之间有相似点，使用一事物来比方另一事物的修辞方法。比喻一般由三个部分组成，即本体(被比喻的事物或情景)、喻体和比喻词(比喻关系的标志性词语)。在导游词中运用比喻修辞手法，能让道理更浅显易懂，使游客容易接受；能把一些不好想象的东西具体地说出，借其他类似事物加以说明，令游客更加清楚明白；能使概括的东西形象化，给游客留下深刻的印象；还能使要讲解的事物更加形象、生动、特点突出。

比喻可分为以下几种形式。

1. 明喻。本体、喻体都出现，中间用比喻词"像、似、若、仿佛、犹如、宛如、像……一样、仿佛……似的、恰似"等连接。常见形式是"甲像乙"。例如，"夏天，草原上圆圆的海子像一面面镜子"。

2. 暗喻。本体喻体都出现，中间用比喻词"是、变成、构成了"等连接。典型形式是"甲变成乙"。例如，"那岸边的胡杨是落日余晖下的英雄"。

3. 借喻。以喻体来代替本体，本体和喻词都不出现，直接把甲（本体）说成乙（喻体）。借喻由于只有喻体出现，所以能产生更加深厚、含蓄的表达效果，同时也使语言更加简洁。借喻的典型形式是"甲代乙"。例如，"大家看，一柄弯刀搁在夜空上"（一柄弯刀＝月亮）。

4. 博喻。连用几个喻体共同说明一个本体。博喻能加强语意，增添气势；能将事物的特征或事物的内涵从不同侧面、不同角度表现出来。博喻在绘景、摹声、写人、说理和抒情五个方面具有特殊的艺术功用。博喻运用得当，能给人留下深刻的印象。例如，"草原上的羊群，像绿毯上闪耀的颗颗珍珠，像大海上扬起的点点白帆，像湖面上盛开的朵朵莲花"。

5. 回喻。又名互喻，是一种先用喻体作本体，再用本体作喻体，互相设喻的比喻形式。它以"肯定—否定—肯定"相交错的形式构拟而成，具有"本体＋否定中介＋喻体"和"喻体＋否定中介＋本体"两种基本类型。

例1："远远的街灯明了，好像是闪着无数的明星。天上的明星现了，好像是点着无数的街灯。"（《天上的街市》）这种先用喻体作本体，再用本体作喻体，互相设喻的比喻形式，曲折有致，能够加强艺术感染力。

例2："那时候，矿洞里发出可怕的响声，像打雷一样，不，比打雷还可怕。"（《煤的对话》）这是一种迂回曲折的比喻，它在提出喻体"打雷"之后，再否定喻体，最后又提出喻体。经过肯定、否定、再否定，加强了比喻的鲜明性。

例3："老师用温柔的大手拉着我的小手，久久地没有松开。我知道老师是在期待我的回答，我的誓言，我的进步。这，是一股暖流注入了我的心田！不，是一场春雨洒得我昂起了头。"这样平起肯定，陡然一抑又否定，又突起一场肯定，回环跌宕，使抒情淋漓尽致。

（二）设问和反问

导游词是循游览线路层层展开的，而且为增加现场感，多以第一人称的方式写作。在修辞方面，多用设问、反问等手法。

设问是指为了引起别人的注意，故意先提出问题，然后自己回答。这是很多导游经常用到的一种修辞手法。设问能够引起游客注意，启发游客思考；能够使讲解的内容层次分明，结构紧凑；能够更好地描写人物的思想活动；能够加强语气，突重点，表达导游的某种情感。例如，"整个建筑造型为什么是'山'字形呢？因为它就像天神之力劈开通道的大山，象征着成吉思汗开天辟地、气壮山河的英雄气概，也象征着蒙古民族走出草原，创造13世纪和谐包容、多元丰富的世界文明"（成吉思汗旅游区"气壮山河"入口门景）。

反问又称激问、反诘、诘问。反问是用疑问形式表达确定的意思，用肯定形式反问表否定，用否定形式反问表肯定，只问不答，答案暗含在反问句中。反问能够加强语气，发人深思，激发游客的感情，加深游客的印象，增强讲解表达的气势和语言的说服力。例如："生而不死一千年，死而不倒一千年，倒而不朽一千年。它不是'沙漠中的英雄树'吗?"

(三)比拟

比拟是把一个事物当作另外一个事物来描述、说明。比拟的辞格是将人比作物(拟物)、将物比作人(拟人)，或将甲物化为乙物。运用这种辞格能收到特有的修辞效果，或增添特有的情味，或把事物写得神形毕现，栩栩如生，抒发爱憎分明的感情。比拟的手法在描述景物或讲解故事传说时常用。

在导游语言中，最常用的是拟人，例如："成吉思汗塑像守望着这片美丽的草原。"也常常用到拟物，例如："蒙古族姑娘插上了金色的翅膀，在辽阔的草原上飞翔。"翅膀是属于鸟类的，将蒙古族姑娘赋予一双金色的翅膀，赞扬她们在草原上跃马扬鞭、自由飞驰的飒爽英姿。

运用比拟手法时，要注意三点：一要符合事物的特征，不能牵强附会；二要表达恰当、贴切；三要注意使用场合。

(四)列数字

列数字也叫列数据，就是从数量上说明事物特征或事理的方法。在讲解的时候，导游常常用列数字的方法，这能够使自己的讲解语言更准确、更科学、更具体、更具说服力。而且，在讲解过程中，有些事物往往需要运用一些数字来说明，以便于从数量上说明事物特征。比如，"大家请看展柜里的这张汇票，长一尺二寸，宽八寸，四个角上用蚕丝印着'日昇昌记'四个大字"。再如，"(内蒙古鄂尔多斯)响沙湾的 1 号索道，建成于 1999 年 8 月，是世界上第一条沙漠索道，单程总长 498 米，共有 54 把吊椅，每小时单程运载量 460 人，距离地面 14 米"。

然而，在编写导游词时，需要注意：第一，所引用的数字，一定要准确无误，不准确的数字绝对不能用，即使是估计的数字，也要有可靠的根据；第二，事项列举和时间、年代等不属于列数字。

(五)排比

排比是把结构相同或相似、意思密切相关、语气一致的词语或句子成串地排列的一种修辞方法。在编写导游词时，利用意义相关或相近，结构相同或相似和语气相同的词组(主、谓、动、宾)或句子并排(三句或三句以上)，段落并排(两段即可)，达到一种加强语势的效果。排比能够更加突出讲解的中心思想，使得讲解语言更加有节奏感，更加朗朗上口，能够使讲解表达更加有说服力、有气势。

用排比来说理，可收到条理分明的效果。例如，"小朋友们，我们一定要热爱读书。因为，书是钥匙，能开启智慧之门；书是良药，能治疗愚昧之证；书是肥料，能生出梦想之花"。

用排比来抒情，节奏和谐，显得感情洋溢。例如，"好了，我的讲解就到这里，临别送大家几句话：如果一滴水代表一个祝福，我送你一个海洋；如果一颗星代表一份快乐，我送你一条银河；如果一棵树代表一缕思念，我送你一片森林"。

用排比来叙事写景，能使层次清楚、描写细腻、形象生动。例如，"康巴什区位于鄂尔多斯市中南部，蒙古语意为'康老师'。它是一座美丽的城，一座独具魅力的城，一座文化底蕴深厚的城，一座让游客们终身难忘的城"。

(六)夸张

夸张是运用丰富的想象力，在客观现实的基础上有目的地放大或缩小事物的形象特征，以增强表达效果的修辞手法，也叫夸饰或铺张。在创作导游词的时候，为了达到某种表达效果，我们需要用夸张的词语来形容事物，如对事物的形象、特征、作用、程度等特意进行夸大或缩小，用言过其实的方法，突出事物的本质，或加强某种感情，以达到烘托气氛、启发游客的想象力、加强语言表达力量的目的。

扩大夸张是故意把客观事物说得"大、多、高、强、深……"的夸张形式。例如，"蜀道之难，难于上青天"。又如，"我们河套蜜瓜特别香甜，游客朋友们从几十里外就能闻到河套蜜瓜的香味"。

缩小夸张是故意把客观事物说得"小、少、低、弱、浅……"的夸张形式。例如，"从这里看出去，只能看到巴掌大的一块天地"。又如，"从沙峰上看下去，下边的骆驼像蚂蚁一样小"。

超前夸张是在时间上把后出现的事物提前一步的夸张形式。例如，"农民们说：'看见这样鲜绿的麦苗，就嗅出白面包子的香味来了。'"

但是，导游在运用夸张手法的时候，要注意：第一，夸张不是浮夸，而是故意的、合理的夸大或缩小，所以不能失去生活的基础和根据；第二，夸张不能和事实距离过近，否则会分不清是在说事实还是在夸张；第三，夸张要注意文体特征，如科技性、说理性等内容就很少用甚至不用夸张，以免歪曲事实。

(七)引用

引用又称"用典""引语""事类""用事""援引"等，就是把名言、史实、资料或诗词、典故、熟语有选择地组织到导游词中。运用这种方法可使所表达的语言简洁凝练、生动活泼，增添感染力。导游在运用引用手法时，既要注意为我所用、恰到好处，不能断章取义，又要注意不过多引用，更不能滥引。

引用可以分为不同的种类。

1. 根据所引用的语句是否指明了来历，可以分为明引和暗引两类。

明引是直接说明出处来源，例如，"孔子曰：'三人行，必有我师焉。'"暗引是不说明出处，直接引用到导游词中，例如，"我们都知道：'山不在高，有仙则名。水不在深，有龙则灵。'所以，大家可别小瞧了这里的山山水水。""山不在高，有仙则名。水不在深，有龙则灵。"引自唐朝刘禹锡的《陋室铭》，在导游词中并未交代出处，而是直接引用。

2. 根据所引用的语句是否被改动，可以分为直接引用和间接引用两类。

直接引用又称"直引"，就是在引用时，不加改动而照录原话，同原话、作者的本意是一致的。可以是明引，也可以是暗引，所引用的语句一般加引号。例如，"荔枝不耐贮藏，正如白居易说的：'一日而色变，二日而香变，三日而味变，四五日外，色香味尽去矣。'"这是直接引用白居易的话。

间接引用又称"变引"，就是在引用原话时，不照录原句，而是对原句有所改动，可以是明引，指出作者或者出处；也可以是暗引，不指明作者或者出处。所引用的语句一般不加引号，和直接引用相对。例如："我国历代作家常以'意则期多，字则唯少'作为写文章的准则，力求'句句无余字，篇中无长话'。"

3. 根据所引用的语句与原话的意义关系，可以分为正用、反用两类。

正用是引用者对所引用的语句持肯定的态度，用在引文与原文意思相一致的场合。正引一般是用来印证自己的观点，表达自己的思想感情。它既可以是明引，也可以是暗引。例如："面对着敌人的威逼利诱，他慨然说道，大丈夫'富贵不能淫，贫贱不能移，威武不能屈'，要杀要剐随你们。"这是明引，但是未指出出处，也是暗引。

反用就是引用者对所引用的语句加以评判，持否定的态度，即所使用的意思与原来的意思是相反的，以达到标新立异，或起到讽刺的作用。反用从形式上还可以分为三类。第一类是照录原文，然后对原文加以否定或修正，例如，"孔子曰：'唯女子与小人为难养也，近之则不逊，远之则怨。'女子与小人归在一类里，但不知道是否也包括了他的母亲。后来的道学先生们，对于母亲，表面上总算是敬重的了，然而虽然如此，中国的为母的女性，还受着自己儿子以外的一切男性的轻蔑"（鲁迅《南腔北调集·关于妇女解放》）。第二类是直接改动原文，使本文所用的意思与原文相反，例如，"沐芳莫弹冠，浴兰莫振衣。处世忌太洁，至人贵藏晖"（唐·李白《沐浴子》）。《楚辞·渔父》中有"新沐者必弹冠，新浴者必振衣"的句子。再看李白这首诗，很明显用了反用的手法，将"必"直接改成了"莫"，语意正好相反。第三类是引出原文的大意，然后再提出异议，例如，"哦，我的剑要归寝了！我不要学轻佻的李将军，拿他的兵器去射老虎，其实只射着一块僵冷的顽石。哦，我的剑要归寝了！我也不要学迂腐的李翰林，拿他的兵器去割流水，一壁割着，一壁水又流着。哦，我的兵器只要韬藏，我的兵器只要酣睡。我的兵器不要斩芟奸横，我知道奸横是僵冷的顽石一堆；我的兵器也不要割着愁苦，我知道愁苦是割不断的流水。哦，我的大功告成了！让我的宝剑归寝了！我岂似滑头的汉高祖，拿宝剑斫死了一条白蛇，因此造一个谣言，就骗到了一个天下"(闻一多《剑匣》)。

4. 如果所引的语句是古代经典或典故，可以称为"用典"。

引用典故则非常灵活，可以改变典故的叙述方式，丰富或简略典故内容，甚至增删典故的情节，只要确保能让人明白引用的是哪个典故，是什么意思，有什么意义就可以了。例如，"我们要怀抱'大道之行也，天下为公'的政治理想和对未来社会的美好憧憬。'大道之行也，天下为公'是儒家学者托名孔子进行的答问。'大道'，政治上的最高理想，指放之四海而皆准的道理或真理；'天下'，特指天子统辖的区域；'公'，按东汉经学家郑玄的解释，即'共'的意思。其意为：在大道实行的时候，天下是天下人所共有的天下。也就是说不把国家当作一家一姓的私有物。在这个理想社会里，'老有所终，壮有所用，幼有所长，鳏寡孤独废疾者皆有所养。'这就是所谓的'大同世界'，它反映了以孔子为创始人的儒家学派的政治理想和对未来社会的憧憬"。

>> 任务四 致欢迎词与致欢送词能力训练① <<

【实训设计】

实训任务	向游客致欢迎词和欢送词
实训目标	1. 知识目标：能复述欢迎词、欢送词的基本结构和主要内容等知识； 2. 技能目标：能向不同的游客群体致欢迎词和欢送词； 3. 素质目标：形成良好的服务意识和服务态度
实训建议	1. 由教师虚拟特定场景； 2. 利用角色扮演法或场景模拟法； 3. 分析与讨论：学生收集各类风格的欢迎词与欢送词资料，并在课堂上展示，师生共同分析与讨论
实训流程	1. 教师制定或学生自拟模拟场景及游客团队； 2. 编写欢迎词与欢送词； 3. 指导教师审阅初稿，提出修改意见； 4. 实训室模拟讲解及考核评价； 5. 修改稿件，录制视频，提交成果
实训学时	2～4学时
实训考核	1. 考核内容：导游词成稿＋现场讲解； 2. 考核方式：现场展示； 3. 考核主体：教师、学生； 4. 考核百分比：态度10％＋纪律10％＋过程50％＋成果展示30％

【理论知识】

欢迎词和欢送词是导游人员的开场白和结束语，属于习惯用语部分。每位导游人员都需要根据自己的风格，设计符合场景的欢迎词与欢送词，以表达对游客的欢迎之情和惜别之情。

一、欢迎词

"良好的起点"就是"成功的一半"。欢迎词是一段美丽旅程的开始，它就好比一首音乐的"序曲"，一场好戏的"序幕"，一部优秀作品的"序言"。致欢迎词是给客人留下"第一印象"的极佳机会，可达到消除陌生感、增进亲近感、迅速拉近与游客之间距离的作用。导游人员应当努力展示自己的风采，精心设计欢迎词，营造良好的游览氛围。

（一）欢迎词基本内容

规范的欢迎词一般包括五个方面的内容，即表示欢迎、表示态度、介绍人员、预告行程、预祝成功及旅途愉快。

---

① 任务四由刘春玲编写。

知识链接
欢迎词案例

1. 表示欢迎，即代表接待社、本人以及司机欢迎客人光临本地。

2. 表示态度，即表示提供服务的诚挚愿望。

3. 介绍人员，即介绍自己，介绍司机和参加接待的所有人员。

4. 预告行程，即介绍一下城市的概况和在当地将游览的项目。

5. 预祝成功及旅途愉快，即希望得到游客支持与合作，预祝旅途愉快等。

(二)欢迎词的具体要求

规范的欢迎词具有较强的通用性，适合大多数旅行团，其特点是较为全面地介绍各方面的情况，使游客比较快地了解情况。但在实际操作中，导游人员不能不看对象，致千篇一律的欢迎词，而是应该富有个性，即要根据游客的国籍、时间、地点、身份等的不同而有所区别。此外，快节奏的生活，导致很多游客比较厌烦长而拖沓的欢迎词，因此有些时候，欢迎词要简明扼要，只要表达出欢迎、友好、热情就可以了。

(三)欢迎词的风格

欢迎词的表现形式是不拘一格的，没有固定的模式，导游人员在长期的导游实践中，要形成自己独特的风格。常见的有风趣型、闲谈型、才艺型等类型。

1. 风趣型的欢迎词：是指就一切与游客相关的内容，用轻松幽默的形式开场。例如，导游人员可就自己的名字、身高、形象或当时的天气、本地的风土人情、前往的游览景点等，制造幽默的话题，意在营造一种轻松愉快的氛围。

2. 闲谈型的欢迎词：是指先就某一话题或主题与游客唠家常，在闲谈中传达对游客的欢迎之意。

3. 才艺型的欢迎词：是指导游人员以自身所具备的才艺，如唱歌、唱戏、贯口、说方言等才艺形式开场，以此引发游客的兴致与兴趣。

二、欢送词

送别是导游接待工作的尾声，欢送词就是行的小结。导游服务要"善始善终"，所以就要重视致欢送词。好的欢送词能给游客留下深刻持久甚至终生难忘的印象。

(一)欢送词的基本内容

欢送词一般应有五个基本要素，即表示惜别，感谢合作，旅游小结，征求意见，期盼重逢。

1. 表示惜别是指对分别表示惋惜之情、留恋之意。表示惜别时，面部表情应深沉，不可嬉皮笑脸，不要给游客留下"人走茶凉"的感觉。

2. 感谢合作是指感谢游客在旅游过程中所给予的支持、合作、帮助、谅解等。游客的合作是保证旅程顺利和成功的重要条件，这里应表达出诚挚的谢意。

知识链接
欢送词案例

3. 旅游小结是指与游客共同回忆这段时间所游览的项目、参加的活动等，给游客一种归纳、总结之感，将许多感官的认识上升到理性的认识，提升旅游的品质与良好体验。

4. 征求意见是指对服务环节向游客征求意见，希望通过游客的帮助，及时改进或改正，并对服务中出现的问题或不足之处向游客致歉，敬请游客谅解。

5. 期盼重逢是指要表达对游客的情谊，希望游客成为回头客。

(二)欢送词的具体要求

1. 要精心准备。欢送客人是把感情推向高潮的重要一步，它往往关系到一个团体对导游员的综合评价和最后评价。送别做好了，是能给客人留下长久印象的。

2. 做到有针对性，灵活机动。与欢迎词一样，欢送词也要因时、因地、因游客不同而异。

3. 语气应真挚，富有感情。或道出依依惜别之情，或表达友爱之情。对一些较为重要的团体的送别，往往要举行仪式或宴会。在这种正式场合致欢送词，内容要全面，语言也要更加规范，表现出庄重的色彩。

4. 要适当停留。在送别游客之后，一般要等飞机上天、轮船离岸、火车出站，与游客挥手告别后再离开现场，切忌仓促挥手，扭头就走。

>> 任务五 概况讲解能力训练① <<

【实训设计】

实训任务	向游客进行内蒙古及各盟市概况讲解
实训目标	1. 知识目标：能复述内蒙古自治区及 12 个盟市概况知识； 2. 技能目标：能向游客进行内蒙古自治区及 12 个盟市概况讲解；
实训建议	1. 建议限时讲解； 2. 教师可邀请一名知名导游做讲解示范； 3. 可将内蒙古自治区及各盟市旅游宣传片等视频资料作为辅助教学资源
实训流程	1. 明确任务：编写内蒙古自治区及各盟市概况讲解导游词，并完成讲解任务（教师可限定一定时间，如 3 分钟、5 分钟、8 分钟等，学生需要在规定时间内完成讲解任务）； 2. 形成内蒙古自治区及各盟市概况讲解导游词初稿，并进行讲解训练； 3. 指导教师审阅稿件，提出修改意见，并进行讲解指导； 4. 学生课下模拟训练； 5. 实训室模拟讲解及考核评价； 6. 录制视频，提交成果
实训学时	8～12 学时
实训考核	1. 考核内容：导游词成稿＋现场讲解； 2. 考核方式：现场考核； 3. 考核主体：教师、学生； 4. 考核百分比：态度 10％＋纪律 10％＋过程 50％＋成果展示 30％

【理论知识】

概况讲解是沿途讲解和景点讲解的一个重要组成部分。概况讲解是指对旅游目的地或游览项目的位置、范围、地位、意义、历史、现状和发展前景等做概括性介绍，目的是帮助旅游者了解旅游目的地或游览项目的总体情况，引起游客的游览兴趣。概况讲解高度考验导游的总结能力和表达能力。高质量的概况讲解会让游客在短时间内迅速了解讲解对象的整体面貌，产生初步认知，起到"导引"的作用。

一、概况讲解的基本要求

1. 条理清晰，重点突出。在进行概况讲解之前，导游必须厘清思路，明确讲解框架，选取重点内容，形成条理。一般不必面面俱到，而是要突出重点与特色，突出那些能够引发游客共鸣或者兴趣点的内容。

2. 语言精练，通俗易懂。概况就是大概的情况，所以导游做概况讲解一定不要烦琐和冗杂，就重要方面用精练的语言，言简意赅地表达即可。同时，所讲解的内容要浅显、通俗，易于游客理解和接受。

① 任务五由刘春玲编写。

3. 生动形象，感染力强。概况讲解需要事前进行精心的设计，要多运用生动形象的语言，还要结合多种导游技巧，如问答法、悬念法、虚实结合法、类比法等，强化互动和交流效果，使原本生硬、死板的内容"活"起来，形成较强的感染力。

二、概况讲解的注意事项

1. 要善于打破固定的思维模式和讲解模式。在进行概况讲解时，不要按部就班，僵化教条，这样往往会使游客厌烦，注意力不集中。导游应事先努力创造轻松愉快的氛围，将讲解内容潜移默化地融入与游客的互动或交流过程中，根据游客的反映灵活应变，适当调增，千万不可"念经式""填鸭式"的宣传和说教。

2. 进行概况讲解的时候，导游要做好铺垫和引导，而不是一上来就和游客说"下面我给大家介绍一下××的概况"，而应采用沟通和交流的方式，通过某一事件、某一现象、某种说法等，事前做铺垫和引导，循循善诱地引发游客的兴趣或好奇心，然后再水到渠成地进行讲解。例如，讲内蒙古概况，可以用"内蒙古不包邮""内蒙古骑马上学、骑马上班""内蒙古都是大草原、都穿蒙古袍"等话题，来与游客进行沟通与交流，进而引出正确的观点，引发游客对内蒙古的好奇心。

3. 进行概况讲解的时候，导游应根据时间、地点、游客情况而定，可长可短，可详可略，不能不考虑游客的需求，主观臆断，搞程式化。

三、内蒙古及各盟市概况参考资料

(一)内蒙古概况资料

内蒙古自治区，简称"内蒙古"，成立于1947年5月1日，是我国建立最早的少数民族自治区，也是最早实施民族区域自治制度的地方，首府为呼和浩特市。

内蒙古地处欧亚大陆内部，位于中国北部边疆，地理位置优越，横跨三北（东北、华北、西北），毗邻八省区（黑、吉、辽、冀、晋、陕、宁、甘），北与俄罗斯、蒙古国交界，边境线长4200多千米，东西长约2400千米，南北最大跨度1700多千米。有人打趣地说：如果你坐火车的话，1小时的车程你在内蒙古，3小时的车程你在内蒙古，10小时或20小时的车程你还在内蒙古。可见，我们内蒙古多么的辽阔。那么内蒙古到底有多大呢？内蒙古的总面积118.3万平方千米，是我国面积第三大省区（仅次于新疆和西藏）。

内蒙古以温带大陆性季风气候为主。冬季漫长严寒，多寒潮天气；夏季短促温热，降水集中；春季气温骤升干旱，多大风天气；秋季气温剧降，霜冻来临早。常有人用"东西有时差，南北不同季"来形容内蒙古气候特征。也就是说，当内蒙古东边的呼伦贝尔太阳升起2小时以后，而内蒙古最西边的阿拉善才能看到清晨的第一缕曙光；当内蒙古南部已经春暖花开的时候，而内蒙古北部却依旧呈现出冰封雪飘的景象。

内蒙古的地貌以蒙古高原为主体，具有复杂多样的形态。除东南部外，基本是高原，占全区总陆地面积的50％左右，一般地区海拔1000～1500米。内蒙古高原是我国四大高原(青藏高原、内蒙古高原、黄土高原、云贵高原)中的第二大高原。呼伦贝尔高原、锡林郭勒高原、鄂尔多斯高原、阿拉善高原被称为"内蒙古四大高原"。在内蒙古高原的边缘，分布着大兴安岭、阴山、贺兰山、燕山等山脉。这些山脉的位置和走向，构成一条牧业区与农业区的分界线。高原的外沿，分布着河套平原、辽嫩平原。这里肥土沃野，是主要农耕地带。除了高原、山脉、平原之外，内蒙古还有一部分沙漠(巴丹吉林沙漠、腾格里沙漠、巴音温都尔沙漠、乌兰布和沙漠、库布齐沙漠，被称为"内蒙古五大沙漠")和沙地(科尔沁沙地、毛乌素沙地、浑善达克沙地、呼伦贝尔沙地、乌珠穆沁沙地，被称为"内蒙古五大沙地")。

内蒙古资源储量丰富，有"东林西矿、南农北牧"之称，草原、森林和人均耕地面积居全国第一，同时也是中国最大的草原牧区。

内蒙古是我国最大的草场和天然牧场。内蒙古天然草场辽阔而宽广，总体上属欧亚温带草原区的一部分，草原面积约占高原面积的80％，约为8666.7万公顷，其中有效天然牧场6818万公顷，占全国草场面积的27％，总面积位居中国五大草原之首，是中国重要的畜牧业生产基地。呼伦贝尔草原、锡林郭勒草原、乌兰察布草原、科尔沁草原、鄂尔多斯草原被俗称为"内蒙古五大草原"。[①]

内蒙古是国家重要的森林基地之一。全区森林总面积约2080万公顷，占中国森林总面积的11％，居中国第一位。内蒙古森林资源大部分集中在大兴安岭北部山地，原始森林就占全区林地面积的50％，林木蓄积量占全区林地活立木蓄积量的75％以上，被誉为"祖国的绿色宝库"。

内蒙古稀土储量居世界首位，是世界罕见的稀土富饶矿区。包头市白云鄂博矿山是世界上最大的稀土矿山，也是世界上含矿物最多的矿山；包钢稀土一厂是世界最大的稀土铁合金生产厂，稀土产量、质量居全国第一；包钢选矿厂是世界最大的稀土精矿生产厂。

内蒙古是世界上最大的"露天煤矿之乡"。中国现有五大露天煤矿，而内蒙古就有四个，伊敏煤矿、霍林河煤矿(我国建成最早的现代化露天煤矿)、元宝山煤矿、准格尔煤矿。

内蒙古辖域共划分为12个一级行政区，包括9个地级市(呼和浩特市、包头市、鄂尔多斯市、乌兰察布市、巴彦淖尔市、呼伦贝尔市、通辽市、赤峰市、乌海市)和3个盟(锡林郭勒盟、阿拉善盟、兴安盟)，下辖23个市辖区、11个县级市、17个县、49个旗、3个自治旗(见表1-5-1)。

---

① 内蒙古草原东起大兴安岭，西至居延海湖畔，随着地形、气候、土壤等条件的差异，可划分为草甸草原、典型草原、荒漠草原、沙地草原等类型。

表 1-5-1　内蒙古自治区行政区划表

地级市、盟	市辖区、县级市、县、旗、自治旗
呼和浩特市	回民区｜玉泉区｜新城区｜赛罕区｜托克托县｜清水河县｜武川县｜和林格尔县｜土默特左旗
包头市	昆都仑区｜青山区｜东河区｜九原区｜石拐区｜白云鄂博矿区｜固阳县｜土默特右旗｜达尔罕茂明安联合旗
乌海市	海勃湾区｜乌达区｜海南区
赤峰市	红山区｜元宝山区｜松山区｜宁城县｜林西县｜喀喇沁旗｜巴林左旗｜敖汉旗｜阿鲁科尔沁旗｜翁牛特旗｜克什克腾旗｜巴林右旗
通辽市	科尔沁区｜霍林郭勒市｜开鲁县｜科尔沁左翼中旗｜科尔沁左翼后旗｜库伦旗｜奈曼旗｜扎鲁特旗
鄂尔多斯市	东胜区｜准格尔旗｜乌审旗｜伊金霍洛旗｜鄂托克旗｜鄂托克前旗｜杭锦旗｜达拉特旗｜康巴什区
呼伦贝尔市	海拉尔区｜满洲里市｜牙克石市｜扎兰屯市｜根河市｜额尔古纳市｜陈巴尔虎旗｜阿荣旗｜新巴尔虎左旗｜新巴尔虎右旗｜鄂伦春自治旗｜莫力达瓦达斡尔族自治旗｜鄂温克族自治旗｜扎赉诺尔区
巴彦淖尔市	临河区｜五原县｜磴口县｜杭锦后旗｜乌拉特中旗｜乌拉特前旗｜乌拉特后旗
乌兰察布市	集宁区｜丰镇市｜兴和县｜卓资县｜商都县｜凉城县｜化德县｜四子王旗｜察哈尔右翼前旗｜察哈尔右翼中旗｜察哈尔右翼后旗
锡林郭勒盟	锡林浩特市｜二连浩特市｜多伦县｜阿巴嘎旗｜西乌珠穆沁旗｜东乌珠穆沁旗｜苏尼特左旗｜苏尼特右旗｜太仆寺旗｜正镶白旗｜正蓝旗｜镶黄旗
兴安盟	乌兰浩特市｜阿尔山市｜突泉县｜扎赉特旗｜科尔沁右翼前旗｜科尔沁右翼中旗
阿拉善盟	阿拉善左旗｜阿拉善右旗｜额济纳旗

内蒙古自治区 2017 年年末常住人口为 2528.6 万人[①]，主要有汉族、蒙古族以及满族、回族、达斡尔族、鄂温克族等 50 多个民族。其中蒙古族人口为 422.6 万人，占内蒙古人口的 17.1%，占全国蒙古族人口的 78% 以上，占世界蒙古族人口一半以上。

内蒙古自治区幅员辽阔，拥有草原、森林、沙漠、冰雪、河湖、湿地、温泉、民俗、口岸、地质奇观等众多旅游资源，正所谓："壮美内蒙古，靓丽风景线。"

(二)呼和浩特市概况资料

呼和浩特是蒙古语的音译，意为青色的城市，简称"青城"。因历史上召庙较多，也被称为"召城"；因有蒙牛、伊利等著名乳制品企业而被誉为"中国乳都"。呼和浩特旧称"归绥"，中心城区是由归化城与绥远城合并而成。1954 年 4 月 25 日起，归绥市改名为呼和浩特市，成为内蒙古自治区的首府。[②]

呼和浩特是内蒙古的经济、文化、科教和金融中心，是一座充满活力和魅力的城市，拥有国家历史文化名城、国家森林城市、国家创新型试点城市、全国民族团

---

① 数字来自《内蒙古自治区 2017 年国民经济和社会发展统计公报》。

② 1947 年 5 月 1 日，内蒙古自治政府在王爷庙(今乌兰浩特)正式成立。1949 年 12 月，内蒙古自治政府迁往张家口。

结进步模范城市、全国双拥模范城市、中国优秀旅游城市、中国经济实力百强城市、中国投资环境 50 优城市、中国最具魅力金融生态城市等众多称号。2016 年 2 月 23 日，呼和浩特在中央电视台"中国经济生活大调查"2015 年度十大最具幸福感省会城市中名列第六。

呼和浩特市总面积 1.72 万平方千米，常住人口约 300 万人①，蒙古族人口约占 10%②。现下辖 4 区 4 县 1 旗和 1 个国家级经济技术开发区、1 个国家级高新技术开发区③。4 区 4 县 1 旗即新城区、回民区、玉泉区、赛罕区、托克托县、武川县、和林格尔县、清水河县、土默特左旗。

呼和浩特市区平均海拔 1050 米。属中温带干旱半干旱大陆性季风气候，年平均气温 3.5℃～8℃，年平均降水量 337～418 毫米，四季变化明显，气候宜人。

呼和浩特是内蒙古重要的工业城市，也是我国重要的毛纺织工业中心之一，现已成为一个门类比较齐全的综合性工业城市。除传统的民族用品工业、轻纺工业外，制糖、卷烟、乳品、医药、化工、冶金、电力、建筑材料等工业都已形成较大规模，涌现出了仕奇集团、伊利乳业、蒙牛乳业、呼和浩特市卷烟厂、亚华水泥厂、三联化工厂等大型企业。

呼和浩特市是内蒙古的教育、科研、文化中心，现有内蒙古大学、内蒙古师范大学、内蒙古农业大学、内蒙古工业大学、内蒙古财经大学、内蒙古医学院等十多所高等院校，还有中央、内蒙古直属和市属的多家科研机构。

呼和浩特市交通发达，已初步形成了市内市外、空中地面互相配套的立体交通网络。飞机、火车、汽车、旅游专线、地铁、高铁，使得呼和浩特的城市交通更加快速和便利。

呼和浩特的特色饮食主要有羊背子、烤全羊、涮羊肉、手把羊肉、烤羊腿、血肠、肉肠、羊杂碎汤、稍麦(烧卖)、莜面、马奶酒、奶茶、奶皮子、奶豆腐、奶酪、油香、麻花、馓子等，还有地方特色与传统风味完美结合的托县炖鱼、和林炖羊肉等。

知识链接
呼和浩特地区
历史发展资料

呼和浩特北拥草原、南临黄河，有着悠久的历史和光辉灿烂的文化，是中华文明的发祥地之一。市内有距今 70 万年的古人类石器制造场遗址"大窑文化"，有始筑于公元前 4 世纪战国时代的中国最古老的"赵长城"，有 1 世纪作为"胡汉和亲"历史见证的昭君墓，有世界上唯一用蒙古文字刻写的天文图所在地——金刚座舍利宝塔"五塔寺"，有被誉为"佛教建筑典范"的席力图召。呼和浩特也是丝茶驼路中转之地，是召庙文化盛行之地，是草原文化与黄河文化、游牧文明与农耕文明交汇、融合的前沿。呼和浩特市还拥有美丽的自然景观，如哈达门国家森林公园、乌素图旅

① 2017 年年末，全市常住人口 311.5 万人。

② 2017 年人口普查数据：呼和浩特市共有 41 个民族，其中蒙古族人口为 285969 人，占全市总人口的 9.98%。

③ 呼和浩特经济技术开发区下辖如意工业园区、金川工业园区，2000 年 7 月被国务院批准晋升为国家级开发区。金山高新技术产业开发区，简称"呼和浩特金山高新区"，2014 年国务院批准晋升为国家高新技术产业开发区。

游开发区、哈素海旅游度假区、大青山避暑山庄等著名景区(点)。

(三)包头市概况讲解资料

包头是蒙古语"包克图"的谐音,意为"有鹿的地方",因此包头又有"鹿城"之称。这是一个非常富有诗意的名字。就像新疆维吾尔自治区的首府乌鲁木齐,是古准噶尔语的音译,意思为"优美的牧场"一样,用其做城市名称,可以平添无限魅力,引发许多美丽动人的遐想。

包头市位于内蒙古中部,是一个"依山傍水、生态环保"的城市。它北与蒙古国接壤,南临黄河,东西接土默川平原和河套平原,阴山山脉横贯包头市中部。

包头市是连接华北和西北的重要枢纽,是国家和内蒙古自治区对外开放的重点发展地区,与呼和浩特、鄂尔多斯成为内蒙古最具发展活力的优势区域。曾先后获得联合国人居奖、中国人居环境范例奖、国家森林城市、国家园林城市、国家卫生城市、第三届中华环境奖、全国水土保持与生态环境建设示范城市、中国优秀旅游城市等荣誉。

包头是一座典型的移民城市,从古至今经历了数次大规模人口迁徙。除了世居的蒙古族以外,还有大量经"走西口""旅蒙商"等移民而来的山西人、陕西人、河北人和山东人,以及新中国成立后因"支援包钢"而来的东北人和河北人。2017年年末,全市常住人口276.6万人,市区人口226.8万人。

包头市总面积2.77万平方千米。现下辖4个区(昆都仑区、青山区、东河区、九原区)、3个旗县(土默特右旗、达尔罕茂明安联合旗、固阳县)、2个矿区(白云鄂博矿区、石拐区)和1个国家级稀土高新技术产业开发区(包头稀土高新技术产业开发区)。

包头属半干旱中温带大陆性季风气候,年平均气温为8.3℃。夏秋两季(6月中下旬至9月初),是包头旅游的最佳时间。这时的包头清风送爽,花香色艳,瓜果丰盛,蔬菜充足,是理想的避暑胜地。

包头地处环渤海经济圈和沿黄经济带的腹地,是内蒙古最大的城市,是内蒙古制造业、工业中心,是中国重要的基础工业基地和全球轻稀土产业中心,被誉称"草原钢城""稀土之都",是"全国20个最适宜发展工业的城市"和"全国投资环境50优"城市之一。

包头历史悠久,文化独特,是欧亚大陆草原文明和黄河流域农业文明的交汇地段,是沟通北方草原游牧文化与中原农耕文化之间的交通要冲,是各民族交流和发展的重要历史文化舞台。包头市郊的阿善文化遗址,表明在6000年前的新石器时代,就有中华先民在这里耕耘渔猎。公元前307年,赵武灵王在包头设九原县,秦设九原郡,西汉改称五原郡。① 然而,包头作为一个城市,形成较晚。如果从清嘉

---

① 从战国至唐朝,包头境内曾几次建筑过一些古城。最早是赵武灵王于公元前306年(武灵王二十年)筑九原城。公元前221年秦为九原郡。433年,鲜卑族建立的北魏王朝,设怀朔镇。后来,随着形势的变化、时间的推移,古城被一一废弃了。

庆十四年(1809年)设置包头镇算起,至今仅211年。① 但是,包头的城市发展速度还是十分快的。在19世纪后期至20世纪初,包头已发展成为我国西北著名的皮毛集散地和水旱码头。

包头市的餐饮以牛、羊肉和各种面食为主,既带有浓郁的西北风味,又具有浓烈的蒙古族风情②。特色美食有涮羊肉、手把肉、烤全羊、烤羊背、驼掌、烧卖、莜面、汤粉饺子(俗名"皮条拉石头")等。城市西部的钢铁大街上集中了数十家各种风味的餐馆。民族东路美食街上集中了包头特色及全国各地的风味美食。

包头市旅游资源丰富,旅游景点有:五当召、梅力更风景区、北方兵器城、美岱召、春坤山、九峰山自然保护区、南海湿地公园、新世纪青年生态园、赛罕塔拉、成吉思汗草原生态园、希拉穆仁草原、昆都仑水库、昆都仑召、红格尔敖包、阿善遗址等。

知识链接
鹿城传说

(四)鄂尔多斯市概况讲解资料

"鄂尔多斯"为蒙古语,源于成吉思汗时的"斡耳朵",是"宫帐""宫殿""宫廷"之意。成吉思汗有四大斡耳朵,鄂尔多斯是斡耳朵的复数形式,意为"很多宫殿",也意为宫帐或宫廷的守护者。

鄂尔多斯市③位于内蒙古西南部,地处黄河"几"字形拐弯内④,可用"三面黄河一面城"来形容,即西北东三面为黄河环绕,南临古长城。它与晋陕宁三省区毗邻,与草原钢城包头市和内蒙古首府呼和浩特市隔河相望,地理位置十分优越。

鄂尔多斯市是国家森林城市、全国文明城市、中国优秀旅游城市、全国最具创新力城市、全国生态园林城市、排名中国城市综合实力50强、全国首批资源综合利用"双百工程"示范基地。

鄂尔多斯市总面积8.7万平方千米,现辖2区7旗(康巴什区、东胜区、伊金霍洛旗、准格尔旗、鄂托克旗、鄂托克前旗、乌审旗、杭锦旗和达拉特旗)。政府所在地在康巴什新区党政大楼。城市形象标识为卡通形象大角牛。截至2017年年底,全市常住人口206.87万人。

鄂尔多斯地区资源丰富,可以形象地概括为"扬眉吐气(羊、煤、土、气)"。"羊"是指鄂尔多斯第一大物产——羊绒。鄂尔多斯地区是"阿尔巴斯山羊"的故乡。"阿尔巴斯"山羊绒具有纤维长、光泽好、拉力强、手感柔韧的特点,被誉为"纤维

---

① 乾隆五年(1740年),萨拉齐设协理通判,这是包头地区最早出现的行政建制。同治九年(1870年)前后,包头修筑城墙,辟东、南、西、东北、西北5座城门,形成了近代包头的城市规模。

② 独特的地理位置使得包头成为游牧民族和农耕民族交往的前沿地带,旅蒙晋商互市之地。当年,无数山西人千里迢迢走过西口,来到这里,也带来了中原的农耕文化,从此西北文化就与游牧文化在这里交融繁衍。如今的包头,无论从饮食文化上,还是生活习惯上,都有独特的西北风情。

③ 前身为伊克昭盟,2001年4月30日,经国务院批准正式改名为鄂尔多斯市。

④ 黄河总长度约5464千米,其中有830千米流经内蒙古地区的6个盟市,分别是阿拉善盟、乌海市、巴彦淖尔市、鄂尔多斯市、包头市和呼和浩特市。

宝石"或"软黄金"。鄂尔多斯地区是世界最大的羊绒制品加工基地。一句"鄂尔多斯羊绒衫温暖全世界"的广告语，使鄂尔多斯闻名全国，走向世界。"煤"是指煤炭。鄂尔多斯市是正在建设的国家重要能源基地，是我国"西煤东运""西电东送"的重要基地。鄂尔多斯地区煤炭资源具有储量大、埋藏浅、易开采的优势，并具有低碳、低硫、低磷、发热量高的优点。这里拥有世界级的大型现代化露天煤矿——东胜煤田、准格尔煤田，以煤为能源的电厂在鄂尔多斯更是星罗棋布。"土"指鄂尔多斯地区的"高铝耐火矾土""高岭土"和"耐火黏土"。鄂尔多斯地区的"土"资源分布广、储量大，是优质建筑材料的密集地，是一些大型工厂、矿山承重和承压设备、耐火材料、阻燃材料的重要供应地。鄂尔多斯地区生产的耐火砖被众多企业青睐，行销华东和华北。"气"指的是天然气。鄂尔多斯地区的高原盆地地形具有形成天然气的良好条件。国家已经在鄂尔多斯地区启动了"西气东输"工程，特别是世界级整装天然气田——苏里格气田的开发建设，对沿途30个城市的能源改造起到了重要作用。

鄂尔多斯地区历史悠久。鄂尔多斯地区是"河套人"的发祥地，是一代天骄成吉思汗灵柩的供祭地，是蒙古族传统民族文化保留最完整的地区。早在先秦时期"河套人"就在鄂尔多斯市乌审旗境内的萨拉乌苏河（又名无定河、红柳河）流域繁衍生息，创造了著名的古代"鄂尔多斯"文化，史称"河套人文化"。自此以后，汉族和几乎北方所有的少数民族都留下了他们的足迹。秦朝时期，修建了号称中国古代第一条高速公路的秦直道，其南起陕西甘泉山，北至包头九原郡，纵贯鄂尔多斯市境内。407年，匈奴铁弗部赫连勃勃在今乌审旗南部萨拉乌苏河畔建立大夏国，历史上称为统万城，其遗址至今可见。425年，北魏在今鄂尔多斯北部沿边一带设置沃野、怀朔、抚冥、柔玄、怀荒、武川六镇（即所谓的"北魏六镇"），统万城改为统万镇。元朝时期，鄂尔多斯地区作为蒙古皇室封地，归察罕脑儿管辖，先后在此设立宣尉司与行枢密院。明朝天顺年间，守护成吉思汗陵寝（即"八白室"）的蒙古鄂尔多斯部从蒙古高原进驻河套地区，"八白室"也随之迁入并由鄂尔多斯部达尔扈特人专司祭祀。清顺治年间被划分为六个旗，乾隆年间又划分出一个旗（扎萨克旗）。民国时期，仍沿用原有的盟旗制度，将东胜厅改为东胜县。1949年，中国共产党内蒙古自治区伊克昭盟盟委、伊克昭盟自治政务委员会成立。从此，鄂尔多斯的历史翻开了新篇章。

鄂尔多斯市属温带大陆性气候，四季分明，早晚温差大，年平均气温在5.3℃～8.7℃。夏季十分凉爽，是理想的避暑胜地。

鄂尔多斯市旅游资源丰富，是内蒙古A级旅游景点最多的市。自然旅游资源有鄂尔多斯自然保护区（国家级自然保护区）、阿拉善湾海子湿地保护区（国家级自然保护区）、响沙湾、库布齐沙漠、毛乌素沙地、恩格贝、七星湖、晋蒙黄河大峡谷等。人文旅游资源有成吉思汗陵、大沟湾"河套人"文化遗址、秦直道、昭君坟、十二连城遗址、准格尔召等。作为元朝的皇室封地，鄂尔多斯地区的歌舞文化、服饰文化、饮食文化都充满了元朝宫廷文化的独特色彩，也构成了鄂尔多斯浓郁而独特的民族文化和民俗风情。

(五)乌兰察布市概况资料

"乌兰察布"一词来源于蒙古语。"乌兰"意为"红色","察布"意为"崖口","乌兰察布"合起来意为"红色的山崖"或"红山口"。

乌兰察布市[1]位于内蒙古中部,是内蒙古所辖12个盟市中距离首都北京最近的城市,东距北京300多千米。乌兰察布市还是内蒙古东进西出的"桥头堡"、北开南联的交汇点,是进入东北、华北、西北三大经济圈的交通枢纽,也是中国通往蒙古国、俄罗斯和东欧的重要国际通道。

乌兰察布市是一座生态宜居的城市,"三山两河"[2]成为城市标志性景观,获得自治区"人居环境范例奖",被住建部专家组誉为"建在玄武岩上的美丽园林城市"。

乌兰察布市素有"中国薯都""风电之都""草原皮都""神舟家园""中国草原避暑之都"的美誉。中国薯都:马铃薯年产量440万吨,面积和产量均居全国地市级首位,被中国食品工业协会命名为"中国马铃薯之都"。风电之都:风能资源得天独厚,有效风场面积6828平方千米,占自治区的1/3,被誉为"空中三峡、风电之都"。草原皮都:已建成大型皮革交易中心。神舟家园:杜尔伯特大草原是"神舟"系列飞船回归地。中国草原避暑之都:这里年平均气温4.3℃,无霜期95~145天,气候冷凉,雨热同期,一天24小时如同开启着大自然的空调。2014年被中国气象学会命名为"中国草原避暑之都",成为全国唯一获此称号的地区。

乌兰察布市草原广阔,天然草原总面积5521.58万亩,占全市面积的66.5%,天然草原平均植被覆盖率37%。辽阔的草原蕴藏着丰富的植物资源,现已辨识的植物600余种。杜尔伯特草原是"神舟"系列飞船回归地,辉腾锡勒草原是世界上保存最好的高山草甸草原,乌兰哈达草原是国内著名的火山草原。一个城市拥有三大草原,这在内蒙古是独一无二的,乌兰察布也因此被誉为"草原博物馆"。

乌兰察布市背靠奇峰争出的大青山,面临水草丰美的土默川,自古以来就是具有天然屏障的可攻可守的军事要塞。这里已有1万多年的人类活动史和6000余年的人类文明史,仅岱海周边就有500多处古人类遗址,是大窑文化、仰韶文化、岱海文化的重要发祥地,被著名考古学家苏秉琦先生赞誉为"太阳升起的地方"。有文字记载以来,乌兰察布就是草原文明与中原文明、游牧文明与农耕文明水乳交融的沃土。赵武灵王胡服骑射、良将李牧保国戍边、飞将李广拒敌阴山、北魏开国皇帝拓跋珪诞生、蒙古四部六旗会盟等历史事件都发生在这片神奇的土地上,孕育出光辉灿烂的察哈尔文化。2003年全国十大考古新发现之一的元代集宁路遗址,曾是中原通往中亚的驿道——木枪道(即马道)上的一个重要驿站,是草原丝绸之路、欧亚茶驼之路的重要通道和货物集散地,见证了昔日"使者相望于道,商旅不绝于途"

---

[1] 前身为乌兰察布盟,2003年12月撤盟设市。

[2] 指白泉山、卧龙山、老虎山、霸王河、泉玉岭河。

的灿烂辉煌。

乌兰察布市总面积 5.45 万平方千米，总人口约 287 万，是一个以蒙古族为主体、汉族居多数的少数民族地区。乌兰察布市辖 11 个旗县市区，即 1 区（集宁区）、1 市（丰镇市）、4 旗（察哈尔右翼前旗、察哈尔右翼中旗、察哈尔右翼后旗、四子王旗）、5 县（商都县、化德县、卓资县、凉城县、兴和县）。政府所在地为集宁区。

乌兰察布市矿藏富集，已发现矿种 80 多种。其中萤石的储量亚洲第一，钼、石膏储量全国第一，国内三大石墨产地之一。电力工业是乌兰察布市的支柱产业。

乌兰察布市特色美食较多。因本地盛产荞面，所以荞面条、荞面饸饹、荞面搅团、荞面揉揉、荞面凉粉等，便成为乌兰察布市地方特色食物。这里还有制作加工近百年历史、全国三大名鸡之一的卓资山熏鸡；以土豆和莜面①为原料的山药鱼；以葫油、白糖、冰糖、蜂蜜等为主要原料，被老百姓称为"平民月饼"的丰镇月饼等。值得一提的是，这里的蒙古族特色餐饮风味纯正，特别地道，如烤全羊、手把肉、炖羊肉、炖牛肉、蒙古包子、蒙古馅饼等。

知识链接
丰镇月饼

乌兰察布市旅游资源丰富，拥有葛根塔拉草原、辉腾锡勒草原、火山岩地貌考古旅游区、苏木山森林公园、凉城环岱海旅游区、老虎山生态公园、黄旗海、黄花沟、飞来石、平安洞、永兴湖等旅游景点。

（六）巴彦淖尔市概况资料

巴彦淖尔为蒙古语。蒙古语"富饶"为"巴彦"，"湖泊"为"淖尔"。巴彦淖尔合起来的意思就是"富饶的湖泊"②。

巴彦淖尔市③位于内蒙古西部，地处河套平原④和乌拉特草原上，东接包头市，西邻阿拉善盟，南隔黄河与鄂尔多斯市相望，北与蒙古国接壤，是"一带一路"重要交汇点，是国家西部大开发的重点区域，是国家重点商品粮基地、内蒙古西部最大的粮仓，有着"塞上江南，黄河明珠，北方新城，西部热土"的美誉。

巴彦淖尔市总面积 6.5 万平方千米，总人口 170 多万，居住着蒙古族、汉族、回族等 29 个民族。巴彦淖尔市现辖 7 个旗县区，即 1 个市辖区（临河区）、2 个县（五原县、磴口县）、4 个旗（杭锦后旗、乌拉特前旗、乌拉特中旗、乌拉特后旗）。市政府所在地为临河区。

巴彦淖尔属中温带大陆性季风气候，光照充足，热量丰富，无霜期短，温差

---

① 莜麦所含蛋白质和脂肪量为五谷之首，还含有磷、铁、钙和维生素等多种营养成分。

② 有说法称：巴彦淖尔得名于富饶的吉兰泰盐池，而称其为"巴彦"，还由于巴彦淖尔地处"黄河百害，唯富一套"的河套地区，素有我国"塞上谷仓"之称。

③ 前身为 1956 年成立的巴彦淖尔盟，2004 年国家批准改原巴彦淖尔盟为巴彦淖尔市。

④ 河套是指黄河"几"字弯和其周边流域。河套平原一般分为宁夏青铜峡至石嘴山之间的银川平原，又称"西套"，和内蒙古部分的"东套"。有时"河套平原"被用于仅指东套，和银川平原并列。东套又分为巴彦高勒与西山咀之间的巴彦淖尔平原（又称"后套"），以及包头、呼和浩特和喇嘛湾之间的土默川平原（即敕勒川，又称"前套"）。有时河套平原称河套—土默川平原。

大，四季分明，年平均气温 9.4℃。

巴彦淖尔市历史悠久。早在原始社会，其境内阴山以北地区就有人类居住。夏商西周至春秋，鬼方、猃狁等民族游牧于此。秦始皇统一中国后，分天下为 36 郡，巴彦淖尔属九原郡。汉武帝时期，改九原郡为五原郡，并进行了大规模的移民开发和水利建设。此时，巴彦淖尔大地已是阡陌纵横，鸡犬相闻。以后历朝历代均在此设置统治机构。①

巴彦淖尔市南部腹地的河套平原，素有"天下黄河，唯富河套"之美誉，农牧业发展历史悠久，盛产小麦、玉米、葵花、黑瓜籽、蜜瓜、西瓜、苹果梨（又称"丑梨"）、枸杞、番茄、胡麻等优质农产品，粮油糖产量一直居全区前列。

巴彦淖尔市所产的河套蜜瓜，又称华莱士，被誉为"天下第一瓜"。2018 年 2 月，农业部正式登记为农产品地理标志保护产品。巴彦淖尔市属典型的温带大陆性气候，昼夜温差大，有利于蜜瓜糖分的积累。河套蜜瓜果肉细软、汁多、口感甜，且富含多种营养成分。外形溜圆，标准瓜重 0.5 千克左右。色泽黄，兼有梨、苹果、蜜桃、香蕉的美味，醇香甘甜，为瓜中珍品。河套蜜瓜以磴口产的最好，磴口县享有"中国华莱士之乡"的美称。磴口华莱士节，自 1993 年创办以来，一直延续至今，每年的 7 月 28 日开幕，历时 10 天。

巴彦淖尔市是内蒙古自治区最大的葵花生产、加工、出口基地，年葵花种植面积约 400 万亩。五原县素有"葵花之乡"的美誉，是全国最大的葵花子集散地。河套葵花籽（仁）漂洋过海，远销英国、美国、德国、澳大利亚、埃及、泰国、伊朗等 40 多个国家和地区，海外市场不断拓展。巴彦淖尔市种植的向日葵有食用型和油用型两种，当地称食用的为花葵，油用的为油葵。油葵皮薄、籽粒饱满，含油量高，是制油的主要原料。花葵粒大易嗑，较油葵含油率低，加工成五香瓜籽、多味瓜籽后，味道极好，是人们喜爱的副食品。

巴彦淖尔市阴山以北的乌拉特草原出产的二郎山白绒山羊和戈壁红驼驰名海内外。二狼山白山羊绒有"纤维钻石""软黄金"之美誉。戈壁红驼是乌拉特部落牧民在长期生产实践中选育出来的优良品种，兼有毛、肉、皮、乳等多种用途，是经济价值较高的牲畜。红驼绒纤维长、绒丝细、产量高，驼掌、驼峰、驼筋是宴席上的高级美味佳肴，素有"草原珍珠"美称。

巴彦淖尔市河套巴美肉羊是国家农产品地理标志保护产品，是巴彦淖尔市具有自主知识产权的品种，也是国内第一个通过复杂育成技术杂交培育出的肉毛兼用型

---

① 东汉末至十六国，南匈奴等民族游牧于此。北魏时期，怀朔、沃野二镇在境内有建制。唐初属丰州辖境，后为中、西受降城境域。宋、辽、金、夏，巴彦淖尔地区东境迭次属辽、金国，西境为西夏国属地。元朝时期，阴山南属大同路云内州，阴山北属德宁路，统归中书省直辖。明初分属山西东胜卫和陕西宁夏卫辖境，未几，皆入于北元（后曾多次易手）。清朝时，后套地区属伊克昭盟（今鄂尔多斯市）鄂尔多斯左翼后旗、右翼后旗地。顺治五年（1648 年）设置乌拉特前旗、乌拉特中旗、乌拉特后旗（今乌加河以北以东）。光绪二十九年（1903 年）设五原厅。

品种，享有"全国肉羊看内蒙，内蒙肉羊数巴美"的美誉。

巴彦淖尔市处于全国著名的狼山——渣尔泰山多金属成矿带上，矿产种类多、储量大、品位高。已发现铜、硫、铁、铅、锌、钼、金、石墨、硅石等矿产69种。其中硫铁矿储量居全国首位，铅、锌、铜储量在全国也占重要地位。丰富的矿产资源是矿山工业发展的重要基础。

巴彦淖尔市乌拉特前旗大佘太镇孕育了大面积的玉石矿，所产佘太翠玉闻名远近。佘太玉有翠绿色、白色、青色三种基本颜色，已被开发成各种首饰及手工艺品。乌拉特前旗的能工巧匠用佘太翠玉打造出世界上第一把"佘太翠玉马头琴"，其声音既保留了传统木质马头琴深沉悠远的原有韵味，又增添了玉石古老清脆的原生态味道，可以说别具一番风味。

巴彦淖尔市旅游资源独特，可以用六个字来概括：绿（草原、田园和次生林）、蓝（湖泊）、禽（乌梁素海鸟类）、野（戈壁自然野趣）、情（浓郁的少数民族风情和边疆情趣）、史（历史遗存）。著名景点有：乌梁素海、三盛公黄河水利枢纽、阴山岩画、乌拉山国家森林公园、纳林湖、镜湖、奇石林、人根峰、河套田园风光等。

(七)呼伦贝尔市概况资料

呼伦贝尔市①得名于境内的呼伦湖和贝尔湖。"呼伦"是由蒙古语"哈溜"音转而来，意为"水獭"；"贝尔"蒙古语意为"雄水獭"。古代这两个湖盛产水獭，生活在湖边的蒙古族便以动物的名称为两湖命名。②

呼伦贝尔位于内蒙古的最北端，东临黑龙江省（与中国最北端著名的村镇——黑龙江省漠河县北极村相邻，那里是中国唯一可观赏到北极光和极昼现象的地方），西与俄罗斯和蒙古国接壤，是中国唯一的中俄蒙三国交界地区，拥有满洲里、黑山头等8个国家级口岸，素有"鸡鸣闻三国"的美誉。

呼伦贝尔市是内蒙古自治区最东部的地级市，也是全国陆地面积最大的地级市。总面积为25.3万平方千米，占自治区面积的21.4%，相当于山东和江苏两省面积的总和。

呼伦贝尔市现辖14个旗市区，其中有2个区（海拉尔区、扎赉诺尔区）、5个市（满洲里市、扎兰屯市、牙克石市、根河市、额尔古纳市）、4个旗（阿荣旗、新巴尔虎左旗、新巴尔虎右旗、陈巴尔虎旗）、3个自治旗（莫力达瓦达斡尔族自治旗、鄂伦春自治旗、鄂温克自治旗）。2017年，呼伦贝尔市户籍人口为257.92万人，42个民族，达斡尔、鄂温克、鄂伦春3个少数民族自治旗都在呼伦贝尔市。市政府所在地驻海拉尔区。

呼伦贝尔市地处温带，大陆性气候显著，冬季寒冷漫长，夏季温凉短促，春季

---

① 其前身为呼伦贝尔盟。2001年10月10日，国务院批准撤销呼伦贝尔盟设立地级呼伦贝尔市。

② 蒙古族有用动植物名称命山、河、湖、泉名称的古老习惯。

干燥风大，秋季气温骤降霜冻早；全年气温冬冷夏暖，昼夜温差大，大部分地区年平均气温在0℃以下，只有大兴安岭以东和岭西少部分地区在0℃以上。

呼伦贝尔历史悠久。早在二三万年前，古人类——扎赉诺尔人就在呼伦湖一带繁衍生息，创造了呼伦贝尔的原始文化。自公元前200年左右（西汉时期）直至清朝的两千多年时间里，呼伦贝尔草原以其丰饶的自然资源孕育了中国北方诸多的游牧民族，创造了灿烂的游牧文化。这里被著名历史学家翦伯赞先生誉为"中国北方游牧民族成长的历史摇篮"。

呼伦贝尔是举世公认的蒙古族发祥地，成吉思汗的故乡。8世纪，生活在额尔古纳河东岸的成吉思汗的先祖蒙兀室韦部迁移至斡难河、克鲁伦河、土拉河的发源地肯特山区。12世纪，当成吉思汗登上政治舞台、统一蒙古草原时，又返回呼伦贝尔，在这里进行了几次大的决定性战役，消灭了政敌，打破了几个大部落长期势力均衡的局面，最后统一了蒙古高原。从此，北方草原上形成了一个具有语言、地域和文化共同性、在经济生活中有许多共同特点的民族——蒙古族。

呼伦贝尔交通便捷，拥有铁路、公路和航空立体交通网络，滨洲铁路和301国道贯通全市，拥有海拉尔、满洲里两个国际航空港，已开通至俄罗斯、蒙古国的国际航线及北京、呼和浩特、哈尔滨、上海、广州等50余条国内航线。

呼伦贝尔风光秀美，素有"绿色净土""北国碧玉"之称。这里是内蒙古旅游资源最丰富的地区，是全国唯一被列为国家草原旅游区而进行重点开发的地区。

呼伦贝尔市旅游资源可以用"六大"来形容，即大草原（呼伦贝尔常常被作为"大草原"的代名词，这里的草原被誉为"世界上最美的草原"）、大森林（有面积非常广阔的大兴安岭林区，有林地面积1.90亿亩，占全市土地总面积的50%，占自治区林地总面积的83.7%，森林覆盖率达49%）、大湖泊（这里湖泊星罗棋布，其中呼伦湖是内蒙古第一大湖、中国蓄水量第三大淡水湖、东北第一大湖，与贝尔湖为姊妹湖，2014年5月30日湖泊面积为2043平方千米）、大冰雪（7个月的漫长冬季给了呼伦贝尔最自然、最纯净的冰雪资源）、大民俗（呼伦贝尔市被誉为"中国最佳民族风情魅力城市"，民俗风情原始淳朴、多姿多彩）、大口岸（拥有满洲里铁路口岸、满洲里公路口岸、满洲里航空口岸、黑山头口岸、室韦口岸、阿日哈沙特口岸、额布都格口岸、海拉尔东山机场航空口岸8个国家级口岸）。

(八)兴安盟概况资料

兴安盟因地处大兴安岭中段而得名。"兴安"是满语，汉语意为"丘陵"。因大兴安岭山势较缓，主脉山峰相对高度不大，故满语称之为"兴安"。

兴安盟位于内蒙古东北部，属于我国东北经济区，紧邻吉林和黑龙江，南部、西部、北部分别与通辽市、锡林郭勒盟和呼伦贝尔市相连；西北部与蒙古国接壤，边境线长126千米，设有中国阿尔山—蒙古松贝尔国际季节性开放口岸。

兴安盟地处大兴安岭向松嫩平原过渡带，被誉为无污染、无公害的"绿色净土"。经济区划大致分为林区、牧区、半农半牧区和农区。林区主要集中在大兴安岭主脊线的中山地带，有7000多平方千米。牧区主要集中在乌兰毛都低山地带，有8000多平方千米。半农半牧区和农区分布在低山丘陵和平原地带，有45000多平方千米。

兴安盟总面积近6万平方千米，总人口168万，少数民族人口占47%，其中蒙古族人口占42.1%，是全国蒙古族人口比例较高地区。1980年兴安盟恢复盟建制，现辖2市(乌兰浩特市、阿尔山市)、3旗(科尔沁右翼前旗、科尔沁右翼中旗、扎赉特旗)和1县(突泉县)，其中，阿尔山市和科尔沁右翼前旗为边境旗市，乌兰浩特市为盟委行署所在地。

兴安盟历史悠久，在距今3000~10000年，兴安盟地区就有人类活动。对兴安盟影响较大的是清朝政府，其对蒙古地区的管理，沿袭了满洲八旗制度，拆散蒙古部落，编成盟旗，使其互相制约，无法联合。对兴安盟人民来说，最光荣、最值得纪念的事情是：1947年5月1日在王爷庙成立了内蒙古自治政府，从此，全国第一个少数民族自治区诞生。1947年11月，内蒙古自治政府将王爷庙改名为乌兰浩特市。

兴安盟境内有大小河流200多条，水资源总量50亿立方米，是东北地区的"水龙头"。农牧业发展条件较好，是世界公认的"玉米黄金种植带"和"最佳养牛带"，是"内蒙古优质稻米之乡"。

兴安盟原生态旅游资源得天独厚。有各级各类自然保护区10个，总面积1000万亩。大兴安岭、科尔沁草原、察尔森国家森林公园、科尔沁湿地珍禽自然保护区环境优美，成吉思汗庙和葛根庙民族风情浓郁。阿尔山地区更是集国家地质公园、国家森林公园于一身，拥有温泉、湿地、火山、冰雪、森林、草原等自然景观，是典型的生态文明体验区。① 兴安盟是革命老区，拥有"五一会址""乌兰夫办公旧址""民族解放纪念馆"等一批革命旧址。

(九)锡林郭勒盟概况资料

锡林郭勒的蒙古语意为"辽阔丘陵地带的河流"或"辽阔草原上的河流"。

锡林郭勒盟位于内蒙古中部，北与蒙古国接壤，西与乌兰察布市交界，南与河北省毗邻，东与赤峰市、通辽市、兴安盟相连，距北京460千米，是东北、华北、西北交汇地带，具有对外贯通欧亚、连接东西、北开南联的重要作用。

锡林郭勒盟是蒙古族文化的发祥地。这里蒙古族文化特色鲜明，文化传承较为完整，民族风情浓郁，素有"吉祥草原""游牧文化之源""博克之乡""长调之乡"的美

---

① 阿尔山—柴河旅游区是国家AAAAA级景区，又是联合国教科文组织授予的"世界地质公园"。阿尔山矿泉群可治疗风湿症、皮肤病等多种疾病，阿尔山天池作为全国六大天池之一，被列入联合国A级自然保护区。阿尔山冬季滑雪场作为冬季理想的滑雪训练基地和比赛场地正日益引起国内外的关注。

誉。1957年，这里诞生了被周恩来总理誉为"草原文艺轻骑兵"的第一支乌兰牧骑。2010年，中国马业协会将"中国马都"称号授予锡林郭勒盟。2012年，元上都遗址成功入选《世界文化遗产名录》。

锡林郭勒盟总面积20.3万平方千米，2017年年末全盟常住人口为105.16万人，其中蒙古族人口为32.45万人。现辖2市（锡林浩特市、二连浩特市）、9旗（苏尼特左旗、苏尼特右旗、阿巴嘎旗、东乌珠穆沁旗、西乌珠穆沁旗、镶黄旗、正镶白旗、太仆寺旗、正蓝旗）、1县（多伦县）、1个管理区（乌拉盖管理区）、1个开发区（锡林郭勒经济技术开发区）。其中，锡林浩特市是盟委、盟行政公署所在地，是锡林郭勒盟政治、经济、文化中心。二连浩特市是中国通往蒙古国、俄罗斯和东欧各国的大陆桥，是内蒙古自治区计划单列市。

锡林郭勒盟属中温带干旱半干旱大陆性季风气候，主要气候特点是风大、干旱、寒冷。年平均气温0℃～3℃，结冰期长达5个月，寒冷期长达7个月。有四句话可以概括这里的四季：春季多风易干旱，夏季温凉雨不均，秋季凉爽霜雪早，冬季漫长冰雪茫。

锡林郭勒盟是西部大开发的前沿，是距京津地区最近的草原牧区。锡林郭勒草原是内蒙古主要天然草场之一，可利用优质天然草场面积达18万多平方千米，占全自治区的1/5，是华北地区重要的生态屏障。境内有全国唯一被联合国教科文组织纳入国际生物圈监测体系的锡林郭勒国家级草原自然保护区。锡林郭勒草原植被种类十分丰富，有黄芪、防风、柴胡、知母、麻黄、甘草、黄芩等400多种药用材，成为我国主要中草药的生产基地之一。这里也是国家和自治区重要的畜产品基地，牛、马、羊、驼等草食家畜拥有量位居全国地区级首位，苏尼特羊和乌珠穆沁羊以其肉质鲜嫩享誉全国。

锡林郭勒盟盛产小麦、莜麦、马铃薯、胡麻等农作物，还盛产蘑菇、发菜、蕨菜、黄花等多种珍贵野菜以及大面积分布的重要工业原料芦苇。锡林郭勒矿产资源丰富，已发现矿种八十余种，煤炭资源尤为丰富，境内有百余个含煤盆地，褐煤总储量在全国居第一位。

锡林郭勒盟旅游资源丰富，除广袤的大草原以外，还有蒙古汗城、元上都遗址、多伦湖、御马苑旅游区、汇宗寺、贝子庙、山西会馆、二连盆地白垩纪恐龙国家地质公园等众多自然与人文景观。

（十）通辽市概况资料

通辽市前身为哲里木盟。"哲里木"是蒙古语音译，意为马鞍吊带，因清代内札萨克十旗会盟于哲里木山而得名。

通辽市位于内蒙古东部、松辽平原西端，东与吉林省接壤，南与辽宁省毗邻，西与赤峰市、锡林郭勒盟交界，北与兴安盟相连，是环渤海经济圈和东北经济区的重要枢纽城市。

通辽市总面积约 6 万平方千米。2016 年年末，全市户籍人口 318.9 万人，生活着蒙古族、汉族、回族、朝鲜族、达斡尔族等 40 个民族，其中，蒙古族人口 155.63 万人，分别占全国、全世界蒙古族人口的 1/4 和 1/5，是全国以及内蒙古自治区蒙古族人口最集中的地区。

通辽市辖 1 个市辖区、1 个开发区、1 个县、5 个旗，代管 1 个县级市。即科尔沁区、通辽经济技术开发区、开鲁县、库伦旗、奈曼旗、扎鲁特旗、科尔沁左翼中旗、科尔沁左翼后旗和霍林郭勒市。

通辽市地处干旱和半干旱气候区，境内受蒙古高原气流影响，属温带大陆性季风气候，年平均气温 0℃～6℃。四季特征为：春季干旱大风多，夏季炎热降雨集中，秋季凉爽短促，冬季漫长少雪寒冷。

通辽市历史悠久，是蒙古族的发祥地之一，也是璀璨的红山文化和富河文化的发祥地，有"中国安代舞之乡"的美称。早在五千多年前，科尔沁草原就已经开始有人类生息。据夏家店下层文化遗迹和生活器具等考古发现证实，通辽土地上的第一代居民是东胡族和山戎族。之后，鲜卑、乌桓、契丹、蒙古族、满族等少数民族相继在这里生活、繁衍。至清朝崇德元年，即 1636 年始建哲里木盟。19 世纪 40 年代时通辽市是个镇，名叫白音泰赉镇。后时任哲里木盟盟长蒙古王爷为白音泰赉镇建市取名"通辽"。1969 年 7 月，哲里木盟划归吉林省。1979 年 7 月，哲里木盟复归内蒙古。1999 年 10 月，哲里木盟撤盟改为通辽市。

通辽市是国家重点农畜产品生产基地，粮食产量和肉类产量居内蒙古前列，素有"内蒙古粮仓"和"中国黄牛之乡"的美誉。通辽市已探明煤炭、石油、硅砂等矿藏 52 种，煤炭保有量 113 亿吨。霍林河煤矿是中国五大露天煤矿之一和国家重点规划建设的 13 个亿吨级大型煤炭基地之一。石油保有储量 1.33 亿吨。天然硅砂保有储量 1.34 亿吨，储量居全国之首。"八〇一"稀有稀土矿是世界特大型矿床。被称为"冶炼之宝"的石墨储量也很可观。功能神奇的中华麦饭石更是蜚声海内外。

通辽市特产品种独特，质地优良。有麻黄、甘草、沙棘、草原山杏（扎鲁特旗作为"山杏之乡"，有着 230 万亩可利用野生山杏资源，20 万亩山杏封育区）、牛肉干（又名科尔沁风干牛肉、风干牛肉干）。通辽位于科尔沁草原的核心，是内蒙古风干牛肉干最知名的生产地。主料为科尔沁黄牛大腿上的精选肉，配以适量盐、葱、姜、调料等，先进行腌制，然后风干晾制而成。

通辽市有很多特色饮食，包括：菜包（也叫饭包，是通辽地区人民非常喜爱的一种饮食）、炒米（是牧区最常见的熟食，蒙古语"胡尔申巴达"，是以散糜子经过焖蒸、锅炒、碾磨等工艺加工而成）、库伦荞麦（自治区名牌农产品，富含蛋白质、脂肪和多种矿物质元素及维生素 B_1、维生素 B_2 等）、蒙古族白食（蒙古语叫"查干伊德"，是牛、马、羊、骆驼的奶制品）。

通辽市从古至今出现过很多历史人物。如清初的孝端文皇后、孝庄文皇后，清代名将僧格林沁，民族英雄嘎达梅林，革命烈士麦新、吕明仁、徐永清等。

通辽市旅游资源较为丰富，有罕山国家自然保护区、大青沟国家自然保护区、宝古图国家沙漠公园、珠日河草原、阿古拉草原、奈曼王府、孝庄园旅游区、科左后旗莲花沟生态旅游区、奈曼旗青龙山洼旅游区、扎鲁特旗巨日合镇红色旅游区、奈曼旗孟家段生态旅游区等。

（十一）赤峰市概况资料

赤峰，得名于境内东北的褐色孤峰，蒙古语称为"乌兰哈达"，意为"赤峰"。赤峰市前身为昭乌达盟，昭乌达为蒙语，汉译"百柳"之意。

赤峰地处东北、华北地区结合部，是内蒙古东部中心城市，是首都经济圈和环渤海经济圈重要节点城市，是内蒙古距离出海口最近的城市，距首都北京 390 千米，距东北中心城市沈阳不到 500 千米，距离辽宁锦州港仅 250 千米。

赤峰市总面积 9 万平方千米，总人口 464.3 万，约占内蒙古人口的 1/5，是内蒙古第一人口大市，有蒙古族、汉族、回族、满族等 30 多个民族，其中蒙古族人口 94.3 万。赤峰市现辖 3 区、7 旗、2 县，即红山区、元宝山区、松山区、阿鲁科尔沁旗、巴林左旗、克什克腾旗、翁牛特旗、喀喇沁旗、敖汉旗、巴林右旗、宁城县、林西县。市政府驻赤峰市新城区。

赤峰地处蒙古高原向辽河平原的过渡地带，处于阴山东西向构造带和大兴安岭构造带交汇处。大约 7000 万年以前发生的剧烈地壳运动——燕山造山运动后，赤峰地区近代山系雏形基本形成。赤峰市是目前世界上第四季冰川遗迹发现数量最多、保存最为完好的地区，第四季冰川遗迹冰臼群、石林、角峰、冰石河等地质奇观分布广泛。其中，阿斯哈图花岗岩石林被誉为世界地质奇观，大青山冰臼群是世界上最大的冰臼群。

赤峰矿产资源丰富，已发现矿产 70 余种、矿产地 1300 多处，其中大型矿床 25 个，金、银等贵金属和铅、锌、铜、锡、钼等有色金属种类多、储量大。2010 年被中国有色金属工业协会命名为"中国有色金属之乡"。非金属资源品种多、品位高。巴林石蜚声海内外。

赤峰地区的草原是内蒙古大草原的重要组成部分，总面积 8700 多万亩，主要分布在北部的阿鲁科尔沁旗、巴林右旗、克什克腾旗和翁牛特旗境内。著名的草原有乌兰布统草原、贡格尔草原、巴林草原等，其中克什克腾旗境内的乌兰布统草原是距北京最近、最美的草原。

赤峰境内沙地面积较大，兼有科尔沁和浑善达克两大沙地，总面积 2850 万亩，分布在克什克腾旗、阿鲁科尔沁旗、巴林左旗、巴林右旗、林西县、翁牛特旗、松山区、元宝山区 8 个旗县区境内，其中翁牛特旗东部素有"八百里瀚海"之称。

赤峰境内河流、湖泊众多。西拉木伦河横贯东西，老哈河纵流南北，是西辽河的两大源头。西拉木伦河因落差大、水流湍急、两岸连山，被誉为"塞外小三峡"，还因发源于此的史前文明早于黄河流域而被史学界誉为"祖母河"。全市常年蓄水的天然湖泊有 70 余处，其中达里诺尔湖是内蒙古第二大湖泊，每年有 7 万余只迁徙的白天鹅经过这里，素有"天鹅湖"美誉。

赤峰地区赋存丰富的温泉、冷泉资源。境内有三处温泉，分别在克什克腾旗、宁城县、敖汉旗，水温在 66℃～96℃。冷泉则以巴林右旗比图泉最为著名，因其含锂、锶、锌、镁、钼、硒 6 种微量元素，世界罕见，被誉为"六味神泉"。

赤峰市历史悠久。在秦、汉时期分属燕、东胡、鲜卑，隋唐时设饶乐都督府和松漠都督府，明朝时先后属大宁卫、全宁卫、应昌卫和兀良哈三卫，清代赤峰大部分地区属昭乌达盟，民国时属热河特别区。1949 年新中国成立后，先后隶属于热河省和内蒙古自治区。1969 年划归辽宁省，1979 年划回内蒙古自治区。1983 年 10 月撤销昭乌达盟设赤峰市。

赤峰市文化灿烂。全市有国家级文物保护单位 50 多处，以境内地名命名的文化 8 个，分别是：小河西文化（距今约 9000 年）、兴隆洼文化（距今 8150～7350 年）、赵宝沟文化（距今 7350～6420 年）、红山文化（距今 6660～5000 年）、富河文化（距今 6000 年）、小河沿文化（距今 5000～4870 年）、夏家店下层文化（距今 4200～3600 年）、夏家店上层文化（距今 3000～2500 年）。全市已发现古人类文化遗址 7340 处。兴隆洼遗址被史学界誉为"华夏第一村"，红山文化标志性器物 C 型碧玉龙①被史学界誉为"中华第一龙"，二道井子夏家店遗址被史学界誉为"草原第一城"。因红山文化碧玉龙的发现，赤峰又被称为"玉龙之乡"。赤峰地区曾是辽王朝政治、经济文化的中心，其两大都城辽上京和辽中京分别坐落在巴林左旗和宁城县境内。喀喇沁亲王府是国内现存规模最大的清代蒙古族王爷府。红山文化遗址、辽文化遗址已列入中国世界文化遗产预备名单。

赤峰属中温带半干旱大陆性季风气候区，大部地区年平均气温为 0℃～7℃。四季特征为：春季干旱多大风，夏季短促炎热、雨水集中，秋季短促、气温下降快、霜冻降临早，冬季漫长而寒冷。

赤峰特色小吃种类丰富。有对夹、哈达饼、哈达火烧、草原肉饼、排骨蒸饺、达里湖华子鱼、锅包肉、红烧牛尾、红烧牛蹄筋、哈拉海②炖土豆等，还有蕨菜、黄花、白蘑、山杏仁、宁城老窖酒、敖汉杏仁乳、喀喇沁旗马奶酒、赤峰啤酒、沙棘饮料等。

知识链接
赤峰对夹、哈达饼、哈达火烧、赤峰三宝

（十二）乌海市概况资料

乌海市是内蒙古自治区西部一座新兴工业城市，地处黄河上游，处于华北与西北的结合部，"蒙宁陕甘"经济区结合部和沿黄经济带中心，是国家"新丝绸之路经

---

① 红山碧玉龙出土于赤峰市翁牛特旗赛沁塔拉（三星塔拉），距今约 5000 年，属于新石器时代遗物。

② 哈拉海，一般指宽叶荨麻，别名蝎麻子、小荨麻，哈拉海炖土豆为赤峰特色菜。

济带"和呼包银榆经济区重要节点。1958 年，随着包兰铁路、包钢等国家重点项目的实施，乌海地区开始大规模开发建设。1976 年，原海勃湾和乌达两个县级市合并，并由周恩来总理亲自命名为"乌海市"。

乌海市总面积 1754 平方千米，常住人口 55 万（户籍人口 44.5 万），有蒙古族、汉族、回族、满族等 40 个民族。乌海市辖海勃湾、乌达、海南 3 个县级行政区和滨河新区管委会，市人民政府设在海勃湾。

乌海市属于典型的大陆性气候，年平均气温 9.6℃，春季干旱，夏季炎热高温，秋季气温剧降，冬季少雪。春秋季短，冬夏季长，昼夜温差大，日照时间长，可见光照资源丰富。

乌海物华天宝，人杰地灵，具有丰富的自然文化资源，总体而言，可以用六个美誉来形容，即"黄河明珠""乌金之海""书法之城""沙漠绿洲""葡萄之乡""赏石之城"。

"黄河明珠"——乌海市位于黄河上游区域，黄河穿境而过逾百千米，由南向北顺流而下，"三山环抱，一水中流"①，民风淳厚，被誉为镶嵌在黄河金腰带上的一颗明珠。国家重点建设项目黄河海勃湾水利枢纽工程于 2010 年 4 月开工建设，2013 年 9 月开始蓄水，形成了 118 平方千米水面的"乌海湖"②，水域面积是杭州西湖的 20 倍、宁夏沙湖的 5.4 倍。现在的乌海市，依山傍水，水绕城中，环境更加优美，已经成为名副其实的"黄河明珠"。黄河流经的沿途分布着大大小小十几个河心岛，是赏黄河风光的绝佳之地。

"乌金之海"——乌海市境内资源富集，素以"乌金之海"著称。优质焦煤、煤系高岭土、石灰岩、铁矿石、石英砂、白云岩等矿产资源储量大、品位好、易开采、相对集中配套、工业利用价值高。其中，优质焦煤占内蒙古已探明储量的 75%，是国家重要的焦煤基地。石灰石远景储量在 200 亿吨以上，煤系高岭土储量 11 亿吨以上，潜在的经济价值在 4000 亿元以上。得天独厚的矿产资源优势为乌海的矿业发展提供了资源保证。

"书法之城"——乌海市于 2008 年被中国书协命名为"中国书法城"，全市共有中国书协会员 23 人、自治区书协会员 120 人，常年坚持习练书法的爱好者万余人。书法家冯印强创作的书法作品荣获中国书法"兰亭奖"一等奖，填补了自治区空白。在连续两届"黄河明珠·中国乌海书法艺术节"上，乌海市获得了上海大世界基尼斯总部授予的三项大世界基尼斯之最，即"规模最大的书法活动""规模最大的青少年书法比赛""各民族少儿用最多灯笼拼成的'爱祖国'大型表演活动"。成功举办了两届国际书法产业博览会，2011 年又获得"中国硬笔书法名城"命名，书法文化已成

---

① 东部是绵延百里的桌子山，中部为甘德尔山，西部为五虎山，各山体均属贺兰山脉的北端余脉，三山成南北走向平行排列，中间形成两条平坦的谷地。黄河沿甘德尔山西谷流经市区，阻断乌兰布和沙漠进入河套地区。

② 乌海湖生态旅游区横贯乌海市南北，涵盖乌兰布和沙漠、乌兰淖尔湖、乌海湖、胡杨岛、兔岛等风景区。

为乌海人的精神家园。同时"中国书法城·乌海"也被自治区评为十大文化品牌之一，地区特色文化品牌初步形成。

"沙漠绿洲"——乌海市地处乌兰布和、库布齐、毛乌素三大沙漠交汇处，干旱少雨风沙大，土壤中沙石多。曾经有人用"不宜栽种植被的地区"来形容这里的气候土壤，也有人用"养护一棵树相当于养活一个科级干部"来形容这里植绿的艰难。然而，坚韧不拔的建设者们拿出大无畏的拓荒精神，硬是在这片自然条件恶劣的不毛之地建起一座山水园林城市。经过 30 多年的建设，乌海市城市绿化美化成效显著，基本形成了"三季有花、四季常青、五分钟见绿"的城市绿化格局，被评为全国绿化模范城市，称为"沙漠绿洲"。沙漠旅游景点现有马堡店生态旅游区和金沙湾生态旅游区。

"葡萄之乡"——乌海市水土光热资源丰富，适合葡萄种植，有"葡萄之乡"的美称。黄河流经市区 105 千米，昼夜温差大，日照时间长，有效积温高，无霜期达 156～165 天，适宜蔬菜瓜果生长，是国内可与新疆吐鲁番地区相媲美的优质葡萄生产基地。"乌海葡萄"已成为国家地理标志证明商标，多个葡萄品种荣获国际奖项，拥有多个沙漠原生态葡萄酒庄，是世界沙漠葡萄酒大赛永久举办地。

"赏石之城"——乌海市特殊的地质条件造就了丰富的美石资源。在乌海市公园东门有一条街叫赏石街。乌海的奇石大体可分为黄河卵石、古生物化石、戈壁风凌石三种。乌海奇石，从美学的角度看，包括地质美、色彩美、形态美、神韵美。这里拥有被誉为"天书"的 5000 年前先民留下的"太阳神"岩画，开乌海赏石文化之先河。近年来，乌海市先后成功举办了"中国观赏石·乌海博览会""中国观赏石·乌海博览会暨巴林石精品展"等活动。2012 年 8 月 14 日，荣获全国首个"中国赏石城"称号，是继"中国书法城"后，又增加的一张耀眼的城市文化名片。

乌海市旅游资源独特。这里有三个世界级产品，一是桌子山岩画群。桌子山岩画群是新石器至青铜时代北方游牧民族的艺术珍品，分布广、数量多、内容丰富、风格古朴，在国内外岩画界占有相当高的地位。岩画内容多为太阳神等人面像、动物图形、狩猎图、符号等。二是有古地中海变迁残留珍稀孤种植物，被学术界称为"活化石"、植物界称为"大熊猫"的国家级保护植物四合木。三是有亚洲之最，长 40 多米、底径 1 米的石炭纪硅化树生物化石。乌海市还拥有很多古城遗址和宗教寺庙。

(十三)阿拉善盟概况资料

阿拉善为蒙古语，意为"五彩斑斓之地"。"阿拉善"一词，最早记载于《蒙古秘史》。关于阿拉善的词义，有几种解释，一般认为是汉语贺兰山的音译。贺兰山名源于贺兰部在此住牧，阿拉善因贺兰山而得名。

阿拉善盟位于内蒙古最西部，西与甘肃省相连，东南隔贺兰山与宁夏回族自治区相望，东北与巴彦淖尔、乌海市、鄂尔多斯市接壤，北与蒙古国交界。阿拉善神奇、美丽、富饶，被称为"中国秘境"。

阿拉善盟总面积 27 万平方千米,总人口 22.05 万,有蒙古族、汉族、回族、藏族等 28 个民族,是内蒙古自治区面积最大、人口最少的盟市。现辖阿拉善左旗、阿拉善右旗、额济纳旗 3 个旗和阿拉善经济开发区、乌兰布和生态沙产业示范区、腾格里经济技术开发区、策克口岸经济开发区 4 个自治区级开发区。盟政府所在地巴彦浩特镇,为全盟政治、经济、文化中心。

阿拉善盟地处亚洲大陆腹地,为内陆高原,远离海洋,周围群山环抱,形成典型的大陆性气候。干旱少雨,风大沙多,冬寒夏热,四季气候特征明显,昼夜温差大,年均气温 6℃～8.5℃。

阿拉善盟历史悠久。早在旧石器时代这里就有人类活动。商周时期,弱水流域、居延海畔就有殷商周朝先民生活的足迹。秦始皇统一六国后,在今阿拉善地区东北部始设北地郡。汉代,阿拉善地区分属北地、武威、张掖三郡管辖。元代设亦集乃路总管府,意大利旅行家马可·波罗曾途经黑城朝觐元帝忽必烈。康熙年间卫拉特和硕特部从新疆天山迁徙到阿拉善草原,土尔扈特部从伏尔加河万里东归到额济纳河流域。康熙三十六年(1697 年)设阿拉善和硕特旗,雍正九年(1731 年)设定远营(今巴彦浩特),乾隆十八年(1753 年)设额济纳旧土尔扈特旗。民国时期,阿拉善旗、额济纳旗直属北洋政府蒙藏院和中央行政院蒙藏委员会管辖。1949 年阿拉善和硕特旗、额济纳土尔扈特旗和平解放,此后曾五次变更隶属关系。1980 年 5 月 1 日成立阿拉善盟。

阿拉善文化底蕴深厚。曼德拉山岩画、贺兰山岩画生动反映了我国古代少数民族文化。居延遗址出土的居延汉简与殷墟、甲骨文、敦煌遗书并称为"20 世纪东方文明四大发现"。黑城是"丝绸北道"上现存最完整的一座古城遗址。六世达赖喇嘛仓央嘉措曾在阿拉善地区从事宗教活动,写下了许多经典诗文。阿旺丹德尔是阿拉善土生土长的著名学者和佛学大师,被国际学术界誉为蒙藏语法家、辞学家、翻译家、文学家和宗教哲学家,一生著有《详解蒙藏文文法通讲》等 40 余部著作。阿拉善长调、呼麦、民歌、蒙古族婚礼以及蒙古族服饰等民族文化浓郁厚重。

阿拉善旅游资源丰富。阿拉善奇异的大漠风光、秀美的贺兰山神韵、神秘的西夏古韵、雄浑的戈壁奇观、古老的居延文化、豪放的蒙古风情、悠远的丝绸文明,构成了阿拉善独具特色的旅游资源主体。贺兰山国家级自然保护区、七道桥自治区级胡杨林保护区以及旗级梭梭林保护区等集中了阿拉善盟生态系统和自然景观中的精华;巴丹吉林沙漠(世界最高沙丘、最大响沙区、最密沙漠湖群)和腾格里沙漠世界著名;曼德拉山是国内古岩画分布最广泛、最富集、数量最多的地区;"东风航天城"威名远扬,多颗卫星、"神舟"系列飞船均在这里成功发射;壮观的吉兰泰盐湖、久负盛名的黑城遗址等,为开发阿拉善的观光旅游、科学旅游、探险旅游和生态旅游区提供了广阔的前景。

阿拉善特产种类繁多。阿拉善双峰驼数量居全国之首,饮誉中外,为阿拉善赢得"中国驼乡"的美称。阿拉善山羊绒的细度、光度、白度三项指标居世界同类产品之首，被称为"纤维宝石"。阿拉善奇石千姿百态、栩栩如生，给这块神奇的土地赢得了"奇石之都"的美誉。阿拉善还拥有数以百计的野生动物和沙生植物，把阿拉善造就成著名的"沙漠动植物王国"。阿拉善还盛产肉苁蓉（肉质肥厚，面积632万亩，年贮藏量20万千克，被誉为"沙漠人参"）、锁阳（富含多种活性成分和15种氨基酸）、山沉香、麻黄、甘草等名贵药材和系列产品。

>> 任务六　沿途讲解能力训练[①] <<

【实训设计】

实训任务	内蒙古某条旅游线路的沿途导游讲解
实训目标	1. 知识目标：能复述沿途讲解的相关知识； 2. 技能目标：学会沿途讲解技能，能够向游客提供沿途导游讲解服务； 3. 素质目标：良好的职业道德、服务意识；文档编辑和处理能力；PPT制作能力
实训建议	1. 可分学习小组进行，每小组承担一条旅游线路的沿途讲解任务； 2. 可实地踩线，运用图片、视频、PPT等手段呈现旅游线路，并进行讲解展示； 3. 可将课堂设置在旅游大巴车上，提供真实场景，通过角色扮演体验职场环境
实训流程	1. 分学习小组，每小组承担一条旅游线路的沿途讲解任务； 2. 实地踩线，设计、编写沿途讲解导游词，制作PPT； 3. 指导教师审阅初稿，提出修改意见，进行导游讲解辅导； 4. 课堂模拟讲解（PPT辅助）或旅游车上展示沿途导游讲解； 5. 实训考核评价
实训学时	4～8学时
实训考核	1. 考核内容：导游词成稿＋PPT文本＋现场讲解； 2. 考核方式：实训室展示或现场展示； 3. 考核主体：教师、学生； 4. 考核百分比：态度10％＋纪律10％＋过程50％＋成果展示30％

【理论知识】

在旅游过程中，游客有很大一部分时间是在旅途中度过的，旅途客观上也构成了游览活动的一部分。因此，导游员需要在旅途中为游客提供相应的讲解或娱乐服务，以缓解旅途的疲劳，减少旅途的枯燥，增添旅途的乐趣。旅途一般可分为三种情况：一是从旅游交通集散地到入住宾馆的途中；二是从宾馆前往景区或从景区返回宾馆的途中；三是从某个旅游目的地到另一个旅游目的地的途中。在这几种情况下，如果导游人员能够提供贴心、轻松、愉快的沿途讲解服务，那么无疑会让游客获得更好的旅游体验。

一、沿途导游讲解的特点

沿途导游讲解一般在旅游交通工具上进行，因此与景点或景区内的导游讲解相比，会具有以下特点：第一，讲解空间范围有所限制，相对较小；第二，游客相对静止，旅游车不断移动，讲解内容需因时因地因场景的不同而进行调整，灵活性和机动性更大；第三，讲解时受到外界干扰相对较少，游客的注意力更容易集中，游客的情绪更容易组织和调动；第四，旅途一般较长，游客很容易疲劳，因此讲解就需要更加富有趣味性、生动性。

---

① 任务六由刘春玲编写。

二、沿途导游讲解的内容

1. 从旅游交通集散地到入住宾馆的途中：一般来讲，这种旅程多指从机场、车站、码头等到入住宾馆，旅程时间相对较短。在进行沿途导游讲解时，应该主要注重讲解所在目的地的基本概况或城市风光，如本地的市容市貌市况、发展历史、地理特征、民风民俗、餐饮习惯和特色、名牌产品、土特产品、旅游纪念品、著名旅游景点等。这种沿途导游讲解，主要起到"导引"的作用，目的是让游客对本地做基本的了解和认知，引发游客对本地的兴趣和游玩的意愿。

2. 从宾馆前往景区或从景区返回宾馆的途中：从宾馆前往景区时，游客普遍带有求知的心理，对将要参观游览的景区充满好奇。这时候，导游人员要重点满足游客的这种需求，沿途讲解时多讲些有关景区的基本概况、历史沿革、重要地位、参观价值、游览重点、传说故事、趣闻逸事等。这种沿途导游讲解，主要起到"导览"的作用，目的是引起游客的探求欲望和游览兴致，为取得游览效果做铺垫。从景区返回宾馆的途中，导游讲解的重点在于对已经参观游览的景点进行总结、提升，并积极调动游客参与和互动，达到升华游览体验的效果。从宾馆前往景区或从景区返回宾馆的途中，导游人员还可以就沿途景观、城市风光、标志性建筑、商业街布局、大型商场、超市、闹市区等进行讲解介绍，做到见什么讲什么。（当然也要有所选择）

3. 从某个旅游目的地到另一个旅游目的地的途中：长途旅行，常要经过几个重要城市、地区，各地可能都有值得讲解的风景名胜、文化古迹和民族风情，对这些导游员应该熟悉，每经过一地不能下车游览，也应顺便给游客介绍讲解。也就是说，在长途旅行中，导游人员要围绕沿途景观，引出不同话题，并就游客感兴趣的内容进行有针对性的沿途讲解，以满足游客求知、求乐、求新、求奇的需求。

三、沿途导游讲解的要求

（一）把握好讲解的节奏和信息传递的量

一般来讲，导游讲解时间占整个旅途时间的 $60\%\sim70\%$ 为最佳。如旅途较长，可组织一些娱乐活动，以活跃气氛，减缓疲劳。

（二）把握好讲解时机，指引指示明确及时

把握好讲解的时机，可以让游客有所准备，产生期待感。当游客把视线投向导游员所讲的景观时，景观应正好落在游客的视线之内。这时候，导游明确及时地指引方向或指示所要讲解的对象就至关重要。比如，"……在你们的左边（右边）""你们左边的棕黄色建筑物是……"

(三)所讲与游客所见有机结合

进行沿途讲解时，导游应注意观察车窗外的风景，将车外的风景与讲解结合起来，切忌不顾游客所见所闻，自演自导。如从机场前往酒店，经过呼和浩特市成吉思汗大街时，导游员可以将呼和浩特概况的介绍与沿途所见的新城区政府、成吉思汗广场、呼市体育馆、内蒙古体育馆、苏力德广场等重要设施、景点相结合，强化游客的印象，增强游客的认知体验。

(四)调动游客参与，在互动中传播知识

在进行沿途讲解时，导游可以采用问答、游戏、娱乐等形式，发动游客参与到讲解中，形成与游客的互动，提高游客的兴趣，活跃旅游车内的气氛。如在介绍蒙古族文化艺术时，导游可先向游客发问：大家有没有听过马头琴演奏？有没有听过呼麦手演唱？有没有听过蒙古族长调？有没有看过蒙古族舞蹈……在轻松愉快的互动中，引出所要讲解的内容。

(五)讲解与组织活动、游客休息结合起来

导游不要总是唱独角戏，而应该将讲解与组织活动结合起来，适当地组织游客讲故事、做游戏、唱歌、猜谜、讨论、学方言等活动，以调动游客的情绪，激发游客的热情。导游员不仅要组织好这些活动，还要主动参与其中，与游客一同营造出和谐、热烈、轻松、愉快的旅途氛围。此外，如果是长途旅行，导游员还要适时组织游客休息。

四、沿途导游讲解的方法

导游沿途讲解，有很多常见的方法，可以起到锦上添花、强化讲解效果的作用。例如，由此及彼法、点面结合法、突出特点法、沿途谈天法、类比法、画龙点睛法、问答法、概述法、背景说明法等。这里主要介绍以下几种。

(一)点面结合法

所谓点面结合法就是导游把游客感兴趣的某件事，从客观的角度进行表象化讲解的同时，有意识地延伸到一个面，与所要阐述的观点自然联系，过渡到实质性的导游讲解。例如，在沿途导游中，如果游客来自海外，导游可以向游客介绍我国的大好河山、悠久的历史和风土人情，还可以适当地向游客介绍我国的政治、经济形势，使游客加深对我国的了解，充分发挥导游"民间大使"的作用，力求做到既达到宣传目的，又避免使游客产生政治说教或强加于人的感觉。比如，某外国游客见一高大铁塔，问"那是什么"。如果简单回答，可以说"那是电视塔"。如果再进一步，还可以告诉游客塔高多少米、何年所建。但我们若用点面结合法，就还应当发挥一

下，介绍我国的电视发展情况、电视在我国的应用情况、电视节目内容、中国的电视节目和西方电视节目的差别等。这样就可以让游客从一个电视塔了解到整个中国电视业的全貌。从这个意义上讲，也可以称之为"借题发挥法""由此及彼法"。

(二)沿途谈天法

所谓沿途谈天法指的是为融洽与游客关系、增进相互了解而进行的一种自由的、无拘无束的交谈。通过这种方法，导游和游客可以相互了解，游客可将自己的感受、想法、要求都毫无保留地"谈"出来，使导游获得相关信息，从而有针对性地进行下一步讲解服务工作。开展谈天活动，导游要注意以下几点：第一，要谈健康的话题，谈双方都感兴趣的话题，在交谈中注意"求同存异"；第二，谈天要注意适度，要畅所欲言，推心置腹，更要注意分寸，恰到好处，不可漫无边际；第三，切忌一本正经和装腔作势，最好要幽默、生动和有趣；第四，不谈年龄、工资、婚姻、饰物价格、住房大小等一些属于隐私的话题，可多谈天气、园艺、足球、习俗等游客感兴趣的话题；第五，不可只与某位游客交谈而忽视其他游客，不要给其他游客以厚此薄彼的感觉。

(三)概述法

概述法多用于游客初到旅游目的地的途中。这时，导游应该向初到本地区(本城市)的游客，介绍本地区(本城市)的情况，如地理、历史、文化、民俗风情等，使游客对即将参观游览的地区(城市)有大致的了解。这种方法就像交响乐的序曲、一篇文章的序言，能起到引导游客开始进入特定的旅游意境、初步领略游览的魅力的作用。此法运用得当，就能为导游以后的工作奠定良好基础。导游运用概述法时，要因人、因时、因地、因路程长短而异，如游客深夜抵达，面露倦色，就需将内容缩减，只选择游客最感兴趣的部分简述一下即可。否则，游客可能产生厌烦的情绪。

(四)背景说明法

如果即将参观的对象是具有一定的历史背景或时代背景的，导游可以在到达景点前，介绍一些对游客理解所参观对象有帮助的相关背景知识。如从呼和浩特市区去大召寺的路上，导游可介绍一下内蒙古的藏传佛教。

五、内蒙古旅游线路沿途讲解案例资料

"呼—包—鄂"草原——沙漠——成吉思汗陵旅游线路沿途讲解资料。[①]

---

① 本线路沿途讲解资料由刘春玲整理、编辑。

欢迎词(见教材中相关资料)

白塔国际机场

我们刚刚离开的是呼和浩特白塔国际机场。白塔机场因为附近的辽代白塔而得名。白塔的真正名称是万部华严经塔,因为周身涂满白色,俗称"白塔"。白塔国际机场于1958年10月1日建成通航,是国家一类口岸机场,是内蒙古最大的机场,是内蒙古的空中枢纽,也是内蒙古经贸往来和对外开放的重要窗口。它曾历经三次大规模的扩建,机场飞行区等级为4E级,运营国内国际航线100多条。新航站楼总面积5.5万平方米,可满足旅客吞吐量300万人次的航空业务需求。它在工程设计上充分结合了蒙古族传统文化和现代元素,弧形主拱像一道彩虹,与延绵的蒙古包型屋顶相映成趣;航站楼前白色的高架桥就像一条随风飘逸在楼前的洁白哈达,表达了呼和浩特人民对来自祖国各地游客们的最美好的祝福和最诚挚的欢迎之情。

呼和浩特市概况(见教材中相关资料)

呼和浩特市东站

现在我们途经的是呼和浩特市东站。呼和浩特市东站是一座现代化大型铁路客运站,距离呼和浩特站8.7千米。2006年12月14日开工建设,总建筑面积近10万平方米。东站的造型立意采用四大主题,分别是"草原穹庐、展翅雄鹰、白云故乡、青色之城"。所以现在我们看到东站,整体外观像蒙古包,更像一只展翅翱翔在蓝天白云之下的草原雄鹰。东站站房共三层,主体为钢结构,建筑高45.5米,旅客最高聚集人数可达16000人。客流采用"上进下出"与"平进下出"的流线。候车面积比原有火车站大近五倍。在东站与市区之间有多条公交车线路,其中"青城一号线"和"青城二号线"是两条免费公交线,而且这里还开通了地铁,为乘坐火车的人提供了很大的便利。

呼和浩特东河及如意河广场

现在我们所看到是呼和浩特的东河,也称为如意河。如意河是呼和浩特环城水系的一部分,是哈拉沁沟至小黑河的统称。呼和浩特市的环城水系沿线共44千米,是呼和浩特市重要的生态廊道和园林景观带。呼和浩特市也因为这个环城水系而成为内蒙古唯一一个有河流环绕的城市。呼和浩特环城水系及沿河景观带主要分为两个区域,即东河和西河。具体由三条河流流域组成,分别是小黑河流域、扎达盖河流域和乌里沙河流域。环城水系综合治理工程是呼和浩特市政府在2005年确定的城市建设重点工程,是呼和浩特市建城史上投资最大、带动力最强、综合功能最多的一项工程。

如意河广场是呼和浩特市民夏季休闲的主要场所之一。这里最大的亮点就是有号称亚洲最大的音乐喷泉。这个音乐喷泉采用全国最先进的自动数控及综合水景表演系统,主题为"团结、发展、科学、创新"。喷泉设计了四对百米水炮,呈两岸对射状态,当时创造了五个"全国第一"和一个"亚洲第一":彩虹跨度和射程全国第一;"跑泉"长度达386米,全国第一;"跑泉"中心直径90米,全国第一;防洪抗冻设计全国第一；数控音乐设计全国第一；主喷高度达 173 米，亚洲第一。每到七八月的晚上，如意河广场特别热闹，外地游客、本地市民都来到这里休闲散步，观赏喷泉和烟花。这里是夏季消暑纳凉不可错过的一处景观。

呼和浩特市政府

现在我们路过的是呼和浩特市政府，它位于新华大街最东端，所以邮政地址是新华大街 1 号。这里是呼和浩特市的行政管理机关。

内蒙古博物院（参见教材中相关资料）

成吉思汗大街

成吉思汗大街是呼和浩特市北区的主干道，地处新城区的核心区域，西起通道北街，东至东二环，全长约 8 千米。成吉思汗大街既体现了民族传统特色，又兼具体育、文化、餐饮、购物等现代化大都市的街区功能，是呼和浩特市的一个文化地标和旅游新亮点。

成吉思汗大街共分为四个区：第一区主要是都市感很强的市区；第二区为体现生态、自然的草原核心区域；第三区以成吉思汗广场为主要景观，是成吉思汗大街的绝对亮点；第四区是营造道路空间的一系列机能性的交通空间。同时，为了突出成吉思汗大街的民族特色，街区在规划设计阶段就蕴含着强烈的蒙古族特色文化、历史和掌故，并通过一个个连续的景观设计联合起来，代表着呼和浩特市的文化形象。

在成吉思汗大街上，我们将会看到成吉思汗公园、成吉思汗广场、新城区政府、内蒙古体育馆、呼和浩特体育场、苏力德广场等标志性建筑。

成吉思汗公园：现在道路两侧就是成吉思汗公园。它地处呼市新城区东北方向，横跨成吉思汗大街，北临北二环路，南接阿尔泰游乐园，总占地面积约为 56 公顷，总投资 15 亿元。贯穿公园的主线是成吉思汗的生平事迹。这个公园所在的地方原来是呼市的采砂场，后来改为东郊垃圾场，可以说原来的环境特别差。市政府将垃圾进行合理科学的处理，对场地进行彻底的整体改造，为呼市打造了一座"以人为本、以绿为基、以水为线、以史为魂"的经典园林。它的建成对呼市具有长远的生态效益、文化效益及景观效益。目前，这个公园已成为我市市民休闲、游憩、娱乐、运动的活动场所，在改善生态环境的同时，还代表着我市城市的历史文化内涵。

成吉思汗广场：成吉思汗广场是内蒙古自治区成立 60 周年大庆献礼项目。它的总占地面积为 126 亩，投资近亿元。广场的标志性建筑是成吉思汗"手握马鞭、指点江山"的骑马铸铜像，总高 36 米，其中雕塑高 14 米，由 30 吨青铜铸成，是全国最大的一座成吉思汗骑马铸铜雕塑，由蒙古族收藏家斯琴塔娜女士捐赠，中国著名雕塑家曾成钢先生创作。雕塑基座四角配置的"龙、虎、狮、鹰"四玺，寓意成吉思汗是伟大的"思想家、战略家、军事家、政治家"。雕像的正面设置了由牛演变而来的 6 座金塔，寓意后来居上，6 个牛角塔也代表着内蒙古自治区 60 年的辉煌成就。

新城区政府及新城区：新城区始建于清朝乾隆四年（1739年），因清代建造的"绥远城"而得名。相对于被俗称为"旧城"的"归化城"，"绥远城"被称为"新城"。新城区北面和东面以大青山为界，与武川县和卓资县隔山相望，南与赛罕区接壤，西与回民区毗邻，生活着汉族、蒙古族、满族、回族等30个民族。从历史上讲，新城区的蒙古族以土默特部为主，同时新城区又是满族聚居区。自乾隆中叶起，准许八旗官兵携带家眷长期驻防，此后大量满族居民便逐渐定居绥远城，呼和浩特地区的满族人民依然保留了许多独特的民族风俗，古路板的二月二龙灯节（满族的传统节日）更是延续了300多个春秋。

内蒙古体育馆：内蒙古体育馆是目前我国西部地区功能较为完善、规模较大的现代化体育馆。它不仅为广大人民群众提供了休闲活动的场所，也极大地改善了我市体育基础设施，为推动自治区竞技体育发展、开展大型文化体育交流活动建立了广阔的平台。体育馆总占地面积6.8万平方米，总建筑面积3.4万平方米，绿地面积2.2万平方米。体育馆由比赛馆和附属馆两部分组成。比赛馆拥有6000个座位，可进行篮球、排球、羽毛球、乒乓球、手球、摔跤、拳击等室内体育项目比赛，并且能够举办大型文艺演出、杂技表演和其他集会活动。

呼和浩特体育场：呼和浩特体育场也是内蒙古现代化水平最高的体育设施之一。它不仅能够承接大型的文体赛事，而且是我市群众开展全民健身活动的主要场所，也是成吉思汗大街特色景观区域内的亮点之一。体育场是2007年自治区成立60周年献礼项目，投资6亿元人民币，设计为大雁展翅造型。体育场占地约12.2万平方米，建筑面积57737平方米，场内为双层看台，总观众席位共51632个。

清固伦格靖公主府博物院（见教材中相关资料）

清真大寺（见教材中相关资料）

大召寺（见教材中相关资料）

大青山

参观完大召寺，我们将前往下一站，希拉穆仁草原。现在前方所看到的山脉叫作大青山。

大青山，属阴山山脉，蒙古语为"漠喀喇"。据《古丰州识略》记载，大青山的名字最早出现在明代嘉靖年间，到了清代就经常见于史传了。为什么把阴山又称为大青山呢？相传明清之际，阴山上植被良好，森林覆盖率很高，尤其以松柏树居多，远远望去翁翁郁郁，呈墨绿色，青翠如画，故蒙古语称之为"漠喀喇"，意思是"黑山"，又因北方人"黑""青"二字通用，所以后来就把它称为"青山"。后来又在"青山"前冠以"大"字，以表示雄伟之意，之后相沿成习，就成了今天的"大青山"。直到今天，呼、包二市还有很多以大青山命名的产品，如大青山牌白糖等。

大青山①位于内蒙古中部，属于阴山山脉的中段，海拔 1800～2000 米，主峰九峰山海拔 2338 米。大青山分布于包头市、呼和浩特市、乌兰察布市一线以北，是阴山山地生物多样性最集中的区域。这里自然资源十分丰富，天然林主要集中在山地的阴坡②，树种以阔叶林为主，诸如白桦、青杨、山柳等。在海拔 2000 米左右的地方，还有小片云杉林分布。在大青山的南部湿地还有很多鸟类，如水鸟、候鸟、夏候鸟、旅鸟等，其中国家重点保护鸟类就有 20 种。

近些年，政府一直注重生态环境的保护和建设，实施"退耕还林""退耕还草"工程，现在已经初见成效，尤其是大青山前坡的生态建设项目，成效更加显著。目前已经建成了雅玛图森林公园、哈拉沁生态公园、呼和塔拉草原、草博园等一批生态绿化项目。这些项目的完成，结束了呼和浩特市没有草原的历史，也使这里春季的风沙少了，首府蓝天白云青草地的风景也越来越多了。现在，"青城蓝""首府绿"正在成为我们城市的新名片。

大青山是重要的革命活动场所。据有关史料记载，著名革命家李井泉就曾战斗在大青山上。1937 年 7 月 7 日，"卢沟桥事变"发生。8 月底，在司令员兼政委李井泉、参谋长姚喆的带领下，八路军大青山支队共 2300 人从山西五寨出发，挥师北上，到达了大青山。从此，中国共产党在这里建立了抗日根据地，把红色革命的种子播撒在大青山南北。八路军挺进大青山后，在敌强我弱、环境极端困难的情况下，迅即开展了灵活多变、机智勇敢的游击战争。在各族人民的支持下，仅用 3 个多月的时间，就开辟了大青山抗日游击根据地。大青山抗日游击根据地由绥中、绥西和绥南三块游击区组成。它的建立和发展，牵制和粉碎了日本侵略军妄想通过南下和西进来形成对陕甘宁边区包围的计划，点燃了大青山地区蒙汉各族人民抗日斗争的烽火；同时也为打通国际红色交通线创造了条件，在中国人民抗日战争的历史上占有重要地位。

武川县

现在我们途经的是呼和浩特市武川县。武川县位于内蒙古中部，阴山北麓，总面积 4885 平方千米，距离呼和浩特市区 30 多千米。武川县委、政府所在地为可可以力更镇（简称"可镇"）。

《北史》卷九写道，宇文陵③"随例徙居武川"，这是"武川"一名的最早记载。关于武川的来历，有这样一种说法。三国两晋时期，鲜卑民族从大兴安岭兴起后，不

---

① 东起呼和浩特大黑河上游谷地，西至包头昆都仑河。东西长约 240 千米，南北宽 20～60 千米。

② 大青山南北坡不对称，北坡平缓，剥蚀残余的低山丘陵和盆地交错分布，逐渐与内蒙古高原连在一起；南坡陡峭，为明显的构造断块地形，断层崖被侵蚀切割，形成一系列断裂三角面，形势险峻。

③ 宇文陵，生卒年不详，雍州安定（今甘肃泾川县）人。南北朝时期鲜卑宇文部首领，北周皇室先祖，宇文泰高祖父。先后出仕前燕、前秦和后燕，为后燕驸马都尉，封为玄菟郡公。皇始二年（397 年），北魏道武帝拓跋珪攻破中山，宇文陵降顺北魏，拜都牧主，赐爵安定侯。天兴初年，徙于代都武川。

断西迁，最终来到大青山以北定居下来，建立北魏王朝的拓跋珪的祖先就曾居住在现在的武川一带。拓跋鲜卑当时极力统一北方，但是驻牧在大漠南北的柔然仍然比较强大，并有南下和北魏争雄的趋势，于是北魏王朝就和柔然爆发了著名的女水之战，大败柔然。女水到底是哪条河，众说纷纭。据说当时是一条波涛汹涌的大河。在女水之战后，柔然主动纳贡、要求通婚，北方出现了相对和平的局面。为了纪念这次战争的胜利，北魏献文帝下令把女水改为武川，川就是大河的意思，武川也就是以武力征服的大河。很明显，这是一条显示武功的河。依河而建的城池便称为武川镇了。如今女水已不再波涛汹涌，而武川尚存，并成为重要的城镇。

武川被称为"历史重镇""帝王之乡""革命老区"。距今10000年前，这里就有人类居住。商、西周时县地归属鬼方，春秋时县地归属猃狁，战国时县地归属林胡、楼烦。秦汉时为匈奴与秦汉争战之地，县地归属匈奴时间较长。三国两晋时，归属鲜卑族拓跋氏。北魏时期曾设"六镇"①，武川就是其中之一。北魏至隋唐是武川最为辉煌的一个时期。北魏末年，以武川豪强为核心形成了风光无比的军事集团，这就是纵横中国近200年的关陇贵族集团。它起源于武川，初建于汉中，共创造了四个王朝——西魏、北周、隋、唐，这在历史上也是奇迹，把中国历史推向了一个新的高峰。四个王朝的开创者宇文氏、杨氏、李氏家族都出自阴山以北的武川，前后共有10个皇帝，包括宇文泰、宇文觉、宇文毓、宇文邕、宇文赟、宇文阐、杨坚、杨广、李渊、李世民，都与武川有直接或间接关系，所以许多人称武川为"帝王之乡"。当然，武川也是这四朝众多良将名相的"专业产地"。说武川是革命老区，那是因为在抗日战争时期，国民党县政府随绥远民众抗日自卫军进驻武川县内山区庙沟一带，进行抗日活动；在1938年9月，八路军挺进大青山，建立了大青山抗日游击根据地，点燃了大青山地区蒙汉各族人民抗日斗争的烽火，同时为打通国际红色交通线创造了条件，在中国人民抗日战争历史上做出了重要贡献。

武川县地势相对较高，土地面积也十分广阔，农家肥充足，农民们都遵循传统的种植习惯，不喜欢用农药、化肥。所以，这里的农产品是绿色、有机的，无污染、纯天然。农作物品种主要是小麦、莜麦、荞麦、马铃薯、胡麻、油菜籽等。武川后山所产的莜麦、山药、羊皮袄，被称为"武川三宝"。

"五十里莜面，四十里糕，三十里荞面饿断腰。"这里说的莜面就是用莜麦做成的食物。莜麦就是燕麦米。武川后山的人就是吃燕麦长大的，武川是中国的"燕麦故乡"。武川境内黑黄交错的沙土、集中的雨水、长时间的日照，是莜麦生长的最佳条件。武川莜麦没有病虫害，也不需要施化肥，是纯正的绿色食品。科学证明，莜面富含8种氨基酸、多种微量元素、丰富的亚油酸和高膳食纤维等。此外，莜麦所含的维生素E、B族维生素等也都十分丰富。莜面的营养价值可观，老少皆宜。在武川后山的莜面产区，人们的饮食结构比较单一，一到冬天，除了土豆，几乎吃

---

① 自西向东分别为沃野、怀朔、武川、抚冥、柔玄、怀荒。

不上蔬菜，而生活在那里的人们却很少因营养不良而患病，这正是莜面医疗保健作用的实证。

武川县素有"马铃薯之乡"的美誉。马铃薯就是山药，也叫土豆。武川人说："内蒙古山药数后山，后山山药数武川。"这里降水量少，光照时间长，气候干燥，昼夜温差大，土地又多为沙质土壤，十分有利于山药的生长。所以武川的山药个大、品质好、淀粉含量高、口感沙甜，营养丰富又无污染，属绿色食品。每年的山药供不应求，销往全国各地。爬山调名曲《割莜麦》中唱词："哥哥在那高山顶上，头罩手巾、挽起个袖袖、手拿上镰刀、二猫腰腰、嗦喽喽喽喽、嗦喽喽喽喽割莜麦呀！小妹妹在哪山里洼里、沟里叉里、白胳膊膊、银手镯镯、身挎上篮篮、手提那铲铲、圪丢圪丢、圪丢圪丢拾山药呀，哎哥哥……"这段唱词生动形象地再现了农民割莜麦、拾山药的场景。山药，当地老百姓百吃不厌。尤其是烤山药，金黄金黄的外皮，又沙又香的瓤，让你吃了一口还想另一口，欲罢不能。

至于羊皮袄，那可是冬季防寒保暖的宝贝。因为到了冬季后，这里天气恶劣，异常寒冷，只有在外面穿上大皮袄才能抗寒御雪，所以当地制作、穿戴、贩卖羊皮袄的人就比较多，羊皮袄也算是当地的"三宝之一"了。

好了，大家沿路会看到很多农作物，其中就包括我们所讲的莜麦和山药，大家可以认识一下。

包头市达尔罕茂明安联合旗

我们将要前往的希拉穆仁草原，隶属于包头市达尔罕茂明安联合旗。达尔罕意为"神圣不可侵犯"，茂明安意为"千户部落"。达尔罕茂明安联合旗，简称"达茂旗"，因蒙古族达尔罕和茂明安部而得名，是包头市唯一的少数民族边境旗（内蒙古自治区有 19 个边境旗或市），是内蒙古自治区边境地区的资源大旗。

达茂旗旗政府所在地百灵庙镇，素有"草原码头、陆路口岸"的美称。1936 年，乌兰夫等老一辈无产阶级革命家领导的百灵庙抗日武装暴动，打响了蒙古族抗日的第一枪；同年 11 月，傅作义领导发起的百灵庙战役，极大地鼓舞了全国人民抗日的信心和决心。20 世纪 60 年代，草原英雄小姐妹龙梅、玉荣的光荣事迹，从这里传遍祖国大江南北。20 世纪 50 年代，达茂人民献出世代祭奠的圣山——白云鄂博，以无私的胸怀支援了包钢建设。

希拉穆仁草原（参见希拉穆仁草原讲解资料）

阴山山脉

现在我们已经行驶在 G6 高速公路上。我们下一站将赶往鄂尔多斯市达拉特旗响沙湾和伊金霍洛旗的成吉思汗陵。我们将翻越阴山山脉，经过广阔的敕勒川草原。首先给大家讲讲阴山山脉。

阴山位于黄河的北岸，横亘在内蒙古中部，是历史上著名的脉之一。阴山，蒙古语为"达兰喀喇"，意思为"七十个黑山头"。

大家还记得北朝民歌《敕勒歌》吗？我们可以一起背诵。《敕勒歌》："敕勒川，阴山下，天似穹庐，笼盖四野。天苍苍，野茫茫，风吹草低见牛羊。"这首诗歌中的阴山就是我们今天要翻越的山脉。其实，阴山的称谓早在《史记·匈奴列传》中就多有记载。可是，许多人翻开中国地图就对它的名字产生了质疑，因为在古代汉语中：山之南、水之北谓之"阳"，山之北、水之南谓之"阴"，阴山以南有著名的黄河，若以黄河作为参照物，那阴山应该叫作"阳山"才对，可为什么偏偏叫阴山呢？其实关于阴山名称的由来，学者们历来争论颇多，历史上也曾出现过很多谬误。一些纸上谈兵的人，甚至把地图上的黄河移到了阴山以北，以附会阴山之说。后来明清的学者观点渐趋一致，那就是中原王朝的大统一思想。他们以中原作为中国地理的核心，因此把中原以北、大漠以南的所有山，统称为阴山。这也正符合道家阴阳八卦的学说"北属水，水属阴"，所以北方之山称为"阴山"就不足为怪了。

阴山山脉呈东西走向，东西长度约 1000 千米，南北宽 50～100 千米，它的西部为狼山、色尔腾山和乌拉山，中部也就是我们正前方的部分，被称为"大青山"，东部为熔岩盆地和低山丘陵，最远处可延伸至北京以北的燕山。山脉的平均海拔高度在 1500～2300 米。最高峰是呼和巴什格，海拔 2364 米。

阴山山脉是古老的断块山，是农牧交错地带。阴山的最大特点是南北不对称，南坡山势陡峭，北坡则较为平缓。阴山巍峨壮观、千峰陡峭、万壑争丽，这都源于距今约 7000 万年前的"燕山造山运动"。当时地球的巨大内力作用使得山前发生了巨大的东西间断裂带，结果使大青山南坡拔地而起，以 1000 多米的落差直降到黄河河套平原，形成一条东西长约 400 千米的天然地貌脊梁，所以南坡呈现出峰峦叠嶂、陡峭如壁的气势。但是阴山的北坡却失去了强有力的运动能力，潜入了广袤的内蒙古高原之下，有些地方甚至和内蒙古高原融为一体。所以今天看起来，阴山的山体特点是南北不对称，南坡陡峭，北坡则较为平缓。阴山南坡煤藏十分丰富。石拐沟煤矿为包头钢铁公司及发电厂提供燃料。而阴山北部的白云鄂博蕴藏丰富的铁矿和稀土金属。

阴山山脉是我们国家重要的地理分界线。它不但是我国季风区和非季风区的分界线，而且是内流水域和外流水域的分界线（大兴安岭—阴山—贺兰山—祁连山）。在当代，它还是农村、城市和草原牧区的天然分界线。也就是说，阴山以南是城市和农耕区，而阴山以北则是传统的牧业区，两地形成了两种不同的生产制度和景观特色。

阴山也是历史上有名的军事防线。唐代诗人王昌龄曾写过边塞诗《出塞》："秦时明月汉时关，万里长征人未还。但使龙城飞将在，不教胡马度阴山。"从这首诗歌当中，我们能够深切体会到阴山当时的重要军事意义。在古代，汉族农耕政权和北方游牧民族都曾以阴山为界，进行了长期的战争和对抗，阴山也就成为兵家必争之地。北方少数民族如果争得这条防线的控制权，就可以长驱南下，直入中原、京畿（汉族中原王朝的心脏地带），进而可以一统天下。而中原王朝的统治者也不例外，他们据守这道屏障，以抵御北方少数民族，失去了阴山就等于门户洞开，危机重重。据史书记载，早在战国以前，阴山地区居住着楼烦和林胡等少数民族，而匈奴则在更北一些的地方。如果说蒙古高原是匈奴活动的舞台，那么阴山山脉就是这个舞台的中心。在这一条重要的自然地理分界线上，匈奴与中原王朝展开了长期的争夺战。晋国被分为韩、赵、魏后，呼和浩特和包头等地就成为赵国的辖地，赵国人就在此处修筑了著名的赵长城，用以抵御游牧的匈奴族。此后历代王朝均有所修建，尤其是秦代统一六国后，命令大将蒙恬连接了秦、赵、燕所建的长城，形成了规模宏大的万里长城防线。历史上人们往往把阴山和长城并提，足见阴山重要的军事作用。

阴山地区人类活动的历史非常悠久，留有丰富的人文古迹。其中最值得一提的就是阴山岩画。在中国已发现的岩画中，阴山岩画享有"三最"：分布最为广泛，内容最为多样，艺术最为精湛。阴山岩画不仅是世界上最早发现的岩画，也是世界上最丰富的岩画之一，是中国最大的岩画宝库。现存阴山岩画的绝大部分分布在巴彦淖尔地区，最大的面积达 400 平方米，真实地记录了北方游牧民族的生产、生活历史。《五虎图》是阴山岩画的代表作。实际上，早在 5 世纪时，阴山岩画就被北魏地理学家郦道元发现。他在《水经注》中做了详细的记述①。这些记载是世界上对阴山岩画的最早记录。然而，其在之后的若干世纪里，再无人问津。直到 20 世纪 30 年代末，中瑞西北科学考察团才发现了几幅岩画。对岩画的全面考察是从 1976 年开始的。此后，每年都有许多专家、学者和游人来考察和参观，先后共发现岩画10000 多幅，其中做过拍照和临摹的岩画有近千幅。

知识链接
阴山岩画

敕勒川草原与草原的保护

大家看到的这片草原就是敕勒川草原。前面我们说过南北朝时期的民歌《敕勒歌》："敕勒川，阴山下，天似穹庐，笼盖四野。天苍苍，野茫茫，风吹草低见牛羊。"这首诗歌选自《乐府诗集》，是北朝时期流传的一首民歌，一般认为是由鲜卑语译成汉语的。民歌歌咏了北国草原壮丽富饶的风光，抒写敕勒人热爱家乡、热爱生活的豪情。这首诗歌也成为描述内蒙古草原的历史广告。

根据专家解读，关于敕勒川的具体位置有几种不同的说法：第一种认为在山西的朔州、宁武一带；第二种认为在内蒙古阴山地区，包括呼和浩特大黑河流域和包头昆都仑河流域；第三种认为在如今的内蒙古土默川平原，就是包头土默特右旗大部和呼和浩特的土默特左旗小部分。如今，包头市土默特右旗在复兴敕勒川文化，呼和浩特市赛罕区和土默特左旗也都建有敕勒川大街。现在敕勒川地区大多已成为城市和农耕地区，而阴山以北则仍然是传统的内蒙古大草原。

经过沧海桑田的变迁，历史上的草原和现实相比已大相径庭。如今，《敕勒歌》中所描写的美好景象已成为历史了，而草原的退化及沙化现象却日益严重。草场超载、过度放牧以及过度开矿，是导致内蒙古草原沙漠化的主要原因。不仅在内蒙古，在陕西、甘肃、新疆等干旱地区的农牧区，此种情形也常常可以看到。内蒙古

---

① 《水经注》中记述："河水又东北历石崖山西，去北地五百里，山石之上，自然有文，尽若虎马之状，粲然成著，类似图焉，故亦谓之画石山也。"

草原遍地是"宝"，蕴藏着丰富的煤炭、铜、铁、石油、天然气以及稀土等矿藏，内蒙古已经成为全国重要的能源供应基地、矿产开采和冶炼基地。尤其是露天开采，破坏的不仅是草原植被，更严重的是破坏了地下水资源。近年来，呼伦贝尔就出现过7大河流全部断流的现象。20世纪的百年，内蒙古草原上的垦荒规模是空前巨大的。虽然每一次垦荒都有当时的历史动因，但因为本质上违背了自然法则和生态规律，所以我们也为此付出了巨大的生态环境代价。当犁开草根盘结的土地时，就为土壤沙化提供了机会，疏松且缺水的土壤在春季遇到大风，极容易形成沙尘暴。国家早就提出要退耕还林还草，可是有些地区还是禁不住短期利益的诱惑，仍在不停地开荒开矿。经过近十几年的不懈治理，内蒙古草原生态环境虽然大为好转，但与20世纪70年代初相比，没治理过的草原产草量只有以前的一半；而经过治理的草原，产草量也只达到了以前的3/4。保护内蒙古草原，防止草原进一步沙漠化，是我们这一代人的责任。我们不仅要看今天，还要看明天和后天。我们不要忘记了儿孙后代，不要为了我们这一代人的生活而牺牲了下一代人的生活。要给后人留下草原，留下碧水蓝天！

黄河及黄河公路大桥

大家看到的车窗外道路两侧宽阔的河面就是黄河，我们现在经过的包头黄河公路大桥。

黄河是我们中华民族的母亲河，是中华文明的发源地。黄河是世界第五长河、中国第二长河。自西向东分别流经青海、四川、甘肃、宁夏、内蒙古、陕西、山西、河南及山东9个省（自治区），最后流入渤海。从地图上看，黄河"几"字湾图案的顶部正处于内蒙古地区。黄河干流先后流经内蒙古6个盟市，包括阿拉善盟、乌海市、巴彦淖尔市、包头市、鄂尔多斯市、呼和浩特市，此段共计813.5千米，沿途形成了很多著名的旅游景观。如呼和浩特的清水河老牛湾旅游区和托县神泉旅游景区、包头黄河湿地和黄河谣文化园、鄂尔多斯准格尔黄河大峡谷、巴彦淖尔三盛公水利枢纽和湖泊景观、乌海市乌海湖水利风景区、阿拉善黄河国家湿地公园等。

黄河流域是我国重要的生态屏障和重要的经济地带，是打赢脱贫攻坚战的重要区域。2019年，习近平总书记在黄河流域生态保护和高质量发展座谈会上强调：黄河流域生态保护和高质量发展，与京津冀协同发展、长江经济带发展、粤港澳大湾区建设、长三角一体化发展一样，是重大国家战略。这个崭新定位不仅为黄河治理保护工作打开了新局面，而且标志着推动黄河流域高质量发展进入了新阶段。习近平总书记还强调，要从实际出发，宜水则水、宜山则山，宜粮则粮、宜农则农，宜工则工、宜商则商，积极探索富有地域特色的高质量发展新路子。如今，内蒙古沿黄经济带6个盟市也都提出了相应的经济发展规划和生态保护规划。届时，我们也会在黄河"几"字湾留下浓墨重彩的一笔。

关于黄河，还有一个特别的景象，那就是黄河凌汛。凌汛是指由于下段河道结冰或冰凌积成的冰坝阻塞河道，使河道不畅而引起河水上涨的现象。黄河在宁夏、

知识链接
黄河文化

内蒙古河段和下游河段，都是从低纬度流向高纬度地区，每年封冻、开河存在时间差，当低纬度地区未封冻河段的河水流向高纬度地区封冻的河段时，受河中冰坝阻挡，易发生漫滩甚至决口，进而引发洪水。内蒙古河段冰期来水绝大部分是兰州以上的来水。每到黄河凌汛期，我们会采取打冰、撒土、破冰船、炸药爆破、炮弹轰冰、飞机投弹炸冰等措施，疏通河道，场景非常壮观。

包头黄河公路大桥是连接鄂尔多斯市与包头市之间的一座重要桥梁，它位于包头市南端，全长810米，宽12米，是当时中国建成的跨径最大的多点顶推法施工的连续桥梁，是黄河中上游最大的桥梁之一。大桥于1983年10月建成通车，到现在已经30多年的历史了。

包头市概况

经过黄河大桥，我们右手边就是包头市。（详见教材中相关资料）

鄂尔多斯市概况

现在我们已进入鄂尔多斯市境内……（详见教材中相关资料）

库布齐沙漠及沙漠游玩注意事项

沙漠在破坏人类生存环境的同时，也给人类带来了可供开发利用的许多宝贵资源，所以人称"沙漠浑身都是宝"。我们知道，沙漠底下的石油、天然气和其他矿藏等都是宝贝。其实，沙漠风能、光能和热能等气象资源也都是无价之宝。例如，沙漠里取之不尽、用之不竭，并且害得人类好惨的大风，沙漠里晒得人生疼的强光——太阳等，都可以用作能源。在以色列、美国等国家，这些资源都在开发利用上取得了成功。我们也在努力，也取得了很多成就，尤其是沙漠太阳能的利用。

内蒙古的沙漠主要分布于内蒙古中西部，沙漠之中基本上没有城市的分布。内蒙古荒漠化土地、沙化土地面积分别占全区面积的52.3％和35.1％（2013年数据）。内蒙古有五大沙漠，即巴丹吉林沙漠、腾格里沙漠、巴音温都尔沙漠、乌兰布和沙漠、库布齐沙漠；还有五大沙地，即科尔沁沙地、毛乌素沙地、浑善达克沙地、呼伦贝尔沙地、乌珠穆沁沙地。

我们要去的响沙湾位于库布齐沙漠。库布齐为蒙古语，意思是"弓上的弦"。这是因为它正处在黄河"几"字形拐弯下，像一根挂在黄河上的弦。又因为它主要位于河套平原的黄河南岸，所以有人称它为"河套沙漠"。库布齐沙漠是距北京最近的沙漠，是我国第七大沙漠。它像一条黄龙横卧在鄂尔多斯高原北部，横跨鄂尔多斯市三旗，即杭锦旗、达拉特旗和准格尔旗。

库布齐沙漠总面积约1.39万平方千米，流动沙丘约占61％，长400千米，宽50千米，沙丘高10~60米，形态以沙丘链和格状沙丘为主。这里沙漠景观壮美，风光独特。350千米黄河宛如弓背，迤逦东去的茫茫沙漠宛如一束弓弦，组成了巨大的金弓形。库布齐沙漠中的响沙湾景区拥有浩瀚的特大响沙带，堪称天下一绝。

内蒙古夏日酷热，冬日奇寒，只有春秋季节气候比较温和。因此，沙漠旅游的最好季节在每年的4月中旬至10月下旬，徒步沙漠探险的最好季节在9~10月。

沙漠中游玩有很多注意事项，下面给大家详细说说，请大家务必仔细听，并牢记在心。

第一，乘坐越野车进入沙漠，进行沙海冲浪时，请务必系好安全带，双手紧握车内扶手，目光尽量直视前方，并听从驾驶人员的安全提示。有严重心脏病和高血压的病人，请不要盲目进入沙漠或乘坐沙漠冲浪车。

第二，骑乘骆驼时注意：天气状况恶劣（如雷雨等）时不要骑骆驼；最好穿旅游鞋，尽量避免穿凉鞋和高跟鞋；最好不要随身携带物品，如有贵重物品，请背斜挎包，以防掉落；最好不背红色包，因骆驼对红色敏感，以防骆驼受惊；不要擅自到骆驼周围活动或随意触碰骆驼，以免被伤，尤其是不要靠近骆驼的后脚和头部，以防它踢人和用嘴喷人。患有高血压、心脏病等疾病的游客，不要参与此项活动。上骆驼时应听从牵驼人或导游的安排，从骆驼的左边上、左边下，上驼后用脚踩稳驼镫。小腿不要夹得太紧，以防擦伤小腿或弄脏裤子；上驼后应扶稳，不要大喊大叫，帽子要戴好、戴紧，以防风刮走而惊吓到骆驼，更不要在骆驼上交换物品。上下骆驼时，要抱紧驼鞍或驼峰，防止骆驼站起来和卧倒时将人甩下。

第三，夏秋季节，沙漠中白天阳光照射强烈、夜晚气温则下降很快，所以夏季要选择长袖吸汗衣物，并带防晒霜、护唇膏、太阳镜、遮阳帽等物品，以防中暑及晒伤皮肤。秋季夜晚需增添衣物，以防着凉。进入沙漠，最好穿透气高帮的鞋子或者在景区租用沙袜，以免沙子进入鞋内，影响正常行走；还要带足水，用少量多次的方法补充水分。库布齐沙漠的沙子特别细，因此大家要把手机、照相机和摄像机等包好或密封处理，以免沙粒进入，导致设备损坏。

第四，如果在沙漠内迷路，千万不要慌乱，不要乱跑，立即拨打景区救援电话，等待或寻求救援。在沙漠中万一遇见沙暴，千万不要到沙丘的背风坡躲避，否则有被窒息或被沙暴埋葬的危险。

第五，要有环保意识，不要破坏沙漠中的各类植被，尽量把垃圾带出沙漠。

伊金霍洛旗

伊金霍洛旗地处鄂尔多斯高原的东南部，与康巴什新区隔河相望。伊金霍洛，汉语的意思是"圣主的院落"。因一代天骄成吉思汗陵园坐落在这里而闻名于世。

伊金霍洛旗是一代天骄成吉思汗的长眠地，也是蒙古族文化传承的集中地，享有"煤海绿洲、天骄圣地"的美誉。全旗总面积5600平方千米，辖7个镇、138个行政村，常住人口25万，其中少数民族1.4万人。

伊金霍洛旗物华天宝、资源富集。特别是煤炭资源量多、质好、易采，是全国第三大产煤县和国家重要的能源战略基地之一，也是内蒙古重要的清洁能源输出基地。

伊金霍洛旗文化悠久、历史灿烂。境内有一大批历史、文化、宗教和自然景观。例如，1个国家AAAAA级旅游区，即成吉思汗陵旅游区；3个国家AAAA级旅游景区，即蒙古源流文化产业园、苏泊罕大草原旅游区、内蒙古佛教文化博览园；1座全区保存最完整的郡王府；还有距今4000年的"朱开沟文化"遗址，距今2000多年的战国秦长城遗址，全国最大的沙漠淡水湖红碱淖，北方地区罕有的红海子湿地，等等。这里是蒙古族传统礼仪保存最为完整的地区，传承千年的"成吉思汗祭祀"和流传悠久的"鄂尔多斯婚礼"已被载入第一批国家级非物质文化遗产名录。

成吉思汗陵与成吉思汗

成吉思汗陵旅游区位于鄂尔多斯市伊金霍洛旗的甘德尔草原上，是祭祀历史伟人成吉思汗英灵的神圣场所，是全国重点文物保护单位，国家AAAAA级旅游景区，是国内外唯一的成吉思汗祭祀文化保留最完整的历史文化旅游区。

成吉思汗陵旅游区占地面积10平方千米，控制面积80平方千米，以成吉思汗陵为核心，形成了祭祀文化区、历史文化区、民俗文化区、草原观光区、休闲度假区的整体布局，是世界上唯一以成吉思汗文化和蒙古族文化为主题的旅游景区。

在前往旅游区的路上，我先给大家讲讲"一代天骄"成吉思汗。

"一代天骄"成吉思汗，名铁木真（也写作"帖木真"），诞生于蒙古乞颜·孛儿只斤部著名的首领也速该家。他是蒙古族和中国历史上的杰出人物，也是一位深刻影响世界历史进程的重要人物。成吉思汗及其继承者统领的蒙古铁骑横扫欧亚大陆，进行了震撼世界的征服战争，开创了新的世界格局。他对蒙古族历史、中国历史乃至世界历史的发展均做出了重大贡献。

成吉思汗生于1162年，病逝于1227年。他的一生可以用"少年命运坎坷、青年开始征战、中年创建蒙古帝国"来描述。具体来讲，可以总结出九件大事，而"九"也正是蒙古族所喜欢的数字。

第一件：降生草原

从成吉思汗诞生以来，有关成吉思汗生平事迹的记载就不绝于书。史家的记载突出了他显赫、传奇的一生，就连他的出生也被赋予了神秘色彩。据蒙古人早期史书和《蒙古秘史》记载，成吉思汗出生时，右手握有凝血。按照蒙古族的风俗，这是吉祥的征兆，预示以后必成大业。甚至有传说：成吉思汗手握凝血就是苏力德的形状。苏力德意为"长矛""旗帜"，是长生天赐予成吉思汗的神矛，是成吉思汗征战所向披靡的标志，也是象征着蒙古民族精神力量的吉祥物。

成吉思汗出生的年代，在广阔的蒙古高原分布着许多大小不等的部族或部族联盟。其中，除以克鲁伦、斡难、土拉三河发源处为根据地的蒙古诸部以外，比较强大的还有呼伦、贝尔两湖及额尔古纳河一带以塔塔儿为首的诸部；土拉河流域的克烈亦惕诸部；色楞格河下游的篾儿乞惕诸部；阿尔泰山地区的乃蛮部以及南方的汪古部等。这些部族的首领们，为了掠夺邻部的财富和奴婢，为了复仇或者由于金朝统治者的挑拨，长期进行着相斗、厮杀。

草原部落纷争、混战与被屠掠的时代，需要一位英雄人物来结束。成吉思汗就成为这个时代所需要的英雄人物。事实也证明，成吉思汗的出生，为蒙古族带来了希望，也改变了蒙古族的命运。

第二件：苦难童年。

根据《蒙古秘史》记载：铁木真九岁时（1170 年），父亲也速该带他去母舅所在的呼伦贝尔草原的斡勒忽纳兀惕氏（该氏为翁吉剌惕部的一支）求婚。途中遇到了翁吉剌人德薛禅。德薛禅惊奇铁木真的外貌（眼神如火、容颜生光），便将女儿孛儿帖许配给他。根据蒙古人的传统，也速该留下象征性的订婚礼物，铁木真也暂住在岳父家。在日后艰难的岁月里，铁木真有了理想的内助、伴侣，对他的事业成功起了一定的作用。此举也奠定了翁吉剌部与蒙古皇帝的传统婚姻关系。也速该返回途中，路遇世仇塔塔儿部摆设宴席，铁木真兀格之子——札邻不合认出了他，于是在他的食物中放入毒药。回家后不久，这位屡建战功、威望甚高的蒙古部首领与世长辞，形势也因此发生了巨大变化。泰亦赤兀部首领塔儿忽台为争夺汗位，十分嚣张，处处排挤铁木真母子，祭祀祖先时也不通知他们一家参加。铁木真的母亲诃额仑闻讯赶去参加时，塔儿忽台不分给他们"茶饭"，以表示不承认他们是同族，实际上把他们开除出贵族行列。也速该的部众也背叛了他们，纷纷投归了泰亦赤兀部。就这样，铁木真一家从部落首领的地位一下子跌入苦难的深渊。但是铁木真的母亲诃额仑却十分坚强和勇敢，她毫不气馁，在艰难的环境里，甚至有时候仅靠挖野菜来抚养孩子们。铁木真、哈撒儿、哈赤温、帖木格、帖木仑和别克帖儿、别勒古台等孩子们，跟随母亲度过艰难的日子。在母亲的教诲下，铁木真兄弟从小便磨炼出坚忍不拔的意志。

第三件：虎口逃生。

铁木真在艰苦的环境中渐渐长大，泰亦赤兀人感到十分不安。他们认为铁木真如果像鸟儿一样，一旦羽毛丰满，就会难以控制，必须在年幼时就除掉他。于是泰亦赤兀部首领塔儿忽台率护卫军突袭铁木真家，并将他抓走。一天傍晚，趁泰亦赤兀人宴庆之机，铁木真用枷锁将看守少年打昏，逃到斡难河畔水沟里，躺在水中躲藏。这时，在河边树林中搜索的锁尔罕失剌发现了铁木真，并对他说："因为你有才能，他们记恨你，你就这样卧着，我不告发你。"泰亦赤兀人认为戴着枷锁的人不会逃得太远，决定第二天再接着搜捕。夜里，铁木真从水沟里爬出来，来到锁尔罕失剌家求救。在锁尔罕失剌及其儿子赤老温、女儿哈达安等一家人的帮助下，他藏在装满羊毛的车上，再次躲过了泰亦赤兀人的搜捕。从此，铁木真立下雄心壮志，走上了统一蒙古高原的艰难而有意义的征程。

第四件：得遇良将。

一天，铁木真家的银合八骏被一伙盗贼偷走。铁木真骑上仅剩的秃尾草黄马，独自去追赶。追赶到第四天时，碰见了阿鲁剌惕部 13 岁的英俊小伙子博斡儿出[①]。

---

① 博斡儿出（1162—1226?），与成吉思汗同宗，均系海都后裔。蒙古名将，成吉思汗开国元勋之首，与木华黎、博尔忽、赤老温并称"蒙古四杰"。

博斡儿出得知铁木真的遭遇，主动与铁木真结为那可儿（朋友），并与他一起去寻找马匹。铁木真换乘他家的马，两人又追了三天，乘着夜色从盗马贼的营地骑回银合八骏。不久，铁木真派弟弟请来博斡儿出。博斡儿出以"志意沉雄，善战知兵"著称，一生跟随铁木真打天下，成为成吉思汗九员大将之首，建立不朽的功勋。其后一直担当"怯薛"（护卫军）之长，是大蒙古国十大功臣之一，享有九次犯罪不罚的特权。

第五件：娶妻救妻。

铁木真十七岁那年（约 1178 年），领着弟弟别勒古台去克鲁伦河下游居住的德薛禅家，迎娶美丽贤惠的孛儿帖姑娘。盼望几年的德薛禅和老伴唆坦喜出望外，带着丰厚的嫁妆送行女儿。唆坦亲自送女儿到铁木真家，并将一件珍贵的黑貂皮外套作为礼物，送给铁木真母亲诃额仑夫人。铁木真一家沉浸在无比的喜悦之中。但是新婚后不久，铁木真又遭到了篾儿乞人偷袭，妻子孛儿帖被抢走了。

铁木真不断招揽人才，扩大自己的实力，逐渐增强复仇的力量，但比起他的敌人，还是太弱小。他意识到，要生存、要复仇，必须借助强大的势力。于是，铁木真投靠蒙古高原最强大的克烈亦惕部首领，父亲也速该的安答（结义兄弟）脱里罕（后为王罕）。① 铁木真与弟弟哈撒儿、别勒古台一起去见脱里罕，将德薛禅夫人送的黑貂裘作为见面礼献给他。脱里罕高兴之际，回答道："作为黑貂裘的报答，你离去的百姓，我给你收拾；作为黑貂裘的报答，你散去的部众，我给你聚集。你会在我心中。"铁木真就此尊脱里罕为父，他也因此得以收聚他父亲的旧部。与此同时，他又与附庸脱里罕的札答阑部首领札木合结为安答，逐步发展势力。为报复篾儿乞惕部抢妻之仇，铁木真请求王罕、札木合出兵，合本部兵共数万，突然袭击篾儿乞惕部，斩杀许多仇敌，夺回妻子。

第六件：统一蒙古。

蒙古部主忽图剌汗去世后，蒙古部众大都在札木合控制之下。铁木真投靠札木合，随他游牧。在此期间，铁木真逐步笼络人心，招徕人马，最终在 1186 年，脱离了札木合，建立自己的斡鲁朵（宫帐），踏上了独立发展的道路。铁木真广结盟友，选贤任能，宽厚待人，因此尼伦蒙古部各氏族的部众，随首领和势力派人物纷纷投靠铁木真。位于水草丰美的园阔淖尔的铁木真营地，逐渐成为蒙古部的中心。1189 年（金大定二十九年），铁木真主持贵族会议。推选可汗时，他先后提出本家族叔叔阿勒坦和叔伯兄弟忽察儿等，但他们均不敢当此大任。最后与会者联合推举铁木真，于是铁木真当上可汗，号成吉思。对"成吉思"这个汗号，中外学者纷纷提出许多解释，至今尚未取得一致意见。据《蒙古秘史》记载，铁木真的祖先孛端察儿曾用过"成吉思"这个汗号。铁木真再次举起这个旗帜的用意在于重新统一蒙古。从

---

① 1196 年，铁木真和克烈部脱里罕出兵助金，于浯勒札河（今蒙古东方省乌尔扎河）打败塔塔儿人。金授铁木真以察兀忽鲁（部长）官职，封脱里罕为王，脱里罕从此称王罕，语讹为汪罕。

此，成吉思汗由部族征战转为统一蒙古高原的有意义的战争。

成吉思汗经过"十三翼之战""征讨塔塔儿之战""击败泰亦赤兀之战""帖尼河之战"①"阔亦田之战"②等重大战役削弱了敌对实力，为统一蒙古高原打下了基础。此后，成吉思汗统一蒙古各部之战，进入第二阶段。其主要战役有：宋嘉泰三年（1203 年）合兰真沙陀、折折运都山之战③，宋嘉泰四年（1204 年）的纳忽山、不黑都儿麻之战④，最后平定蒙古高原，统一蒙古各部。1206 年，成吉思汗最终成为全蒙古的可汗。

在这里，详细讲一下"十三翼之战"。"十三翼之战"是铁木真一生之中少有的一次败仗，是铁木真与札木合之间的一场战争。因铁木真将自己所属 3 万人分为十三翼迎战札木合而得名。铁木真及蒙古乞颜部的迅速壮大，引起札答阑部首领札木合的不满。金明昌元年（1190 年），札木合借口部人劫掠铁木真马群被射杀，联合泰亦赤兀等十三部，共 3 万人进攻铁木真。铁木真得到札木合部下亦乞列思人的报告后，将自己所属 3 万人分为十三翼（意为营或圈子），铁木真和母亲诃额伦各分统一翼军队，其余各翼多由乞颜部贵族统领。双方展开一场大战。最后，铁木真在战斗中失利，退避于斡难河（今鄂嫩河）上源狭地，札木合得胜领军返还本部。但是他因虐杀战俘引起了各部的不满，他们纷纷归心于铁木真。铁木真因败而得众，军力上得到迅速恢复和壮大。

另外，还要跟大家讲一讲塔塔儿姐妹。1202 年春，为了彻底消灭四姓塔塔儿人，稳固地占据呼伦贝尔地区，成吉思汗出兵征讨塔塔儿部。在答阑捏木儿格大败数倍于自己的塔塔儿人。成吉思汗娶了塔塔儿部美人也客扯连的女儿也遂与也速干姐妹为妻。其中，也遂皇后美丽聪慧、高瞻远瞩，深受成吉思汗的宠爱。1219 年，成吉思汗决定西征时，也遂提醒道："大汗要越过高山，渡过大河远征时，务必考

---

① 宋嘉泰元年（1201 年），铁木真在呼伦贝尔海剌尔河支流帖尼河之野（亦称帖尼火鲁罕，即今海拉尔河支流莫尔根勒河），击败以札木合为首的塔塔儿、弘吉剌、合答斤等十一部联军，史称"帖尼河之战"。

② 宋嘉泰二年（1202 年），铁木真与王罕联军又在阔亦田（亦称阙奕坛，今呼伦贝尔哈拉哈河上源一带）最终击败了札木合同乃蛮、泰赤乌、塔塔儿、蔑儿乞惕等联军，取得了阔亦田之战的胜利。

③ 是指成吉思汗与克烈亦惕部王罕在合兰真沙陀（约今内蒙古东乌珠穆沁旗北）、折折运都山（今克鲁伦河上游之南）的决战。克烈亦惕部首领王罕在札木合的挑拨下，与铁木真的矛盾日益加深。宋嘉泰三年，王罕率大军与铁木真战于合兰真（今流入贝尔池之哈驻哈河），铁木真因寡不敌众而败，部落由好几万人被打败至 4600 人。但败而不馁，不久，又重整军马，乘敌不备，突袭包围王罕的窝鲁朵城（今蒙古鄂尔浑河上游，哈尔和林之北）营地。经过三天三夜的激战，终于攻灭了强大的克烈亦惕部。

④ 纳忽山、不黑都儿麻之战是指成吉思汗与乃蛮部太阳罕、屈出律不欲鲁（北乃蛮部首领）在纳忽昏山之察乞儿马兀特地区（今蒙古哈剌和林北纳莫合山）的决战。这次战役是统一蒙古诸部战争中规模最大的一次作战。铁木真以 4 万人的劣势兵力，战胜太阳罕 8 万之众的优势兵力，是中国战争史上著名的以少胜多的围歼战。铁木真在这次作战中，总结了以往的作战经验，改革了军制，提出了"凿穿战"的三原则和"攻心为上""穷寇必灭"的作战指导思想，对其独特的战略战术思想的形成打下了良好的基础，在中国战争史上占有重要地位，也给后人留下了重要的研究资料。

虑统领国家之事。生下的身躯，没有长生的，这是万物之规律。像大山般的御体一旦倾倒，您诸多的蒙古部众，谁来统帅？像顶柱般的御体一旦倒下，您神圣的旗徽，谁来举起？您四位皇子中，即位的是谁？向皇子诸弟、众多臣民和哈屯妃子我们，是否下旨，请大汗三思。"成吉思汗赞道："虽是哈屯，也遂的言语千真万确。"随后做出确立窝阔台为大汗继承人的重大决定。

"一代天骄"成吉思汗，顺应历史发展的潮流，经过艰苦奋战，终于打垮了大漠南北的割据势力，完成了统一蒙古地区的历史任务。1206 年，铁木真在老营斡难河源，立九脚白旄旗，举行隆重的忽里勒台。忽里勒台推举铁木真为全蒙古地区的大汗。

第七件：巩固汗权。

成吉思汗称汗之后，为了巩固汗权，实行有效统治，推行了一系列政治、经济、军事等制度和措施。主要包含以下几个方面。

第一，推行千户制和万户制。将全蒙古游牧民族编为若干个千户，并划定其牧地范围，分封共同建国的贵戚、功臣，任命他们为千户那颜，世袭统领。千户既是军事组织，又是行政单位。千户以下又分百户、十户，他们已完全不是血缘关系的氏族部落，而是大蒙古国统治下的各级军事、行政单位。成吉思汗又任命大将木华黎为左翼万户长，统领东至大兴安岭的各千户军队；博斡儿出为右翼万户长，统领西至阿尔泰山的各千户军队；那牙阿为中军万户长。万户长是最高统兵官。

第二，建立护卫军。成吉思汗将原来的护卫队（怯薛军）扩充为 1 万人，从各千户、百户、十户那颜和贵族的子弟中，挑选身体健壮、有技能的人充当。护卫军的职责是保卫大汗金帐和护卫大汗出征。护卫军是成吉思汗统治的强大支柱，维系和控制着草原贵族，并随时准备镇压牧民的反抗，是整个蒙古军事力量的核心，对维护汗权和巩固新生的国家政权有着重要的作用。

第三，设立断事官。成吉思汗又设立了断事官，掌管民户分配和审断案件，命养弟失吉忽秃忽担任，这是大蒙古国的最高行政官。

第四，颁布法典，建立"札撒"制度。①成吉思汗颁布法典《大札撒》，建立"札撒"制，惩治盗贼，明察诈伪，明辨是非，依法治国。实行"札撒"制度是成吉思汗在治国方略上的一个重大转折。

第五，划分封地。按照传统的分配习惯，成吉思汗将一部分蒙古属民分封给其弟、其子，后来又划分了诸弟和诸子的封地。把蒙古高原的东部分封给其弟合撒儿、别勒古台、哈赤温子按赤台及斡赤斤，即东道诸王。把蒙古高原以西的疆域封

---

① 古代蒙古部落首领对众发布的命令称为"札撒"。成吉思汗建立大蒙古国后，将原有的训令，写成法规，史称《大札撒》（由于音译的原因，札撒也写作"札萨"，《大札撒》又称《札撒大典》，汉语叫《令》，又被称为《成吉思汗法典》）。其颁布于 1206 年，在当时的大蒙古国具有最高权威性，是大蒙古国的根本大法。古本在元末明初毁于战乱，失传 600 余年，其内容散落于众多史料之中。它的特点：一是刑罚严酷，大量使用死刑；二是原始性。

给其子术赤、察合台、窝阔台，即西道诸王。东、西道诸王属民和封地均由受封宗王世代承袭，其下的千户长即成为宗王的家臣。大部分居民和蒙古中心地区归成吉思汗领有，按照传统的幼子守产的习惯，由幼子拖雷继承。

第八件：军事扩张

蒙古各部的统一、汗权的巩固、国家机构和军事行政制度的确立、军队数量的扩充和战斗力的增强，为蒙古统治者发动对外战争提供了强大的内部条件。而与蒙古相邻的金、西夏、西辽以及中亚的花剌子模等国，都处在内部矛盾尖锐、统治阶级濒于衰亡的阶段，为蒙古的扩张提供了有利的外部环境。以成吉思汗家族为首的大蒙古国，发动了大规模的对外军事战争。在整个13世纪，蒙古军队的足迹几乎遍及亚欧两洲的广大地区，在我国乃至世界历史上留下了深远的政治影响。

第九件：死后"密葬"。

1227年的夏天，成吉思汗在第二次攻打西夏的途中突然神秘死去。关于他的死因，众说纷纭，中毒、失足落马、中箭、雷击等，至今尚无定论。

由于蒙古人传统的密葬习俗，直到今天我们也不清楚成吉思汗究竟葬在哪里。据《元史》记载："太祖二十二年围西夏，闰五避暑于六盘山，六月西夏降，八月崩于萨里川哈剌图行宫，葬于起辇谷。"因此，历史学界普遍认为成吉思汗的遗骨应埋于今天蒙古国境内的肯特山起撵谷，但至今无人知道准确位置。内蒙古鄂尔多斯市伊金霍洛旗的成吉思汗陵是一座衣冠冢。

传说成吉思汗逝于西夏朵儿蔑该城（灵州），正当众人奉其运送灵柩的灵车号啕大哭而行至木纳呼格布尔（今鄂尔多斯）时，突然灵车轮陷进泥泽地里，深达辐轴而移动不得，套上各色骏马都拽不出。护送灵车的将领回想起成吉思汗曾经对这里的赞美，于是将成吉思汗的"毡包、身穿的衫子和一只袜子"安放在这里，"建筑了永世坚固的八白室"，并将其作为全体民众的总神祇进行供奉。灵车才得以徐徐前行，运送至目的地。

据元末叶子奇的《草木子》记载，成吉思汗下葬后，为保密起见，除马匹踏平墓地外，为便于日后能找到墓地，人们在成吉思汗的墓前杀死了一只驼羔，将羔血撒于其上，并派骑兵守墓。等到第二年春天小草长出以后，墓地与其他地方分辨不出时，守墓的士兵才撤走。子女如想念成吉思汗，就让当时被杀驼羔的母骆驼作为向导，如果母骆驼在一个地方久久徘徊，哀鸣不已，那么这个地方就是陵墓所在地。这种"密葬"方式在当时很普遍。

成吉思汗陵虽然是一座衣冠冢，但是它却成为永恒的丰碑，屹立在古老神奇的鄂尔多斯高原上。

知识链接
成吉思汗的大
将和后妃

>> 任务七 景区(点)讲解能力训练 <<

【实训设计】

实训任务	内蒙古某景区(点)导游讲解
实训目标	1. 知识目标：能复述景区(点)讲解的相关知识；识记内蒙古各盟市代表性景区(点)的基础知识； 2. 技能目标：能够向游客提供景区(点)导游讲解服务； 3. 素质目标：良好的职业道德、服务意识；语言表达能力、沟通能力、组织协调能力、应变能力
实训建议	1. 可分学习小组进行学习，团队合作编写与创作导游词，完成讲解任务； 2. 可让学员进入景点，听景点讲解员讲解，然后模拟练习，最后实地演练； 3. 可在实训室以角色扮演法进行讲解训练
实训流程	1. 分学习小组，每小组承担内蒙古某一景区(点)的导游讲解任务； 2. 实地踩线，设计、编写导游词，制作PPT； 3. 指导教师审阅初稿，提出修改意见，进行导游讲解辅导； 4. 课堂模拟讲解(PPT辅助)或在景区(点)现场进行； 5. 实训考核评价
实训学时	10～12学时
实训考核	1. 考核内容：导游词初稿＋导游词成稿＋PPT文本＋导游讲解； 2. 考核方式：导游讲解(实训室或旅游景点)； 3. 考核主体：教师、学生； 4. 考核百分比：态度10％＋纪律10％＋过程50％＋成果展示30％

【理论知识】

"讲景区易，讲好景区难。"决定讲解成败的因素很多，如导游所掌握知识的宽窄、深浅和新旧程度，语言表达能力，甚至包括讲解时的精神状态等，这些都会影响讲解效果。除此之外，掌握景区讲解的技能技巧也至关重要。具体包括以下几个方面。

一、把握景区(点)的讲解层次

导游要学会对景区(点)进行剖析，抓住以下三个基本层次。

(一)景区(点)的基础知识

景区(点)基础知识包括名称由来、历史沿革、历史典故、民间传说或故事、主要功能分区或主要游览点等。这些基础知识，可满足游客的基本求知需求。导游只有熟练掌握这些知识，才能够取得比较好的讲解效果。

(二)景区(点)所涉及的学科知识

一般来讲，每个景区(点)均涉及多个学科领域的知识。如讲解昭君墓，就涉及历史学知识；讲解大召，就涉及佛教知识；讲解阿斯哈图石阵就涉及地质学、地理学知识等。所以，导游应不断地学习和钻研，不断扩大自己的知识面。如果导游对相关知识一无所知，仅凭背诵几段导游词，就很难深刻细腻，达到旁征博引、举一反三的效果，也不可能圆满回答游客相对比较专业的问题。

(三)景区(点)自身所具有的品位、特色和价值

所参观的景区(点)与中外同类景区(点)相对比，具有哪些独特的品位、特色和价值，这是一个景区的精华所在。对这部分的讲解到位，就会使导游讲解效果上一个台阶，给游客一种"既见树木，又见森林"的感觉，无形当中提升景区的内涵和价值。这部分内容的讲解，可以满足游客求奇、求新、求异的需求。

二、把握正确的讲解步骤

讲好景区(点)，还必须把握正确的讲解步骤。一般来讲，可以分为以下四个阶段：

1. 到达景区(点)前：在进入景区(点)之前，应该事先做好铺垫，要从宏观的角度，讲解景区(点)的基本概况、历史背景、特色品位、精彩看点等内容，激发游客强烈的观赏欲望。

2. 到达景区(点)大门导游图前：应该引导游客看景区(点)的全景图或导览图，根据全景图或导览图，讲解景区(点)的主要游览线路，让游客对景区(点)有全面的了解，同时也可有效防止客人在景区走失。

3. 进入景区(点)后：要科学规划游览路线，引导游客观赏景观，并逐一进行讲解。

4. 游览结束后：游览结束后，导游人员应在旅游车上对所参观的景区(点)进行总结和升华，提升游客的游览体验；还可以通过回答游客的提问或与游客互动等活动，加深游客的游览印象，或者根据情况做一些补充讲解，做到锦上添花。

一般来说，导游人员普遍对第二、第三阶段做得比较到位，但往往忽略第一、第四阶段的工作，致使讲解效果大打折扣。其实没有前面的铺垫和最后的提升，导游的讲解就是残缺的和不完整的。

三、景区(点)讲解技巧

要讲解好景区(点)，导游员还需要根据游客的具体情况，有效运用各种讲解技巧，吸引游客的注意力，达到让游客满意的效果。

(一)注意细节，诚挚服务

讲解前，要选择一个最佳位置，既不要靠游客太近，也不要离游客太远，离游

客约 1 米即可。对待游客时要面带笑容，诚挚热情。要根据周围环境和游客数量调整音量。讲解时手势等动作幅度不要过大。移动过程中的讲解要兼顾每位游客，防止游客掉队或听不到讲解。讲解时，与游客的空间距离不要过大，以提高游客的观赏效果。讲解时切不可"填鸭式"、应付式，要情绪饱满、热情周到。

(二)突出重点，讲出新意

在讲解时，要突出景区(点)的重点内容和精华之处。同时，还要不断学习和研究景区(点)，不断地推陈出新，不断地更新自己的学识，进而能够讲出新意、讲出特色。

(三)因地制宜，灵活应变

导游要根据不同的游客，因人而异地选择讲解内容。文化层次和求知需求高的游客，要讲得深入一些；文化层次一般和求知需求较低的游客，要讲得通俗易懂一些。在运用导游技巧上，对一般的游客，导游可多一些虚实结合法、问答法、借用故事法、拟人比喻法以及数字法等；而对求知需求较高的游客可运用画龙点睛法、制造悬念法、设置疑问法、巧妙穿插法以及含蓄幽默法等。

(四)求同存异，镇定从容

讲解过程中，若是游客对导游所讲内容持有不同意见和观点，导游也不要和游客辩论，更不要翻脸或争执，而是在求同存异的基础上，个别地、友好地与其交流、探讨，相互取长补短。如果有个别游客打扰或打断讲解，导游要具体分析原因。一般的原因有：炫耀自己的学问，持有不同意见和观点，所讲内容和知识确实存在问题，知道的内容要比导游多且更丰富等。导游应根据不同原因，镇定从容地应对和处理，不能因此出现慌乱或争吵、争执。

四、内蒙古各盟市代表性景区(点)参考资料

(一)呼和浩特市代表性景区景点资料

民族友好往来的纪念塔——内蒙古昭君博物院[①]

昭君博物院是由原来的昭君墓扩建而成的。它是国家重点文物保护单位，全国民族团结进步教育基地，是一座象征民族团结，各民族相互融合、共同发展的历史丰碑。它位于呼和浩特市南 9 千米的大黑河南岸，蒙古语称为"特木尔乌儿虎"，意为"铁垒"，文献记载亦称"青冢"[②]。

---

① 本篇景点讲解资料由刘春玲编写。
② 从唐代开始有明确记载。

据考证，昭君墓是由汉代人工积土夯筑而成的，高达 33 米，底面积 13000 平方米。昭君墓是中国最大的汉墓之一，是一座衣冠冢，是我国汉代传统的"方上"陵墓形制。以昭君墓为核心，经过数年的发展和建设，这里已成为一处规模庞大的综合性旅游景区。

对王昭君，大家都很熟悉了，因为她是中国古代四大美女之一[①]，有着"落雁"之美。那么大家肯定很想知道：作为中国古代四大美女之一的王昭君，为何离开汉宫远嫁到匈奴，又为什么会在呼和浩特有这么大的陵墓呢？

在中国历史上，王昭君是一个献身中华民族友好事业的伟大女性。在民间百姓中，王昭君更是美的化身。传说，昭君原是天上的仙女，为了汉匈之间的民族和平，自愿下凡来到民间，与单于结为夫妻，造福人民。

历史上的王昭君，名嫱，字昭君，乳名皓月，西汉时南郡秭归人（今湖北省兴山县）。晋代时避司马昭讳改称"明君"或"明妃"。公元前 37 年，王昭君被选入后宫，成为汉元帝的待诏[②]。王昭君入宫之后，并未见到元帝。公元前 34 年，匈奴呼韩邪单于被他哥哥郅支单于打败，南迁至长城外的光禄塞下，同西汉结好。经过汉宣帝和汉元帝的帮助，尤其是汉元帝时期，出兵打败并杀死了郅支单于以后，呼韩邪单于的统治地位就稳定了。他在公元前 33 年第三次进长安入朝，并向汉元帝请求和亲。汉元帝同意了，王昭君自愿请行出嫁匈奴。管事的大臣听到王昭君肯去，急忙上报元帝。元帝就吩咐大臣选择吉日，让呼韩邪单于和王昭君在长安成了亲。汉元帝在临辞大会上，第一次见到美貌的王昭君，真是追悔莫及。《后汉书·南匈奴列传》记载："昭君丰容靓饰，光明汉宫，顾影裴回，竦动左右。帝见大惊，意欲留之，而难于失信，遂与匈奴。"传说，事后汉元帝追究下来，把当时的毛延寿、陈敞等许多画工都杀了。这是为什么呢？据《西京杂记》记载，汉元帝因后宫女子众多，就叫画工画了像来，看图召见宠幸。宫人都贿赂画工，独王昭君不肯，所以她的像被画得很丑，导致没被汉元帝召见，汉元帝也因此错失这样一位美貌的女子。大家想想，这汉元帝焉有不怒之说。

在一个秋高气爽的日子里，在汉朝和匈奴官员的护送下，王昭君离开了长安，登程北去。一路上，马嘶雁鸣，悲切之感，使她心绪难平。她在坐骑之上，拨动琴弦，奏起悲壮的离别之曲。南飞的大雁听到这悦耳的琴声，看到这个美丽女子，忘记了摆动翅膀，跌落地下。从此，王昭君就得来"落雁"之名。当然，这也是一段美丽的传说罢了。

王昭君千里迢迢地来到匈奴地域，做了呼韩邪单于的阏氏[③]，还被封为"宁胡阏氏"，象征她将给匈奴带来和平、安宁和兴旺。王昭君慢慢地习惯了匈奴的生活，

① 王昭君、貂蝉、西施、杨玉环（杨贵妃），并称中国古代四大美女。
② 《后汉书·南匈奴列传》记载："昭君字嫱，南郡人也。初，元帝时，以良家子选入掖庭。"在关于王昭君的少有的史料中，寻到"良家子"三个字，作为她的出身。
③ 音"焉支"，意思是王后。

和匈奴人相处得很好。她一面劝呼韩邪单于不要打仗，一面把中原的文化传给匈奴。建始二年（前 31 年），呼韩邪单于去世，王昭君向汉廷上书求归，汉成帝敕令"从胡俗"①。王昭君依游牧民族收继婚制，又嫁呼韩邪单于的长子复株累若鞮单于，两人共同生活 11 年，育有二女：长女名须卜居次，次女名当于居次。

昭君出塞，使得匈奴和汉朝和睦相处了半个多世纪，匈奴境内的经济文化得到发展。② 王昭君死后葬在匈奴人控制的大青山，匈奴人民为她修了坟墓，并奉为神仙。其实，在内蒙古的昭君墓有很多，为什么会有这么多呢？因为昭君给人民带来了和平，人民爱戴她，很多人都希望她埋葬在自己的家乡，保佑自己平安、自己的家乡富饶美好。也有的人认为她是仙女下凡，叫她"昭君娘娘"，并认为在昭君墓前许愿是十分灵验的。

"琵琶一曲弹至今，昭君千古墓犹新。"今天的昭君墓，就像是北方草原上一颗璀璨的明珠，已成为名扬世界的旅游胜地。两千年来，王昭君的传说、故事在中国民间广为流传，家喻户晓。自唐、宋以来，历代文人咏唱昭君、抒发情感的诗文、歌词、绘画、戏曲等更是多不胜数，形成了千古流传的昭君文化。正如现代著名史学家翦伯赞称赞的那样：王昭君已经不是一个人物，而是一个象征，一个民族友好的象征；昭君墓也不是一个坟墓，而是一座民族友好的历史纪念塔。

昭君博物院占地面积达 683 亩。参观内容有：匈奴历史文化博物馆、昭君出塞陈列馆、中国古代和亲宫文化馆、昭君民俗艺术馆、昭君文化传播馆、昭君故里纪念馆。纪念性的设施有：董必武题词碑、昭君雕像、和亲铜像、青冢牌坊、汉式石像生、匈奴鹿石、嫱云浮雕、汉代墓表、历代题诗碑等。演艺场所有：单于大帐、昭君出塞 5D 影院。（详细资料请看"知识链接"）

知识链接
昭君博物院单
元讲解资料

红色圣地——乌兰夫纪念馆③

乌兰夫纪念馆坐落于呼和浩特市新华西街乌兰夫公园内，是一座具有独特民族风格的巍峨建筑。1992 年 12 月 23 日落成开馆，时任国家主席杨尚昆同志为纪念馆题写馆名。

乌兰夫纪念馆建馆以来，被命名为全国百家红色旅游景点景区、全国民族团结进步教育示范基地、全国国防教育示范基地、全国廉政教育示范基地以及全国红色旅游工作先进集体，成为党员干部了解党史、加强党性锻炼的重要场所，广大青少年陶冶情操、培育民族精神的重要课堂，内蒙古自治区和呼和浩特市宣传思想教育工作的重要窗口。

乌兰夫（1906 年 12 月 23 日—1988 年 12 月 8 日），曾用名云泽、云时雨，化名

---

① 《后汉书》卷八十九《南匈奴列传·第七十九》：生二子。及呼韩邪死，其前阏氏子代立，欲妻之，昭君上书求归，成帝敕令从胡俗，遂复为后单于阏氏焉。此外，关于呼韩邪单于与王昭君子嗣情况，《资治通鉴》卷第二十九记载：单于号王昭君为宁胡阏氏；生一男伊屠智牙师，为右日逐王。

② 史书记载，当时呈现出："边城晏闭，牛马布野，三世无犬吠之警，黎庶忘干戈之役。"

③ 本篇景点讲解资料由张雯编写。

陈云章，内蒙古土默特左旗塔布村人，蒙古族，1925年9月加入中国共产党，上将军衔。乌兰夫曾任中华人民共和国副主席、全国人民代表大会常务委员会副委员长、中国人民政治协商会议全国委员会副主席、中共中央统战部部长等职。乌兰夫把毕生精力献给了中国人民的解放事业和社会主义建设事业，为民族团结复兴和祖国统一繁荣建立了卓越的功勋，深受全党全国各族人民的尊敬和爱戴。

乌兰夫纪念馆占地面积30000平方米，建筑面积2100平方米。由主馆、纪念广场、塑像平台、升旗台、碑亭、牌楼6个部分组成。整体建筑群将传统建筑风格与现代化建筑技术融为一体，在松柏绿茵的环绕下，形成了以人文景观为内涵，园林绿色为载体，相互衬托的旅游胜地。

现在我们来到主馆参观。主馆面积为1500多平方米，整个陈列分为序厅和9个展室。共展出文物160件、文献资料58件、照片305张，实现了内容与形式的珠联璧合。整体陈列采用了现代化的声、光、电技术和先进的布展材料，以乌兰夫同志的生平事迹为主体，同时又体现了内蒙古老一代领导集体的业绩，使乌兰夫的形象光辉丰满，老一代革命者跃然画面。我们先从序厅开始参观。

序厅正面为乌兰夫汉白玉坐像。坐像高3米，面容慈祥、神态沉稳。东西两侧汉白玉墙壁和大理石地面上刻有蒙古族吉祥图案。坐像后面墙壁上用蒙汉两种文字书写着：久经考验的共产主义战士、党和国家优秀的领导人、杰出的无产阶级革命家、卓越的民族工作领导人。这段话高度概括了乌兰夫同志光辉的一生。

乌兰夫纪念馆运用文物、图片、历史片、图表绘画、文字说明等形式，以历史唯物主义的观点系统地展现了乌兰夫同志光辉战斗的一生。整个展室内容共分为6大部分。

第一部分为"追求真理、投身革命"，介绍了乌兰夫少年时代的历史背景。在新思想、新文化的影响下，他积极投身反帝爱国运动。在李大钊等共产党人的引导下，走上革命道路，成为蒙古族早期共产党员。

第二部分为"播洒火种、再展红旗"。1929年6月，乌兰夫从莫斯科回到反动势力猖獗的内蒙古西部地区开展地下斗争，组建西蒙工委，积极开展恢复党组织、成立农民协会、培养革命干部等革命活动，使遭受严重挫折的革命力量逐渐得到恢复和发展。

第三部分为"团结奋斗、坚持抗战"。展示了抗战爆发后，乌兰夫任蒙旗保安旅（后改编为国民革命军新编第三师）政治部代理主任、中共地下党委书记时，同友军战斗在鄂尔多斯高原及在延安工作期间的历程。

第四部分为"实践自治、功垂千秋"，展示了1945年8月抗日战争胜利后，乌兰夫受党的委托，从延安回到内蒙古地区开展自治运动，创建了在中国共产党领导下我国第一个少数民族自治政府的光辉历程。

第五部分为"团结建设、振兴边疆"。展示了自治政府成立后，乌兰夫主持内蒙古工作近20年中，使内蒙古的农、林、牧业生产稳步发展，建成了以包钢为首的工业体系，培养了大批各族干部和建设人才，建立科研机构，促进了自治区经济、科技、文化、医疗事业的全面发展。

第六部分为"为国操劳、鞠躬尽瘁"，展示了乌兰夫任中共中央统战部部长、全国人大常委会副委员长、全国政协副主席、国家副主席等重要职务期间，为促进各民族共同繁荣，健全民族区域自治制度，为发展同世界各地的友好关系做出重要贡献的光辉历程。

穿过纪念馆牌楼，大家看到的就是乌兰夫铜像。这尊铜像是广州美术学院潘鹤教授精心创作的。铜像体高 4.4 米，体重 4 吨。主题思想为"重返故里"。潘教授艺术造诣深邃，工精技湛，乌兰夫铜像是他的成功之作。铜像上乌兰夫身着呢子大衣，戴着宽边眼镜，持手杖，庄重潇洒，凝重深沉，就好像成就大业之后在旷野信步一样。蓝天下，铜像台基四周芳草萋萋，松柏苍苍，衬托出一派北国风光。这是乌兰夫曾经为之奋斗了半个多世纪的土地，内蒙古和祖国的大地热爱他，他也热爱这片土地。他将永远守在这里，关注着一切一切……

乌兰夫纪念馆以丰富的展览内容、优美的自然环境，吸引着国内外的游客，在我区对外交流和人民群众的政治文化生活中发挥着重要作用。

大召寺①

大召寺，汉名"无量寺"，蒙古语称"伊克召"，意为"大庙"（蒙古语称藏传佛教寺庙为召）。位于呼和浩特市玉泉区大召前街。大召寺始建于明朝万历七年（1579年）。数百年来，大召寺一直是内蒙古地区藏传佛教的活动中心和中国北方著名佛刹之一，现为内蒙古自治区的重点文物保护单位。

清代时，呼和浩特被誉为"召城"。当时的召庙众多，难以数计。民间有"七大召、八小召、七十二个绵绵召"之说。大召居于明清著名的"七大召"之首。当时有人用"庙宇林立""殿宇雄壮""比拟佛国"来形容这里的召庙之多，所以，呼和浩特又有了"召城"之美誉。

大召寺是呼和浩特地区建造的第一座藏传佛教寺庙。16世纪时，蒙古右翼土默特万户首领阿勒坦汗②信奉格鲁派藏传佛教。为了迎接三世达赖到内蒙古地区传播宗教，根据1578年在青海仰华寺大法会上的许愿，1579年阿勒坦汗在呼和浩特修建了这座召庙，明朝万历皇帝赐名"弘慈寺"；又因为寺内供奉银制的释迦牟尼坐像，民间也曾俗称"银佛寺"。1586年，三世达赖索南嘉措来到大召寺，为释迦牟尼银佛举行了盛大的开光法会，并在这里传法讲经；1632年，后金大汗皇太极率军追击蒙古林丹汗到达呼和浩特地区时曾驻跸大召。1640年（清崇德五年）清太宗皇

---

① 本篇景点讲解资料大召寺讲解员供稿、刘春玲修改整理。

② 蒙文史籍写作"阿勒坦汗"，又译作"阿拉坦汗"，明史称"俺答汗"，明代蒙古右翼土默特部首领，孛儿只斤氏，成吉思汗17世孙，达延汗的孙子，巴尔斯博罗特的次子。

太极下令扩建大召，并赐给大召满族、汉族、蒙古族三族文字的"无量寺"寺额。①

大召在历史上既有无比的辉煌和灿烂，也经历过可怕的灾难和破坏。清光绪四年(1878年)，大召的僧人曾经在召中的粉壁上添绘佛像，由于绘工粗劣，破坏了它原有的朴素的建筑风格。据呼和浩特史书记载，到光绪十九年(1893年)时，大召已经日益破旧，佛像壁画剥落不全。后经战乱，大召又连续遭到了几次大的破坏，到新中国成立前夕已经变得残破不堪。1959年，为迎接十世班禅大师，呼和浩特市人民政府拨款整修大召，给召内安装了电灯，并且把大召正殿前与召庙无关的设置一律迁置别处，此后召内才恢复了昔日的风貌，后来又经过几次大型的修葺和整理，这座历经400多年沧桑的大型召庙才能够以今天这个崭新的面貌展现在我们面前。

大召寺不仅是一处佛教圣地，而且是一处闻名中外的旅游胜地。辉煌的召庙建筑、珍贵的文物和艺术品，以及神秘的恰木舞蹈和佛教音乐，构成了大召独特的"召庙文化"。大召著名的艺术"三绝"，即银佛、龙雕、壁画，是明代的历史遗物，具有极高的工艺水平和欣赏价值。大召一年中有两次盛大的佛事活动，分别是：每年的农历正月十五、六月十五举行的"晾大佛"活动和每年的农历正月、六月举行的"跳恰"②活动。

大召寺占地面积约3000平方米，寺院坐北向南，主体建筑布局为"伽蓝七堂式"，沿中轴线建有牌楼、山门、天王殿、菩提过殿、大雄宝殿、藏经楼、东西配殿、厢房等建筑。附属建筑有乃琼庙、家庙等。寺院外面还建有环绕召庙的甬道、东西仓门和著名的"吉祥八塔"。

大召寺无论在雕塑、绘画方面，还是在建筑艺术方面都具有很高的价值，它真实地记载了各民族人民的聪明才智。

一座将军府、半部青城史——内蒙古将军衙署博物院③

内蒙古将军衙署博物院位于呼和浩特市新城区，是依托清代绥远城将军衙署而建立的专题博物馆④，是全国重点文物保护单位、国家二级博物馆、国家AAA级旅游景区。

绥远城将军衙署是清代一品封疆大吏绥远城将军的办公住所，是我国目前仅存的一座高级武官衙署，也是我国现存规模最大、保存最完整、地位等级最高的清代

知识链接
九边第一泉牌匾和大召三绝

---

① 明代称"弘慈寺"，历史上又有"银佛寺""大乘法轮召""甘珠尔庙""帝庙"等多种称谓。清代崇德五年(1640年)重修后，定名为无量寺，沿用至今。

② 跳恰木，简称"跳恰"，即"跳神舞"，是大召的一项佛事活动，有打鬼驱邪、庆贺丰收和预祝来年吉祥好运等多层含意。跳恰时，舞蹈人员要穿上特定的服装，戴上面具，扮成各种神灵模样，在喇嘛教特有的大号、海螺、大镲等乐器的伴奏下起舞。跳恰木的场面庄严而热烈，舞蹈神幻迷离，令人莫测。活动之后将巴令抬出山门外，用火焚烧后，活动结束。送巴令，喻意是将一年之中的晦气和灾病等送走。"巴令"，是一种用油面捏成的三棱状身躯、头顶骷髅的魔鬼形象。

③ 本篇景点讲解资料由斯钦布赫编写、刘春玲修改。

④ 保护范围面积共19000平方米，展出面积达5000多平方米。

边疆驻防将军府。

清政府为什么在呼和浩特地区要建这么一座武官衙署呢？这就要从呼和浩特地区的历史谈起。呼和浩特旧称"归绥"，"归"是指归化城，"绥"是指绥远城。

归化城建于明代，是由蒙古土默特部首领阿勒坦汗(俺答汗)和他的妻子钟金哈屯(人称"三娘子")亲自督建的。归化城建好后，起名"库库和屯"，蒙古语意为"青色的城"，这也就是今天呼和浩特被称为"青城"的来历；明政府赐名归化城，取"归附朝廷、接受教化"之意。归化城当时是一座繁荣的城市。

到了清代，清廷与漠西蒙古准噶尔部经常发生战争，西北边疆局势动荡，这促使清廷决定要加强军事防卫，以巩固其在西北的统治。经过反复权衡，清廷决定在原归化城东北五里处新建一座军事防御城，使两城成犄角之势，便于防卫。在雍正十三年(1735年)时，开始了新城(绥远城)筑城的筹备工作，乾隆二年(1737年)二月正式开始筑城，乾隆四年(1739年)六月新城建成，历时两年四个月，这种建城的速度在历史上是十分罕见的。乾隆二年，建威将军王昌奏请，乾隆皇帝御赐"绥远城"城名及四个城门名额。绥远城，有"安抚远方"之意。绥远，是绥靖远方，也就是安抚边远地区的意思。而作为统领八旗驻军及掌管西北军政的权力机构，绥远城将军衙署也是在绥远城竣工时落成的。乾隆二年，清廷任命建威将军王昌(又作"王常")就任第一任正一品绥远城将军。到清宣统末年最后一任将军堃岫为止①，在历时174年的时间里，清廷正式授封的绥远城将军一共有79任。民国时期先后又有2位署将军、13任都统、5位绥远特别行政区与绥远省政府主席在此办公，其中著名将领有傅作义、董其武等。可以说200多年来，这里一直是绥远地区的政治中心。全国人大常委会原副委员长布赫曾题写了"漠南第一府"牌匾，现悬挂在将军衙署府门上方，这也充分说明了绥远城将军衙署的重要历史地位。

绥远城将军衙署是按照《大清会典》一品衙署规制营建的，总体布局呈中轴对称，分左、中、右三路(院)，可分为外庭、内院两部分。

绥远城将军衙署的外庭，即衙署府门外的前庭广场，包括与府门相对应的大照壁、东西辕门及其围护的鹿角栅，其间设施有旗杆二根，鼓手房二座，石狮二尊，照壁后号炮一尊。

绥远城将军衙署的内院，纵深一共五进，为衙署办公及将军内宅居所，遵照礼制建筑，前堂后寝、左右对称制度布列。中院为衙署建筑的主院，沿中轴线依次布列府门、仪门、大堂、二堂、三堂和四堂。各院主建筑两侧都建有配房(厢房)。大堂、二堂及门院，为驻节将军公务办公处所，三堂、四堂两院则为将军眷属的内宅，这种布局是我国传统的"前堂后寝"礼制建筑文化的反映。大堂的等级最高，东西长20米，南北宽12米，高8米。东院为马房、车房、后勤仓库等用房。西院前

---

① 最后一任将军堃岫被北洋军人张绍曾取代。

为花园，后为庙祠等设施。东西院与中轴主院以围墙为界隔离内外，四堂之后，有通道与东西两院相通，跨院南端可与仪门两侧贯通，成为先锋营巡逻守卫的通道。

绥远城将军衙署中路主院建筑于1922年、1924年、1931年三次改建，大堂、二堂及厢配房虽经多次修缮，但建筑形制基本保持原状，三、四堂发生火灾后重修，包括仪门、辕门等形制略有改变，到绥远解放，绥远城将军衙署主体建筑改变不大。

绥远城将军衙署是清朝统治和管理内蒙古地区的重要机构之一，是管辖漠南蒙古事务、用兵西北、沟通中央和边疆地区联系的重要军事重镇和枢纽，是边疆稳定、民族团结的象征。它的建筑布局、结构、形制代表了这一历史阶段的建筑规制和技术水平。它的规模之大、地位之高、延续历史之长、现状保存之好，是国内同类衙署仅存的实例。它不仅是呼和浩特作为中国历史文化名城的直接见证之一，也是研究清代军事、政治、八旗制度、民族关系以及官衙建筑的实物资料。（详细资料请看"知识链接"）

知识链接
内蒙古将军衙署博物院单元讲解资料

文化交流的重要窗口——内蒙古博物院①

内蒙古博物院的前身是内蒙古博物馆，成立于1957年5月1日，是庆祝自治区成立10周年的重点项目，2008年改称内蒙古博物院，由市中心搬迁到这里。内蒙古博物院虽然由过去房顶上有马（一座雕像）变成了现在房顶上有草（草坪），但都表现着内蒙古所蕴含的深厚的草原文化。

内蒙古博物院是内蒙古唯一的国家一级博物馆，也是内蒙古最大的集文物收藏、研究、展示于一体的综合性博物馆，是全国爱国主义教育基地、全国民族团结进步先进单位。它的主体建筑面积64000平方米，展厅面积15000平方米，设定了12个陈列展览及多个临时展厅。

内蒙古博物院二层的"远古世界""高原壮阔""地下宝藏""飞天神舟"四个基本陈列介绍草原文化的生成之地；三层"草原雄风""草原天骄""草原风情""草原烽火"四个基本陈列，以板块串珠形式展示草原文化从古代到近代再到现代的纵向发展线索；四层"草原日出""风云骑士""草原服饰""苍穹旋律""草原华章""古道遗珍"六个专题陈列，以亮点聚焦方式呈现草原文化。

这里以收藏古生物化石、契丹历史文物、蒙古族文物为特色。院内收藏有古生物化石、历史文物、民族民俗文物15万件（组），其中珍贵文物5600余件（套），国家一级文物650件（套）。自2008年建院以来，累计举办各类展览90余个，日观众量最大达到13000余人次，年观众量达到204万余人次，是目前我国东北、华北、西北地区年观众量最大的博物馆之一，是内蒙古自治区对外文化交流的重要窗口。

这里是国内外游客到内蒙古旅游、领略内蒙古的历史与草原文化的重要"驿

---

① 本篇景点讲解资料由王旭丽编写。

站"。这里的基本陈列展览常年免费向公众开放。展厅内请勿摄像，拍照请勿使用闪光灯及支架。请大家自觉接受安检，严禁将易燃易爆、管制械具、液状物体等危险品带入馆内。

二层

远古世界：内蒙古自然古生物化石陈列，展示自 30 亿年前到 1 万年前，恢宏的内蒙古远古生态环境巨大变迁，尤其突出中生代恐龙和第三纪、第四纪哺乳动物化石标本。

高原壮阔：内蒙古自然现生生物陈列，展出现今生存于内蒙古的动物与植物标本，以东部森林、中部草原、西部戈壁沙漠的典型环境生物为布展线索。

地下宝藏：内蒙古地质矿产标本陈列，展出内蒙古盛产的各类贵重金属矿产、有色金属矿产、非金属矿产、能源矿产和建筑材料等标本。

飞天神舟：以内蒙古为基础的大型中国航天科技陈列，展示共和国航天史、航天成就和内蒙古人民对中国航天事业的贡献。

三层

草原雄风：内蒙古古代民族史陈列，展出内蒙古古代民族的文物精品，其中突出新石器时代红山文化和辽文化的历史。

草原天骄：古代蒙古族通史陈列，以成吉思汗生平为核心，展示蒙古族的起源与发展。

草原风情：内蒙古近代民族风情陈列，展出数百年来生活在内蒙古地区的蒙古族、达斡尔族、鄂温克族、鄂伦春族、满族、回族、朝鲜族、汉族 8 个民族的生产生活、文化艺术、风尚礼仪、宗教信仰等风俗。

草原烽火：内蒙古现代革命斗争史陈列，展出自 1919 年五四运动至 1949 年中华人民共和国成立期间，内蒙古的社会状况和革命文物。

四层——专题陈列

草原日出：内蒙古新石器时代文物专题陈列，展示中国古代北方草原先民新石器时代的农耕、狩猎、制陶、琢玉、居住、饮食、服饰、婚育、丧葬、文化、宗教和社会组织等内容。

风云骑士：内蒙古古代鞍马文物专题陈列，展现中国古代北方草原游牧民族驯养的马种、马具、马的牧放驯养、马对中原经济文化的影响以及历代骑兵兵器等内容。

草原服饰：内蒙古古代服饰文物专题陈列，用跳跃串珠式方法反映北方草原民族和森林民族特有的服饰风格。

苍穹旋律：内蒙古古今歌舞艺术专题陈列，反映北方草原数千年生生不息的歌舞传统和独具风采的民族艺术创造力。

草原华章：内蒙古古代文化美术文物专题陈列，展现新石器时代至清代数千年来，北方草原民族的岩画、碑石、石雕等文物。

知识链接
内蒙古博物院
珍贵展品讲解
资料

古道遗珍：内蒙古古代草原丝绸之路文物专题陈列，展示自战国时期至清代两千余年间从中原传入草原的文物、西方传入草原的文物、受东西方影响产生的草原文物精品。

满蒙联姻、民族团结的历史见证——清·固伦恪靖公主府[①]

清·固伦恪靖公主府是清康熙皇帝的第六女恪靖公主的府邸。民间传说恪靖公主也叫"静宜公主"，还称"海蚌公主""四公主"[②]。"海蚌"是满语音译，"参谋"之意。传为贵人郭络罗氏所生。嫁给漠北蒙古土谢图汗的儿子之后，初封为和硕公主，又封为恪靖公主，再封为固伦恪靖公主。那么"和硕"和"固伦"究竟有何区别呢？据历史学家介绍，二者反映了公主的级别，皇后嫡出的女儿称"固伦公主"。"固伦"是满语，意为"国家"或""天下"，是最高级别的公主。而嫔妃和贵人等生的女儿则称"和硕公主"，"和硕"也是满语，意为"一方"，后引申为"旗"的意思。和硕公主因自身出色或政绩斐然被晋升为固伦公主。当时恪靖公主在呼和浩特地区"事事过问"，权力很大，归化城各级官吏政事的处理都要请她参政议事。《公主府志》称赞她：为人恭俭柔顺、不恃皇家之骄、善敦妯娌、娴于礼教。当地百姓也盛赞她"宽以待民，抚民亦如赤子，其立心也公，其立政也明"。

那么，康熙皇帝为什么要把女儿嫁到这里，而且还为她修建这样一座规模宏大的公主府呢？这就要从满蒙关系和满蒙联姻说起，早在清统一全国的战争中，蒙古各部所向披靡、军功显赫，顺治皇帝曾经对蒙古各部说"朕世世为天子，尔等世世为王，享福贵于无穷，重芳名于不朽"。顺治以后的清朝皇帝也都是采取"北不断亲，南不封王"的政策，来密切满蒙贵族之间的关系，增强蒙古各部之间的向心力。满蒙联姻政策是密切满蒙关系的重要举措，也是清朝重要的边疆政策之一，贯穿于清王朝发展始终。清入关前就形成定制，满蒙通婚达到595次之多。清朝将皇族公主格格遣嫁蒙古达432人。因此，恪靖格格下嫁这件事也是满蒙联姻政策的重要体现。

16世纪末，蒙古以大漠为界，分为漠南、漠北、漠西[③]三大部分。漠北蒙古喀尔喀以土谢图汗部为众部落之首，其当时受漠西蒙古准噶尔部噶尔丹的大举进攻。在沙皇俄国的大力援助下，噶尔丹大军取得大胜，而漠北喀尔喀蒙古部众损失则惨重，要求归顺清政府。清朝的民族政策是对内巩固政权，对外争取联合蒙古，以稳定北方边陲。恪靖公主下嫁漠北是在康熙刚刚平定噶尔丹叛乱之时，清朝以呼和浩特作为军事前沿，加强对西北及漠北的控制。

恪靖公主就是在这样的大背景下，下嫁给漠北喀尔喀蒙古部的土谢图汗的儿子敦多布多尔济。康熙三十六年（1697年）十一月，19岁的恪靖公主从北京的皇宫出

---

① 本篇景点讲解资料由公主府讲解员李晨晨供稿、刘春玲修改。

② 这里说"四公主"，是指康熙的女儿中排行第四。

③ 漠南蒙古、漠北蒙古和漠西蒙古是明朝末年蒙古各部落分裂成三部分之后出现的地域和部族概念，沿用至清朝末年。

发，沿着京师—居庸关—张家口—大同—杀虎口—土默特归化城的线路来到草原，初居清水河县花园巷，后迁呼和浩特市旧城西北的扎达海河西岸，雍正年间（1723—1735）又修建了现存的这座府邸。这座公主府也成为清政府外联漠北、内接京师的重要建筑。

清·固伦恪靖公主府是清代满蒙联姻的历史见证，也是我国清代公主府邸中保存最为完善、建筑工艺最精美的建筑群组。它在大漠南北影响十分深远，有"西出京城第一府"之称，现在是全国重点文物保护单位。

恪靖公主死后葬在东郊美岱村，其后裔多居住在这里。民国时，公主府几经改建，但主体建筑尚保存完好。1923 年曾被呼和浩特市师范学校[①]使用，从 1990 年至今一直是呼和浩特市博物馆馆址。

这座公主府是按皇族规制建造的，占地 40 余公顷，房舍 60 余间。整座府邸分四进五重院落，其风格与明末清初京津地区王府相似，采用中国古代建筑体系中传统的中轴对称建筑格局，为硬山式建筑。[②]府宅右边为公主府的子弟读书处、家庙、花园、戏台、鹰犬处、白塔寺。府宅寝殿两面建有花园、马场，后院则建有禁卫房和园林，园林内池、山、楼、塔诸景齐备。

知识链接
清·固伦恪靖公主府讲解资料

金刚座舍利宝塔——五塔寺[③]

五塔寺位于呼和浩特市旧城东南部，原名金刚座舍利宝塔，在蒙古语里称为塔本·索布日嘎召。因塔座上有五座方形舍利塔，故名为五塔寺。

五塔寺始建于清朝雍正五年（1727 年），雍正十年（1732 年）落成，至今已有 270 多年的历史，清廷赐名为"慈灯寺"。慈灯寺是小召的属院，是当时呼和浩特最著名的召庙之一。

五塔寺原有三重殿院，每重院子都有佛殿，并有配殿和厢房、耳房等。在寺院的山门前面有宽阔的广场和木牌楼。当时慈灯寺香火鼎盛，一派繁荣。每年除夕，城内外各召庙选派僧人集中在慈灯寺门前的广场上，他们身着盛装，头戴面具，在大号、锣鼓及笙、管、铙、钹等乐器的伴奏下，举行跳"查玛"活动，以禳灾祈福、庆祝丰收，预祝来年风调雨顺、吉祥如意。每年正月十五还会举办大型灯火法会。

1745 年（乾隆十年）4 月，创建这座寺院的阳察尔济圆寂。他转世的第四世活佛于 1885 年圆寂，从此这个寺里就没有转世活佛了，寺院也就此衰落，佛殿也逐渐损毁。在 21 世纪初，作为迎接自治区成立 60 周年大庆的重点建设项目之一，呼和

---

① 呼和浩特市师范学校是我国民族自治区中最早的中等师范学校之一，在内蒙古自治区被誉为"教师摇篮"。其创建于 1922 年，校名初为绥远省立归绥师范学校。1950 年和 1953 年，先后将归绥女子师范学校和归绥市师范学校并入该校。1954 年，改称呼和浩特市师范学校。2000 年，并入呼和浩特教育学院，组建新的呼和浩特教育学院。2002 年，由呼和浩特教育学院、呼和浩特管理干部学院、呼和浩特职工大学、呼和浩特广播电视大学四所院校合组建呼和浩特职业学院。

② 屋面仅有前后两坡，左右两侧山墙与屋面相交，并将檩木梁全部封砌在山墙内，左右两端不挑出山墙之外。

③ 本篇景点讲解资料由武岳编写。

浩特市玉泉区五塔寺一、二期考古发掘复原工程先后正式启动，五塔寺全景在 2007 年 6 月恢复原貌，以金刚座舍利宝塔为主轴的五塔寺又完整地呈现大家面前。

在游览之前，我先给各位介绍一下有关塔的知识。我国的塔基本上由 4 个部分组成。一是塔刹，即塔的顶部，保留了原来"窣堵坡"的形象；二是塔身，是塔的主体建筑，用来供奉佛像，这里融入了我国传统的建筑风格；三是塔基；四是地宫，用于珍藏"舍利"，也采用了我国传统的陵墓地宫、墓穴的形式。

我国的古塔种类繁多、各具特色。如果从古塔的艺术造型和结构形式划分类型的话，有楼阁式塔、密檐式塔、亭阁式塔、金刚座式塔、喇嘛塔（覆钵式塔）、花塔、宝箧印经塔、过街塔、球塔、列台塔、塔林等。金刚座式塔就是其中很具特色的一种。在我国现存的金刚座式塔有十多处，分布在北京、云南、湖北、山西、甘肃和内蒙古等地。比如北京的真觉寺、碧云寺、黄寺和山西五台山的圆照寺、云南昆明的官渡妙湛寺、湖北襄樊的广德寺都有金刚座式塔。现存的金刚座式塔大多数是明朝以后修建的，但远在 1000 多年前，敦煌壁画上就已经有了金刚座式塔的形象，说明金刚座式塔在我国已有很久远的历史。

知识链接
五塔寺蒙文天文图石刻

我国各地的金刚座式塔虽然属于同一个类型，但是又各具特色，呼和浩特市的五塔有它独具的特点。我们的五塔至少在两个方面是独特的：其一，我们的五塔是塔上有塔，而绝大部分金刚座式塔都只是由金刚座、上面的五座密檐式塔构成的，唯北京真觉寺金刚宝座塔与五塔寺的这座金刚座舍利宝塔的建筑风格最为相近，但呼和浩特市的五塔在密檐塔之上又加了覆钵式塔的造型，可谓匠心独具；其二，呼和浩特的五塔在短檐和顶部都用黄绿两色琉璃瓦装饰，体现了地区特色和民族特色。1961 年，我国著名建筑学家梁思成和著名作家叶圣陶、吴组缃来此参观，曾盛赞五塔建筑艺术之精美。

五塔寺是一座具有我国建筑风格和文化传统的塔。它由塔基、金刚座、塔顶三部分组成，为砖石结构，通高 16.5 米，塔顶由五座舍利玲珑小塔构成，中间的塔高于四隅的 4 个塔。五塔寺的五座宝塔，不仅建筑宏伟壮观，而且塔体的表面以石雕、砖雕的各种图案和佛龛所覆盖，雕饰内容丰富多彩，庄重和谐，雕工技艺精湛，造型神态逼真，让我们领略到了一个崇高的艺术境界。它不仅是我国古代建筑艺术的杰作，更是一件精美的雕刻艺术品，是我国各族劳动人民勤劳智慧的历史见证。

穆斯林殿堂——清真大寺[1]

清真大寺位于呼和浩特市回民区通道南路南端东侧，是呼和浩特市原有八座清真寺中建筑年代最早、规模最大的寺，故名清真大寺。清真大寺是呼和浩特市一座风格独特和比较优美完整的古建筑，它的建筑艺术值得继承和借鉴。经过几次改扩建，古朴的清真大寺重新焕发生机，与改建后的伊斯兰风情一条街，共同成为回民区重要的景观和穆斯林重要的活动区域。

---

[1] 本篇景点讲解资料由丛晓明编写。

清真大寺始建于清康熙三十二年(1693年)。初建时较为简陋,只有数间土屋。到乾隆五十四年(1789年)曾大规模扩建。1923年回族群众又募捐再度重修。1979年政府拨款进行整修,1998—2005年社会各方集资实施了一、二、三期改扩建工程。现在的清真大寺,占地面积约4000平方米,整体布局比较工整。

伊斯兰教传入呼和浩特,可以上溯到辽、金、元时期。当时就有许多回族人居住在丰州城内。明朝中后期阿勒坦汗率部驻牧于土默特平原,建立了最早的呼和浩特城(归化城),并允许山西、河北的农民前来开垦耕地。由于这里是"天苍苍,野茫茫,风吹草低见牛羊"的地方,土质肥沃,很多中原地区农民都纷至沓来。也有许多回族人来到这里经商。

清真大寺前

清真大寺坐东向西。清真大寺中间的门为朱红色正门。门楣上有清代光绪年间制作的"清真大寺"匾额及楷书"国泰民安"四字砖雕。寺门前原来建有影壁,高丈余,现已拆除。

大家请看,大门内正面是庄严肃穆的礼拜殿,是一座水磨青砖的中式建筑,面积有25间普通房屋大小,可以同时容500人进行礼拜活动。礼拜殿是寺院内主体建筑,中间是殿门,殿门朝东,面阔五间,是三开拱形门两侧的房间都装有雕棂的方形窗户。大殿的房檐逐渐向上升起,形成带有弧形和涡卷的山花墙。大殿前面寺院两侧的建筑是南北讲堂。大殿屋顶采用中国传统屋顶的勾连搭相接的建筑方式,屋顶上有五座六角顶楼。这样的结构既改善了大殿内的采光,也给整个清真寺的外观增加了高大华美的感觉。

清真大寺内

大殿室内外装饰纹样大都用阿拉伯文、几何线纹和各种植物做题材,彩绘大都以白色和绿色为基调,经文以金色为主调,具有浓郁的伊斯兰风情。大家看这十二根红漆大柱,它们支撑着大殿的屋顶,上面刻着绿底金字的《古兰经》。寺内也藏有《古兰经》三十卷,它是研究伊斯兰教的重要文献,更是呼和浩特穆斯林最珍贵的伊斯兰教经典和地区历史文物。

(大殿正东面)这是过厅,大家可以看到墙壁上绘有麦加的大清真寺和天房图。我们经过厅可以通往后院。后院内正北方向有一座沐浴室,穆斯林沐浴净身后才能进入殿内做礼拜。

礼拜殿南侧、外侧和殿后

这里有一座碑亭,共有六通石碑。而这两通石碑研究价值最大,分别是"清重刻洪武皇帝御制回辉教百圣字号碑"和"重修绥远清真大寺碑"。

大殿的外墙后壁正对正门。正门南北两侧的门是旁门,两边是蓝色的墙面。殿后的墙壁上,刻有"认主独一"四个大字和"正心""诚意""修身""明心""见性"10个大字,字体为正楷,是时任绥远都统的甘肃回族人马福祥于1924年题写的,笔势圆润饱满、端庄有力。

望月楼

清真大寺还有一座富有特色的建筑，就是在主院东南侧的望月楼。每逢"斋月"，穆斯林都要登楼望月。望见初月后封斋或开斋，故名望月楼。它建于1939年，楼高31米，共分为五层，平面六角形，六角攒尖顶，楼分两层，形如竹节，成六棱体。楼的第三层正西面用汉文和阿拉伯文书有"望月楼"三个大字，正东面底层设入口。整座楼设两圈望台：第一圈设于第一层，是室外望台加扶手栏杆；第二圈设于第三层，顶部有一座六角攒尖顶的凉亭，攒尖顶端的铁柱上装有月牙灯。楼内有七十八级螺旋木梯道盘旋环绕而上。另外，清真大寺内还有教长办公室、乡老会议室、海里翻学经堂、饭堂、女眷部等建筑。

清真大寺与呼和浩特市内的蒙古族、汉族、藏族各式建筑相映成辉，衬托出我们这座多民族城市的庄严、绮丽。它本身就象征着国内各族人民兄弟般的团结，更有力地说明：呼和浩特地区是明末清初以来，蒙古族、汉族、藏族、回族、满族等各民族人民共同劳动和精心缔造出来的一座城市。

墨玉之海、塞外西湖——哈素海 ①

内蒙古境内的湖泊众多，总面积达7000多平方千米，其中面积超过100平方千米的有呼伦湖、贝尔湖、达里湖、乌梁素海、岱海、黄旗海、查干诺尔湖和居延海。此外，还有以风光秀丽而著称的哈素海、红碱淖、杜鹃湖等，它们都是草原或沙漠中的主要水源地，也是独具特色、风光秀美的水体景观。

哈素海地处呼包二市之间，北依阴山，南邻黄河，宛如一块碧玉镶嵌在土默特平原之上。"哈素海"的意思是"玉海""墨玉之海"。在内蒙古，湖泊多被称为"诺尔"或"海子"。所以，哈素海不是大海，而是湖泊。千百年来，她哺育了一个又一个游牧民族，因此在蒙古语中被称作"哈拉乌素"，意为"圣洁的海"。

哈素海是一个天然的淡水湖泊，面积约30平方千米，平均水深1.5米，最深处3米，蓄水量达6000万立方米，有着"塞外西湖"之美誉。哈素海是古代河道变迁形成的牛轭湖，属大黑河水系的外流淡水湖泊。这里解释一下：牛轭湖就是河道因弯曲过度，发生裁弯取直，原来的河道被废弃所留下的部分。

哈素海是黄河故道，黄河向南摆动后发展而成，形态呈两头小、中间大。内蒙古作家峻伍《哈素海赋》中有一句："天成美玉，人琢成器。"哈素海的"成器"还是在1962年民生渠引入黄河水之后。宽约20米、长约50千米的河渠之水浩荡而来，哈素海便成为亏溢可以自然消补的淡水湖。可以说，今天的哈素海，一半人工，一半天成。

关于哈素海，还有着这样一个美丽的传说：从前土默川中部有一个不大的水潭，潭水清澈，潭边居住着勤劳勇敢的蒙、汉人民。他们当中有一个叫哈力图的青年和一个叫素克的青年，两人亲如兄弟。有一天，从外地来了一个自称叫雄牯的

---

① 本篇景点讲解资料由姜海涛编辑整理。

人。他说，10年前，他在潭边不慎将朋友送给他的一只碗掉在潭里了，他想跳进潭中把碗捞上来，请哈力图和素克在潭边帮着接一下碗。哈力图和素克答应了雄牪的要求，帮助雄牪捞出了一只盛着半碗清水的碧玉大碗。雄牪上岸后，赶紧带着那只碧玉大碗走了，于是这里潭水渐渐开始枯竭。兄弟俩这才知道上了当，骑上雪蹄追风马追上了雄牪，叫他立即交出那只碗。雄牪冷笑着说："我是一个魔法高明的人，这碗是聚宝盆，放进什么东西永远取之不尽，现在碗里有水，一打碎，这里就成了湖海，我们都活不了。你们要是放了我，我可以给你们许多金银珠宝。"哈力图和素克为了保住水潭和宝碗，坚决不放雄牪，雄牪想逃跑，被哈力图一箭射中。这个坏蛋临死前摔破了宝碗，顿时平地下陷，激浪排天，这里变成了一片汪洋。但是，汪洋之中芦苇摇曳，荷花绽开，百鸟齐鸣……人们为了纪念这两位英雄，把这个湖叫作"哈素海"。"哈"就是哈力图，"素"就是指素克。

知识链接
哈素海历史沿革及哈素海国家湿地公园

坐游船观湖

哈素海碧水青山，相映生辉，苇荡鱼跃，野趣横生，更有"澄波落照""烟波渔歌""芦海探幽""云川郁秀"等几大景致。因此，不管是它的面积还是它的景致，都堪称土默特平原第一湖。

大家都知道荷花是西湖一道独特的风景线，自古有诗赞道"接天莲叶无穷碧，映日荷花别样红"。而哈素海一绝就是这"回环碧水"的茫茫芦苇了。哈素海中的芦苇占据了湖面的1/3，把哈素海点缀得如诗如画。内蒙古自治区人民政府原主席布赫同志曾题诗哈素海，诗文写道："马达声响水鸭惊，船行推波摇山影。眺望海面连天碧，水畔萋萋芦苇葱……"这首诗呈现给我们一幅优美的动感画卷，让人不禁浮想联翩。哈素海的芦苇具有很高的实用价值。据统计，哈素海每年可向社会提供优质芦苇4000～5000吨，因芦苇骨硬而富有弹性，被用作纺织和造纸的上等原料。

游完芦苇荡，我们的船将慢慢返回。再过一会儿，我们将看到岸边的水榭。这座水榭三面临水，是哈素海又一自然美景——"澄波落照"的最佳观赏地点。水榭入口的门檐牌匾上书写着"澄波落照"四字，进入大门，穿过绿苇环抱的九曲桥，便到达了有曲折游廊的水榭。水榭的四方平台舒展着铺在水面上。傍晚时分，当夕阳西下，彩霞染红半片"海"。古诗云："一道残阳铺水中，半江瑟瑟半江红。"似乎专为此情此景而作。

芦苇荡是鸟儿们的水上乐园。每到夏天，成群的鸟儿们来到这里栖息生活，场面宏大。据《土默特志》记载，海区的鸟类有孤丁、水鸭、天鹅、蓝靛、红脖儿、雨燕、翠鸟、大雁、鹌鹑、鸿雁、金雕、海鸥等上百种鸟类。每年经这里迁徙的鸟类有白皮鹭、苍鹭、草鹭等20多种。

离开游船后

哈素海不仅是呼市地区最大的灌溉水源，滋润着灌区内30万亩农田，而且是呼市地区最大的水产养殖基地，每年可向社会提供草鱼、鲤鱼、鲫鱼、鲢鱼、河蟹等水产品350吨。现在又人工放养了甲鱼、武昌鱼、鲇鱼、鳜鱼、鳝鱼等，可谓鱼类丰富。哈素海的鱼通体明亮，肉质紧密，味道鲜美，营养价值高。所以有一些"美食家"不怕劳苦，专程一次又一次赶来尝鲜。哈素海自然美中的"烟波渔歌"就是以垂钓观鱼为主。在静谧的钓岛上，你可以尽情感受烟波渔歌的风情，让你在不知不觉中体味田园生活带来的舒适与温情。

哈素海旅游度假村

哈素海旅游度假村位于哈素海东畔，与哈素海是一个不可分割的整体。1998年，便获得了内蒙古十佳旅游景点"亚军"的荣誉，而且是中国"1998华夏城乡主题活动游"指定的民俗风情村。2011年，哈素海旅游度假村被评定为国家AAA级旅游区。

我们现在来到了哈素海旅游度假村大门前。与大门并排的这座船型建筑是金山玉海楼餐厅，可容纳600人同时就餐，环境清洁幽雅，各类佳肴工艺考究，档次较高。这里的哈素海全鱼宴、传统蒙古烤全羊、手把肉等特色菜肴远近闻名。就说全鱼宴吧，仅龙舟献宝、绣球鱼丸、红油松籽鱼、干炸鲫鱼等不同味道的鱼肴就有40多种。可以说，到哈素海旅游不吃全鱼宴，就不算真正到过哈素海。那些哈素海鲜鱼的忠实食客，只要提起哈素海的全鱼宴，就直流口水呢！

度假村地面建筑主要由三个部分组成，分别是木屋区、娱乐区和草原区。

我们现在来到了木屋区。整个木屋区有23套别墅客房和30间欧式小木屋，还有10座蒙古包，一间能容纳120人的高档会议室，还有供娱乐的标准网球场，500平方米的露天舞场等。一幢幢欧式小木屋，错落有致地分布在青草地中，以茅草盖顶，以木板作墙，用白桦树围成小院落，院内满是花草，院外垂柳环绕，几条小径穿插其间，乡野气息十分浓厚，给人一种回归大自然的感觉。

离开木屋区，经过大花池，便到了娱乐区。娱乐区是三部分中面积最大的，内有十多种大型的现代娱乐设施。其中规模最大的是"激流勇进""水上世界"和"迷宫赛车"，这三种游乐项目也是最受游客们欢迎的。"激流勇进"的乐趣在于惊险，要求游客具有劈波斩浪的勇气，只有勇敢者才能体验到其中的乐趣。其他的游乐设施有"摩天轮""疯狂老鼠""双人飞天""自控飞机""碰碰船"等。

草原区再现了昔日敕勒川草原的辽阔景象，空旷却有情。草地中靶场和走马场让游客们亲身体验射箭、骑马等蒙古传统竞技活动。完全野外的布置，让人跃跃欲试，都想大展身手。

天鹅堡温泉

天鹅堡温泉集温泉养生、休闲娱乐、按摩、美食、餐饮等于一体，营业面积为7万平方米。

温泉源自地下3368米，出水孔披露了第四系、第三系、白垩系、侏罗系的地质特征。温泉是优质"氯泉"，即氯化钠重碳酸型温泉，水质优良，出水温度为52℃，矿化度4.042克/升，pH值为7.83，属弱碱性。

天鹅堡温泉分为室内温泉、室外温泉、温泉主楼以及温泉别墅汤屋四大部分，共计大小温泉池90余个。室内温泉泡池根据不同功效，分为万国药浴池、静泡区、儿童戏水区、SPA（水疗）情侣区等几大区域，共计60余个泡池。室外温泉有露天区、溶洞区、山顶赏景区等30余个泡池。室内设计充满热带风情气息，种类繁多的绿植遍布整个空间。

这里的温泉与中、蒙医药相结合，具有独特的养生功效。例如，将蒙医学中的五味甘露——青蒿、烈香杜鹃、水柏枝、藏麻黄、刺柏叶，配合温泉矿物泉水，形成独具特色的蒙医药泡汤区。夏赏花、冬看雪，日沐阳光、夜观星辰，这里无疑是人与自然亲密接触的休闲度假场所。

黄河美景，沙漠乐园——神泉生态旅游景区①

神泉生态旅游景区位于呼和浩特市托克托县，地处呼包鄂"金三角"腹地，是国家AAAA级旅游景区。

风景区集园林、黄河、沙漠和托克托县厚重的历史于一体，既展现了北方粗犷辽阔的地理地貌，又融合了江南水乡的淡雅朴素，可谓是自然景观和人文景观完美结合的典范。

神泉生态旅游景区以黄河两岸为界，分为两大景区。黄河左岸为古典园林景区，景区占地面积42万平方米，其中翡翠湖面积18万平方米，主要参观景点有神泉、茶楼、观音庙等。黄河右岸为库布齐沙漠游乐园。主要项目及景点有沙漠冲浪、骑马乘驼、沙漠小火车、沙漠越野车、胡杨林等。两个景区由跨黄河索道连接，索道全长845.5米。（详细资料请看"知识链接"）

知识链接
神泉生态旅游景区单元讲解资料

（二）包头市代表性景区景点资料

北方草原第一学问寺——五当召②

五当召是内蒙古地区现存规模最大、最有影响、最为完整的藏传佛教寺庙。它与西藏布达拉宫、青海塔尔寺，并称我国藏传佛教格鲁派三大名寺。它是内蒙古地区最大的藏传佛教寺院，历史上著名的"学问寺"，是研究藏传佛教、哲学、天文、地理等多种学科的研究基地。

五当召依托山势层层高建，建筑外墙都是白色，建筑屋檐四周都用土红色边麻装饰，周围群山环抱，苍松翠柏掩映，远远望去雄伟壮观，神似西藏的布达拉宫，因此素有"小布达拉宫"的美誉。

五当召始建于清康熙年间，乾隆十四年（1749年）重修，修好后乾隆皇帝赐名广觉寺。那它为什么又叫作"五当召"呢？五当召是蒙古语，"五当"汉语的意思是"柳树"，"召"则是"庙宇"的意思。因召庙建在包头市固阳县吉忽伦图乡的五当沟内，而五当沟内又柳树繁茂，所以人们通称为五当召。

五当召是内蒙古地区唯一的纯藏式藏传佛教寺庙，它的建筑形制是以西藏的扎

知识链接
五当召主要建筑

---

① 本篇景区讲解资料由周云斌编写。

② 本篇景点讲解资料由刘春玲整理编写。

什伦布寺为蓝本的，整个建筑充分体现了藏式建筑的典型特征——平顶、直墙、小窗。它占地 300 余亩，是由六座大殿、一陵、三府、八堂、九十九栋喇嘛寝楼等组成的一组建筑群。据说在鼎盛时期有殿堂仓舍 3434 间，僧人达 1200 人。后来因种种原因，五当召仅剩殿堂仓舍 200 多间，僧人 60 余人。

据统计，五当召内有金、铜、木、泥各种质料的佛像 15000 多尊，高者数丈，小者盈寸。还有成千上万幅壁画和唐卡，精细逼真地再现了人物、风俗、神话、山水、花鸟和佛教故事，艺术价值都很高。召内各殿保存的壁画总面积达 1050 平方米，居内蒙古召庙壁画之冠。在这些精美艺术品的装点下，五当召这座藏品丰富的宗教艺术博物馆为研究蒙古族、藏族的宗教信仰、文化和建筑艺术，提供了丰富而珍贵的资料。

城寺合一、人佛共居——美岱召①

美岱召位于内蒙古包头市土默特右旗境内，呼包公路中段。美岱召是内蒙古地区建筑时代较早、保存较完整的寺庙之一。它背依大青山，前临土默川，黄河在它前面流过。

召庙的东侧还有一条沟谷叫美岱沟，俗名"清水沟"。这一带山势险峻，水源丰富，树木茂密，附近侏罗纪的岩层中还出产煤炭，自古以来就是一个得天独厚的地方。

16 世纪中叶，蒙古地区呈现封建贵族割据的局面。16 世纪后期阿勒坦汗成为蒙古土默特部的重要首领。他是蒙古黄金家族成吉思汗的后裔，达延汗的孙子②。

阿勒坦汗被封为顺义王后，与中原地区和平互市，促进了漠南蒙古地区农业和手工业的发展。出于对藏传佛教信仰的热情，他在蒙古地区建立了许多城池和寺庙。据明代方孔昭《全边略记》记载，万历三年（1575 年）明廷"赐俺达城曰福化"。因美岱召外形有堡寨式的围墙，因此有些学者认为：美岱召就是明廷赐名的、由阿勒坦汗所建的福化城。与土默特部首领直接打过交道的大同巡抚方逢时在《云中处降录》中写道："权（即赵全，内地到蒙古地区者）为俺答建九楹之殿于方城。"从美岱召的平面布局来看，的确是方城，不管其是不是方城，不论是不是福化城，它产生在阿勒坦汗建城池寺庙的热潮中这种说法是可信的。

目前美岱召现存的唯一文字实物，即城门上方镶嵌的一块石匾，上面记载了万历三十四年（1606 年），阿勒坦汗的孙媳妇五兰姚吉起盖灵觉寺泰和门的事实。就此可以知道美岱召原名"灵觉寺"。清代，康熙皇帝赐名"寿灵寺"。

那么，为什么又有了美岱召这个名字呢？这是因为麦达力活佛曾经在美岱召坐床。《蒙古源流》记载：麦达力活佛来蒙古传教，并为阿勒坦汗的孙媳妇——托克堆·达赖夫人用诸色珠宝铸成的弥勒佛主持开光仪式。这个记载恰好与美岱召城门石匾上的年代相符。因此，有的学者认为美岱召匾额上的五兰姚吉即是《蒙古源流》中的托克

---

① 本篇景点讲解资料由苏鹏飞编辑整理。
② 成吉思汗的第 17 代孙、达延汗（又称大元可汗）的第三子巴尔斯博罗特的次子。

堆·达赖夫人。城门上的这块石匾是中外蒙古史学者极为感兴趣的文物。

美岱召的历史与阿勒坦罕家族有着千丝万缕的联系，其兴建又发生在藏传佛教传入蒙古的一个重要的弘法时期，它在研究明代蒙古史、佛教史、建筑史、美术史方面都有着十分重要的价值。

美岱召占地面积 6.25 万平方米，现存古建筑 250 多间。它的四周还围有高大的石砌城墙，城墙总长 725.5 米，高 4～5 米，城墙上部为垛口，四角有重檐角楼。南墙中辟城门，为拱形门洞，上为三檐歇山式城楼，称作"泰和门"。

美岱召是一座城寺结合、人佛共居的寺庙，总体布局像一座堡寨式的建筑，与内地的一些城池结构相似，在内蒙古地区还较少见。美岱召内的主体建筑都在中轴线上，两侧还有附属建筑。但是大家可能注意到这样一个现象：中轴线上的建筑与城墙的基线并不平行。据推测，主体建筑是先建成的，城墙及城门是后来建成的。

避暑胜地——希拉穆仁草原[①]

在进入希拉穆仁草原之前，我给大家讲讲草原和内蒙古大草原。草原有广义和狭义之分。广义的草原包括热带草原和温带草原。狭义的草原只包括温带草原。热带草原主要分布在非洲中部、南美巴西大部、澳大利亚大陆北部和东部地区。温带草原主要分布在两大区域，即欧亚草原区和北美草原区，我国的草原属于欧亚草原区的一部分。内蒙古草原是我国最大的草原牧场，它东起大兴安岭山麓，西至居延海湖畔，草场面积居全国五大牧区（内蒙古、青海、西藏、新疆、甘肃）之首。内蒙古草原还是我国最大的天然草场，从东北部的呼伦贝尔草原一直到西部的阿拉善荒漠草原，是内蒙古草场资源的基本部分，天然草原植被保护得比较完整。内蒙古草原主要分为草甸草原、典型草原、荒漠草原等类型。内蒙古五大草原中的呼伦贝尔草原主要是草甸草原，锡林郭勒草原和乌兰察布草原主要是典型草原，而鄂尔多斯、包头、阿拉善一带的草原基本上属于荒漠或半荒漠草原。

我们将要游玩的希拉穆仁草原也属于荒漠草原，因此与其他草原有很大的区别。它不像呼伦贝尔草原和锡林郭勒草原一样高、一样密、一样葱绿，也见不到诗歌中所描述的"风吹草低见牛羊"的情景，但是这里的草原一望无际，十分辽阔壮观。

希拉穆仁草原位于内蒙古包头市达尔罕茂明安联合旗境内，如果从呼和浩特市出发，路程大约有 80 千米。这里是距离呼和浩特最近的草原旅游区，也是内蒙古最早开放的草原旅游景区。它属于典型的高原草场，每当夏秋时节绿草如茵，鲜花遍地。近年来政府不断投资建设，接待设施相当完善，已经成为内蒙古著名的避暑胜地和草原旅游区。

希拉穆仁草原，俗称"召河"。大家知道，水是生命之源，在牧区我们把它看得更加神圣。这片草原上就流淌着一条当地牧民赖以生存的河流——希拉穆仁河。在希拉穆仁河旁又有一座清代著名藏传佛教寺庙——普会寺。普会寺建于乾隆三十四年

---

① 本篇景点讲解资料由张雯编写。

（1769 年），清廷赐名"普会寺"，原为呼和浩特市席力图召六世活佛的避暑行宫。蒙古语把寺庙称为"召"，所以当地人就采用了蒙汉合璧的称谓，把这片草原地区称为"召河"。

希拉穆仁河译成汉语就是"黄河"，但和我们中华民族的母亲河"黄河"却不是一条河。那为什么把这里叫作"黄河"呢？这是因为，希拉穆仁草原地处内陆地区的内蒙古高原，基本属于干旱型草原，土壤成分以黄土和黄沙为主，加上这里的植被不是很浓密，因此每当雨季到来的时候，雨水将地表的黄土和黄沙冲刷下来，并流进了当地牧民赖以生存的这条希拉穆仁河，使得河水泛出黄色，于是当地牧民索性把这条河称为"黄河"。

这里的草原面积有 1000 多平方千米，同时还拥有 6000 多平方米的接待设施和众多的蒙古包。开展的旅游活动有赛马、搏克、乘驼、骑马、民族歌舞欣赏、篝火晚会、祭敖包及访问牧户等。

在这里，有让您心动不已的草原日出日落，有神圣庄严的红格尔敖包，有动人心魄的大型文艺演出《漠南传奇》，有秦汉时期修建的长城，有古老神秘的宗教寺庙普会寺，还有众多设施完善的旅游接待点。您还可以参加盛大的那达慕大会，参与隆重的"祭敖包"仪式，观看激烈刺激的赛马、摔跤和射箭表演，尽情体验蒙古族独特浓郁的文化风情。

在这里，我还要提醒一下大家，内蒙古大草原的昼夜温差特别大，所以，来到草原，大家一定要注意夜晚的防寒保暖。在草原冷的天气比较多，有的牧区进入 10 月就开始下雪，如内蒙古的呼伦贝尔大草原。而在我们的召河草原上，7—8 月的平均气温是 18℃～21℃，早晚十分凉爽，素有"早穿棉袄，午穿纱，怀抱火炉吃西瓜"的说法。

下面我介绍一下在草原的活动安排。我们到达景区门口的时候，身着盛装的蒙古族姑娘和小伙子会按蒙古族的传统礼仪，以敬献哈达和敬下马酒的礼节迎接大家。大家可以接过哈达并将美酒一饮而尽。当然，不会唱酒的游客朋友可以少喝一点，这里，我建议大家学一下蒙古族的礼仪，用右手无名指蘸酒，在胸前速弹三下，或上弹、下弹各一下，而后抹自己额头一下，表示敬天、敬地、敬祖先，然后才可饮。景区工作人员会按照蒙古族的礼仪将大家迎进蒙古包，蒙古包中央的桌子上有茶点可供朋友们品尝。此刻，会让您感受到家庭般的温情。因为一碗热气腾腾、香飘千里的奶茶本身就是草原人民对远方客人无声的问候和亲切的致意，还有洁白无瑕、奶香飘溢的乳制品，更是草原自然游牧生活和灿烂文化的结晶。

中午，景区会为来宾准备丰盛的午宴。能歌善舞是蒙古族人的天性，真是歌不离舞、舞不离歌。乳汁的精灵是奶酒，歌中的精华是长调。在午宴中，我们能观赏到蒙古族传统舞蹈，听到蒙古族长调、呼麦以及蒙古族传统乐器马头琴演奏，还会喝到醇香的奶酒，品尝鲜美的草原牛羊肉，蒙古族姑娘和小伙子还会为您唱起热情豪放的祝酒歌。说起内蒙古的牛羊肉，大家都知道，内蒙古的牛羊肉是名扬四海的，它以纯天然、无污染和肉质肥嫩而著称。烤全羊是蒙古宴席上最重要的一道菜肴，其表皮色泽金黄、酥脆，鲜嫩的肉质饱含油脂。吃烤全羊的话，一定要记住，不要只顾享用美味的羊肉，更要用心体验盛大的全羊仪式。我们要一边享受美食一边沉浸在蒙古族传统文化的熏陶中，尽情欢乐。

在午后，景区会举办射箭、摔跤和赛马等竞技活动，大家可以骑马、骑骆驼、乘勒勒车观赏草原风光，或到草原深处的牧民家做客。晚上会举行篝火晚会，大家围在篝火旁尽情唱歌跳舞，或者找个安静的地方，躺在草地上看满天的繁星。

军工文化传播基地——北方兵器城①

内蒙古不仅有蓝天、白云、大草原，而且还有现代化的兵器工业。接下来要参观的就是以兵器展览为主的著名景点——北方兵器城。

北方兵器城位于包头市青山区，是中国华北地区第一家以军工为特色的旅游景区，是以"传播军工文化、体现休闲娱乐"为主题的特色公园，是国家 AAAA 级旅游景区。

兵器城②占地面积 153 亩，其中绿化面积 6 万平方米、城池水面积 2 万平方米，硬化布景面积 3.2 万平方米，主要展出装甲车、火炮、战斗机和导弹等退役武器。这些武器都是自新中国成立以来由我国自主生产及引进的。通过兵器城的特殊环境，我们可以一睹常规兵器的风采。在这里，我们可以观看兵器展览，了解火炮等兵器知识，还可以欣赏美丽的自然风光。

兵器城的核心景观由四部分组成，分别是主广场区、兵器陈列区、和平广场和休闲娱乐区。

主广场区

这部分就是主广场区，总面积为 5024 平方米，是由不锈钢雕塑、文化柱和喷泉组成。这座不锈钢雕塑，总高 22.14 平方米，主题为"飞"。主广场有三层寓意：一是表示北重集团③"外圆内方"的经营管理理念。广场为圆形，意为公司生存发展的处世之道；雕塑基座为方形，意为做人之本、北重人做人的正气和恪守诚信的精神。二是表示北重集团以"和"为基石的企业文化。其形体由 3 个大"H"和 3 个小"h"组成，即"和谐、合力、核心竞争力"的第一个字的汉语拼音的首字母，体现了北重集团在人本管理中"和"的内涵外延；在实践中形成的合力，最终形成北重集团追求的持续发展的核心力（竞争力）。三是表示三人为众，雕塑外形又似正在腾飞的三只天鹅，齐心协力托起北重集团的司徽。

这里的 9 根花岗岩文化柱，高度均为 9 米，除将现代和历史文化联系起来以外，又代表着市辖 9 个区、旗、县，标志着北重集团的发展已融入了包头市大胆构筑、跨越式发展的大格局，也体现了北重集团誓做建设经济强市主力军之一的决心

---

① 本篇景点讲解词由杨智勇编写。

② 一期工程于 2004 年竣工。

③ 即内蒙古北方重工业集团有限公司。

和目标。这 9 根文化柱由东向西排列，分别为：昭君出塞，玉龙喷清泉，九原话古今，古道驼铃，鹿鸣包头，古老赵长城，铁山战突厥，英雄巴特尔，木兰从军。这 9 根文化柱形象地刻画出包头的风土人情和有关历史事件。

兵器陈列区

(以下四项导游逐一指出实物)目前，兵器陈列区摆放着各类代表性武器 28 门，以后还将陆续布置。

这是由苏联制造的火炮，是在苏联卫国战争时期使用的。

这是我国研制的第一门 100 高炮，是在新中国成立 10 周年的时候，经过毛泽东主席检阅的，被称为"共和国第一炮"。

这是 20 世纪 60 年代的尖端武器红旗二号导弹，它曾经多次击落美国 U-2 飞机。

这是双五七"功勋炮"，曾经在西沙海战中立下赫赫战功。

这是 120 毫米自行反坦克炮，在新中国成立 50 年大庆时，曾经接受江泽民同志的检阅，是坦克的克星。

这里还有集国内外先进技术的自行研制的火炮，大家可以一一观赏，并在这里留念拍照。

和平广场(兵器城南部)

和平广场硬化面积 1.1 万平方米，与"一"字型的兵器陈列区形成了"八一"二字，故可称"八一广场"或"和平广场"。战争中，拥有强壮的身体是关键，现在和平广场可以说是市民健身活动的良好场地。

这里拟建的 500 平方米的国防教育演示厅，准备运用现代高新技术声光电系统，展示中外著名战役的精彩场面。

这一部分(指出具体地点)主要用于开展健身活动，充分体现了兵器城的人性化。

休闲娱乐区

休闲娱乐区主要包括人工湖、橡心岛、戏水池、长廊、曲桥、大棋盘等。这一部分是在创造浓烈的军工文化的氛围中，融入娱乐设施。

"无水不成园"，金泽池、嬉水区、垂钓区、橡心岛瀑布，丰富了水上活动项目，与静态的观赏形成较强的对比，是大多数旅游者非常喜欢的区域。

园内以"绿色生态"为原则，广泛种植着以本地乡土植物为主的树木花草，力争做到三季有花，四季保青。如果将花草景观比喻为"珠"，那么道路就是把这些珠子串起来的那根线。这里的道路，大多数是用彩砖硬化的，总长度达 2300 多米，它们把各个功能区联系起来，方便游客参观游览以及合理疏散。

园内所有休闲娱乐项目也都为军工主题服务，人工湖上金戈桥的栏杆全部由真实的炮弹壳做成，这里的果皮箱也由水雷和鱼雷壳做成，连草坪上的灯管也是炮管样式。

这里是棋盘广场。大家看这个棋局，是清代的一个残局，名叫《保家卫国》。很多棋艺爱好者对这个特别感兴趣，都要在这里逗留一会，思考如何来收拾这"残局"。

对于喜欢军工兵械的人来说，这绝对是一个不能错过的好地方。

塞北江南——南海湿地景区①

南海湿地景区位于内蒙古包头市城区东南侧，黄河之滨，素有"塞外西湖"的美誉。黄河发源于青海的巴颜喀拉山北麓的冰峰雪山，向东流经黄土高原，横跨 9 个省区，绵延 5464 千米，流域面积达 75 万平方千米，由山东省流入我国的渤海。这条奔腾喧嚣、蜿蜒曲折的河流，在祖国的大地上形成一个巨大的"几"字，而内蒙古的包头市正在这个大"几"字的顶端。黄河包头段西起九原区打不素，东至土右旗八里湾，河道曲线全长 220 千米，而南海湿地紧邻黄河北岸，属于我国高纬度黄河湿地类型，也是典型的城市湿地。对于包头市这样一个工业缺水城市而言，这样的湿地资源尤为珍贵，其对调节当地气候、涵养水源都具有重要的作用。因此，南海湿地也被誉为包头市的"碳库""水库""氧库""食品库""基因库"，是包头市南部边界的一道自然生态屏障。

南海湿地景区占地面积 2000 公顷，其中水域面积 580 公顷，湿生草地面积 1000 余公顷。这里集生态休闲、旅游观光、科普教育于一体，是一处综合性旅游景区，已经成为包头市黄河国家湿地公园、省级湿地自然保护区、国家 AAAA 级旅游风景区、全国科普教育基地。（详细资料请看"知识链接"）

知识链接
南海湿地景区
单元讲解资料

美丽的田园风光——大雁滩景区②

大雁滩景区位于内蒙古包头市土默特右旗沟门镇境内，北依阴山山脉，南临黄河，是一处开放式、高标准的生态观光景区，被誉为中国西部最大的天然氧吧。自古以来，这里就是一块风水宝地，水资源丰富，土地肥沃。杏树作为一种落叶乔木类植物非常适宜在这里生长，再加上被山环绕的独特地理环境，杏果一般早熟于其他地区，有名的沟门大杏就产自这里。2013 年，当地政府收集了农户的零散土地，将一片有着 100 多年历史的果树林地规划为现在的大雁滩景区。

大雁滩景区总占地 5000 亩，总投资 1.26 亿元，以采摘、赏花、农家生活体验为中心，集自然风景名胜、历史文化遗迹、特色种养殖等于一体。主要有观景台、中草药种植基地、百花园、采摘园、音乐广场、开心农场、野营烧烤区、百鸟园、童趣乐园、垂钓戏水区、民俗部落、民俗一条街、水上乐园、山体亮化、赵长城遗址及点将台等景点。

知识链接
大雁滩景区
单元讲解资料

春天，粉白色的杏花开得漫山遍野。夏天，这里郁郁葱葱，空气清新。这里远离城市的喧嚣，我们可以尽情享受恬静的田园生活，陶醉在"采菊东篱下，悠然见南山"的美好意境里。（详细资料请看"知识链接"）

---

① 本篇景点讲解资料来源于包头南海湿地景区，由庄元编辑、整理、修改。
② 本篇景点讲解资料由庄元根据实地考察及大雁滩景区网站相关资料整理编辑而成。

（三）鄂尔多斯市代表性景区景点资料

一代天骄灵魂的安息地——成吉思汗陵旅游区①

成吉思汗陵旅游区是祭祀一代天骄成吉思汗的神圣地方，是世界上最大的成吉思汗文化主题旅游景区。它具有丰厚的历史文化内涵，再现了蒙古民族波澜壮阔的历史和成吉思汗伟大的精神，是国内外成吉思汗祭祀文化保留最完整的历史文化旅游景区。成吉思汗祭典被列入首批国家级非物质文化遗产名录。

成吉思汗陵旅游区曾先后被评为：国家 AAAAA 级旅游景区、中国旅游胜地四十佳、全国百家青少年爱国主义教育基地、全国文化产业示范基地、国家国防教育基地、全国重点文物保护单位。

成吉思汗陵旅游区中心景区占地 10 平方千米，视觉景观控制区为 80 平方千米。主要包括历史文化区、祭祀文化区、民俗文化区、草原观光区、休闲娱乐区等 5 个功能分区。旅游区内文物和旅游景点 34 处。

1. 历史文化区

我们现在进入的是成吉思汗陵旅游区南门，也就是历史文化区。

（1）"气壮山河"门景

大家看到的这个建筑就是"气壮山河"入口门景。这座气势恢宏的建筑是世界上最具蒙古特色的"山"字型门景，仿佛是天神之力辟开通道的大山，象征着成吉思汗开天辟地、气壮山河的英雄气概，也象征着蒙古民族走出草原，创造 13 世纪和谐包容、多元丰富的世界文明。

门景中央是成吉思汗手持苏勒德的柱型跃马雕像，雕像高 21 米。数字 21 代表着成吉思汗自 1206 年称汗到 1227 年去世的 21 年。这 21 年是成吉思汗一生中最辉煌的时期。在 21 年里，成吉思汗创造了横跨亚欧的帝国伟业和震撼世界的人类奇迹。所以，用 21 这个数字，给予成吉思汗至高无上的敬重和赞美。

雕像两侧是山岩石壁。东壁山峰高 16 米，象征着成吉思汗少年时代历经万般磨难，锻炼出钢铁般的性格，练就了终成大业的意志，奠定了创造辉煌人生的基础。西壁山峰高 18 米，象征成吉思汗 18 岁之后，建立了自己独立的军事营地，开始走上统一蒙古高原各部的道路。

门景底部是 3 层共 27 级台阶。27 级台阶，象征着成吉思汗 27 岁时成为蒙古部落的大汗，开始走上统一蒙古高原，使蒙古族形成和崛起的征程。蒙古，这一名称来自蒙古语"蒙古勒"一词，其意为"永恒的河"。以吉祥的数字，3 个 9 组成的 27 级台阶，从远望去又像滚滚流淌的河水，寓意着蒙古这一"永恒之河"源远流长，与成吉思汗精神一同世代相传，永世长存。

---

① 本篇讲解资料是刘伟东、刘春玲以原鄂尔多斯市旅游局主编的《鄂尔多斯美》中的《成吉思汗旅游区》导游词（旺楚格提供）为依据，经过加工整理而成。

大门两边与原野连为一体的连绵不断的山峦式墙壁，象征着成吉思汗文化和精神传颂于草原大地。墙壁上雕刻着体现蒙古族原始的生产生活风俗的壁画。这些壁画将我们带入成吉思汗时期的北方草原。在东壁前墙用蒙文刻写的"天骄"两个大字，体现了景区的成吉思汗文化主题。在这些壁画中间用17世纪的蒙古文刻成了6幅成吉思汗箴言。

东壁外："治家者即能治国，能辖十人者能辖千人万人。"（《史集》第1卷）

东壁内："经三个贤人评定之话语，方可自由发表。"（《史集》第1卷）

东壁外下："言而有信的人心地坚贞，寡欲以协众。"（《黄金史纲》）

西壁外上："欲治身，先治心；欲责人，先责己。"（《元史》卷115《裕宗纪》）

西壁外下："兵在平时处民众，必须温静如牛犊，然在战时击敌，应如饿鹘之捕猎物。"（《史集》第1卷）

西壁外下："将帅以至士兵，虽无敌时，亦当准备。"（《史集》第1卷）

成吉思汗是历史上杰出的政治家、军事家、思想家。从这几段箴言中，我们也能领略到他非凡的思想真谛，体会到他言语深刻的哲理，明白他为什么能够统一蒙古各部族、建立横跨欧亚的帝国的奇迹。

(2)"铁马金帐"群雕

现在，我们登上了"气壮山河"入口门景的平台，呈现在大家面前的这一组密布在草原上的大型雕塑群，就是"铁马金帐"群雕。13世纪一位欧洲画家，在目睹了当年成吉思汗大军出征时浩大的场面后，绘制了一幅"铁马金帐"油画。我们依据这幅珍贵的油画，经过历史学家、美术家的反复考证和研究，集体创作了这组群雕。

这是世界上唯一再现成吉思汗铁骑的大型雕塑群。它以恢宏的气势，结合原始草原地貌，不仅给人一种身临其境、置身当年军阵之中的感觉，同时也生动地再现了成吉思汗率领蒙古大军出征时的真实情景。

群雕共有385尊雕像，每尊雕塑高达4米。大家看，这里有号令千军的大将、跨马征战的军士，有传递军令的驿使、负重跋涉的驮运，还有跟随大军的牧者、后勤保障的羊群。

成吉思汗在草原上行军布阵时颇有特点。蒙古大军出征，行军队伍形成一圈圈的同心环向外扩散，从内圈的将士到外围的军队和侦探前卫，可形成一个直径100千米的大圆圈。以成吉思汗中军大帐为核心的部分是直径足有4千米的圆圈，铁马金帐就是这个核心圈的缩影。

铁马金帐由三个行军方阵组成。

中心方阵——成吉思汗金帐组群。这是成吉思汗精锐卫队——怯薛军护卫。当年，成吉思汗的中军卫队称为万名"怯薛军"，也称客什克腾。万名精兵由宿卫（客卜贴兀勒）、弓箭手（火儿赤）、精锐军（陶尔古特）等组成。成吉思汗怯薛军由著名大将及其子弟统帅，怯薛军的人员都是从万户长、千百长、百户长，直至十户长的子弟中间选拔出来的。成吉思汗亲自培养，成为思想上最忠实、军事上最过硬、为大汗可以牺牲自己生命的勇士。怯薛军享有非常大的特权，只有成吉思汗一人对怯薛军有指挥、任命、处罚的权力。怯薛军可以直接参与军政事务，免除差发杂役。成吉思汗去世后，这支军队守护、供奉祭祀成吉思汗八白宫，并世代相传近800年，成为鄂尔多斯部以及现在的守陵人达尔扈特人的祖先。

前锋方阵——蒙古大军。这些前锋由最勇猛的大将率领，大军个个魁梧凶猛，彪悍无比，遇有敌军，像撕食猎物的猎犬，如狼似虎，冲向敌阵，打败敌人。

垫后方阵——后勤组群。后勤由随军而行的牛马羊群组成，保障军队的供给。成吉思汗时期，蒙古高原上的马背民族，平时人人都是牧业生产者，战时个个又是冲锋陷阵的勇士，远征时又可以家家户户整体迁动，为军事胜利提供可靠保证。当年，成吉思汗率领的蒙古大军远征时，将马群、牛群、羊群和驼群都赶上，男人打仗，女人放牧，连牧羊犬也都跟上。那时的远征，几乎整个草原在搬迁移动。这种迁移式的征战，无须运载大量食物。战马损失了，从跟随的马群中补充；大军所需的肉食、奶食等主要食品，由跟随的畜群一路行进提供，既减轻大军运征负担，又保障大军后勤无忧。这就是成吉思汗军事思想和战略思想的体现，也是成吉思汗能够勇往直前、战无不胜、征战欧亚的重要法宝。

铁马金帐是成吉思汗出征时蒙古汗国政权随之而行的象征。成吉思汗金帐分5个类型。这5个金帐都置于大战车之上，运载宫帐的战车上竖有龙、凤、马、虎、狮等图案旗帜，象征着勇敢、机智、顽强的蒙古"五雄"。这些旗帜分别代表着成吉思汗、哈屯（皇后）、黄金家族、万户大将、萨满国师的金帐。

成吉思汗金帐架在四轮战车上，由22头牛拉车。其后四座宫帐分别由9头牛拉车。这些宫帐，扎营时放下车梯可自由上下，行军时常常在宫帐中商议军政大事，指挥调动千军万马。金帐内的摆设，完全按照当年宫帐内的摆设布置。

中军议事金帐：这是成吉思汗军事活动的最高议事决策中心，是成吉思汗指挥、调度、议事和接见来使的大帐。成吉思汗率大军出征过程中，所有的战略战术和军事部署都在这里决策完成，所有的军马调动都从这里发号施令。大帐内有成吉思汗的坐床，布置了举行议事的场景。

哈敦（夫人）金帐：成吉思汗每次重大战役，都有一位或数位哈敦陪行，照顾他的饮食起居。关键时刻成吉思汗也倾听她们的意见，并起到联络诸侯、关爱部下、沟通感情的作用。这对成吉思汗每次战争胜利具有不可估量的重要意义。这是阿兰豁阿母亲折箭训子的场景图片。这里是成吉思汗和哈敦夫人的起居场所，是哈敦代表成吉思汗管理随军眷属的机构，是哈敦教育子女的场所，是哈敦联络功勋大将、激励众臣辅佑成吉思汗的交流场所，是成吉思汗从战场获得大量财富的展示场所。墙壁上挂有蒙古族贵族妇女及服装头戴的图片文字。

黄金家族金帐：成吉思汗黄金家族在蒙古社会具有至高无上的地位和权利，也拥有大量的财富。黄金家族在统一和对外战争中做出了不可磨灭的贡献。这里是历次出征中处理家族事务、教育子女、培养人才的场所，是执行成吉思汗军事号令的又一指挥机关，也是维系众将、聚会娱乐的场所。这里展出了成吉思汗黄金家族的家谱、成吉思汗教育子弟的箴言。

万户大将金帐：成吉思汗的用人之道非常成功，一生中没有一位将领背叛他。文臣武将是他事业的极大助力，他们舍生忘死地与成吉思汗共创大业。每遇国事、战役，成吉思汗都要与他们共同商讨、共谋大计。这是大将在出征中指挥战争、直接号令军队的指挥大帐。这是召集千户长聚会的议事大厅，现在陈列有万户长和千户长的列表，主要战役的作战图，战争双方兵力、胜负、俘获首领列表，众将画像等。成吉思汗吸纳和重用有文化、有抱负的蒙古族以及蒙古族以外的文臣，诸如塔塔统阿、失吉忽脱忽、耶律楚材、丘处机等人，这里陈列着他们的画像、书籍、主要事迹、故事、成就等。

（3）亚欧版图广场

走过铁马金帐，现在我们来到了亚欧版图。眼前的这幅地图是以休闲广场的形式来展示的，占地面积 10000 平方米，是世界上最大的展示元朝横跨亚欧的疆域图，是旅游区的一个世界之最。成吉思汗与他的子孙三代，用半个多世纪的时间，创建了一个横跨亚欧大陆的大帝国，其疆域版图面积达 3200 万平方千米。

这块黑色的地图就是成吉思汗统一蒙古高原疆域图，再现了 1189 年到 1206 年成吉思汗建立蒙古汗国时期的疆域。这个时期，成吉思汗的蒙古部由一个弱小的部落迅速壮大，征服了草原上其他部落和民族，结束了草原上长期以来的复仇与战乱。蒙古高原从此走向和平安宁、繁荣昌盛的新时代。

这是元朝疆域全图。它的形状像一头犀牛，是亚欧版图的核心部分，它以高低错落的层次和几种不同的颜色区分出疆域。蓝色的是大海，棕红色的是帝国的版图，浅灰色的是帝国未包括的地方。元朝极盛时期的疆域东起朝鲜半岛，西至地中海沿岸，北括俄罗斯，南抵印度洋，整个疆域面积达 3200 多万平方千米。

这张地图是北元时期的蒙古族政权疆域图。1368 年元朝被明朝取代，元朝皇室退居漠北，形成与明朝并存的游牧政权，明朝廷称之为鞑靼。直至 1649 年清朝政府彻底取消蒙古族的大汗制度，其间近 300 年。北元蒙古族主要分为两大部分，即蒙古高原上的各部蒙古族和蒙古高原以西、新疆一带的蒙古瓦剌部（西卫拉特）。整个北元时期，蒙古族统治者继续以成吉思汗黄金家族汗统形式在草原上维持政权。

蒙古汗国旗阵：亚欧版图广场东西两侧有两排高高飘扬的五彩缤纷的旗帜。每排有 13 面旗，每个旗杆高 13 米。13 面旗帜是成吉思汗时期蒙古汗国的旗徽，象征着成吉思汗 13 世纪所开创的震撼世界的伟业。其中有日月图案的白旗，是大蒙古国的九斿白旗（蒙古族人俗称"查干苏勒德"）。九斿白苏鲁锭（白纛）是 1206 年成吉思汗在斡难河畔建立蒙古汗国时树立的国旗。白苏鲁锭为和平的象征。两边有神矛图案的黑苏鲁锭（黑纛）和黑白花苏鲁锭，即蒙古汗国的四斿黑纛和四斿花纛。黑纛（哈日苏勒德），是蒙古大军的战旗，象征着战争与力量。花纛（阿拉格苏勒德），也是蒙古汗国旗帜之一，是繁荣发展的象征。这三面旗帜在蒙古帝国时期一直未离开蒙古汗廷。蒙古汗国三面旗帜旁边，有神矛图案的五面旗帜。这是成吉思汗的几位弟弟、儿子和大将的战旗。其中有成吉思汗弟弟哈撒儿的黑白花旗，察合台的白旗；成吉思汗三子窝阔台的黑旗，成吉思汗大将木华黎的黑旗，大将神箭手哲别的青旗。两边树立的五彩旗是天马旗，是蒙古族人兴旺发达和吉祥福禄的象征，颜色分别为红色、蓝色、黄色、绿色和白色。这五种颜色也是成吉思汗宫廷礼仪所用的"五彩"。红色象征太阳、火焰，蓝色象征苍天，黄色象征大地，绿色象征水草，白色象征乳汁（圣洁）。蒙古族人将这五种颜色看作天地生灵构成的吉祥颜色，这五种颜色也深受蒙古族人喜爱和尊敬。今天，在鄂尔多斯蒙古族的家门前，大家仍然可以看到这种用于祭祀的五彩禄马风旗。

观图台：亚欧版图广场四角建有四个弧型浮雕式观图台。观图台每个高5米，长15米。登上观图台可以清晰地看到蒙古帝国疆域版图。四个观图台墙体两面的弧形石壁上，均有古朴凝重的石刻浮雕图案，反映的是蒙古帝国时期的历史画面。每一个画面的主题分别如下。

民族的崛起：广场西南角石壁两面分别刻有"蒙古民族的祖先"和"成吉思汗称汗图"，构成"民族的崛起"这一主题。

敞开的国门：广场西北角石壁的正面雕刻着"成吉思汗接见中亚使臣图"，背面刻着"蒙古汗国迎客图"。这几组浮雕充分展示了"敞开的国门"这一主题。

繁荣的大地：广场东北角石壁两面雕刻着"大元王朝繁盛图"，画面主要包括：东西方文化贸易交流、马可·波罗拜见忽必烈、科学技术和四大发明的传播。

永恒的精神：广场东南角石壁正面雕刻着"吉祥的草原"组画。成吉思汗陵屹立在草原上，两匹骏马奔驰在大地上，矫健的摔跤手与"吉祥"草原交相辉映。石壁背面雕刻着"不熄的圣灯"图案。圣灯是吉祥的象征，是草原的祝福，也是蒙古族精神的寄托，具有"永恒的民族精神"这样一个深刻含义。

（4）成吉思汗驿站

现在，我们进入的是成吉思汗驿站。它是根据历史资料而复制的，呈现成吉思汗行军作战途中设立的驿站，以及大军在驿站休整训练的场景。这里有很多竞技娱乐活动，大家可以尽情参与和体验。

兵器景观：成吉思汗的骑兵将古代兵器的功效发挥到了极限，创造了冷兵器时代的奇迹。同时，蒙古大军也开创了由冷兵器向火器转变的时代。这里以景观雕塑的形式，展出了蒙古式弯刀、弓箭、大弩、抛石器、铜火铳等兵器。

兵器制作场景：成吉思汗军队休整的一个重要活动就是补充兵器。这里复制了许多兵器制作场景，其中有制作弯刀、箭镞的铁器坊，制作盾牌、皮具的皮匠坊，制作大弩、弓箭、马鞍、抛石机的木匠坊，制作铜火铳、铁马具的铸造坊等。这个场景真实地复原了古代蒙古族人手工制作的状况，再现了那个时代的手工艺技术，让我们能够了解800年前成吉思汗军队武器补给及征战的历史。

将士训练场：这是一个竞技训练场，也是一个参与性的竞技体验场。主要设有以下几个场地。

哈撒尔射箭场：请大家参与这里十几种非常刺激而又十分有趣的射箭活动，体验一下神箭手的感觉。

驿站跑马场：跑马场设立专用马道。骑马时会有专人陪护。

卡通摔跤场：摔跤是蒙古族"男儿三艺"之一，既是一种比赛活动，也是蒙古族人战争中攻击和制服敌人的最主要方法。这是用橡胶制作的不倒翁摔跤手模型。我们可以和它比试比试，看看谁的力气大，看看谁能摔倒谁。这是一个非常幽默滑稽的游戏。我们可以穿上这套蒙古式摔跤服，和这位世界上独一无二的卡通摔跤手合影留念。

攻城抛石场：主要模拟当年成吉思汗军队攻城抛石机作战的场景。在西征和中原攻城大战中，成吉思汗军队使用的抛石机是当时最先进的武器。大家可以使用这里的抛石机，体验一下发射"巨石"击中城中目标的感觉，取得胜利的人还有奖品。

布鲁投掷场：布鲁既是蒙古族人的打猎用具，又是蒙古族人马背上投掷"杀敌"的兵器。大家可以参与一下，获得胜利的话可以得到奖品。

(5)蒙古历史文化博物馆

这个蒙古式建筑是蒙古历史文化博物馆。它创造了景区的三个"世界之最"，分别是：世界上唯一以蒙古文字"汗"字（即帝王之意）为造型的博物馆；世上唯一收藏、展示、研究蒙古历史文化的专题博物馆；馆内收藏的 206 米《蒙古历史长卷》油画是世界上最长的草原派油画。

博物馆建筑面积 5800 平方米，南北长 150 米，宽 90 米，采用传统陈列与现代展示手段相结合的方式，将油画长卷与历史图片相结合，再现了蒙古历史文化及其对世界文明的影响。

我们首先进入博物馆金碧辉煌的序厅。它采用穹庐式，穹庐顶部描绘着带翼的神鹿和神狼浮雕。《蒙古秘史》记述：蒙古族起源于以狼和鹿为图腾的两个通婚部落的后裔。柱头鹰式的大鸟是海东青，海东青也是古代蒙古族的图腾之一。两侧墙壁的壁画，右手方向主要反映的是蒙古族的辉煌历史，左手方向主要反映蒙古族灿烂的游牧文化。

博物馆展览形成四条主线，分别是：文物陈列展示、蒙古历史长卷油画、蒙古可汗画像展示、蒙古马鞍陈列。

(6)游牧人营地

大家走出凉爽的博物馆，呈现在我们面前的是勒勒车阵。勒勒车是用牛、马、骆驼拖拉的运送货物的运输工具。"勒勒"是牧民吆喝牲口所发出的声音，因此牧民就把用牲口拉的车称为"勒勒车"。草原上的牧人家中，往往有几辆或几十辆勒勒车，每每出行，如拉运搬迁，都是成列而动。根据草原类型的不同，蒙古族生产出很多不同样式的勒勒车。

这一组勒勒车，车辕很长，车轮很高大，来自呼伦贝尔草原。呼伦贝尔草原一望无垠、平坦如毡，适合长辕高轮的车。

这一组勒勒车，车辕长短适中，车板较长，车轮较高，来自锡林郭勒草原。锡林郭勒草原缓状起伏、辽阔无垠，适合车辕长短适中的高轮大车。

这一组勒勒车依然是车辕较长，但是其车轮不是很大，并且以厚实宽状条木拼成十字型车轮。这种勒勒车来自蒙古戈壁高原，具有结实耐用、粗犷豪放的特点。

这一组勒勒车是内蒙古中西部荒漠型草原使用的。特点是车辕和车板较短，车轮为木质实饼型，整车显得粗重厚实，坚固耐用，回旋灵活，驾驭自如，而且在车板两侧、车轮上方安装了车牙箱，当车行山路或颠簸时候，车上的物品不易滑落掉出。

在勒勒车阵穿行之间，我们又看到了类似蒙古族人游牧时安营扎寨的营帐。这些形状各异的大帐里展示了蒙古族特有的生产活动和生活场景。这是进行蒙古刺绣、缝毡、皮革制画、骨头雕刻、金银加工的场景。这些展示的是传统的马奶酿造工艺、奶酪制作工艺、炒米加工方式、手把肉煮制过程、奶油和酸马奶制作过程。这些帐篷，展示的是蒙古族传统风味饮食、地方小吃以及琳琅满目的蒙古族民族用品、民族工艺品、旅游纪念品等。

现在我们留出 30 分钟时间，大家可以在营地中品尝蒙古小吃，挑选中意的民俗纪念品。大家还可以一边休息，一边观看民俗表演，参与民俗活动，并用相机捕捉难得的镜头。

（7）成吉思汗中心广场

现在大家随我一同登上整个旅游景区的制高点——成吉思汗中心广场。为什么叫成吉思汗中心广场呢？因为从"气壮山河"入口门景到成吉思汗陵宫是 4 千米，这里正好处在中间，所以取名为"成吉思汗中心广场"。

广场四周环绕着台阶，像是高大石碑的基座，将两块高大的石碑推举在高处。台阶由 6 大 6 小组成，即每六级台阶上面有个小平台，共 6 阶，象征成吉思汗享年 66 岁。

广场中央屹立着两块高大的丰碑，像一本打开的历史巨著，记载着成吉思汗戎马生涯和震撼世界的历史。这两块丰碑也象征着亚欧文明的遥相呼应和交融发展。丰碑上面屹立着奔驰的成吉思汗双骏雕塑。

广场左右两侧竖立着两排苏勒德大纛，每排 13 根，每根 13 米高，苏勒德神矛在阳光下闪闪发光，苏勒德长缨随风飘动，显示着成吉思汗当年震撼世界的威风。

2. 祭祀文化区（成吉思汗陵园）

从成吉思汗中心广场沿着成吉思汗圣道前行，我们来到成吉思汗陵园。这里是成吉思汗陵旅游区祭祀文化保护区。

（1）大伊金霍洛遗址

在成吉思汗陵园以南 2 千米的宝日陶劳盖北坡、成吉思汗圣道中央，有一处保护遗址，即成吉思汗陵旧址。1649 年，成吉思汗陵寝原型——"八白宫（室）"由郡王旗郡王、伊克昭盟首任盟长、鄂尔多斯济农额璘臣，从黄河南岸的伊克召（王爱召）迁移至此地。从此这一地方被称为"伊金霍洛"（圣主的圣地）或"大伊金霍洛"。1954年在中央政府的关怀下，重建了成吉思汗陵。1956年陵园落成，将祭祀成吉思汗的宫帐与八白宫迁至成吉思汗陵宫。为了纪念供奉成吉思汗宫帐及八白宫达307年的旧址，遗址上先后建立了纪念白塔和"大伊金霍洛遗址"碑进行保护，并供人们瞻仰。

（2）成吉思汗陵寝变迁

成吉思汗陵的前身为成吉思汗八白宫，亦称成吉思汗八白室，是指祭祀成吉思汗及其眷属和圣物的八顶白色宫帐。1227年成吉思汗在西夏去世后，灵车返回蒙古高原的途中在鄂尔多斯建立了白色宫帐，供奉成吉思汗英灵。当时在漠北也建立白色宫帐，将象征成吉思汗灵魂的灵柩、画像和遗物等安放在宫帐内进行供奉。供奉成吉思汗的白色宫帐，最初被称为全蒙古的"总神祇"。随着成吉思汗几位夫人的去世，祭祀宫帐也有所增加。15世纪中叶，守护成吉思汗宫殿的鄂尔多斯部从蒙古高原南移，成吉思汗四大宫帐也随之从漠北迁至鄂尔多斯，与已在这里的成吉思汗祭灵白宫汇合，形成八白宫。

北元时期将全蒙古的"总神祇"统称圣主的八白宫或八白室。当时的八白宫是指成吉思汗和第一夫人孛儿帖哈屯白宫，成吉思汗第二夫人忽兰哈屯白宫，成吉思汗第三、第四夫人"准格尔伊金"白宫，成吉思汗"宝日温都尔"（圣奶桶）白宫，成吉思汗吉劳（鞍辔）白宫，成吉思汗弓箭白宫，成吉思汗神马"溜圆白骏"白宫，成吉思汗商更斡尔阁（珍藏）白宫。

18世纪30年代（清乾隆年间），成吉思汗八白宫及祭祀圣物分布于鄂尔多斯各旗。成吉思汗与孛儿帖哈屯白宫仍留在郡王旗巴音昌呼格河畔的大伊金霍洛。只有每逢成吉思汗春季查干苏鲁克大祭时，八白宫才聚集于大伊金霍洛。清康熙年间朝廷首次提到"伊克昭盟境内，有成吉思汗园寝"。19世纪后期，清光绪元年（1875年）开始，相继有西方国家的一些人士到伊金霍洛考察，向世界介绍了"成吉思汗陵园"。从此，国内外对成吉思汗八白宫普遍称为"成吉思汗陵"。

抗战初期，为了防止成吉思汗陵寝落到日本侵略者手里，时任伊克昭盟盟长的沙克都尔札布王爷，积极策划，将成吉思汗灵榇迁移到安全地方。经过国民政府周密策划，1939年6月10日，成吉思汗灵榇从伊金霍洛起灵，经延安、西安，于7月1日到甘肃省榆中县兴隆山。1949年8月初，兰州解放前夕，再迁移至青海省塔尔寺。1954年4月初返回故地伊金霍洛。这次事件被称为"成吉思汗陵西迁"。1953年，中央人民政府政务院批准并拨专款兴建成吉思汗陵园。1954年4月，时任内蒙古自治区主席乌兰夫亲自为陵园选址奠基。在党和政府的亲切关怀下，1956年具有浓郁蒙古族特点的雄伟壮丽的成吉思汗陵宫落成，分布于鄂尔多斯各地的成吉思汗八白宫等圣物也全部集中于成吉思汗陵供奉。经过不断地修缮和扩建，成吉思汗陵为闻名遐迩的文化旅游胜地。它丰厚的历史文化内涵，再现了蒙古族波澜壮阔的历史和一代天骄成吉思汗当年的风采。

（3）成吉思汗陵园牌楼

陵园门牌楼是进入成吉思汗陵园的标志。牌楼采用牌坊式建筑，五门六柱，长25.6 米，高 16.8 米。牌楼的蓝色屋檐和乳白色石刻墙壁，采用蒙古族特色图案进行装饰，远望像是绿草中立起的蓝顶白色毡帐；近看则是一座铭刻着历史伟人名字的丰碑。乳白色的大门是纯洁的象征，像一条洁白的哈达，欢迎远方的客人，祝福人们吉祥安康。牌坊式大门上端正中悬挂着"成吉思汗陵"石刻牌匾，牌匾由乌兰夫题写，显得格外庄重。

成吉思汗陵园及陵园大门，是仿造 1266 年忽必烈在元大都建立的供奉成吉思汗等先祖的太庙牌坊的建筑风格，是草原文化与中原文化融合的典型建筑。陵园入口牌楼与陵宫上下相对，由此拾级而上，便可进入神圣的陵园。

（4）"成吉思汗陵重修记"碑

21 世纪初，鄂尔多斯市市委、市政府实施建设文化大市战略，提出把成吉思汗陵打造成世界级品牌文化旅游胜地的宏伟目标，于是便启动了成吉思汗陵旅游区建设及成吉思汗陵重修工程。按规划拆迁了原集镇，全面整治环境，恢复生态，提高景点档次。工程于 2006 年 8 月基本竣工，成吉思汗陵发生了巨大变化，显示出草原帝王陵的雄姿。"成吉思汗陵重修记"碑记载了这段具有深远意义的历史。碑宽9 米、高 2.3 米、厚 1 米，是一块巨大的自然石。碑文由蒙文、汉文、英文、日文四种文字书写，气势恢宏，古朴典雅。

（5）成吉思汗陵"沁园春"碑

2007 年 8 月 5 日，我国著名绘画大师范曾莅临成吉思汗陵旅游区参观，拜谒成吉思汗。他看到成吉思汗陵旅游区环境优美、气势恢宏，看到重修后的成吉思汗陵更加宏伟壮丽、气象雄阔，感慨万千之余，挥笔写下气势磅礴的《沁园春》诗词一首。为了让更多的人领略范曾大师的诗词及书画杰作，景区就立了这块碑。碑宽7.8 米、高 1.85 米、厚 1 米，是一块巨大的自然石，它与"成吉思汗陵重修记"碑相互对称，气势恢宏，古朴典雅，艺术感强，为陵园增添了文化氛围。

（6）成吉思汗铜像广场

成吉思汗铜像广场，象征成吉思汗光辉的一生。广场呈圆形，象征"天圆"之意，也有神功圆成的深刻寓意。广场内圈直径 66 米，象征成吉思汗寿年 66 岁。广场周围的松柏，以伞形向外延伸，与树林、草原联结在一起，像是成吉思汗精神发出的光芒，永世传播在大地上。

广场正中竖立着高大的成吉思汗出征铜像，像高 6.6 米，象征成吉思汗寿年。出征铜像也是苍天和大地的象征，寓意天地恩赐世间博大的福禄，充分体现了伟人震撼山河的气度，成为成吉思汗戎马生涯的缩影。出征铜像也反映着这样一段美丽的故事：当年，成吉思汗率军征战西夏时，正好路过鄂尔多斯。他目睹这里水草丰美，鹿儿出没，是一块宝地，心里特别高兴，留恋之际，失手将马鞭掉在地上。部下正要拾起马鞭时，被成吉思汗制止了，他自语道："这里是梅花鹿儿栖身之所，戴胜鸟儿育雏之乡，衰落王朝振兴之地，白发老翁享乐之邦。"感慨之余，成吉思汗对左右嘱咐道：这里耄耋之人可以息止。

(7)九十九级吉祥台阶

从铜像广场通往陵宫的步道共十一段，每段九级台阶，共九十九级台阶。步道宽13米，长270米，落差21米，用紫霞花岗岩石砌成。成吉思汗时期的蒙古族人崇拜苍天，认为主宰人间一切的天是由九十九个天组成。为了获得天下，成吉思汗当年在克鲁伦河畔拉起万群牲畜的练绳，以九十九匹白骒马的鲜乳洒祭苍天。这一盛大的祭典仪式，在成吉思汗陵一直保留至今。蒙古民族将九看作吉祥的数字，并把九十九看作最大数字。九十九级台阶像通往苍天的梯子，是吉祥福禄的象征；从远望去，又像是永不停息的河水，寓意着成吉思汗缔造的"蒙古"(蒙克勒)这一"永恒的河"源远流长，永世长存。

(8)阿拉坦甘德尔敖包

阿拉坦甘德尔敖包是为纪念成吉思汗而设立的。传说当年成吉思汗攻打西夏途中经过此地，被这里的景色迷住，无意中将手中的神鞭掉在地上。随行的人认为是祥兆，就地建起敖包进行供奉。

阿拉坦甘德尔敖包位于成吉思汗陵所在的阿拉坦甘德尔梁高处，是由一座圆锥形实心塔式的主敖包和十二个小敖包组成。鄂尔多斯地区的蒙古族敖包中，通常有独立敖包和十三敖包之分。十三敖包象征十三重天。蒙古族自古以来崇尚十三，把十三看作吉祥之数，农历每年五月十三日举行盛大的祭祀敖包活动。祭祀活动之后，进行赛马、摔跤、射箭等蒙古族传统男子三项技能比赛。成吉思汗陵园建立后，每年农历三月二十一日的"查干苏鲁克大祭"都在这里举行。

(9)阿拉坦嘎达斯

阿拉坦嘎达斯是指成吉思汗拴马的"金马桩"，现作为成吉思汗圣物，供奉在阿拉坦甘德尔敖包旁的举行祭天仪式的场地上。阿拉坦嘎达斯，意为"北斗星""金桩"，是星座的象征，是用金属制作的木桩式圣物。

阿拉坦嘎达斯奉祀之神，曾在鄂托克旗境内，由为成吉思汗备马桩的"嘎达斯"(桩)氏族部族进行供奉，每年举行固定的祭奠。相传成吉思汗曾用九十九匹白骒马的鲜乳祭祀苍天，并为他的"溜圆白骏"用黄金铸造了"阿拉坦嘎达斯"(金马桩)。有一次，他的一个部下盗窃了金马桩，后又回来请罪。成吉思汗惩罚此人世世代代充当"溜圆白骏"的嘎达斯(马桩)。从此，每逢三月二十一日查干苏鲁克大祭时，嘎达斯氏族的人便到伊金霍洛，顶替金马桩，将两腿埋在沙土里，站立半天，直到祭天仪式结束。今天，成吉思汗陵供奉阿拉坦嘎达斯的仪式，还在延续这一传统。

(10)额希哈屯祭祀殿

额希哈屯祭祀殿为庙宇式建筑，于2006年建成，是安放、祭祀成吉思汗弟弟哈撒儿、别勒古台以及成吉思汗四子拖雷与夫人额希哈屯灵包的殿堂。(详细资料

知识链接
四座宫帐讲解
资料

请看"知识链接")

（11）黑慕热

黑慕热意为"天马旗"，亦称"禄马风旗"。这两根高高竖立的三叉铁矛就是"黑慕热"，象征着吉祥、兴旺。那三叉铁矛是由成吉思汗的战神苏勒德演变而来的。那印有腾飞的骏马图案的五色小旗，蓝色象征着苍天，红色象征太阳和火，黄色象征大地，绿色象征水草，白色象征着乳汁(圣洁)。这五种颜色代表了蒙古族人对大自然的崇拜之情，广泛用于礼仪活动中。在成吉思汗大祭仪式中敬献的五彩哈达，也是由这五种颜色组成的。成吉思汗陵园建筑的色调上也充分体现了这五种颜色。在漫长的历史中，"黑慕热"已成为守护成吉思汗宫殿部族——鄂尔多斯蒙古族的标志，家家户户都把它竖立在自家门前。

（12）成吉思汗陵宫

蓝天绿草之间，巍然屹立的就是成吉思汗陵宫大殿。它由三座金碧辉煌的相互连接的宫帐构成，像一只展翅飞翔的雄鹰，意寓成吉思汗不怕艰难、勇往直前的精神，凸显草原上帝王陵墓的恢宏气势。那蓝色的云图、朱红的门窗、乳白色的墙壁、金黄色的宝顶、绿色的草地，呈现出五彩哈达的吉祥色彩，独具蒙古族特色。

陵宫是祭祀成吉思汗的圣地，保留了成吉思汗八白宫的形状特点，成为蒙古族代表性建筑。陵宫建筑面积 2000 平方米，由正殿、后殿（寝宫）、东殿、西殿、东展厅、西展厅六部分组成。正殿高 24.18 米，东西殿高 18 米。陵宫内供奉着成吉思汗八白宫（室），并画有巨幅壁画。陵宫屋檐正中悬挂的"成吉思汗陵"牌匾，是由乌兰夫题写的。陵宫周围建有黄色琉璃瓦顶的红墙大院①，使陵宫显得古朴典雅。

（13）成吉思汗陵历史文化展览馆

成吉思汗陵历史文化展览馆为四合院式仿古建筑，由展厅、回廊等组成，位于成吉思汗陵宫东侧。馆内先后举办过成吉思汗祭祀文化展览、成吉思汗陵史展览、"历史的记忆"文物展等。展览馆内陈列着毛泽东、李先念、江泽民等题名赠送的锦旗和数十位党和国家领导人来成吉思汗陵视察时的题名。

成吉思汗祭祀：神秘的成吉思汗祭祀，保留着 13 世纪形成的蒙古帝王祭祀仪式，形式独特，内容丰富，规模宏大，显示着古老、神秘的传统文化特点。成吉思汗祭祀在内容上主要表达对长生天、祖先、英雄人物的崇拜；在祭奠形式上再现了蒙古民族古老的火祭、奶祭、酒祭、牲祭、歌祭等形式；在祭祀用具上，表现了草原民族对大自然和动物的艺术审美属性，进而产生了具有浓郁特色的诸多珍贵的祭器。鄂尔多斯源远流长的民间民俗文化和民族礼仪文化，是成吉思汗祭祀文化和宫廷礼仪文化的延伸。成吉思汗祭祀中的祝词、颂词、祭文、祭歌等诸多内容和表现形式，无不渗透于鄂尔多斯民间文化中，使鄂尔多斯民间文化具有更加独特的风格。

---

① 院宽 200 米、长 220 米。

（14）陵园碑亭

成吉思汗陵宫大院东南、西南两角，有两座碑亭。碑亭为四柱、双层檐、琉璃瓦顶，亭里竖立着高大的石碑，立于 1987 年，即内蒙古自治区成立 40 周年时。一座石碑为"成吉思汗"碑，另一座石碑为"成吉思汗陵"碑。碑座为巨大的石龟。其中用蒙汉两种文字刻雕的碑文，简要地介绍了成吉思汗艰苦创业的戎马生涯和成吉思汗陵经历几个世纪变迁的沧桑历史。

（15）苏勒德祭坛

苏勒德祭坛是安放、祭祀成吉思汗苏勒德（战神）的地方。苏勒德祭坛为四层平台，高 15.4 米，底座直径是寓意吉祥的六九五十四米。苏勒德祭坛四周建立宽 200 米、长 220 米的红墙大院，与成吉思汗陵宫相互辉映。苏勒德祭坛于 1956 年从苏勒德霍洛迁至成吉思汗陵，1997 年建立直径 10 米的两层平台青石祭坛，2005 年重建汉白玉苏勒德祭坛。

以主苏勒德和四柄副苏勒德组成的"四足哈日苏勒德"，是成吉思汗所向无敌的战神，是成吉思汗勇往直前精神的象征。用九十九匹公马鬃制成的苏勒德的缨子随风飘动，显示着成吉思汗当年震撼山河的英雄气概。雕刻蒙古民族图案的汉白玉祭坛上，安放着一座 2 米高的红铜庙和一张供桌，内燃圣灯，设有祭器。祭坛上还安放着大蒙古国的阿拉格苏勒德（花纛）。

3. 民俗文化区

鄂尔多斯的民间民俗文化历史悠久，源远流长，具有独特的风格。它以民俗、风情、礼仪为主要内容，是成吉思汗祭祀文化的延伸，突出了蒙古王朝时期的宫廷文化特点和祭祀文化特点。鄂尔多斯蒙古族及守灵达尔扈特人，完整地保留、传承了原始的祭祀文化和丰富的民俗礼仪文化，这构成了成吉思汗陵园丰厚的文化内涵。成吉思汗陵旅游区大力发展和展示鄂尔多斯民间民俗文化，通过开展丰富多彩的成吉思汗旅游文化周、那达慕、马文化、鄂尔多斯婚礼等民俗传统文化活动，为大家提供了丰富多彩的民族文化盛宴。

（1）旅游区风景道

成吉思汗陵旅游区风景道是观赏草原风景的道路，从旅游景区入口处沿巴音昌呼格草原到达成吉思汗陵园，全长 16 千米，用石料铺成。风景道围绕美丽的巴音昌呼格草原，经过那达慕马术活动中心、鄂尔多斯那达慕会场、旅游区演艺场、鄂尔多斯敖包、达尔扈特村、成吉思汗行宫、神泉景观等景点。风景道沿线有景色绚丽的原始草原和达尔扈特牧民村落。沿着风景道走一圈，可远望草原帝王陵雄姿，看草原上的蒙古包和畜群，领略独特的草原风情。

（2）成吉思汗敖尔敦

成吉思汗敖尔敦，意为"成吉思汗宫殿"，亦称"成吉思汗行宫"，是仿成吉思汗称汗登基时的鄂尔多建造的。它坐落在成吉思汗陵东南约 1 千米处的巴音昌呼格草滩，与巴音昌呼格草滩上的达尔扈特牧村连在一起，营造着成吉思汗陵周围独特的民俗文化氛围。

成吉思汗敖尔敦由一座蒙古包式金顶大殿、两座侧殿、选汗台、成吉思汗战车和蒙古包群组成。这里是成吉思汗陵园民俗文化展示区，表演《鄂尔多斯婚礼》、宫廷"珠玛宴"①以及民族歌舞。设有陈列馆，举办达尔扈特民俗文化活动。这里三辆载有宫帐的特大战车，展示着成吉思汗震撼世界的英雄气概。还建有为游人提供餐饮、住宿的蒙古包群以及供游人娱乐的射箭、赛马、摔跤场。

(3)鄂尔多斯那达慕广场

鄂尔多斯那达慕广场位于成吉思汗陵旅游区巴音昌呼格草原南段，是以成吉思汗陵和巴音昌呼格草原为背景的草原那达慕盛会场地。广场占地 30000 平方米，是体验蒙古族赛马、摔跤、射箭、马术表演的活动场地，也是每年举行传统那达慕大会的场地，设有容纳数千人的大帐式主席台和四个观礼台。场内建有 5000 米赛马跑道，跑道外围中间是举行摔跤、射箭以及大型文艺表演的绿地。那达慕广场是敞开式场地，与美丽的巴音昌呼格草原连为一体，成为草原亮丽的风景线。

鄂尔多斯那达慕大会会场于 2009 年 8 月建成后，举行了第十一届亚洲艺术节、鄂尔多斯那达慕大会等重大活动。在蓝天绿草地间举行的具有鄂尔多斯独特风格的那达慕开幕式，赢得了国内外观众的广泛赞誉。

双骏马术俱乐部：俱乐部的蒙古族传统马术表演队，每日在成吉思汗陵旅游区那达慕广场为游客进行精彩的马术表演，目的是弘扬成吉思汗文化，传承蒙古族马背文化，打造民族特色文化旅游品牌。双骏马术俱乐部是国内唯一以传承蒙古族传统马术为宗旨的技巧马术表演队，主要的马术特技表演包括"献哈达礼""单马单人表演""单马双人表演""骑马射箭""双马双人表演""双马三人表演""多人多马表演"等，内容丰富多彩，表现了草原牧人勇敢、机智、豪放的性格和高超的马上技巧，展示草原牧人独特的风采，显示着马文化的魅力。

实景表演《鄂尔多斯婚礼》：一般选择两户牧民，充当举办婚礼的男方和女方，并让客人分别在男方、女方家参加婚礼全过程。婚礼中，娶亲送亲等一系列程序均按真实婚礼进行。客人也骑着马参加到娶亲、送亲队伍中。男女方的婚宴，自始至终伴随着民间歌舞，展示达尔扈特民俗和传统文化，使客人零距离领略鄂尔多斯婚礼的魅力。

(4)成吉思汗陵演艺广场

成吉思汗陵演艺广场是成吉思汗陵旅游区的大型露天剧场。演艺广场由直径50

---

① 宫廷"珠玛宴"，也称"炸马宴""质孙宴"，是自治区级非物质文化遗产，是元朝时期的"内廷大宴"，是最为隆重的宫廷宴会，是融饮食、歌舞、游戏和竞技于一体的贵族庆典娱乐活动。鄂尔多斯蒙古族传承的珠玛宴，集古老传统的礼仪、风俗、歌舞、祝颂以及传统服饰、特色饮食为一体，展现蒙古族宫廷礼仪文化、饮食文化风采。宴席中的特色饮食非常丰富，分白食(奶食)、红食(肉食)等几大类。其中敬献"秀斯"(全羊)就有多种多样，包括"全羊宴""羊背子""半羊宴""羊头宴""肩胛宴""胸叉宴"等，体现了蒙古族古老的宫廷饮食习俗。

米的大型露天舞台，面积为 2500 平方米的功能齐全的地下排练厅、化妆室，10000个固定座位的观众席和观看台等组成，可容纳 20000 多名观众。演艺广场以雄伟壮丽的成吉思汗陵和美丽的巴音昌呼格草原为背景，气势恢宏、规模宏大，成为独具风格的草原上的大舞台，为成吉思汗陵旅游区增添色彩。演艺广场于 2006 年 8 月初投入使用。2006 年第三届中国内蒙古国际草原文化节暨首届鄂尔多斯国际文化节开幕式大型演出《吉祥鄂尔多斯》和历届鄂尔多斯国际文化节开幕式大型演出《文化鄂尔多斯》《绿色鄂尔多斯》等均在这里举行。

（5）布拉克浩特

布拉克浩特是旅游区内的蒙古包群度假村，位于美丽的巴音昌呼格草原深处的陶高布拉克神泉旁边，是具有浓郁鄂尔多斯蒙古族特色的接待中心，占地 4 万平方米，设有贵宾厅、会议厅、接见厅、西餐厅、宴会厅等。度假村由各类高档蒙古包群组成，包内设四星级标准的豪华客房，直径 28 米的蒙古包式演艺厅和以鄂尔多斯各旗、区名字命名的舒适宽敞的各种雅间。这里可同时容纳 300 人就餐，100 多人住宿。接待中心和演艺厅内设有现代化舞台，客人在就餐的同时可欣赏到成吉思汗艺术团演出的大型民俗风情表演《鄂尔多斯婚礼》《成吉思汗大典》以及风格独特的鄂尔多斯民间歌舞。从舒适的蒙古包里，可望见成吉思汗陵和美丽的草原风光。

（6）鄂尔多斯敖包

鄂尔多斯敖包是按着蒙古族习俗，为祭祀苍天和山水神灵而建立的。这座敖包与草原上常常见到的其他敖包一样，用石头堆成圆锥形实心塔，顶端插上苏勒德（神矛），上面系有经文小旗。鄂尔多斯敖包，底座直径 18 米，高 13 米，象征苍天与大地之恩赐。每年农历六月十五日和九月十二日举行盛大的传统祭祀活动。

（7）天骄浩特

天骄浩特即天骄蒙古大营，是依据成吉思汗大营地建造的，即按成吉思汗古列延式军阵布局而建造的群落建筑。在空中俯瞰，建筑群犹如雄鹰展翅、搏击苍穹。古朴典雅的建筑艺术与现代豪华的服务设施相结合，成为体验民族风情的神奇佳境、演绎蒙古文化的旅游胜地。天骄蒙古大营占地 1 平方千米，由古老宫帐式建筑群组成。它的设计理念源于成吉思汗宫帐的蒙古包式大鄂尔多。大鄂尔多直径 50米，是以表演、餐饮、聚会功能为一体的大型场所。大鄂尔多前厅为接待大厅，古老的帐篷式建筑。大鄂尔多两侧建有直径 13 米、18 米的蒙古包式小鄂尔多，分别为贵宾厅和蒙古茶吧等。天骄蒙古大营东北、西北两角建有直径 30 米的宫帐式会议厅，分别为"左万户帐"和"右万户帐"。天骄蒙古大营内有 4 栋元代蒙古大帐式三星级酒店，有豪华套房和 228 间标准客房以及蒙古包客房，可同时接待 500 多人住宿。天骄蒙古大营内的"蒙古包艾勒（牧户）"，为游客提供草原特色服务。天骄蒙古大营内有内蒙古天骄艺术团专场演出的元代大型宫廷歌舞《圣地古韵》《永远的成吉思汗》《一代天骄》和鄂尔多斯民间歌舞《欢腾的鄂尔多斯》，并举行民族特色的迎宾仪式和篝火晚会，充分展示鄂尔多斯民俗风情。

（8）天骄英雄乐园

天骄英雄乐园是成吉思汗陵旅游区重点打造的大型娱乐活动项目。30米张拉膜是游客娱乐互动的集散中心，集餐饮、娱乐、休闲、演艺功能为一体，包括各类体育健身娱乐项目、军事游乐项目和一般休闲娱乐项目。这里是大人的童年王国，是小孩的游乐天堂。乐园现有花样娱乐项目20多个，有多人自行车、乐吧车、沙地摩托车、碰碰车等运动休闲娱乐项目，跳舞机、激光枪电子靶、迷你唱吧、烈焰摩托、功夫投篮等智能电子娱乐项目，7D影院、旋转茶杯、英雄飞椅等惊险刺激娱乐项目，还有水上乐园和沙地城堡等儿童娱乐项目。花样众多，精彩纷呈。

（9）巴音昌呼格草原风情

环绕成吉思汗陵园的巴音昌呼格河，滋润着两岸美丽的巴音昌呼格草原。巴音昌呼格草原占地约30平方千米，是基本没有遭到破坏的原始沼泽草滩，水草丰美，牛羊遍地，骏马奔驰。这里过去是成吉思汗陵寝的禁地，常年流淌着陶高布拉克泉水。据传，泉水是成吉思汗灵车路过草原陷入沼泽时喷涌而出的。

巴音昌呼格草滩曾经是成吉思汗八白宫聚集的祭祀营地。过去，成吉思汗春季查干苏鲁克盛大的祭典就在这里举行。在祭典期间，蒙古地区的朝拜者从四面八方涌向伊金霍洛，无数商人也带上蒙古族人喜欢的金银珠宝、绸缎布匹、砖茶及日用品，纷纷赶来参加查干苏鲁克大集会，届时这里会聚集三四万人之多。成吉思汗陵园建成以后，每年成吉思汗夏季淖尔大典、大型那达慕大会也在这里举行。

在巴音昌呼格草滩建立的成吉思汗敖尔敦，展示着古老的蒙古族传统民俗文化。成吉思汗陵园周围的达尔扈特牧民在巴音昌呼格草滩周边建立了诸多的蒙古包，为游人提供草原牧人特有的住宿服务，并为游人提供骑马、射箭、摔跤等娱乐活动。游客可以在洁白的蒙古包里做客，品尝奶茶、手扒肉，听听草原牧人悠扬动听的鄂尔多斯民歌，骑上骏马在草原上自由地驰骋，领略草原风情。

（10）祭祀传说

知识链接
守灵人达尔扈特
讲解资料

自13世纪以来，成吉思汗宫殿的守护者鄂尔多斯部及守灵人达尔扈特中，流传着很多与圣主有关的传说故事。其中包括成吉思汗两匹骏马的故事、陶高布拉格传说、成吉思汗到鄂尔多斯的记载、公羔祭的传说、明干木都（千者之树）传说、查干苏鲁克大典的传说等。这些在民间流传的传说故事，表达了民众对圣主成吉思汗的虔诚。（详细资料请看"知识链接"）

这里的沙子会唱歌——响沙湾旅游景区①

响沙湾位于在内蒙古鄂尔多斯市达拉特旗的库布齐沙漠中。库布齐是蒙古语，汉语的意思是"弓上的弦"，因为它地处黄河南岸，像一根挂在黄河上的弦，因此得名。它位于内蒙古鄂尔多斯市的杭锦旗、达拉特旗和准格尔旗的部分地区，总面积约1.39万平方千米，是我国第七大沙漠。

①　本篇景区讲解资料由刘春玲编写。

响沙湾位于库布齐沙漠最东端，处于呼包鄂"金三角"中心，被称作"黄河金腰带上的金纽扣"。景区面积为 24 平方千米，是国家 AAAAA 级旅游景区、国家文化产业示范基地。

响沙湾，蒙古语为"布热芒哈"，意思是"带喇叭的沙丘"。响沙湾，沙高 110 米，坡度 45°，呈弯月状，自然形成一个巨大的沙山回音壁。顺着云梯攀援而上，从沙顶向下滑动，便会听到犹如飞机掠空而过的巨大轰鸣声；而当你摊开两手猛力向中间捧沙时，便会听到呱呱的蛙鸣声。响沙湾也因此而得名。

关于沙子为什么会响，一直以来众说纷纭。例如，有的人认为是因为沙丘之中的含金量较大；也有人认为是因为沙漠表面的沙子细且干燥。近年来，科学工作者进行过多次科学考察，得出的理论有：筛匀汰净理论，摩擦静电说，地理环境说，"共鸣箱"理论等。说法不一，莫衷一是。

响沙湾也是摄影人的家，每年一度的摄影周于 7 月中旬在这里盛大开幕。在这个沙的世界里，还建有五处世外桃源，分别是莲沙度假岛、福沙度假岛、悦沙休闲岛、仙沙休闲岛和一粒沙度假村。"我是一粒沙""一粒沙世界"，是响沙湾召唤我们融于大自然、体验浩瀚沙海的响亮口号。

现在我们将乘坐索道进入沙漠，请大家全程保管好手中的门票，以备各个景点查验。我们的缆车是敞开式的，每两人乘坐一把吊椅。大家在乘坐索道时。请妥善保管好随身携带的贵重物品，注意安全。

现在给大家介绍一下响沙湾的索道。1 号索道建成于 1999 年 8 月，是世界上第一条沙漠索道，单程总长 498 米，共有 54 把吊椅，每小时单程运量 460 人，距地面 14 米。2 号索道建成于 2007 年，单程总长 450 米，共有 82 把吊椅，每小时的单程运量为 800 人，距地面 16 米。1、2 号索道的单程运行时间需要 7～8 分钟。3 号索道建成于 2014 年 5 月，单程总长约 2 千米，缆车为吊箱式封闭索道，每个吊箱可乘坐 6 人，共有 40～50 个车厢，单程需要 15 分钟。

为了便于游览，大家最好穿着响沙湾自制的沙袜，它是用来防止沙子灌到鞋里，在天气特别热的时候还可以防止沙子烫脚，同时也起到了保护环境的作用。请把沙袜开口向后，套在鞋上，将带子由上至下，交叉打结，然后系好就可以了。

一会儿想要参加滑沙的游客们，请注意：在滑沙时，一定要听从工作人员的安排，用正确的姿势滑沙，每个沙板只能坐一个人，滑沙时要保管好随身携带的贵重物品，以免掉落到沙子里。另外，夏天沙子的温度会比较高，会比较烫手，不过大家放心，不会让大家烫伤的。

响沙湾港和仙沙岛

响沙湾港是我们进入沙漠的必经之地，也是游客的集散地，从这里可以乘坐冲浪车进入仙沙岛，乘坐沙漠观光小火车进入悦沙岛。

首先，我们将乘坐沙漠冲浪车进入仙沙岛，单程大约 2 千米，需要 10 分钟车程。由于冲浪车在高低起伏的沙丘上行驶时，颠簸比较大，请大家注意保管好随身携带的贵重物品。戴帽子的游客请注意扎好帽带，以免被风吹走。冲浪车行驶过程中，请大家扶稳坐好。

仙沙岛是响沙湾游览项目最集中的地方。这里有各种精彩刺激的体验活动，如沙漠探险、高空滑索、冲浪、秋千、轨道自行车等。这里还可以欣赏到惊险奇特的表演项目，如高空走钢丝、环球飞车、刀山、吃火、喷火，还有果老剧场的大型演出《沙漠杂技大世界》等。大家可以选择品尝沙漠美食。

我们现在所看到的就是响沙湾的驼队，它是中国旅游景区最大的骆驼群，共有400多峰骆驼。骆驼因其出众的耐力，有"沙漠之舟"的美称。骆驼可分为双峰驼和单峰驼，驼峰是用来储存食物和能量的。我们现在所看到的都是双峰驼。双峰驼比单峰驼更驯顺，也更容易骑乘。但是，大家还是要注意以下事项：上骆驼时，请大家从骆驼最后一峰的左边上；上坡时身体向前倾，下坡时身体向后仰；骑乘过程中，请不要打伞、喝水、拿塑料袋等；更不要去摸骆驼的眼睛或者臀部；骆驼发怒时，会口喷唾液，甚至咬人、踢人，所以请大家不要惹怒它们。

悦沙岛

从这里可以乘坐沙漠观光小火车进入悦沙岛。小火车是仿蒸汽设计，利用柴油机发电，平均时速20千米，单程大约需要15分钟。在小火车行驶过程中，我们能观看到蒙古族生产和生活的场景。在行驶过程中，小火车不能偏载，请大家听从管理人员的安排，按照顺序坐满各个车厢。在行驶过程中请您坐好、扶稳，不要在过道中走动、嬉闹，要保管好随身携带的贵重物品。火车未停稳时，请不要随意走动和上下车。

现在，我们来到了悦沙岛。在这里，我们可以体验体育活动或艺术表演，如艺术体操、健美操、街舞、沙滩排球等；还可以到沙漠水世界游览区、沙雕部落游览区以及休闲美食区等畅玩或享受特色美食。

艺术馆是景区的演艺场地，是采用加拿大引进的新型建筑材料——充气膜建设而成的，高为30米，直径100米，占地面积8000平方米，可容纳1万人。艺术馆内设有剧场，有572个座位，每天定时为大家上演精彩的《鄂尔多斯婚礼》。鄂尔多斯婚礼，是"马背民族"文化的结晶，成功入选首批"国家非物质文化遗产"保护名录。鄂尔多斯婚礼延续了成吉思汗时代的婚礼文化，包括佩弓娶亲、闭门迎婿、献羊敬酒、求名问更、分辫出嫁、路迎新娘、跪拜公婆等规矩和仪式，具有很强的观赏性、娱乐性和参与性。

沙漠水世界占地面积314万平方米，集休闲、娱乐、餐饮、观光为一体，目前已经建成2500多平方米戏水区，包括大型儿童池和成人泳池。这里是成人的梦幻童年，是儿童的游乐天堂。

这里就是沙雕部落游览区。响沙湾景区每年都举行沙雕文化展。每年5月，我们的沙雕团队便开始着手建造沙雕。建造过程大体是这样的：用推土机将沙子堆起，用木板围起，形成模板；再添加沙子，向模板内灌水，直至将沙子打实，逐层雕刻花纹，雕刻完毕，在沙雕最外层喷洒胶，形成 3～4 毫米厚的硬壳，这样会使沙雕的保存时间长达 4～5 个月。每年响沙湾的沙雕都要重新做而且都有不同的主题。

福沙岛

福沙岛度假村位于沙漠深处的福沙度假岛内。福沙度假岛是蒙古族人存在的世界。在这里，大家可以悠然自得地感受游牧民族的快乐，以蒙古族人的方式生活，做一回快乐的蒙古族人。大家看，那边有成片的蒙古帐篷群落；有悠闲地赶着勒勒车的牧羊女，有纵马飞驰的蒙古女骑士等。一会儿，我们可以参加神秘的祭敖包仪式，参加鄂尔多斯婚礼，体验野外自助烧烤，品尝蒙古族奶食品，观赏蒙古族歌舞表演。晚上，我们还能参加热情洋溢的篝火晚会等。

福沙岛度假村酒店新奇舒适，设施完备，一出门就能观赏到壮美的沙漠美景。度假村蒙古大帐中的餐厅，能提供丰盛的中西美食及蒙餐餐饮盛宴。晚间，这里还有沙漠派对活动，大家可以在漫天的繁星下，享受自由自在的欢快时光。

莲沙岛

响沙湾最有特色的，就属莲沙度假岛。莲沙度假岛是一个让人休闲、放松、愉快的地方。

莲沙度假岛上硕大的莲花酒店，从高空俯瞰，宛如一朵盛开在沙漠深处的莲花，莲花酒店也因此得名。莲花酒店按照五星级酒店标准建造，占地面积 45216 平方米（酒店面积 23214 平方米），共有 380 间客房。莲花酒店是入选 2016 年最值得期待的全球度假酒店中唯一的中国酒店，是地球上唯一不用砖、瓦、沙、石、水泥、钢筋而建造的绿色建筑，环保生态，被誉为心灵深处的一片净土。

一粒沙度假村

一粒沙度假村与沙漠各岛隔河相望，位于罕台河东岸半山腰。河水从门前流过，对岸是茫茫沙海。在这里，可以体验水上瑜伽，水中健身操或参加游泳比赛。这里的早餐环境十分别致。在这里吃早餐，你仿佛在百米以上的空中，河水围成半个圆形在脚下，远处是沙的世界，餐桌旁的泳池若似空中，东边的太阳刚刚升起，与你同高，身心被融入美妙无比的晨光中。这才是一场真正的大自然中的早宴，一定会让您终身难忘。

塞外生态休闲旅游度假胜地——九城宫生态旅游区[①]

九城宫生态旅游区位于鄂尔多斯市东胜区罕台镇，距东胜城区 9 千米，南接成吉思汗陵旅游区，北依响沙湾，西邻大秦直道，交通十分便利。九城宫生态旅游区是国家 AAAA 级旅游景区、全国休闲农业示范点、内蒙古自治区级旅游度假区。

九成宫的历史源远流长，自古就是受人青睐的宝地。秦代修筑的交通干道——秦直道从这里经过，秦始皇的大将蒙恬筑直道时选此地为驿站，昭君出塞时曾在这

---

① 本篇讲解资料参考《鄂尔多斯美》资料，由张雯修改、编写。

里建造九座宫殿，蔡文姬归汉时在这里开湖休闲。

九城宫旅游区是一个大型综合性旅游区，集避暑休闲、生态度假、农业观光、文化娱乐、拓展体验、绿色餐饮、会议住宿、精彩演艺于一体，是塞外北国的"生态休闲旅游度假胜地"。

九城宫旅游区面积约 6.2 平方千米，由十几个主题区域组成，分别是水陆游乐区、昭君文化岛、丛林休闲区、拓展培训基地、山地运动区、民间演艺区、餐饮住宿会议区、农业观光采摘区、农耕文化展示与体验区、中华传统文化园、窑洞院落度假区、冰雪大世界、婚纱摄影基地、国学书画馆、酒文化体验馆、蒙古游牧文化部落等；可以开展 40 多个游乐体验项目，例如，划船、快艇、垂钓、5D 电影、酒吧、茶吧、棋牌、KTV、自助烧烤、野外露营、真人 CS 拓展训练、农家生态餐饮、大戏院、灯游圣会、中华乾坤坛、恐龙谷游乐体验、动物观赏、蒙古包住宿体验、篝火晚会、骑马、射箭、卡丁车、越野车、溜索、滑雪、滑冰、滑草等。（详细资料请看"知识链接"）

知识链接
九城宫旅游区
单元讲解资料

城市景观旅游区的典范——康巴什旅游区[①]

康巴什旅游区[②]位于鄂尔多斯市中南部，距东胜主城区 25 千米，是我国第一个以城市核心区景观申报并获批的国家 AAAA 级旅游区。它将景点和城市建设完美结合，是一个独具魅力的草原文化之都，是一个宜居、宜业、宜游的生态养生之都，是一个现代旅游休闲度假之都。

康巴什，蒙古语意为"康老师"。康巴什前身为青春山经济技术开发区[③]，2004 年自治区政府正式批准更名为康巴什新区，2006 年市政府迁址到这里，这里就成为全市新的行政中心。新区总面积 352 平方千米[④]，总人口 15.3 万人。2020 年，康巴什区入选第二批国家全域旅游示范区。

康巴什旅游区的主要景点，可以用数字"七、六、四、四、三、一、一"来总结。

七个主题广场：成吉思汗广场、双驹广场、太阳广场、蒙古象棋广场、草原情广场、康巴什美食广场、视界广场。

知识链接
康巴什旅游区
单元讲解资料

六组文化建筑：鄂尔多斯国际会展中心、鄂尔多斯新闻中心、鄂尔多斯大剧院、鄂尔多斯文化艺术中心、鄂尔多斯博物馆、鄂尔多斯图书馆。

四个主题公园：亚洲雕塑艺术主题公园、康巴什中心公园、青春山公园、草原美术文化公园。

四个旅游功能区：鄂尔多斯婚庆文化园、民族团结主题公园、鄂尔多斯国际赛车城、千亭山文化景区。

---

① 本篇讲解资料主要参考《鄂尔多斯美》中的资料，由刘伟东修改、编辑。

② 2012 年 8 月 14 日被评为国家 AAAA 级旅游区。

③ 2000 年获批成立。

④ 辖 1 个园区（市高新技术产业园区）、4 个街道、15 个社区。

三个博物馆：鄂尔多斯博物馆、鄂尔多斯地质博物馆、非物质文化遗产展览馆。

一个古遗址——乌兰木伦遗址和一个城市景观湖——乌兰木伦景观湖。（详细资料请看"知识链接"）

游牧文化活态博物馆——苏泊罕草原旅游区①

苏泊罕草原旅游区坐落于鄂尔多斯伊金霍洛旗，兼有典型草原、草甸草原、荒漠草原、沙地草原四种草原类型，植被以沙蒿、沙柳、红柳为主，地貌为丘陵和平原相结合。苏泊罕草原旅游区是国家 AAAA 级旅游景区，是内蒙古富有游牧文化特色的旅游休闲度假胜地，是鄂尔多斯非物质文化遗产传承保护基地。

知识链接
苏泊罕草原旅
游区单元讲解
资料

苏泊罕大草原是鄂尔多斯保留较为完整的原生态游牧草原，是成吉思汗六征西夏的屯兵整军之地、伊克昭七旗会盟及阅兵校武故地、鄂尔多斯明清时期最大的驿站、伊克昭盟（今鄂尔多斯市）盟歌诞生地及官敖包发祥地；是成吉思汗哈日苏勒德龙年巡游鄂尔多斯七旗的始发地，也是藏传佛教早期领袖进京谒帝途中重要的休养礼佛圣地。这里还是鄂尔多斯短调民歌、走马驯养技术等文化遗产的发源地。

景区以 13 世纪游牧文化和草原文化为背景，以伊克昭盟 300 多年历史为记忆，以游牧集镇和草原风情为突破点，规划形成了四大旅游区域：七旗会盟区、游牧时代区、宗教信仰区和那达慕娱乐区。

七旗会盟区规划建设了 999 个古今中外风格迥异的原生态蒙古包及其配套的海日敖包等系列旅游项目，形成了世界上最大、最美、最壮丽的 13 世纪蒙古包群落。

宗教信仰区以白塔及苏布尔嘎庙为主体，重点展示蒙古族佛教的来历、流传年代、历史影响等宗教文化内容。

那达慕娱乐区以赛马、摔跤、射箭等草原技艺以及七旗会盟那达慕、草原狂欢篝火为主，同时也是大型实景演艺《七旗会盟》的演出场地。

游牧时代区包括游牧部落、苏泊罕驿站、阿冬谷和沙漠乐园。（详细资料请看"知识链接"）

吉祥的原野——银肯塔拉沙漠绿洲自然生态旅游区②

银肯塔拉沙漠生态文化旅游区位于鄂尔多斯市达拉特旗展旦召苏木（乡），距达拉特旗树林召镇约 20 千米，是国家 AAAA 级旅游景区。景区成功地将生态、文化、民俗与经济几要素紧密结合在一起，是集沙漠生态文化、草原文化为一体的综合性旅游景区。

景区简称银肯塔拉，汉语翻译为"吉祥原野"，占地面积共有 8 万亩。景区内有东西 500 米长的沙湾，呈弯月状，沙丘高约百米，坡度为 40°，从沙丘顶部滑下，沙子会发出轰鸣声，形成著名的"响沙"奇观。

---

① 本篇讲解资料参考《鄂尔多斯美》中导游词资料，由丛晓明修改、编辑。
② 本篇讲解资料参考《鄂尔多斯美》中导游词资料，由张雯修改、编写。

景区由银肯敖包祭祀区、银肯沙漠植物园、银肯沙漠野生动物园、生态沙漠拓展训练基地、沙漠探险基地、沙漠水上乐园、沙漠休闲度假村以及旅游纪念品生产基地组成。可以进行沙漠拓展演练、高空沙漠索道、沙漠滑沙、沙漠越野、骑骆驼游沙漠等沙漠娱乐项目。还能乘坐沙漠小火车穿越大漠，骑着沙漠轨道自行车在沙漠上疾驰，坐上沙漠滑翔机高空领略大漠美景。这里的沙漠滑索让你在沙漠中找到飞一样的感觉，沙漠响沙带可以体验真正会唱歌的沙漠。除了感受大漠带来的刺激，还可以体验纯正的蒙古族餐饮文化，观看蒙古族马术表演，鄂尔多斯婚礼表演、祭祀敖包、参观旅游纪念品基地。

现在所在的是我们的游客接待中心及售票厅，也是银肯塔拉大世界的入口处。大家看这边的景区导览图，我们来了解一下景区大概情况。景区主要分为沙漠游娱乐区、绿洲区、响沙区以及银肯敖包祭祀区。

沙漠观光索道：这里有世界上最长的沙漠观光索道，全长 2495 米，需要 35 分钟到达离我们最近的游玩区，索道平均高度为 10 米左右，所以乘坐索道的过程中，您可以将银肯塔拉 8 万亩沙海和 4 万亩绿化奇迹尽收眼底。

沙漠娱乐区：沙漠观光索道的终点站是娱乐区，在娱乐区，除了骑骆驼、滑沙等传统项目，还有沙漠摩托、沙漠冲浪车等惊险刺激的体验在等着您！

银肯绿洲区：过了娱乐区继续向里深入，就到了我们的银肯绿洲区。绿洲的历史可以追溯到 2000 年前，这里也是银肯精神的核心所在地，我们不仅仅要发展旅游，还要让世界变得更美好。我们在原本绿洲的基础上进一步做绿化工作，目前绿化面积已经达到 4 万亩，有效地控制住了沙漠对绿洲的侵蚀。此外，绿洲中还有一处绝景，就是一棵树——古老的药用野生木瓜树。经林业部门鉴定，这棵古树的树龄超过 1200 年。

响沙群：这里有真正会唱歌的响沙带，是世界上响沙处最多的响沙群，共 27 处响沙，阳光越烈，轰鸣越震撼。

银肯敖包：坐落在库布齐沙漠最顶端的银肯敖包，这是我们景区的文化核心所在地，是目前世界上最大的敖包。银肯敖包的前身是内蒙古境内最为古老的会盟敖包，其历史可以追溯到 3000 年前。2009 年，银肯塔拉所属的民营企业——明禾集团为其进行了修缮与扩建。目前，银肯敖包高 28 米，直径 43 米，周身均用汉白玉镶嵌，顶部铜瓶为纯铜打造。银肯敖包所在的地理位置也比较特殊，它伫立于库布齐沙漠的最顶端，绝对的高海拔造就了绝美的壮观景色。站在银肯敖包下，俯视整个库布齐沙海起伏，这样的景色定会成为您旅途中最为深刻的回忆。

餐饮演艺厅及住宿酒店：在游客接待中心西北处的巨型蒙古包，是我们的餐饮演艺厅及住宿酒店，该蒙古包也是银肯塔拉众多世界奇迹之一——世界上最大的无柱式混凝土蒙古包，高 28 米，直径 53 米。这里主要为游客朋友们提供特色民族美食及艺术表演。

（四）巴彦淖尔市代表性景区景点资料

塞外小华山——乌拉山国家森林公园①

乌拉山国家森林公园位于巴彦淖尔市乌拉特前旗乌拉山中段，是集山、水、树、石、花、草、古庙为一体的综合性风景区，素有"塞外小华山"的美誉。

这里在北魏时被称为"跂那"，唐代被称为"朝那山"，清代被称为"穆纳乌拉"。1992 年，国家林业部批准建立乌拉山国家森林公园。这里物种繁多，资源丰富，是巴彦淖尔市唯一的天然绿色宝库及黄河重要的生态屏障，对促进地区经济发展、调节地区小气候、改善生态环境起着重要作用。每年夏季昼夜平均气温在 12℃～15℃，是消夏避暑、休闲度假、观光旅游的绝佳胜地。

这里是国家级天然次生林保护区，森林覆盖率较高，核心区森林覆盖率达 67％以上，生态环境良好，动植物资源丰富，有国家一级保护动物 4 种，二级保护动物20 种，主要有雪豹、金雕、玉带海雕、蒙古斑羚、猞猁、秃鹫等动物；还有非常丰富的树种，主要有油松、侧柏、白桦、山杨、杜松、桧柏、山杏、蒙桑、蒙椴、蒙柞、稠李、野山楂、皂柳、蒙古扁桃、绣线菊、虎榛子、黄刺梅、胡枝子、多刺蔷薇等，还有人工引种的华北落叶松、云杉。

这里地貌比较独特，有象形地貌、雪蚀地貌、冻土地貌、重力地貌等。地貌类型与生态景观组合出现，形成了魅力独特的旅游资源，可以用"雄""奇""险""秀""幽""旷"六个字来形容。即"南剑门"的"雄"；"玉壶峰""南天观音佛"的"奇"；"神门""一览台"的"险"；"铁木兔沟"的"秀"；东乌不浪沟古树、溪流瀑布的"幽"；大桦背山顶夷平面的"旷"。

公园海拔 2322 米，面积约 1 万公顷，主分为三大景区：西乌不浪沟奇峰异石猎奇探险区，东乌不浪沟古树溪泉揽胜区，大桦背林海度假区。（详细资料请看"知识链接"）

知识链接
三大景区讲解资料

万里黄河第一闸——黄河三盛公水利风景区②

黄河三盛公水利风景区位于黄河干流的上中游，地处巴彦淖尔市磴口县、鄂尔多斯市杭锦旗、阿拉善盟阿左旗接壤处，总面积 129.31 平方千米，是集中体现黄河气象和河套文明的特色旅游景区，是西北旅游线路的一颗新星。2005 年 10 月被评为国家级水利风景区。

三盛公水利枢纽工程始建于 1959 年，是新中国成立初期在黄河干流上建设的主要水利工程之一，也是全国特大型灌区——内蒙古河套灌区的引水龙头工程，灌溉面积近千万亩，堪称"万里黄河第一闸"。人们常说天下黄河九十九道湾，而最大的弯就从这里开始。目前，这里已开发成黄河风情旅游区，即以三盛公水利枢纽工

知识链接
黄河三盛公水利风景区单元讲解资料

---

① 本篇景点讲解资料由杨智勇编写。
② 本篇讲解资料参考《鄂尔多斯美》中的导游词资料，由袁鹏修改、编写。

程为中心，以三盛公游乐园、河套源度假村为两翼，形成了一条体现黄河文明和河套源头特色的旅游线路。（详细资料请看"知识链接"）

塞外明珠——乌梁素海[①]旅游区

乌梁素海位于巴彦淖尔市乌拉特前旗境内，距旗政府所在地西山嘴镇 13 千米。乌梁素海总面积 300 平方千米，是中国八大淡水湖之一，是内蒙古重要的芦苇产地，是全球荒漠半荒漠地区极为少见的大型草原湖泊，也是地球同一纬度最大的湿地，2002 年被国际湿地公约组织正式列入《国际重要湿地名录》，素有"塞外明珠"的美誉。

乌梁素是蒙古语"乌力亚素"的转音，蒙古语意为"杨树湖"。《内蒙古资源大辞典》载：乌梁素蒙古语意为生长红柳的地方。河套地区宜于红柳生长，又有"烧红柳，吃白面"之说。传说 600 年前，这里是树木繁茂的低洼地，后因黄河多次淹没土地，树木消失，形成湖泊。

乌梁素海旅游区与乌拉山北麓的乌拉特草原融为一体，是集湖泊、草原和乌拉山为一体的综合旅游区，是内蒙古西部独具北国水乡特色的旅游胜地。在这里可以领略北国的湖光山色，探索珍禽候鸟的活动奥秘，体验乌拉特草原风情，观赏小天池奇观等。

乌梁素海是由黄河改道而形成的河迹湖，与黄河主流改道有关。最早的黄河沿狼山南侧的乌加河作主流东流。后因地壳隆起，黄河受阻急转南流，冲出一个较大的洼地，这就是乌梁素海的前身。以后，由于风沙东侵和狼山南侧的洪积扇不断扩展，致使河床抬高，乌加河被泥沙阻断，河水溢流到洼地形成了乌梁素海，而黄河主流被迫改由南侧东流。现代乌梁素海主要靠乌加河、长济渠、民复渠等水源的尾水补给。

关于乌梁素海的形成有很多美丽的传说，如《金马驹》的传说。[②] 很久很久以前，长江中游地区非旱即涝，年年天灾不断，严重时颗粒不收。居住在那里的人们食不果腹，衣不蔽体，生活艰辛，难以度日。然而黄河上游的河套地区则是另一番天地，无雨不旱，有雨不涝，旱涝保收，年年五谷丰登，岁岁六畜兴旺，家家丰衣足食。这一南一北为什么会是天壤之别呢？为何"天下黄河唯富一套"呢？经过多方探知，人们终于找到奥秘：原来流经河套一带的黄河中暗潜着一匹金马驹，河套人凭借金马驹的仙缘，独享天公的偏爱。于是，南方人不远万里来到河套，想把"添风水，聚宝气"的金马驹牵回南方，投入长江之中，让多灾多难的长江流域也成为风调雨顺的宝地，彻底改变他们的不幸命运。万里寻宝的人们刚到河套，还来不及下水寻宝的时候，先知先觉的金马驹却早已跃出黄河水面，拉开一根长长的绳，由南向北、由西向东疾驰而去，途经现在的磴口、杭锦后旗、乌拉特后旗、临河、五

知识链接
乌梁素海单元
讲解资料

---

① 本篇讲解资料由杨智勇编写。

② 《巴彦淖尔盟志》《杭锦后旗志》等均有记载。

原一带，最后卧在乌拉特前旗的戈壁滩上。寻宝之人见金马驹惊走，紧追不放，直奔戈壁。金马驹见状又跃身而起，拉着长长的绳子重新潜入黄河之中，隐迹潜形，使人无从寻觅。而金马驹第一次绳子拉过的地方竟然地裂土移，出现了一条长长的深沟，这便是今天的乌拉河和乌加河。金马驹卧过的戈壁滩被压出一个深深的大坑，这便是今日的乌梁素海。金马驹第二次飞奔时，绳子又拉出了乌梁素海通入黄河的水路，使干旱的乌拉特草原两头通黄河，出现了乌梁素海这样的渔村水乡。

乌梁素海形似一瓣桔，被芦苇和香蒲分割成大小不一的几个水域，蓄水量 2.5 亿～3 亿立方米，最深约 4 米，大片水域水深在 0.5～1.5 米。近年来由于大量营养物质入湖，致使乌梁素海水上植物面积不断扩大，水下形成片片草原，已明显地变为草型湖，已呈老化趋势。因此，这几年乌梁素海正不断进行修缮和治理，环境开始逐年改善，再现大型草原湖泊的昔日风采。现在，这里建起了旅游大楼、湖岛欧式木屋、草地蒙古包群等旅游设施，并配备了摩托艇和客轮，为游客们提供了更加便利的旅游条件和功能性服务设施。

乌梁素海南北长 50 千米，东西宽 20 千米，湖面上生长着茂盛的芦苇和蒲草。在广阔的湖面上，几乎只见芦苇不见湖水，随处一站，都可以听见芦苇叶子在微风吹拂下发出的"沙沙"响声，就像是惊涛骇浪声。湖水中饵料充足，鱼类资源丰富。除盛产鲤鱼外，还有鲫、草、鲢、赤眼等 20 多种鱼类。这里尤其以盛产黄河大鲤鱼而蜚声内蒙古。

乌梁素海是鸟的世界，是全球八大鸟类迁徙路线之中的中亚路线的必经之地，也是亚洲北部重要的水鸟繁殖基地和迁徙驿站，有近 200 种鸟类在这里安家落户，生息繁衍。其中有国家一、二类保护鸟类 12 种，有《中日候鸟协定》中的鸟类 48 种。此外，还有列入国家重点保护的疣鼻天鹅、白天鹅、斑嘴鹈鹕和琵琶鹭等，这里也是天鹅的故乡。每年都有很多人来这里探索珍禽候鸟的活动。（详细资料请看"知识链接"）

大漠明珠——纳林湖[①]

纳林湖位于巴彦淖尔市农垦纳林套海农场，地处阴山脚下乌兰布和沙漠腹地，距磴口县城 40 千米，是国家级湿地公园、国家 AAAA 级旅游景区、国家首批休闲渔业基地。

纳林湖是一个由黄河故道加风蚀作用而形成的天然湖泊，湖面呈不规则半月形，水域面积约 667 万平方米，东西长 8 千米，南北宽 1.5～2.5 千米，平均水深 2.5 米，最深处达 6 米，是继乌梁素海之后的内蒙古西部第二大淡水湖，是乌兰布和沙漠东缘重要的湿地，是我国西部自驾车旅游的重要驿站。

纳林湖是我国西北地区重要的水鸟繁殖场所和迁徙途经地，也是黄河鱼类生长繁殖的场所。百余种候鸟在这里生长繁殖，其中国家一、二级保护鸟类有白天鹅、

知识链接
纳林湖单元
讲解资料

---

① 本篇讲解资料由袁鹏编写。

黑天鹅、灰鹤、白鹭、灰鹭、鸿雁、雉鸡、野鸭等数十种。春秋两季，这里便出现多种珍禽异鸟，栖息在这的湖面上，形成了大漠中的一大奇观。湖中还盛产黄河鲤鱼、草鱼、鲫鱼、鲢鱼、鲶鱼、武昌鱼及河蟹、河虾等水产品。

纳林湖南岸栽种千亩胡杨树；北岸是连绵起伏的沙丘，沙丘占地 2000 亩左右，平均高度 2.5 米；东南西三面是 1 万余亩的草滩牧场；湖泊中有 4 个岛屿，占地 300 亩，其中最大的面积约 150 亩，湖里长有茂密的芦苇。环湖有 6 个农业分场的万亩良田。

目前，纳林湖旅游区规划面积 3 万亩，湖泊湿地 1.8 万亩，计划重点建设一门、二场、三心、四园、五区、六岛、七绝、八景等旅游项目。现在，可开展水上项目、沙滩项目、越野项目等活动。（详细资料请看"知识链接"）

（五）乌兰察布市代表性景区景点资料

辽阔明亮的草原——格根塔拉草原旅游区[①]

格根塔拉是蒙古语，意思是"辽阔明亮的草原"。格根塔拉草原旅游区坐落在大青山北麓四子王旗境内的杜尔伯特草原腹地，是全国首批 AAAA 级旅游景区之一，全国农（牧）业首批旅游示范点。

四子王旗的红格尔苏木大草原，有"神舟家园"的美誉，距格根塔拉仅 50 千米。这里与美国肯尼迪航天中心主着陆场、美国爱德华兹空军基地、俄罗斯载人航天主着陆场一样，都是世界著名的航天着陆场。飞船着陆场必须同时具备 4 个基本条件：一是必须在飞船多次经过的太空下面，或者说是飞船将从这个地区上空多圈次通过；二是场地要开阔，房屋和高大树木占地面积要少于千分之一，便于观察和地面、空中回收部队调运；三是地势平缓，地表坡度不能超过 5°，坡长不能超过返回舱周长的 5 倍，也就是说，不能让飞船在地面打 5 个以上的滚，地表要结实，保证飞船软着陆后平稳；四是这一地区天气状况良好。红格尔苏木大草原中的阿木古郎牧场，地势平坦开阔，人烟稀少，坡度不超过 5°，坡长都很小，没有铁路，没有楼房与河流，空气能见度高，有利于飞船平稳着陆，有利于搜救人员对航天员的快速救援，因此这里就成为我国神舟飞船着陆的首选地。我国的神舟系列飞船（如"神舟"一号至"神舟"十号飞船），都是在这里成功着陆的，因此，这里被誉为"神舟"的家园。伴着"神舟"航天飞船与航天英雄的威名，四子王旗也成了著名的旅游目的地。

格根塔拉草原旅游区占地面积 1 万亩，总资产近 1 亿元，是内蒙古唯一跨盟市经营的最大的旅游企业。它始建于 1979 年，1996 年转制为民营企业。近年来，经过大规模的新建、扩建和改建，现在拥有 5 顶接待包，一处面积达 1200 平方米的游客中心，一处可同时容纳 1000 人就餐的大型宴会厅，50 处面积不同的大、小接

---

① 本篇讲解资料由袁鹏编写。

待餐厅。此外，景区内还拥有齐备的旅游服务设施，包括桑拿、舞厅、酒吧、购物、停车场、电视、电话、医疗、保卫、投诉、培训、咨询、游乐场所、大型那达慕会场等，具备满足食、宿、行、游、购、娱为一体的全部旅游要素。

这里已开出 10 多项具有鲜明民族特色的旅游项目。其中，体育竞技项目有：搏克、骑马、射箭；民俗项目有：祭敖包、蒙古礼仪、蒙古婚俗；其他项目有草原自驾车游、走访牧民、篝火晚会等。这里还有独具蒙古族特色的美酒佳肴，蒙古手扒肉、烤全羊、烤羊背、烤羊腿以及沙葱、野菜、炒米、奶茶等，原汁原味，绿色健康，会让您大饱口福。

这里还拥有一批著名的历史遗迹。目前已经修复或正在修复的景点包括王府、王爷庙、乌兰察布六旗会盟处乌湖克图等。这里简单给大家讲一讲乌兰察布会盟地乌湖克图。乌湖克图，是蒙古语，意为"有油脂"。蒙古语称石英石为乌湖克朝鲁，直译为油脂石。四子王旗白彦敖包山坡上至今立有两块乳白色巨石。传说当年成吉思汗西征途经这里，在河边饮马，突然发现巴彦敖包山坡上有两只洁白的小鹿追逐玩耍。成吉思汗大喜，口中喃喃自语道："白鹿啊白鹿，你是上苍下凡的神灵，请指给我去西域的方向和道路吧。"两只白鹿戛然停下，瞬间变成两座巨大乳白色石雕，昂首挺胸，面向西方。成吉思汗沿着白鹿指的方向一路向西，所向披靡，捷报频传。经过数百年的风吹雨打，白鹿已不见踪影，只留下如今这两块貌似肥羊尾的白石头了。据说当时清政府派理藩院大臣选择会盟地点。理藩院大臣登上巴彦敖包山，看到这里景色壮丽，且还有这么美丽的传说，于是就上报朝廷，把蒙古四部六旗的会盟地就确定在乌兰察布河畔的巴彦敖包。

这里有十几个少数民族聚落的中国北方游牧园。园内建有 13 个游牧民族永久性聚落，它们都曾是北方草原的游牧民族。他们入住这里，长期展示各民族的生产、生活习俗和民族风情。13 个民族分别是维吾尔族、乌孜别克族、哈萨克族、塔塔尔族、塔吉克族、柯尔克孜族、裕固族、土族、鄂温克族、鄂伦春族、达斡尔族、满族、蒙古族。

这里每年农历五月十三日都举行蒙古族传统的祭敖包活动。数百年来，当地牧民始终敬仰、供奉着本家族或部落传承的敖包。草原上每年都要举行敖包祭祀活动。

每年 7 月 25 日至 31 日这里都会举办草原盛会——那达慕大会（关于那达慕大会的讲解内容见本教材其他资料）。

内蒙古皮革产业的航母——集宁国际皮革城①

集宁国际皮革城坐落在乌兰察布市集宁区现代物流园内，是国家 AAAA 级旅游景区，为商业旅游购物中心。

集宁国际皮革城产业发展战略定位是"南有海宁，北有集宁""草原皮都·乌兰

---

① 本篇讲解资料由王旭丽编辑整理。

察布""皮革之乡·集宁国际皮革城"。在这种产业发展战略的指引下，集宁国际皮革城已经发展成为集购物、旅游、餐饮、休闲、娱乐为一体的现代化皮革潮流购物广场，成为中国北方地区最大的、最专业的皮革批发零售交易中心、华北地区单体量最大的皮革购物广场、中国北方皮革时尚风尚标，每年接待游客超过百万人次。

皮革产业是集宁区的传统产业。集宁皮革产业始于 20 世纪 50 年代末，兴盛于七八十年代。集宁生产的皮革服饰具有轻薄柔软、色泽和谐、自然滑爽、富有弹性、款式多样、年年创新等特点，深受消费者喜爱，产品畅销全国、出口欧洲、日本等国家。创造的中国著名皮衣品牌"熊猫"牌皮衣，成就了集宁皮件产业的传奇。

21 世纪初，集宁国际皮革城不断进行皮革产业转型升级，众多全国知名品牌纷纷入驻商城，还有很多海宁厂商也纷纷前来。

集宁国际皮革城始终坚持"国标品质、集宁价格"的发展定位，始终秉承着"贵族消费、平民价位"的消费理念，在消费水平上保持质量好、价格低的消费理念，在业内树立了良好的品牌形象与品牌优势。

皮革城内主要有四大功能区：皮革购物区、休闲展示区、商务办公区、餐饮配套区。

皮革购物区：商城内设近 2000 个商铺，使用面积从 20～250 平方米，建筑面积从 50～450 平方米。独立的店铺空间，可供商家、投资者随意选择，是消费者、游客皮革购物的新地标。

休闲展示区：商城内设有多处人性化的购物休息区，如水吧、茶吧、咖啡吧等，还有 12 个超大的共享大厅，为新品发布、商业促销等活动提供了展示空间，满足消费者和商家的不同需求。

商务办公区：商城内设有商务办公区域，包含有商务办公室、多功能报告厅、商务会议室等，为商城内商家提供更多的服务。

餐饮配套区：商城内设有两个大型开放式就餐区、多家特色餐饮、特色小吃，满足商城职员、消费者就餐的需求。

鲜花草原、避暑胜地——辉腾锡勒草原①

辉腾锡勒草原地处内蒙古乌兰察布市察右中旗，平均海拔 2100 多米，面积 600 平方千米，植被覆盖率 80％～95％，属于世界上稀有并保存完好的天然高山草甸型草原。每年 6—9 月，辉腾锡勒草原鲜花盛放，成为花的海洋，被称为"世界上原生态的鲜花草原"。

辉腾锡勒是蒙古语，意为"寒冷的山梁"，当地人称为"辉腾梁"。因为草原上天然湖泊星罗棋布，所以这里又素有"九十九泉"的美称。

辉腾锡勒草原冬季寒冷，夏季凉爽，平均最高温度只有 18℃。所以，这里是名副其实的草原避暑胜地。这里不仅凉爽，而且天气十分多变，温差也比较大。因此

---

① 本篇讲解资料由刘春玲整理、修改、编写。

可以用"东边日出西边雨""早穿皮袄午穿纱，抱着火炉吃西瓜"等来形容这里的天气和气温的变化，甚至有时候我们在一天之中就会经历春夏秋冬四个季节。所以大家来到草原，一定要注意随气温的变化而增减衣物。

辉腾锡勒草原水草丰美，是游牧的绝佳场所，又因为地处阴山要塞，因此更具有重要的战略作用。这里曾是自北魏以来历代帝王将相经常幸临之地。这里有战国时期赵长城遗址、秦代南长城和北长城遗址、汉代边塞重镇沃阳城遗址和明代洪武年间所设置的官山卫旧址，还有北魏第一代皇帝拓跋珪观赏"九十九泉"时建造的石亭，蒙古第二代大汗窝阔台汗（成吉思汗的第三个儿子、元太宗）练兵习武用过的"点将台"和"兵器库"遗迹（正在修复中），还有历代战争留下的许多烽火台、长城戍堡和议事台等。所以，这里真的是历史悠久、历史遗迹丰富啊！

经过多年的开发建设，辉腾锡勒已经形成了草原风光、地质奇观、民族风情、森林观光等多处精品景点，包括草原"九十九泉"、黄花沟生态公园、神葱岭景区、窝阔台点将台、风电园、移民博物馆、知青纪念馆等，还有窝阔台汗宫度假村、黄花沟会所等多处大型旅游接待中心。

在各个旅游景点，都建有蒙古族风情住宿区或现代化别墅，还能提供原汁原味的蒙古族特色餐饮，比如炒米、奶茶、手扒肉、烤羊腿、烤全羊、奶酪、奶皮子、奶豆腐、马奶酒等。

各个旅游景点还推出了众多活动项目，主要有献哈达、马队迎送、银碗敬酒、马头琴祝福、骑马、赛马、搏克、射箭、叼羊、祭敖包、访牧户、听松涛、观日出、望繁星、采蘑菇、草原观鸟、草原观植物、坐勒勒车游草原、观赏蒙古族婚礼、参观世界级风电场、参加篝火歌舞晚会等。

九十九泉

大家看到的分布在草原上的一个又一个小湖，就是九十九泉。其实，辉腾锡勒草原上的大小泉池，又何止九十九个呢？蒙古族把湖称为海子，这里的海子数不胜数，如石门海子，鸿雁海子、马尾海子、小青海子等。一到夏天，圆圆的海子像一面面"明镜"。一丛丛、一簇簇、一圈圈的野花装点在大大小小海子四周，把这里装点得如同仙境一般。那么，这些海子为什么都是圆圆的呢？那是因为这里曾经是史前火山带，火山爆发后形成无数个"火山坑"，若干年后，积满厚厚的一层黑土，长满野草，积满雨水，就形成了圆形的海子。

北方游牧民族的几代皇帝，都把这里当成他们的行宫别墅之地，常来避暑观光。第一个来九十九泉的皇帝是北魏的开国之君拓跋珪。北魏的后几朝皇帝都来过九十九泉。契丹首领、辽太祖耶律阿保机以及辽兴宗都曾来此避暑观光，部署军事行动。清初康熙大帝在征讨噶尔丹叛乱途中，路过九十九泉，看这里风景秀丽，气候凉爽，曾想在此建避暑行宫，据说只因泉不够百眼，花不足百种而舍弃。

据记载，1230 年 5 月，窝阔台曾避暑于九十九泉。窝阔台是一代天骄成吉思汗的第三个儿子，是蒙古汗国开国大将，在辉腾锡勒草原有两处点将台。窝阔台同他的父亲一样是马背上的英主，率领的将士都是英勇善战的骑兵。由于久战沙场，将士们有受伤的，有腰腿疼的，个个脸上饱经风霜，虽年轻却满脸皱纹。将士们打仗猛于虎，但下战场后形象不佳，有损军威军容。这成了窝阔台的一块心病。于是他命令将士下九十九泉洗澡。常言道，南人会水，北人会马。窝阔台的将士们绝大多数是北方人，骑马是他们的硬功夫、真本领，可是下湖洗澡玩水却成了一件难事。大家你推我，我推你，推来推去，谁也不肯第一个跳入湖中。于是一个聪明的士兵想出一个聪明的办法：10个士兵脱光衣服互相挽着臂膀，从湖边浅水畔慢慢走向深处。可是走着走着，这10个士兵突然不见踪影了。正当大家在岸上急得团团转的时候，下湖的10名士兵赤条条、水淋淋地从湖中走出来，特别精神爽快。他们高声呼喊："下湖吧，湖里实在好玩，浑身凉快。"只见他们原来满脸的皱纹都没有了，变得眉清目秀，英俊潇洒，精神饱满。于是，将士们纷纷跳入湖中，在湖水的浸泡下，将士们战争中的创伤也好了，腰腿也不疼了，尤其是心情也开朗了。

九十九泉还有一个神奇之处，那就是：天旱湖水不减不降，天涝湖水也不外流。九十九泉像母亲的奶水一样喂养滋润着辉腾锡勒的苍生万物。

黄花沟旅游区

黄花沟旅游区位于辉腾锡勒草原西端，是一道蜿蜒的山谷。这道山谷是远古冰川遗迹，在地壳运动中，由于地表的扭曲、断裂而形成。山谷长达10多千米，沟深约300米，宽100~200米。

黄花沟具有独特的地形风貌和秀美的自然景观。走进黄花沟，光是看见山脉上的石头就觉得有些神奇了。那些石头全然不像其他山上的"土石"，而是全部都呈现裸露状态，圆钝纯朴，斑斑驳驳，纹理纵横，显得十分老到、苍劲。

进到入口，沿着木栈道顺坡而下：两侧悬崖峭壁，奇石林立，有的像剑门，有的像金龟，有的像石人。石缝间长满了倔强的绿树、青草。下到沟底，会看到一股泉水潺潺流过，水边一派葱茏。清水绕着卵石，绿草伴着黄花，真是别有洞天。顺溪而下，常有峰回路转之感。在此，大家可攀石留影，可俯首采花，还可品泉水之甘甜。下到沟底，还可体验农家游，品尝蒙古族特色食品，还可以租一匹马，悠闲自得的骑马观景。

当回到沟顶，站在山头上，举目远望，沟下是一片坡梁地，种有开蓝花的胡麻，开黄花的油菜，还有绿绿的小麦和浅蓝色的莜麦，块块相隔，层层尽染，背后衬托着一片片贴在沟壁上的松林，构成一幅绚丽多彩的画卷。

神葱岭景区

在黄花沟峡谷断崖处，就是具有神秘色彩的神葱岭了。沿神驼峰背往上爬，就可以到达神葱岭。

进入神葱岭风景区，我们迎面看到的是圣母泉。传说，这是西天王母派水神从天上运下来的水，所以叫圣水。圣母泉水冬暖夏凉，绵甜爽口，喝上一口醒脑提神。

顺着圣母泉水往下走，大家看到的是"脱凡洞"。这可是大自然鬼斧神工的力作。传说，此洞是西天王母派大力神用神斧劈通的，洞口很小，仅能容一个人钻过。

（爬过脱凡洞）大家看，迎面而立的这块巨型石壁，遮天蔽日，只有抬头仰望，方可见天。巨石间这道夹缝，仿佛微微开启的石门。石壁下面还有一股泉水，弯弯曲曲，依绕石壁而行，这就是传说中王母命神童守护神葱的第一关"石门湾"。

大家从石门湾向西望，会看到一个有洞的山峰。据传，当年王母派风神向洞内灌满了仙风。洞口能容一人进出，洞的入口在一棵老榆树下边，大家爬进去拐过几个弯，会见到一个巨大的岩洞，冷风贯耳，"仙气"袭人。从岩洞向东走，有一面像圆镜的天窗，透过它看天，仅见一小白点；而向西走一段，天则犹如一丝线，所以把这里叫作"一镜天"，又曰"一线天"。顺着软梯向上爬几十米，可由沟底入洞，在峰顶出现，大家会有一种仿佛具有了"特异功能"的感觉，一下子变得飘然欲仙，神出鬼没。

下面我们要看的是佛手山，大家必须往远站。站在"一镜天"对面的山顶上看佛手山，佛手山不仅五个指头十分清晰，甚至连掌纹都能数出来，每个指头高十几米。传说，这是王母派石神刻下的佛手。佛手山之所以扬名，恐怕就因为它是世界上最大的手了。"一手遮天"这个成语，在佛手山可是体现得淋漓尽致。

紧依在神葱岭一边的是骆驼峰，即神驼峰。相传，这是当年王母派出驮水的神驼，因为神童卸水太猛，搬去了双峰驼的后驼峰，神驼便成了一头单峰驼。也许是天上人间跑了一趟，它十分劳累，一卧下来就再也没有站起，终年这样昂首天外，气宇不凡。在这里，可以领略它忍辱负重的无限风采。

与骆驼峰遥遥相对的是蛤蟆峰，在绵延起伏的山峦尽头的最高点，蹲着一只巨大的石蛤蟆，样子十分专注。传说这原是一只旱蛤蟆，那年从沟底喝了神驼运来的圣母水，竟一下子成了仙。它对神葱早已垂涎欲滴，于是想沿着绵延起伏的山峦，跳上神葱岭，可惜站在峰峦的尽头一看，两山相距太远，怎么也跳不过去，于是一直蹲在山巅上，变成了石蛤蟆。

蛤蟆峰旁边这个洞穴叫贤人轩，它依山而立，十分宽敞。洞内有圆形石桌，据说是王母派石神制作的，是供上古贤士下棋的地方。民国初年，还有道人在此修行，故又名养性洞。

过了贤人轩，我们就到了鹰嘴岩。大家看，这有一只石鹰，把守着山口。据说这只神鹰是王母派来看守神葱岭的，以防有天外飞禽来偷吃神葱。它忠于职守，长年日久地守护在这里，慢慢变成了一只石鹰。假如它能展翅飞起来，恐怕整个神葱岭都难见天日。大家再看这两座奇山，翘首而立，人称"双羊峰"。传说有两只羊，一直觊觎神葱，但是因为有神鹰看守着，所以一直没有如愿以偿。据说，每逢夜晚，从岭上会随风飘来神葱的香味，这时人们便会听见咩、咩的羊叫声。

这是夕阳崖，又叫经卷山。这是因为：这里崖石成片，层层叠叠，纹路明晰，恰似一本平放的经书，在夕阳的照耀下，一片金黄，像镶金的佛典放出万道金光。"经卷"高数十米，宽数百米，方方正正，矗立山间，好像千年古卷，单等人来翻阅。可除了神龟岭上的神龟，谁都驮不动它。神龟石就在佛卷的下面。一块形似木鱼的巨石，被风吹雨蚀后，光滑洁亮。木鱼台上能坐十多个人。坐在上面，可看见水绕石流，有花有草。下面流水哗哗，上面听起来清脆悦耳，仿佛有节奏的木鱼敲击声。相传，常有僧侣道人到此修行。

风力发电场

我们现在看到的是亚洲最大的风力发电场。这种景观难得一见，我给大家简单说说风力发电。辉腾锡勒草原地处内蒙古高原，海拔高，又是一个风口，风力资源非常丰富，而且这里风能稳定性强，持续性好，品质高，所以是建设风电场最理想的场所。风电场已成为辉腾锡勒旅游区一道亮丽的风景线。1996年，由国家投资在此建成一座亚洲最大的风力发电场，现已装机83台，计划要达到装机300台的规模。它不仅能缓解京、津等地用电之不足，而且可形成最具观赏性的风电景观。虽然是盛夏，但是风车仍高速运转；如果到了冬天，草原强劲的风力就可想而知。

草原天池、塞外仙湖——岱海旅游区①

凉城岱海旅游区位于内蒙古乌兰察布市凉城县岱海湖畔。旅游区依托岱海优良的生态旅游资源，整合周边的温泉、草原、湿地、寺庙和红色旅游资源，逐步发展成为内蒙古著名的旅游胜地。

岱海是内蒙古第三大内陆湖，水面面积70多平方千米，呈椭圆状，被誉为"草原天池""塞外仙湖"。旅游区内的温泉区，含有多种对人体有益的微量元素，地表水温38℃，是内蒙古著名的疗养避暑胜地。

岱海在历史上文字记载甚详。汉代称"诸闻泽"，北魏叫"葫芦海"，宋元时代称"鸳鸯泊"，清代蒙古族人称之为"岱根诺尔"（就是岱海的蒙古语），后称岱海，沿用至今。史料记载，康熙皇帝多次巡边来到岱海，看中了这块宝地，在此兴建行宫，取名"凉城"，并为岱海题名"天池"。行宫后来改名为汇祥寺，曾为内蒙古规模宏大的召庙之一，1939年毁于战火。（详细资料请看"知识链接"）

知识链接
岱海旅游区
单元讲解资料

（六）呼伦贝尔市代表性景区景点资料

北疆特色、异域风情——中俄边境旅游区②

满洲里市中俄边境旅游区是国家AAAAA级旅游景区，旅游区由国门景区、套娃景区、查干湖景区、中俄互市贸易旅游区四个单体景区组成。这里汇集了中国红色文化、俄罗斯风情文化、蒙古族文化、边贸文化精粹，形成独具北疆特色的旅游观光和休闲度假基地。

---

① 本篇讲解资料由杨智勇编写。

② 本篇景点讲解资料参考满洲里市中俄边境旅游区官方资料，由亚吉整理、编写。

国门景区

国门景区是满洲里市标志性旅游景区之一，是全国红色旅游重点景区。景区包括火车头广场、战斗机广场、"和平之门"广场、国门、41号界碑、满洲里红色秘密交通线遗址、红色旅游展厅、中共六大展览馆等景观，其中第五代国门是目前中国陆路口岸最大的国门，与俄罗斯国门相对而立，是游客来满洲里必到之处。（详细资料请看"知识链接"）

知识链接
国门景区单元
讲解资料

套娃景区

套娃景区是全国唯一一处以俄罗斯传统工艺品——套娃为主题的旅游休闲娱乐广场，是满洲里标志性的旅游景区之一。套娃景区是以满洲里和俄罗斯相结合的历史、文化、建筑、民俗风情为理念，集吃、住、行、游、购、娱为一体的大型俄罗斯特色风情园和大型综合旅游度假区。

知识链接
套娃景区单元
讲解资料

景区入口和游客中心是以莫斯科红场为蓝本而建设的，极具欧式风情，强烈的色彩极具视觉冲击力。以红色为主色调搭配白色和绿色线条，远远看去就仿佛是一个童话世界的城堡。

园区涵盖主题园区、主题娱乐区、主题演艺区和主题酒店。主题园区包括模拟圣彼得堡喋血大教堂而建的俄罗斯民俗体验馆、模拟伊萨吉普大教堂而建的中俄友谊展览馆，以及将俄罗斯著名建筑按原比例建设的俄罗斯玉石加工直营店、俄罗斯紫金珠宝直营店、俄罗斯香肠加工直营店、俄罗斯画舫、俄蒙食品超市、套娃体验店、俄罗斯皇家琥珀宫等。主题园区内所有商品均由俄罗斯传统工匠精心手工打造。

主题娱乐区在2007年豪华升级，内设超大型6D球幕飞翔影院、夜间室外音乐喷泉和实景演艺、俄罗斯芭蕾舞剧场、大型花车巡游、俄罗斯风情演艺舞台剧及10余项高科技室内外大型游乐设施等，是呼伦贝尔地区目前唯一可以进行主题夜游的景区。

主题演艺区包括俄罗斯大马戏演艺剧场、套娃俄蒙演艺大厅。俄罗斯大马戏演艺剧场从俄罗斯邀请世界顶级大马戏演出团队，搭配顶尖设备和先进的表演场地，可同时容纳3000余人。大马戏每日演出2场，特设驯兽、皇家马术、摩托飞球等高难度表演节目，2016年运营以来观众每日爆满，是游客来满洲里的必看演出项目。套娃俄蒙演艺大厅是满洲里地区最大的西餐歌舞演艺广场，可容纳千人同时就餐并观看歌舞表演。由俄罗斯、蒙古国专业演员呈现独具特色的俄罗斯歌舞、马头琴演奏、蒙古呼麦等多元化表演。

套娃景区创造了两项吉尼斯世界纪录，分别为"世界上最大的单体套娃"和"世界上最大规模的异形建筑群"。大家对套娃了解多少呢？套娃是俄罗斯的一种民间木质玩具，一般是由7~8个套娃由大到小的渐次套合在最大的一个体内，可分可合，因此被称为套娃。作为俄罗斯最具代表性的工艺品，根据所许愿望的不同，套娃所代表的意义也不同，所以俄罗斯套娃也是许愿娃、祈福娃。大家可以将精美的套娃装上美好的祝愿送给自己的心爱之人，以表达自己的美好祝福。接受礼物的人，一层一层打开套娃的过程也是自己寻找幸福的过程，这样的体验是不是非常有趣呢？

查干湖国际旅游度假景区

查干湖景区位于满洲里西郊机场西北处，距机场约6千米。查干湖景区地理位置独特，距俄罗斯边境线仅300米，站在最高点可观望俄罗斯后贝加尔城市全貌。

查干湖，原名查干泡、旱河，蒙古语为"查干淖尔"，意为"白色圣洁的湖"。景区规划以中俄蒙爱情元素为主题，重点突出三国婚礼文化，区域划分为南区和北区。北区分为四大景观建筑、五大风情园区。景区道路全长1913米，宽14米。现有景点：猛犸象雕塑、结婚纪念石、古生物博物馆和爱情岛雕塑等。爱情岛雕塑占地面积为1000平方米，长53.25米、宽19.25米，基座高10米，雕塑高度达到29米，雕塑了一男一女相拥而坐的场景，表达永恒的爱情主题。猛犸象雕塑占地面积500平方米，由5只不同大小的猛犸象组成，最高的有9米。结婚纪念石在猛犸象雕塑的北侧，有4座假山，形状像人，每座代表着钻石婚、金婚、银婚、铜婚，高度分别是13米、12米、11米、10米，每个长度20米。古生物博物馆占地5000平方米，建筑面积10000平方米。

中俄互市贸易旅游区

中俄互市贸易旅游区位于满洲里市西端、国门东北1千米处，与国门景区紧密相连。1992年4月12日，经国务院批准建立中俄满洲里—后贝加尔斯克边民互市贸易区，这是中国首家跨国界的国家级互市贸易区。

互市贸易区设立了5个功能不同、各有侧重的小区，即自由贸易封闭区、商贸金融区、保税仓储区、工业免税加工区、服务游乐区。1996年11月18日单方面启动运营，具有商贸服务、旅游购物、餐饮娱乐、商品展示、经贸洽谈和国际金融结算等功能，是国内游客购买俄罗斯商品、俄罗斯游客购买中国商品的首选之地。2016年6月20日中俄边民互市贸易平台试运行，广大游客可以办理一次性边民贸易卡来购买货真价实的俄罗斯商品。

这座在国境线上的具有中国传统风格的建筑原来被称作"中华门"，现在改称"北方第一门"。待俄方一侧互贸区开放以后，中俄两国的商家、旅游者就会通过这座门来往，到那时它也将成为名副其实的中国连接欧亚大陆的"北方第一门"！中俄互市贸易区也将发展成为中俄两国经贸、文化、旅游交往的边境自由经济贸易区。

草原上的璀璨明珠——呼伦湖[1]

呼伦湖位于内蒙古呼伦贝尔草原西部，与贝尔湖为姊妹湖，是内蒙古第一大湖、中国第五大淡水湖[2]、东北地区第一大湖，也是达吾尔国际自然保护区的重要

---

[1] 本篇讲解资料由亚吉主编，刘春玲增补、修改。

[2] 2014年5月30日湖泊面积为2043平方千米。

组成部分①。2002 年呼伦湖成为联合国教科文组织"人与生物圈保护网"成员单位之一，呼伦湖自然保护区的核心区乌兰淖尔入选亚洲重要湿地名录。

呼伦湖，又名达赉湖、呼伦池。"呼伦"是由蒙古语"哈溜"音转而来，意为"水獭"；"贝尔"蒙古语意为"雄水獭"。古代这两个湖盛产水獭，生活在湖边的蒙古族人遵循古老的命名习惯②，把两个湖泊起名为雌水獭和雄水獭。当地牧人称它为达赉诺尔。达赉诺尔是蒙古语，意为"像海一样的湖泊"。

呼伦湖在史前已经有人类居住。历史上曾数易其名：《山海经》称大泽，唐朝时称俱伦泊，辽、金时称栲栳泺，元朝时称阔连海子，明朝时称阔滦海子，清朝时称库楞湖。到了近代，才有"呼伦湖"这个名称。

呼伦湖是因地壳运动而形成的构造湖，除了直接接受大气降水外，主要依靠地表径流和地下水补给。注入呼伦湖的地表径流河有乌尔逊河、克鲁伦河、达兰鄂罗木河；而地下水补给主要是指湖内的多处泉眼。

呼伦湖的形状呈不规则斜长方形，长轴为西南至东北方向。湖周长 447 千米，长约 93 千米，平均宽约 32 千米，最大宽度约为 41 千米。呼伦湖水域及周边湿地总面积 7680 平方千米，自有准确记录以来，湖泊面积最大时为 2339 平方千米③。

呼伦湖湖水的矿化度受环境影响较大，主要取决于湖水量的增减。当湖水量增加，水位上升，成为排水湖，是一池"活水"时，含盐量就降低，属于淡水湖；当湖水量持续减少，水位不断下降，只吞不吐，甚至与外流河联系中断而变为内陆湖，成为一池"死水"时，湖水含盐量就增高，甚至会变为微咸水湖。

呼伦湖具有很强的自净能力，这与它所处的特殊地理位置有关。首先，湖水面积大，与多条草原河流沟通；其次，由于地处高纬地区，气温低，对湖体浮游生物有一定的抑制作用。值得一提的是湖体构造特殊，露出 30 余个泉点，有大量地下水的补给。因此，呼伦湖在维持生物多样性和丰富的生物资源方面，发挥着巨大作用，在区域环境保护中具有特殊的地位。

呼伦湖以"大、活、肥、洁、美"五大特点闻名远近。大是指湖的面积大，为中国北方第一大淡水湖；活是指呼伦湖不是死水湖；肥是指湖畔和河岸牧草繁茂，牲畜的粪便多流入湖中，是鱼类的天然饵料；洁是指湖区各河流基本没有污染，是少有的一池碧水；美是指呼伦湖景色十分美丽，可以说是烟波浩渺，天水相连，白帆点点，波光粼粼。

---

①　1992 年 10 月，呼伦湖国家级自然保护区成立，保护区面积达 74 万公顷，处于中、蒙、俄三国交界处的中国境内，属于跨国生态系统的一部分，与蒙古国达吾尔自然保护区、俄罗斯达吾尔斯克自然保护区共同组成了达吾尔国际自然保护区。

②　蒙古族有以动、植物名称为山、河、湖、泉命名的习惯。

③　旧时呼伦湖北与海拉尔河（额尔古纳河上游）相通，湖水外泄入黑龙江；后断流成为内陆湖；1958—1962 年间与湖相通的穆得那亚河被堵塞，湖水上涨 2.5 米；近年湖面蒸发量与湖泊补给水量取得新的平衡，水位又趋稳定，北部重新与海拉尔河相通。内蒙古自治区气象局的卫星遥感监测结果显示：2014 年水域面积恢复到 2002 年时的面积，达到 2043 平方千米。

　　呼伦湖水域宽广，沼泽湿地连绵，食饵丰富，因此这里是鱼类的天堂。据统计，湖中共有鱼类 30 多种，主要有鲤鱼、鲫鱼、鲇鱼等经济鱼类。此外，湖中还盛产白虾。进入 11 月，湖水就开始封冻，几千平方千米的湖面，几天的工夫就冻得严严实实。此时，是每年最繁忙的捕捞季节。全年 70% 的捕捞量就是在这天寒地冻的时候完成的。所以，每当冬捕期到来，这里便聚集大量的游客，一边欣赏这里的冰雪世界，一边观看冬捕的壮观场面，甚至可以亲身体验冰上捕鱼活动。

　　呼伦湖还是中国北方地区重要的鸟类栖息地，是以保护珍稀鸟类、湿地生态系统及其草原为主的综合性自然保护区。这里是大洋洲及东北亚候鸟迁徙的驿站，是东部内陆鸟类迁徙的重要通道。春秋两季，南来北往的候鸟种类繁多。据初步统计，呼伦湖地区共有鸟类 17 目 41 科 241 种，占中国鸟类总数的 1/5，主要有天鹅、雁、鸭、鹭等。其中，很多都属珍稀禽类，如丹顶鹤、白鹤、黑鹤、大鸨、金雕等，都属于国家一级保护鸟类。全世界共有 15 种鹤类，而呼伦湖保护区内就占了 5 种。例如，被列入世界濒危物种的白鹤、丹顶鹤、白枕鹤，也生活在这片湿地中。可以说，呼伦湖地区是内蒙古少有的鸟类资源宝库之一，是一个硕大的鸟类博物馆。

　　呼伦湖有 8 个著名景区，分别为水上日出、湖天蜃楼、石桩恋马、玉滩淘浪、虎啸呼伦、象山望月、芦荡栖鸟、鸥岛听琴。为了让游客更好地欣赏呼伦湖景观，我们在湖里建成了观湖用的小亭子，大家需要乘坐小船才能到达。呼伦湖小河口生态旅游景区内还有一个人工小岛叫"湖心岛"，修建于 1997 年，是景区的标志性建筑。

　　"双湖鱼跃"是这儿独特的风景。每到 7、8 月时，我们到鸟岗，就是呼伦湖通往贝尔湖的一条河汊处，就会看到成群的鱼儿，争先恐后地、密密匝匝地聚在鱼栅前，欢跃而起，场面奇特而壮观。

　　沿湖岸还设有多处旅游点，活动项目也十分丰富。大家可以穿上蒙古袍，骑着骏马在湖边奔驰；也可以骑着双峰驼在湖边漫步或乘坐原始的勒勒车在湖区漫游；还可以划着小船在呼伦湖中垂钓，或者观看赛马、蒙古式摔跤、乌兰牧骑演出，参加草原篝火联欢晚会，购买具有民族特色的旅游纪念品。

　　到了中午或者晚上，大家可以到蒙古包里品尝草原风味"全羊宴"，有手把肉、炒羊肉、爆羊肚、烤羊腿、烤羊肉串、炒心肝肺、炸肉丸、溜羊尾、羊肉汤等。除了蒙古族特色餐饮，最让大家感兴趣的就是这里的"全鱼宴"了。这里不仅可以品尝到数百种鱼虾做成的美味佳肴，还可以品尝到名扬天下的"全鱼宴"。"全鱼宴"上的名贵鱼菜有"鲤跳龙门""二龙戏珠""鲤鱼三献"等。菜品不仅营养丰富、鲜嫩味美，而且造型美观、栩栩如生，宛如一件件艺术珍品。如果不吃"全鱼宴"，我们还可以品尝一下这里的鲫鱼汤。它采用湖水清煮而成，汤白似乳，香味扑鼻，一定会让您的胃口大开。

　　呼伦湖是呼伦贝尔大草原上的一颗璀璨的明珠，呼伦贝尔因它而得名，因它而拥有无限活力，它永远是呼伦贝尔人心目中的圣湖。

勿忘国耻——世界反法西斯战争海拉尔纪念园①

世界反法西斯战争海拉尔纪念园位于海拉尔城区北部，总面积110公顷，是集爱国主义、国际主义、革命英雄主义为一体的军事主题的红色旅游景区。1996年被评为内蒙古自治区重点文物保护单位，1998年被命名为呼伦贝尔市爱国主义教育基地，2006年被评为呼伦贝尔市青少年爱国主义教育基地。

纪念园是在原侵华日军海拉尔要塞遗址上建立的。日本关东军曾在中国东北修建了17处军事工事，海拉尔要塞遗址是其中规模最大、构造最复杂、工事数量最多的一处，是日本关东军守卫兵力最多、武器装备最强的一处，也是目前国内同类遗址中保存最完好的一处。2000年央视新闻调查栏目称其为"东方的马其诺防线"。

日本侵略者为什么在这么偏远的草原上，修建如此规模庞大的军事工事呢？"九一八"事变以后，日本的野心也不断地暴露出来。他们企图占领中国东北，作为他们南下进一步占领中国、北上进攻苏联的一个基地。

海拉尔自建城以来，一直是呼伦贝尔草原腹地的政治、经济、文化中心。海拉尔地形三山环绕二水中流，向西有三条河道通向中苏边界的三河和黑山头，向北有滨洲铁路可以通向与苏联接壤的边城满洲里，西南方向走公路又可以通向中苏蒙三国的交界之处，是一处重要的军事交通要塞。而且，站在海拉尔城市周边的高地，就可以看到整个海拉尔城区。这样的地势易守难攻，因此海拉尔便成为日本关东军的必争之地。

1933年，铃木率道一行数十人，来到海拉尔，对这里的地形大加赞赏，于是决定在这里修建一处工事。1934年6月日本关东军发布"关作命第589号"命令，决定在海拉尔的敖包山、西山、北山、东山等地修建一处海拉尔要塞，整个工程于1937年年末完工。此外，在要塞地下20米之处，日本关东军构建了幽深鬼祟的地下通道。地下通道全长5481米，共有11个出入口。这处要塞主要以北山和敖包山为主，其中北山的地下工事最为庞大，也就是我们今天要参观的阵地。日本关东军独立混成八十六团战时地下司令部，就设在这里。直至1945年8月18日，苏联红军才攻陷海拉尔要塞，解放了海拉尔，这比日本政府宣布无条件投降的8月15日还要晚3天。

如此庞大的工程是由数万中国劳工的汗水和生命换来的。在要塞工事修建过程中，日本关东军从中国内地抓来数万名劳工。工程完工后，日本关东军为了保守军事机密，将他们分期分批残忍地杀害，埋在海拉尔河东岸的"万人坑"中。

日本人除了残害劳工以外，还利用平民进行人体细菌试验。1942年春天，日本731细菌部队，543支队在鄂温克族自治旗辉苏木进行了一次活体细菌实验，当时因细菌感染而死亡的有80多人，其中最小的只有2岁。

---

① 本篇讲解资料由亚吉编写，刘春玲增补、修改。

海拉尔纪念园分为地上、地下两部分，其中地面建筑由侵华日军海拉尔要塞遗址博物馆、主题公园、地面战争遗迹、模拟战争场景、游客服务设施等部分组成。地下工事遗迹复原了日军司令部、士兵宿舍、卫生室、通讯室等。

侵华日军海拉尔要塞遗址博物馆，共分为4个展厅、9个部分，展出了抗战各个时期的文字资料100余万字，珍贵历史照片1000余张，地图39幅以及大量的战争实物。一厅展览主题是"东亚烽火兴安怒"。运用较多实景模拟介绍"九一八"事变后，苏炳文将军成立东北民众救国军，发动著名的"海满抗战"，并利用中俄红色秘密交通线进行的一系列抗日壮举。二厅展览主题是"炼狱硝烟草原焦"。运用大型沙盘、大量实物，说明海拉尔的地势地貌、日军在此修筑军事要塞的目的与作用，以及中国劳工的悲惨遭遇，并运用高科技手段全景展示了世界最早的大规模立体战争——诺门罕战役。三厅展览主题是"塞外惊雷万木春"。以大量实物、图片，讲述苏、蒙军与东北抗日联军全力策应配合，于1945年8月9日进攻海拉尔要塞，并于18日取得决定性胜利的艰苦历程。四厅展览主题是"世界和谐传友情"。运用照片、实物讲述了改革开放以来，地处中、俄、蒙三国交界地区的呼伦贝尔，作为中国向北开放的最前沿，积极推动三国友好合作交流、互利互赢、和谐发展的历史贡献。

世界反法西斯战争纪念园通过大量文字、图片、实物，运用高科技的布展手段，生动形象地控诉了日本关东军在我国东北犯下的滔天罪行；通过东北沦陷时期中俄蒙抗日的史实，赞颂了东北抗联、东北军爱国将士和呼伦贝尔各族人民反抗日本侵略的爱国主义精神，赞颂了苏联共产党、苏联红军及蒙古军队支援中国革命、与日本侵略军英勇作战的国际主义精神。让我们牢记历史、永葆和平，在自己的工作、学习、生活中奋发图强，为中华民族的伟大复兴贡献自己的力量！

狩猎部落，使鹿部落之乡——敖鲁古雅鄂温克民族乡①

呼伦贝尔地处中国北部边陲，除了拥有广袤的森林和草原之外，还有与之相伴相生的多民族民俗文化。大家都知道，我们呼伦贝尔境内有14个县级行政单位，其中就有3个少数民族自治旗，分别是莫力达瓦达斡尔族自治旗、鄂温克族自治旗、鄂伦春族自治旗，而这也是全国仅有的3个少数民族自治旗。因这3个民族的人口稀少，我们习惯上称其为"三少民族"。正因为如此，他们的民族风情和民俗文化也更具有地域性和独特性。2006年央视春晚，歌曲《吉祥三宝》一夜之间红遍大江南北，"吉祥三宝"中的"妈妈"乌日娜，就是来自这"三少民族"中的鄂温克族。

鄂温克族分布在我国内蒙古自治区、黑龙江省以及俄罗斯、蒙古国等地，人口约3万人。1958年按照民族意愿，取消"雅库特"称谓，恢复了"鄂温克"族称。鄂温克，意为"住在大山林里的人们"。鄂温克族有自己的语言，没有文字，牧区一般用蒙文，农区和林区多用汉文。由于历史上的不断迁徙，鄂温克族居住比较分散，加

---

① 本篇景点讲解资料由亚吉编写。

之交通不便，互相来往少，逐渐形成了具有地域性的各有特色的分支。呼伦贝尔市是鄂温克族的主要聚居区，主要有"索伦""通古斯"和"雅库特"3个分支。今天我们将要拜访的，就是位于根河市的雅库特鄂温克人，也就是我们所说的敖鲁古雅鄂温克人。

"敖鲁古雅"意为"杨树林茂盛的地方"。敖鲁古雅鄂温克是我国鄂温克族中独特的族群，社会历史形态特殊，民族文化特色鲜明，是中国最后的一个"狩猎部落"，也是我国迄今为止唯一一个饲养和使用驯鹿的民族，是保留鄂温克民族传统驯鹿文化最为悠久和最为完整的一支，被称为"敖鲁古雅使鹿鄂温克"，所以我们也称其为"使鹿鄂温克"。

两千多年前，敖鲁古雅鄂温克人的祖先就居住在原俄国境内勒拿河上游的西伯利亚高原森林中，被俄国人称为"通古斯人"。他们为了摆脱俄罗斯人和雅库特人（今萨哈人）的统治，辗转迁徙于今额尔古纳河以北地区。其中一支于清嘉庆二十五年（1820年）迁入我国漠河一带，共400余人，600余只驯鹿。然后他们逐步延伸至额尔古纳河以南的大兴安岭北部原始森林中，过着游猎生活。他们后来发展为现在的敖鲁古雅鄂温克族。他们常年生活在深山密林中，穿兽皮吃兽肉，住"撮罗子"，受外界影响较小。直到新中国成立前，他们还基本过着原始的狩猎生活。他们以血缘关系组成家庭公社"乌力楞"，乌力楞的全体成员在一起狩猎，饲养驯鹿，生产资料归集体所有，生活资料平均分配。

20世纪后半叶，根据党和政府的相关政策，使鹿鄂温克猎民两次定居，1957年从散居山林定居到额尔古纳河畔的奇乾乡；1965年又从奇乾乡定居到现满归镇北部的敖鲁古雅乡。这两次迁移都没有改变他们狩猎和放养驯鹿的生产方式。2003年8月，敖鲁古雅鄂温克又进行了第三次整体搬迁，即相继搬迁到位于根河市近郊的敖鲁古雅鄂温克民族乡。至此，敖鲁古雅鄂温克族实现了真正意义上的定居。但是仍有部分敖鲁古雅鄂温克人，为了自己的驯鹿能更好地生活，选择了留在山林或又迁回山林中。当代著名女作家迟子建，曾以敖鲁古雅鄂温克人的百年沧桑变化为原型，写成长篇小说《额尔古纳河右岸》。因兼具文学性和史学意义，这部作品荣获第七届茅盾文学奖。

敖鲁古雅鄂温克民族乡是一个从原始社会直接进入社会主义社会的特殊民族乡。虽然人数较少，却代表着一种独特的文化现象——驯鹿文化，又称狩猎文化、桦树皮文化。在长期的狩猎实践中，敖鲁古雅鄂温克人积累了丰富的狩猎经验，而且创造出了许多行之有效的狩猎方式和技巧。这些狩猎方式经过累世传承并不断完善，不仅形成了独具特色的狩猎传统，而且使他们的狩猎生产技术发展得相当完备，从而极大地丰富了北方民族的狩猎文化。

驯鹿是敖鲁古雅鄂温克人在茫茫林海穿梭的主要生产和交通运输工具，学名"角鹿"，是国家二级保护动物，因其"角似鹿，蹄似牛，头似马，身似驴"，故称"四不像"。因驯鹿善于在深山密林、沼泽或深雪中行走，所以又被誉为"林海之舟"。驯鹿性情温和，易饲养放牧，喜食苔藓等野生植物，适应大兴安岭高寒地带的生态环境，因而驯鹿伴随着敖鲁古雅鄂温克人一起世代繁衍生息。鄂温克人无论男女老少都非常喜爱和保护驯鹿，他们把驯鹿视为美好、吉祥、幸福、进取和追求崇高理想的象征。

桦树皮文化是一种北半球北部特有的物质文化现象。桦树皮制成的生活用品多达几十种，如桦树皮船、桦皮盒、桦皮箱、桦皮桶、桦皮篓等，这些用品与敖鲁古雅鄂温克人的衣食住行息息相关，兼具使用价值和审美价值。桦树皮器物上装饰有精美图案，刻画的花纹内容十分丰富，表现了极高的艺术价值。

鄂温克人的衣、食、住、行基本上依赖于狩猎业和驯鹿业生产，并且创造了具有山林特征的物质文化和精神文化。每年 6 月 18 日的瑟宾节，是鄂温克族传统节日。节日中举行赛马、摔跤、拉棍、拔河等体育比赛活动以及鄂温克的歌舞表演。

人间净土、天然氧吧——莫尔道嘎国家森林公园①

大兴安岭广袤的原始森林，为呼伦贝尔市平添无限魅力。正如蒙古族词作家克明先生在《我的呼伦贝尔》中写的那样："呼伦贝尔是中国最宁静的城市，我不知道哪一座城市能够拥有 11 万平方千米的原始森林，山岭之巅，你极目远眺，让你感受的是无边无际的沉静与安宁。"

如果说大兴安岭是一部尘封已久的巨著，那么莫尔道嘎森林就是这部巨著中最瑰丽的篇章。我国著名历史学家翦伯赞先生曾这样赞美这里："无边林海莽苍苍，拔地松桦亿万章。久矣羲皇成邃骨，天留草昧纪洪荒。"

"莫尔道嘎"，蒙古语意为"上马出征，骏马启程"。公园占地面积 57.8 万公顷，处于大兴安岭北部深山密林之中，保存着中国最后一片寒温带原始明亮针叶林景观，生物学上称其为"泰加林"。它是人间的净土、天然的氧吧、万物的栖息地，是镶嵌在祖国版图雄鸡冠顶的一颗璀璨的绿宝石，享有"南有西双版纳，北有莫尔道嘎"的美誉。2000 年 5 月，被批准为内蒙古大兴安岭首家国家森林公园。

莫尔道嘎国家森林公园地理位置优越，南邻呼伦贝尔大草原，北接中俄界河额尔古纳河，是中国面积最大、位置最北、观光线路最长、寒温带森林生态多样性保存最完整的国家级森林公园。这里山峦起伏、古木参天、植被丰富、溪流密布，处处展现"幽、野、秀、奇"的风采。

公园内动植物资源十分丰富。据专家调查，这里有野生维管束植物 575 种、裸子植物 5 种、被子植物 560 种、蕨类植物 10 种，其中被列入国家级保护的植物有 5 种。这里不仅是野生植物的王国，而且是野生动物的乐园。迄今已发现 332 种脊椎动物，占内蒙古脊椎动物总数的 46.63%；鸟类 227 种，占全国鸟类的 27.97%。

公园内分成龙岩山、翠然园、原始林、激流河、民俗村、界河游 6 个景区。（详细资料请看"知识链接"）

知识链接
莫尔道嘎国家
森林公园单元
讲解资料

---

① 本篇景点讲解资料由亚吉编写。

最美草原的代表——呼和诺尔景区①

"呼和诺尔"蒙古语意为"蓝色的湖"。呼和诺尔景区位于呼伦贝尔市陈巴尔虎草原腹地的呼和诺尔湖畔，距海拉尔仅有 46 千米。景区前身是呼和诺尔旅游点，始建于 1982 年。呼和诺尔景区是呼伦贝尔市旅游业的龙头企业，是呼伦贝尔草原上规模最大、等级最高的草原旅游区，是呼伦贝尔大草原之美的代表，现为国家 AAAA 级景区。

景区以草原自然生态景观为主，集河流、湖泊、冰雪、湿地等多种类型景观群落为一体，具有独特的草原风光和浓郁的少数民族风情，是内蒙古最具草原特色的生态旅游开发区。作为景区主体的呼和诺尔草原，是目前我国少有的未受污染的天然草牧场，在国内草原旅游资源中具有垄断性和独特性。原国家旅游局（现文化和旅游部）已将呼伦贝尔草原列为全国六个跨世纪的旅游拳头产品之一。

这里具有悠久的历史，是孕育天骄的故土，是马背民族的摇篮。相传早在新石器时代，这里就有人类居住。一代天骄成吉思汗在这里完成了统一蒙古大业，从这里挥戈南下、西进，征服了大半个亚欧大陆，建立了帝国霸业，成为中国和世界上一位伟大的人物。成吉思汗把这片富饶的草原赐封给他的弟弟哈萨尔。此后，一代代的巴尔虎蒙古族人在这片草原上繁衍生息，创造了绚丽多彩的草原文明。

景区内拥有 4 平方千米的天然草原、12 平方千米的天然湖面。景区游客中心占地 700 多平方米，是一座多功能的蒙古包式建筑。以游客中心为主体，四周形成一片蒙古包群，可同时接纳 2000 人就餐、600 人住宿。景区内还建有十几处景点，主要旅游项目有草原自然生态观光、游牧旅游、牧户游、骑马乘驼、套马、驯马、赛马、搏克、射箭、祭敖包、民族歌舞表演、篝火晚会、垂钓、乘船游湖、快艇、水上摩托、湿地观鸟等。

大家现在看到的是行者敖包。它是由大小 13 座敖包组成的，高度和直径均为 13 米。它伫立在景区的制高点，不仅庇佑着过往行人的安全，更有祈福人生之路、仕途之路顺畅通达的深刻内涵。这是新落成的禄马雕塑，高 12 米，如果加上基础底座的话，高度达 19 米。禄马雕塑已经成为呼伦贝尔市旅游标志性建筑，寓意：天马恩惠！吉祥神韵！福禄双全！

沿着木栈道一路走下去，我们会看到一系列建筑或观景点，依次是冬季那达慕会场、禄马广场、2016 年春晚现场、篝火广场、演艺剧场等。冰雪那达慕是民族文化、冰雪资源与现代旅游业的完美融合。2016 中国冰雪那达慕暨巴尔虎草原文化节活动，就是在这里拉开帷幕的。作为呼伦贝尔市倾力打造的文化旅游品牌之一，冰雪那达慕越来越受到国内外各界人士的关注。这无疑是呼伦贝尔向世界展示旅游资源的又一重要窗口，是呼伦贝尔向世界递上的又一张亮丽名片。2016 年春节联欢晚会，为了真正体现东西南北中，全民大联欢，特别设置东西南北四大分会场：

---

① 本篇景点讲解资料由杨智勇、刘春玲编写、修改。

东部分会场福建泉州，西部分会场陕西西安，南部分会场广东广州，北部分会场内蒙古自治区呼伦贝尔。除夕之夜，四大分会场与主会场密切联动，实现东西南北中，同唱一首歌的盛况。呼和诺尔草原也因此在全国人民面前闪亮登场，展示了呼伦贝尔市的亮丽风采。

大家再看这两个较大的蒙古包。一个是民俗包，主要展示巴尔虎蒙古族和其他少数民族的民俗。在这里，大家有如进入民俗博物馆，通过实物展示，能够感受悠远的民族历史和厚重的民族文化积淀。另一个新建的蒙古包是多功能大厅包，可容纳400人同时进餐，这里还是展示民族艺术的舞台。大家可以在民俗体验区尽情享受蒙古族文化的熏陶，感受蒙古族民俗风情的绚烂多姿。景区把民族特色精致美食作为主推产品，在提供优质、贴心服务的同时，更加注重营造用餐氛围，力争无论是简餐小酌还是仪式感强的诈马宴、全羊宴，都能让游客体验浓郁的蒙古情。

这里是儿童游乐区，有儿童游泳场、萌宠乐园、儿童沙坑等。这里是孩子们的乐园，孩子们可以牵上小马，让马儿在草原上悠闲地吃草，还可以和可爱的羊驼玩耍、合影。

远处波光粼粼的就是呼和诺尔湖。湖水北连莫日格勒河，南接海拉尔河。大家看：从东北方向缓缓流入湖中的九曲回肠就是莫日格勒河，南面是奔腾不息的海拉尔河。湖边错落散布着由德国原装房车组成的露营地。那边还有一片帐篷营地。那边还有一片使用环保建材建成的哆咪屋，造型独特、设施齐全。我们可以在湖畔迎朝阳、观星空。下面大家就可以沿着观湖栈道，一路欣赏呼和诺尔湖的美丽风景。

沿着湖边再往深处走，我们还可以去拜访游牧人家，并到长生天圣主苑游览。呼和诺尔湖畔湿地是呼和诺尔草原的重要生态区域。湿地观鸟是景区的另一大景观。现在大家可以乘坐高速快艇和游艇穿越芦苇荡，在一望无际的湖面上，欣赏草原、湿地、湖泊的旖旎风光，观看生活于此的各种珍稀鸟类。此外，景区还推出了刺激、惊险的水上摩托以及浪漫的氢气球乘坐项目。选择前者的游客可以尽情与湖水亲密接触，后者则可以俯瞰整个呼和诺尔湖，欣赏湖畔的日升日落、月夜星空。

（七）兴安盟代表性景区景点资料

火山地貌博物馆——阿尔山—柴河旅游区[①]

阿尔山—柴河旅游区位于大兴安岭山脉中段的西南麓，地跨兴安盟阿尔山市和呼伦贝尔扎兰屯市柴河镇[②]，规划面积达13000多平方千米（位居全国之首）。旅游资源的组合度好，愉悦度高，集原始性、神奇性、多样性于一身，是一处旅游观光、休闲度假、科普教育、科考探险的原生态旅游胜地，2017年2月成功晋升为国家AAAAA级旅游景区。

知识链接
阿尔山-柴河旅游区内主要旅游资源

---

① 本篇景点讲解资料由李英格整理编写，刘春玲增补修改。
② 兴安盟阿尔山市面积7408.7平方千米，呼伦贝尔扎兰屯市柴河镇面积5760平方千米。

旅游区拥有原始森林、火山遗迹、温泉矿泉、高山湿地、河流湖泊、峡谷奇峰、冰雪运动、民俗文化、边境口岸等众多旅游资源，堪称内蒙古东部旅游的精华之地。旅游区下辖阿尔山国家森林公园、阿尔山世界地质公园、好森沟国家森林公园、柴河国家重点风景区及阿尔山自然博物馆、阿尔山国家地质博物馆和玫瑰庄园等。（详细资料请看"知识链接"）

阿尔山国家森林公园

阿尔山国家森林公园①是内蒙古自治区倾力打造的旅游品牌，也是阿尔山旅游区的核心景区。景区拥有原始森林、火山遗迹、温泉矿泉、高山湿地、河流湖泊、峡谷奇峰、冰雪运动、民俗文化等旅游资源，现已形成具有观光、疗养、休闲、度假、健身、娱乐、会议、科考、探险等多功能的服务体系。

景区拥有各种类型的原生态景点数十个，目前开发的主要景点有阿尔山天池、驼峰岭天池、石塘林、龟背岩、三潭峡、地池、不冻河、杜鹃湖、大峡谷。

阿尔山有两个天池，一个叫阿尔山天池，离游客中心比较近，所以游客多在此处游览。另一个叫驼峰岭天池，距离游客中心 40 千米，游客去的比较少，但是景色非常美。驼峰岭天池是火山喷发后在火山口积水而形成的湖泊。水面海拔 1284 米。总体形态呈"左脚丫"形，东西宽约 450 米，南北长约 800 米，属于玛珥湖，形成时代大约为中更新世（距今约 30 万年）②。

阿尔山天池位于阿尔山东北 74 千米的天池岭上，面积为 13.5 公顷，东西长 450 米，南北宽 300 米，海拔 1332.3 米，有 484 级台阶。海拔高度位居全国第三，仅次于天山天池、长白山天池。阿尔山天池属于高位火山口湖，由火山喷发后积水而成。如果从天空俯视天池，天池像一滴椭圆形的水，仿佛一块晶莹的碧玉，镶嵌在雄伟瑰丽、林木苍翠的高山之巅。登上天池山顶，没有那种"一览众山小"的感觉，相反会感到视野更狭窄了，只能看到湖面和与之对应的那块蓝天。天池有许多神奇的地方。神奇之一是久旱不涸，久雨不溢，甚至水位多年不升不降。神奇之二，没有河流注入，也没有河道泄出，一泓池水却洁净无比。神奇之三，深不可测，有人风趣地说天池与地心相通。神奇之四，湖里没有鱼，而距天池几里的姊妹湖却丰产鲜鱼。据当地林场的人说，天池水深莫测，不敢让游人划船戏水，他们曾经勘测过，把测量绳的一端系上重物放在湖里，放下去 300 多米仍没有探到湖底，他们也曾向湖里撒过鱼苗，却没有生出鱼来，于是又把活蹦乱跳的鲫鱼投到湖里，这些鱼很快都不见了，既没看到鱼跃，也没有死鱼浮到湖面。

---

① 2000 年 2 月 22 日经国家林业局批准成立，2017 年 2 月作为阿尔山—柴河旅游景区的一部分，晋升为国家 AAAAA 级旅游景区。

② 随着恐龙的灭绝，中生代结束，新生代（距今 6500 万年至今）开始。新生代包括古近纪、新近纪和第四纪，古近纪又分为古新世、始新世、渐新世，新近纪又分为中新世、上新世，第四纪又分为更新世、全新世。更新世是冰川作用活跃的时期，1932 年国际第四纪会议确定将更新世划分为早、中、晚 3 期。

石塘林位于天池林场东，是大兴安岭奇景之一，也是国内少见的奇特景观，被列入中国生物多样性保护行动计划优先项目，目前正在申报国家级地质公园。石塘林为第四纪火山喷发的地质遗迹，是亚洲最大的死火山玄武岩地貌，地质构造、土壤、植被生物均保持原始状态，生物多样复杂，再现了从低等植物到高等植物的演替全过程，具有较高的科研和保护价值。石塘林长 20 千米、宽 10 千米，是由火山喷发后岩浆流淌凝成。经过千年风化和流水冲刷，形成了石塘林独具特色的自然地貌。这里犹如波涛汹涌的熔岩海洋，有翻花石、熔岩垅、熔岩绳、熔岩碟、熔岩洞、熔岩丘、喷气锥、熔岩陷谷、地下暗河等神奇景观。这里还发育着大片的熔岩龟背构造以及数以百计的玄武岩地貌——熔岩丘。更令人难以想象的是，在这基本上无土可言的石塘林里，却处处生机盎然，有在火山熔岩缝隙间深深扎根的高大茂密的兴安落叶松，有身材低矮、遍地延伸、生命力顽强的高山柏，有四季常青、像朵朵盛开的雪莲花一样的偃松，还有一片金黄、一片银白的金星梅、银星梅，真是一步一景。

龟背岩位于兴安服务区南，与森林小火车相邻，分布面积达 3 平方千米，是目前国内发现的唯一一处规模大、发育好、保存完整的熔岩构造，火山地质专家称其为火山中的"国宝"。龟背熔岩属结壳状熔岩流，是喷发的熔岩流表壳由于冷却收缩作用形成不同方向的裂隙，呈网状，后期又有多期熔岩流沿裂隙充填，形成了相互交切，最终使平整的熔岩流表面呈不规则排列的多边形，因一片片熔岩像一只只庞大的乌龟隐身于地面，所以叫"熔岩龟背构造"，也叫龟背岩。阿尔山火山龟背构造的主要特征是平行层理和交错层理。连接每块龟背岩的是向地面陷下去的缝隙，走在上面像行走在乌龟的壳上一样。中国地质大学田明中教授认为："从特征看，此处至少曾经流淌过三个不同时期的熔岩流。"

三潭峡位于天池林场境内，由映松潭、映壁潭、龙凤潭三个深潭组成。峡谷长约 2 千米，由河流切割而成。峡谷南壁陡峭险峻，北壁由巨大火山岩堆积而成。古人咏赞三潭峡："神奇灵秀三潭峡，清泉汩汩绕山崖。喷珠溅玉何处去，魂系遥遥东海家。"

地池位于天池东南约 6 千米处，海拔 1123 米，长轴为北东向，长 150 米，宽 100 米，面积为 1.25 万平方米，深度可达 39～50 米，周围为致密坚硬的玄武岩，属典型玛珥湖，因其水面低于地面而得名。地池总体呈椭圆形，形成时期为晚更新世（距今约 10 万年）。岩浆从地壳中喷出的时候遇到了地下水，岩浆与水接触时，水遇热蒸发，形成大量蒸汽，从而剧烈膨胀，产生大爆炸。爆炸将岩浆、火山灰、火山渣、碎石等物质抛射出去，在火山口周围散落堆积，形成当地独特的地质、地貌。随着爆炸过程不断重复，岩浆被冷却，或地下水被岩浆封住，爆炸逐渐停止。岩浆冷却后火山坑底连通地下水，加上大气中的降水，使火山口形成湖泊，其特点是低于地面，周围没有河流注入，也没有河道泄出。地池湖底水面随季节而变化，犹如一块碧蓝的月亮宝镜镶嵌在原始森林，景色十分优美，被人们称之为"仙女池"。

不冻河位于天池服务区南，距阿尔山市区74千米，属哈拉哈河上游河段，全长20千米，因多少年来该河段从未结冰，当地人称之为"不冻河"。不冻河现象的产生，是由于该河段附近有大量的地热存在。严冬季节，在−40℃以下的气温，滴水成冰的时候，阿尔山境内所有大河小溪皆封冻，唯此段河水热气腾腾，流水淙淙，令人称奇。河面上雾气升腾，雾气在两岸树枝上形成树挂，玉树琼花，晶莹剔透，时常出现雾凇奇观，堪称阿尔山冬景一绝。由于河底有保温岩存在，冬季河水中生长着青青的水草，是牛、羊等牲畜的天然饲料，该河段也因此被誉为"水中草场"。

杜鹃湖位于兴安服务区以东2千米，距离阿尔山市区92千米，海拔1244米，平均水深2.5米，最深可达5米，湖面面积128万平方米，是火山喷发期由于熔岩拥塞河谷、切断河流后形成的堰塞湖。因其周围盛开杜鹃花而得名，由原全国人大原常委会副委员长布赫题写湖名。湖面呈月牙形，湖的东南为进水口，西南为出水口，上游连着松叶湖，下游接着哈拉哈河。湖水与森林、山地相辉映，湖光山色美不胜收。佛经故事说，鹿仙去北部仙人那里索要火种，北部仙人说："你在我居住的湖边绕三圈，便给你火种。"鹿仙便绕湖三圈，仙足落下便开出鲜艳的杜鹃花。这就是杜鹃湖的传说，湖畔的杜鹃也因此比别处的更加娇艳、更加迷人。有诗赞叹杜鹃湖："神女新浴幽谷香，金针巧为织女绣，素笔遥寄化春雪，杜鹃湖畔舞霓裳。"

大峡谷位于兴安服务区东南20千米处的原始森林中，由南向北呈W状，长约11千米，底宽为30～150米，谷深30～130米，每千米落差20米，谷底平均水深0.6米。大峡谷主体为火山熔岩断裂带，由更新世火山喷发的玄武岩岩流，经受千百年的水流侵蚀后形成。峡谷中怪石嶙峋，飞瀑跌落，云雾蒸腾，奇景众多。两侧山峰陡峭凶险，两岸的野生植物物种分布较广。大峡谷不仅具有重要的科考价值和游览探险价值，也是一处理想的避暑胜地。

阿尔山世界地质公园

阿尔山世界地质公园是中国境内最大的火山温泉国家地质公园，它与阿尔山国家森林公园相得益彰，你中有我，我中有你。2004年，中国科学院和中国地质大学专家，经过两次大规模的火山科考活动后，认定阿尔山火山群是中国第七大活火山群，火山遗迹规模较大，保存完整，是天然的火山博物馆。当年1月，阿尔山被批准设立为中国国家地质公园。2017年5月，联合国教科文组织批准设立阿尔山世界地质公园。

知识链接
阿尔山世界地质公园单元讲解资料

公园总面积814平方千米，以火山地貌和温泉为主要特色，主要突出火山地貌、温泉群地貌、冰臼地貌、花岗岩石林地貌、高山湖及第四纪高原蛇曲遗迹等旅游资源，是开展科研考察、旅游疗养、科普教育、休闲度假、娱乐探险等活动的绝佳场所。公园主要由5个景区组成，分别是天池火山群、温泉群、玫瑰峰花岗岩石林、三角山口岸和好森沟国家森林公园。（详细资料请看"知识链接"）

好森沟国家森林公园

公园位于五岔沟林业局好森沟林场境内，属于阿尔山世界地质公园的组成部分，距阿尔山市区 124 千米，面积约 10 平方千米。景区具备阳光、空气、绿色三大要素，是寻古、猎奇、探险的森林旅游胜地，素有"小桂林"之美誉。2006 年成为首批获得中国国家森林公园专用标志使用授权的国家级森林公园。景区内自然景观秀美奇特，有麒麟峰、猎人峰、天河峡、仙人洞、雨塔石等诸多景观。（详细资料请看"知识链接"）

知识链接
好森沟国家森林公园单元讲解资料

阿尔山自然博物馆

博物馆隶属于阿尔山林业局，地处阿尔山玫瑰峰景区东侧 50 米。博物馆建筑风格独特，展馆内容丰富、翔实，分四个展厅。正厅为一代天骄厅：巨幅壁画展现"一代天骄"成吉思汗的戎马生涯。这组壁画由我国著名蒙古族画家思沁主创，再现了成吉思汗当年在此安营扎寨、布兵点将、奋力征战的动人场面。东二厅为动物厅。这里汇聚了阿尔山地区 300 多种动物的标本。为了增加观赏性、趣味性，该厅按动物习性与实景相结合，让观赏者有身临其境之感。西三厅是传说厅，囊括了阿尔山地区哈拉哈河、天池、猎人峰、金江沟温泉等景点的主要传说。西四厅是昆虫厅，汇集了阿尔山地区的昆虫、小植物标本，内容丰富。昆虫厅展示形式多样，既有科普性、趣味性，又有系统性，为人们展示了绚丽多彩的昆虫世界和复杂的生命现象。阿尔山自然博物馆度假村坐落在玫瑰峰角下，俄式木制建筑，群山环抱，环境优美，空气清新。这里还有一处植物园，园内有吊桥、凉亭、长廊、草屋、风车等小景观，是集园艺、餐饮、住宿为一体的休闲度假胜地。

柴河风景区

柴河风景区在扎兰屯市区西南 185 千米处，因柴河而得名，是探险旅游者的好去处。柴河风光气势博大、雄浑壮观，有野兽出没的原始森林，还有卧牛湖、水帘洞、熊瞎子洞、老虎洞、九龙泉、柴河口、一线天、虎啸岩、月牙湾、基尔果天池、独秀峰等景点。

知识链接
柴河风景区单元讲解资料

景区的核心景观——基尔果天池，又称月亮湖，是圆美、纯洁、独具满月姿容的天然高山火山天池，位于海拔 1278 米的基尔果山上，方圆约 1.5 万平方米。圆圆的一泓湖水宛如一轮满月，镶嵌在幽林群岭之间。更绝之处在湖水水面既无出口也无入口，而水位却常年保持不变，清澈无比，水深不可测。这里丛林茂密，沼泉如织，长年为鹿、獐、狍等野生动物出没之地。再加上月亮湾、月牙岛和常年通透纯净的月光，构成了这里韵味独具的月亮文化。

一代天骄的庙宇——成吉思汗庙[①]

成吉思汗庙是世界上唯一一座纪念成吉思汗的庙宇，它与罕山公园、罕山森林公园共同组成成吉思汗皇家园林。它与位于鄂尔多斯市的成吉思汗陵紧密关联，两

---

① 本篇景点讲解资料由袁鹏编写。

者被中外史学家及草原儿女并称为"西陵东庙"。

成吉思汗庙建于1940年5月5日，由艺术家耐勒尔设计，周边蒙古族人民捐款出工建造，并于1944年10月10日落成。"文化大革命"期间，成吉思汗庙遭到严重破坏。1983年自治区政府拨款重修，1987年完工。由于成吉思汗庙的独特建筑特色和风格及其历史意义，它已经成为乌兰浩特的象征。由于设计创建者们的独具匠心，使得方圆25千米的范围内没有任何一座山能够阻挡它的雄姿和人们的视线，周边数十万民众一眼就会看到它。

红色文化馆址——乌兰浩特市"一馆三址"①

"一馆三址"主要指四个红色旅游的馆址，具体为内蒙古民族解放纪念馆、五一会址、乌兰夫办公旧址、内蒙古自治区党委办公楼旧址。它们与内蒙古自治政府办公旧址、五一大会广场等红色文化旧址融为一体，是内蒙古红色文化、红色旅游的代表性景观区。

内蒙古民族解放纪念馆

纪念馆坐落于乌兰浩特市矿泉街东端路北侧，是为纪念内蒙古自治区成立60周年而兴建的，2006年纪念馆开始修建，2007年正式建成开馆。馆名由原全国人大常务委员会副委员长布赫题写。曾先后被命名为全国爱国主义教育基地、全国民族团结进步教育基地、国家国防教育基地、全区廉政教育基地、内蒙古中共党史教育基地。

纪念馆是全国人民了解内蒙古民族解放历史的重要窗口。它以历史图片和实物等方式进行陈列布展，辅以景观、油画、雕塑、影视片、声光电等展示手段，全景式展现了内蒙古民族解放和民族区域自治的光辉历程，突出中国共产党对内蒙古革命的领导，突出以乌兰夫为代表的老一辈革命家做出的贡献，突出重要历史事件和重要历史节点，是新中国成立后少数民族地区兴建的第一座全面反映民族区域解放历程和自治历程的纪念性展馆，也是内蒙古第一座民族解放纪念馆。

纪念馆的建筑结构为4层（地上3层、地下1层）平顶建筑，占地面积3万平方米，建筑面积2.3万平方米，陈展面积3500平方米，由序厅、主展厅和英烈厅3部分组成。同时设有馆前广场，广场陈列有2门大炮。现有馆藏文物640件（套）。

序厅：以展示内蒙古民族解放精神的主题雕塑"天降奇兵"为主，概要介绍了内蒙古民族解放纪念馆的建设、蒙古民族的历史、内蒙古的民族解放和区域自治的历程、内蒙古自治区的建设与发展等。

主展厅：以内蒙古的民族解放和民族区域自治为主线，重点展示了内蒙古的早期革命、抗日斗争、内蒙古自治政府的成立及自治区的形成和发展。主要分成4个单元，即"震撼的春雷""抗日的烽火""胜利的曙光""永远的丰碑"。

英烈厅：以内蒙古革命运动的壮丽航程为主线，重点展示了新民主主义革命时

---

① 本篇景点讲解资料由李英格编写。

期，内蒙古的革命先烈为了民族解放、新中国的诞生，不畏强暴、不怕流血、不怕牺牲的革命精神，并专门陈设了一面英烈碑墙。同时，还对战斗在这片土地上的革命先驱进行了集中展示。

五一会址

五一会址位于乌兰浩特市五一北路，是一座青砖建造的厅堂。厅堂建于1935年，曾是伪兴安陆军军官学校礼堂、东蒙军政干部学校礼堂，后为内蒙古党校礼堂。1986年被列为内蒙古自治区重点文物保护单位。1987年重新维修。1995年被列为内蒙古爱国主义教育基地。

五一会址坐东朝西，东西长94.5米，南北宽24.7米，建筑面积708.50平方米，占地面积2334.15平方米。中轴线上依次为围栏、门厅、展览大厅、壁炉、主席台、化妆室、库房。会址内陈列的"兴安地区革命斗争史实"展，共展出图片、实物300余件，真实地记录了草原人民在中国共产党领导下英勇奋斗、争取解放的历史。

1947年4月23日至5月1日，内蒙古人民代表会议在这里召开。392名与会代表一致拥护在内蒙古地区实行中国共产党领导下的民族区域自治，为全国实行少数民族区域自治树立了光辉典范。会议经过简短的投票仪式，选举乌兰夫、哈丰阿为内蒙古自治政府正、副主席。这次会议的胜利召开，标志着中国共产党领导的内蒙古民族解放运动取得了伟大胜利，内蒙古分裂300余年的历史一去不复返，内蒙古的历史翻开了崭新的一页。

五一会址作为中国共产党民族区域自治政策伟大胜利的象征，是展示内蒙古民族团结与进步的重要标志，也是20世纪40年代内蒙古各族人民在中国共产党领导下，推翻封建统治，建立新生人民政权的丰碑。胡锦涛、布赫等党和国家领导人曾视察过五一会址，布赫同志为会址题写了"民族区域自治的伟大胜利"的条幅。

乌兰夫办公旧址

乌兰夫办公旧址位于乌兰浩特市兴安北路东侧，是老一辈无产阶级革命家乌兰夫同志工作过的地方。它始建于1936年，原是日军修筑的一座神社。1974年11月7日，毁于火灾。1987年4月，自治区人民政府批准重建。同年5月，在原址南30米处开始动工兴建，8月竣工，房舍外观与原建筑相仿。现为爱国主义教育基地和内蒙古自治区重点文物保护单位。

旧址建筑为青砖灰瓦结构，屋顶起脊式飞檐，占地面积1000平方米，建筑面积402.91平方米。平面呈正方形，中轴线上依次为踏步台阶、门厅，入门左侧为走廊、办公室、起居室，右侧为会议室。

步入正厅，一眼便可看见内蒙古自治政府成立时乌兰夫同志的大幅照片。照片两边挂着"不朽功绩，光照千秋"大字条幅。正厅北侧有两个大房间，分别是当年的会议室和警卫战士的住处。南侧有一狭小走廊，走廊西侧的三个小间是当年的警卫室、秘书室、办公室。东侧一大一小两个房间是乌兰夫当年的办公室和卧室。办公室约有 30 平方米，粗糙的地板上，靠西墙摆放着一张三人椅、两张单人木椅；南墙下一张小小的写字台上摆放着一架手摇电话机、一只笔筒、一方砚台和一叠文件；办公桌后是一把木制转椅，墙角处有一木制衣架。最惹人注目的是南墙上那面内蒙古自治政府旗，长约 1.5 米，宽约 1 米，上下为红色，中间蓝底上缀有交叉着的锄头、套马杆，中间有一颗红五星，象征着农牧民联合奋斗，打出一片新天地。仅有 10 余平方米的卧室更显简陋。一张木板床上铺着一条极薄的褥子，上边叠放着一条军用棉被；窗下摆着一对简易木质沙发，门后放着一个衣架、一个洗脸盆架，此外别无他物。走进办公室和卧室，让人深切地感受到当年环境的艰苦和乌兰夫生活的简朴。

这座普普通通的房舍，不仅是内蒙古自治区诞生前后的历史见证，更是内蒙古人民走向自由与光明的指挥中心。1947 年 2 月至 1949 年 11 月，乌兰夫奉中共中央东北局之命来到王爷庙后，就在这栋房子里办公。就是在这栋房子里，乌兰夫和他的战友们运筹帷幄，掀开了内蒙古崭新历史的第一页，绘制出了自治区建设与发展的第一张蓝图。

内蒙古自治区党委办公楼旧址

旧址位于乌兰浩特市兴安北路东侧，是中国共产党在内蒙古发展壮大、领导内蒙古革命和建设事业的重要见证。原址旧楼，建于 1939 年，高二层，红砖瓦结构，坐西朝东，面积为 1790 平方米。在 1947—1949 年，它一直作为内蒙古自治政府的办公楼[①]，后来又先后为科尔沁右翼前旗人民政府、科尔沁右翼前旗革命委员会和中共乌兰浩特市委办公楼。因年久失修，1983 年停用。1987 年 4 月，在兴安北路东侧仿建了内蒙古自治政府办公楼，高三层，坐东朝西，面积 1800 平方米。

在中国共产党的正确领导下，内蒙古工委带领各族人民建立了内蒙古自治政府，内蒙古的历史翻开了崭新的一页。当时，百废待兴，工作千头万绪，内蒙古党委办公楼成了制定重大方针政策的中心。自治政府的主要领导人乌兰夫、奎璧、刘春、克力更、王逸伦、王再天、哈丰阿、特木尔巴根等，在这里呕心沥血、夜以继日地工作。乌兰夫同志在这里提出了"三不两利"政策，即不分、不斗、不划阶级，牧工、牧主两利。这一政策非常切合内蒙古的实际，成为牧区工作的指导方针，使畜牧业生产迅速发展，广大牧民生活得到极大改善。与此同时，自治政府组织各族人民积极参加全国解放战争，领导各族群众深入开展剿匪反霸、扫除敌特残余势力的斗争。内蒙古政治、经济、社会事业发展的大政方针，在这里决策并组织实施。办公楼成为当时内蒙古民族解放和经济建设的神经中枢。

---

① 1949 年 11 月，中共内蒙古工委改建为中共中央内蒙古分局，乌兰夫同志任书记。内蒙古东部区党委同时成立。1949 年 11 月 24 日，中国共产党内蒙古分局西迁至张家口。

（八）锡林郭勒盟代表性景区景点资料

东方的庞贝古城——元上都遗址①

元上都遗址位于正蓝旗上都镇东北约 20 千米处的金莲川草原上，是一座由我国北方草原游牧民族所创建的草原都城，被史学家誉为"东方的庞贝古城"。

元上都是元朝的夏都，与元大都（今北京）共同构成元朝两大首都。当时的元上都是一座国际性大都会，也是中国乃至世界的政治、经济、军事及文化中心，与罗马、巴黎等一同闻名于世，曾被称为"世界的心脏""世界的中心"。

《马可·波罗游记》②第一次把元上都介绍给欧洲人，书中将它描述为"东方神话"，令中世纪的欧洲人羡慕不已。1797 年，英国诗人柯勒律治写下了著名诗篇《忽必烈汗》，更引起了欧洲贵族雅士对元上都的向往。他们将这座由宫殿、草原、森林、溪流构成的都城，称为 Xanadu，至今欧美人士仍用这个名字形容神秘美丽的地方。

这座富丽堂皇的大都市于 1358 年被元末农民起义军焚毁，之后又几经战乱，最终荒废，成为"一座拥抱着巨大历史文明的废墟"。虽然经历了一次又一次的风雨洗礼，但是它仍较完整地保留了原貌，是目前保留最完整的草原都城。它是一个朝代的记忆载体，是元朝辉煌历史的实物见证，对于研究元朝历史及蒙古族文化具有独特的历史、艺术和科学价值，它也是中华民族乃至世界各族人民的宝贵遗产。

元上都遗址于 2012 年 6 月 29 日被列入《世界遗产名录》，是内蒙古重点文物保护单位（1964 年）、内蒙古十大历史名胜之一（2006 年）、全国重点文物保护单位（1988 年）。

这里有三块石碑，上面分别用蒙古文、汉文、英文三种文字记载了元上都的概况。因为有滦河流经金莲川草原，所以上都也被称为滦京，又因为上都位于滦河北面，所以又称为滦阳。元上都遗址位于河谷平原，地形南高北低。1251 年，蒙哥汗继位，命其弟忽必烈驻守漠南地区，并处理军政庶务。为了更好地处理本地区的政务，忽必烈广纳贤士，将一些战功卓著、精通治国之道的贤士纳于自己帐下，成立了庞大的智囊团，即史上著名的"金莲川幕府"。1256 年，忽必烈奉蒙哥汗的旨意"于岭北滦水之阳，筑城堡，营宫室"，于是命幕僚刘秉忠选吉祥宝地建城，历时三年建成宫城，初命名为"开平"。传说刘秉忠在建城时，这里曾是一片大泽，里面住有一条巨龙，于是刘秉忠制作了一个数十丈高的铁幡竿，插入泽中，促使巨龙腾空远去，之后刘秉忠命工匠们把水排干，并用石头、石灰等材料将大泽填平。同时为

---

① 本篇讲解资料由曲红光编写，刘春玲修编。部分资料来源于原锡林郭勒盟旅游局网站和正蓝旗人民政府"走进元上都"网站。

② 游记中描述了马可·波罗游历上都时的情景：终抵一城，名曰上都，现在位大汗所建也，内有大理石宫殿，甚美！其房舍皆涂金，绘有种种鸟兽花卉，工巧之极，技术之佳，见之足以娱人心目。

了促使城池更加牢固，将锡融化后再在上面铺石建城，可见当时建筑技术的精湛。1260 年，蒙哥汗去世，忽必烈在这里登上蒙古大汗宝座，开平成为都城，开启了历史的新阶段。1263 年，在原城池的基础上进行了扩建，扩建后正式命名为上都，并在这里设有主要的分衙或官署的机构处理政务，这里成为元朝事实上的政治中心。1264 年，忽必烈下诏改燕京（今北京市）为中都，定为陪都；1267 年决定迁都中都；1272 年，将中都改名为大都（突厥语称"汗八里"，"帝都"之意），将上都作为陪都。自此，元朝朝廷实施以大都为首都，上都为夏都的"两都巡幸制"，元朝历代皇帝为避暑热，每年夏天率文武百官、亲眷侍从到上都避暑游猎和处理政务，并与漠北蒙古族聚会于此，接照古习俗举行一系列宴会、狩猎、祭祀等活动，包括皇帝登基、"诈马宴"等家族庆典传统，以加强朝廷对拥有强大势力的漠北蒙古宗王贵族的控制。

　　这是元上都遗址的平面图，这里距离真正的遗址还有大约 1500 米的距离，一会儿我们将坐车穿过金莲川草原，到达遗址内部。在遗址内我们将全程步行游览，时间大约 1 小时。好了，大家随我看一下这幅元上都遗址的航拍图。从图上我们可以看到，元上都的布局非常规整，呈汉字"回"字形，整体是由三个部分组成，由外向里依次为外城、皇城和宫城，四周和近郊也有些其他附属建筑物。整个"回"字的最外圈是外城，据考证外城城墙均为黄土夯筑，墙基宽 10 米，高约 5 米，边长 2200 米，设有四门，并设有用于军事防御的瓮城。在外城外围东、南、西、北处是民居、市肆、仓廪的所在地，我们称之为关厢地带。东面主要是蒙古贵族及官员的居所，西面和南面是商业贸易区，多为一些酒肆、手工作坊等。北面接近卧龙山的地方是当时的军事驻扎区。在当时，外城的外围非常繁华，曾有诗句"西关轮舆多似雨，东关帐房乱如云"，来描述关厢地区繁华的景象。

　　外城内主要为两个部分。北墙内这一片区域我们称之为北苑，也可以叫御苑或瑞林苑。大家一听到御苑，肯定就在想，这不就是御花园嘛。不错，这里曾经豢养了大量的珍禽异兽、奇花异草，以供皇帝赏玩游猎。著名的金顶大帐"棕毛殿"也位于这片区域，它是元代皇帝举行"诈马宴"的地方。另一部分就是西南面这片地方，称之为西内。在历史上西内曾是蒙古族部落首领召开忽里勒台大会的地方。

　　接下来我们看一下"回"字的第二层——皇城。皇城位于外城的东南，皇城也是正方形，边长 1400 米。城墙中间用黄土夯筑，后在内外两侧用白灰做浆包砌石块加固，建筑级别明显高于外城，比外城要坚固许多。大家仔细看，城墙外每间隔等距离的地方都会凸出来一部分，这部分就是具备军事防御功能的马面。每面墙上都有 6 个马面，一共有 24 个马面。除了马面，城墙的东、西、南、北四角还建有角楼。图中，我们可以看到皇城里的街道非常整齐，且能够分清主次街道，对称工整，不难看出当时皇城的繁盛。皇城里的建筑十分庞杂，既有办事机构，又有儒、道、佛等庙宇或寺院建筑，具有代表性的有八思巴帝师寺、大龙光华严寺、乾元寺、孔庙等。

我们看一下"回"字的中心位置——宫城。这是整个都城的中心，是皇帝处理朝政和居住的地方。宫城略呈长方形，在皇城中部偏北方，墙体除了用黄土夯实外，还用青砖、白灰进行包砌。在东、西、南三面各设一个城门，分别是东华门、西华门、御天门，不设瓮城。南边的御天门是举办隆重仪式或宣读皇帝重要诏书的地方。元世祖忽必烈就曾经在这里颁布兴兵伐宋的诏书，从此开始了一统天下的进程。宫城的四个角建有角楼，内部有众多宫殿和院落。上都最主要的宫殿、楼阁都建在宫城里面。

在平面图上，我们可以看到，每座城墙外围都有一片灰色的区域，这就是护城河，兼具防御和排水的功能。在城西北方向，同样有一个大片的灰色区域，这就是上都著名的水利设施——铁幡竿渠。1262 年，忽必烈在上都召见了著名科学家郭守敬，并采纳了他关于北方水利资源和华北平原水利灌溉建设的六条建议。1298 年，郭守敬亲自勘查、测量、设计，并组织施工完成了铁幡竿渠，将山洪导入滦河，以避免上都城在夏季遭受水患。现在，在上都遗址西北还留存有古拦洪坝的遗址。铁幡竿是我国北方草原唯一完整保留下来的水利工程。

这组雕像群，表现的是上都的缔造者元世祖忽必烈一生征战、建立元朝、治理国家的场景。雕像群铸造于 2007 年，位于最中央的就是元世祖忽必烈，他是元朝的开国皇帝，称为"薛禅皇帝"。雕塑中间的五位，是元朝时期在元上都登基的五位皇帝。雕像群的右侧是蒙古骑兵马背上征战的场景，展现了蒙古族由一个马背上的游牧民族，逐渐演变为一个能征善战的铁骑民族的过程。雕塑的左侧展示的是元朝时期政治清明、盛世一统的场景。第一位就是元上都的设计主持建造者刘秉忠。第二位叫札马鲁丁，是波斯人，是一位天文学家，他曾任天文台的台长，也是元朝任命的第一任天文台台长。第三位是我国著名的天文学家、水利专家郭守敬。后面依次是元朝政治家和理学家姚枢，元朝的第一代帝师八思巴，意大利著名旅行家马可·波罗，再后面的部分就是皇帝的出猎情景，它的原图曾在台北博物馆展出过。

现在我们即将进入真正的遗址，大家请随我一起坐上游览车，走进上都。放眼望去的这片草原就是著名的金莲川草原。因这里长有一种特殊的金黄色花朵——金莲花而得名。金莲花是正蓝旗的旗花，形似莲花，体态较小，花期在每年 7 月，花期较短，只有 20 天左右。金莲花还具有清热解毒的功效，可以制作成花茶饮用。草原上还生长着上百种植物花草，每年夏季，这里都是七彩斑斓，被形象地叫作"七彩草原"。

这是进入元上都的第一道城门——明德门遗址，属皇城正南门。明德是蒙古语，翻译过来的意思就是平安吉祥，希望大家都能够获得平安吉祥。明德门与御天门在同一条中轴线上，是上都非常重要的一道城门。据考证，在元朝时这里只允许皇帝、蒙古贵族、官员们进出，普通百姓是不允许通过的。虽然我们现在看到的只是遗迹，但是在对明德门进行考古发掘后，考古学家们在这里发现了完整的元代城门样式，为研究元代城门建造特点，提供了可靠的实物例证，对确定元上都遗址的建造和延续过程也具有十分重要的意义。

我们脚下出土的这块石头，叫将军石，是在原位置出土的实物，距今有700多年的历史。考古学家认为它有可能是当时将军上马用的垫脚石，抑或是城门的挡门石。

现在即将进入元上都的皇城遗址。在元朝时，我们脚下的这条路是皇上走的御道。皇城是一座正方形的城池，在它的北面有着大片天然草地和水泊，曾是皇家园林的区域范围，称为北苑。而皇城的西面是民居、商铺、库房和城内军营等建筑。皇城外围每一面都建有马面和角楼，作为军事防御体系。皇城里的建筑十分庞杂，既有办事机构，又有佛道儒寺院。远处山峰上凸起的包，曾经是元代传递消息和军情报警的烽火台。

这里就是宫城。虽然在历史的长河中，宫城逐渐变为废墟，但是还有残存的遗迹可考。宫城内再往里即是元朝的皇宫。目前在宫城内已发现30多处宫殿，主要有大安阁、统天阁、万安阁、穆清殿、水晶殿等。

这块石碑处就是元上都最主要的宫殿大安阁遗址的所在地。经考古推测，这里就是元代大安阁的建筑基址。马可·波罗在游记里记载了一处用大理石修建的宫殿，它就是大安阁。大家现在看到的汉白玉石柱，当时就立在大安阁外。汉白玉石柱上刻有一对称的五爪腾龙，采用浮雕的手法，旁边有牡丹、菊花、荷花等装饰物。

如今，我们虽然已看不到元上都昔日的富丽堂皇和繁华盛世，但是它对于蒙古历史的研究和对蒙古游牧民族的意义依然重大，没有元上都的蒙古史是残缺的。真可谓：一座元上都，半部元朝史。

草原宫殿——蒙古汗城①

蒙古汗城位于锡林郭勒盟西乌珠穆沁旗，占地面积20平方千米，是一处集餐饮、住宿、娱乐、休闲、观光为一体的综合性草原旅游度假区，为国家AAAA级旅游景区，全国农（牧）业旅游示范点。它是一座建在草原上的蒙古古代宫殿，是锡林郭勒盟最为著名的草原旅游景区。因此，有人用"西有成陵，东有成庙，中有蒙古汗城"来形容蒙古汗城的影响力。

乌珠穆沁是蒙古语，汉语意思是"摘葡萄的人们"。历史上，乌珠穆沁是蒙古族的一个部落名称，因早期生活在蒙古国边界及阿尔泰山脉的分支葡萄山附近而得名。大约17世纪中期，他们迁移到这片草原，在此驻牧，并用部落的名字将这片草原称为乌珠穆沁草原。

乌珠穆沁草原是典型的温带草原，面积为7万多平方千米。这里草原风貌保存完整，是唯一汇集内蒙古九大类型草原的地区，号称中国北方草原最华丽、最壮美的地段，素有"天堂草原"之美称。这里是蒙古族风俗文化保存最完整的地区，被誉为"摔跤健将摇篮""蒙古长调之乡""民族服饰之都""游牧文化之源"。

蒙古汗城是以成吉思汗登基大典的汗城为蓝本而进行修建的蒙古包群建筑景

---

① 本篇讲解资料由曲红光编写、刘春玲修改，部分资料来源于锡林郭勒蒙古汗城旅游网。

区。景区以金顶大帐为中心，四周分布着150多顶蒙古包，其中有100间豪华蒙古包（标准间），可同时接待1500人用餐、400人住宿，并有独具艺术魅力的蒙古族原生态歌舞演出、篝火晚会和小型那达慕，是接待会议、团体旅游、休闲避暑的理想景区。现在就让我们一同走进蒙古汗城，共同领略乌珠穆沁草原风光、蒙古族传统文化和13世纪神秘的宫廷文化吧。

这些旗帜是苏鲁锭。"苏鲁锭"是蒙古语的音译，又译为"苏勒德"，意思是"矛"。苏鲁锭是长生天赐予成吉思汗统率的蒙古军队的战旗，对于蒙古族人民来说它是民族的守护神，是蒙古军队战无不胜的象征。据民间传说，成吉思汗出征时，苏鲁锭指向哪里，蒙古大军的铁骑就会到达哪里。大家看，苏鲁锭的最上端是一个类似于中国古代的"矛"的兵器，矛的下端有一盘状物作为底拖，沿圆盘穿有九九八十一个孔，以马鬃作为垂缨，最底端还有起固定作用的松柏杆。固定垂缨的皮条是用羊皮在白酒和黄油中熬煮制成的。底端的松柏杆柄，蒙古语译作"希勒彼"，一般选用笔直的柏木制成的。将矛的柄安进柏木杆之后，外面套上银束子，并用白色绸缎绕牢固定呈月牙状。（关于苏鲁锭还有一个美丽的传说，详见书中成吉思汗陵部分相关讲解资料）。有朋友可能会注意到，苏鲁锭有黑鬃色和白鬃色之分。一般来讲，战争时期用黑色，而和平时期用白色，以表示平安吉祥。

这座蒙古包式金顶大帐就是景区的中心建筑，建筑面积达260平方米，直径达到18米。从空中俯瞰，它就像一朵盛开在草原上的巨大莲花，周围如星星般散落着近百个大大小小的蒙古包。在大帐中，最震撼和最吸引人的就是蒙古族宫廷宴会。蒙古族宫廷宴会主要由可汗登基宴会、部落联盟宴会、战争胜利宴会和"诈马宴"、庆功宴等组成，恢宏大气。在这些宴会里最能体现蒙古族民族特色的宴会就是"诈马宴"（讲解资料见教材相关内容）了。大家一会儿就可以体验一下"诈马宴"的隆重与热闹。

好了，大家可以在景区内自由参观，体验草原娱乐活动项目，品尝蒙古族美食，体验蒙古族游牧文化。

塞外古刹——贝子庙[①]

贝子庙位于锡林浩特市市区北部，为内蒙古四大庙宇之一，被称为锡林郭勒地区第一大寺，是锡林郭勒盟佛教文化的一大宝库，享有"北国名刹"的美誉。现为内蒙古自治区重点文物保护单位（1996年）、国家重点文物保护对象（2006年）、国家AAAA级旅游景区。

锡林浩特是在贝子庙的基础上逐渐发展而来的。康熙年间，阿巴哈纳尔左旗是周围草原牧民集会的地方，同时也是僧人们不定期举行经会的地方。1684年，根据治旗贝子的提议，在今宝力根山（又名为"宝勒根"）下建了一座木质的小庙作为旗

---

① 本篇讲解资料由曲红光编写、刘春玲修编，部分参考资料来源于原锡林郭勒盟旅游局（今锡林郭勒盟文体旅游广电局）网站。

庙。这就是如今贝子庙的雏形。当时的庙宇规模较小，只有 30 个僧人。到乾隆年间，随着藏传佛教的兴盛，各地开始大量兴建寺院庙堂，这座小庙已经不能满足需要，另建新庙已迫在眉睫。乾隆八年(1743 年)，当时治旗贝子巴拉吉道尔吉与巴拉珠尔轮德布一世活佛，共同决定将原来的小庙移至锡林河畔的一处山丘(也就是现在的宝勒根山，即宝山)上，并进行修建扩大。经过两年的建设，完成了殿堂建设，清廷赐名"崇善寺"。当地牧民根据一世活佛的名字，将其命名为"班迪德格葛黑特"，同时又亲切地称其为"大庙"。

新寺庙建有两层高的大殿、两座偏殿以及僧舍与院落(今朝克钦大殿后的三座殿堂)。自此，喇嘛就成为锡林浩特最早的定居人口。也就是说锡林浩特是由贝子庙发展而来的。贝子庙建后，旗民(当地老百姓)信徒便有了进香拜佛和从事佛事活动的固定场所，旅蒙商人也每年在此进行商品交易，因此这里就成为旗经济文化的中心。

在百余年间，该庙成为远近牧民朝拜的主要场所，香火鼎盛。据锡林郭勒盟文史记载，大殿供奉的通高丈余的弥勒佛金漆雕像，两边是彩塑的护世四大天王，东西偏殿是彩塑的十八罗汉，每殿九尊。可惜，这些雕像和建筑在"文化大革命"中被焚毁，如今我们看到的是在遗址上重修的。

贝子庙景区由贝子庙广场、贝子庙、额尔敦十三敖包组成。贝子庙广场是锡林浩特市市民活动娱乐的主要场所。历史上，贝子庙几经毁修。现在的贝子庙建筑群共分五大殿，中为朝克沁(行政教务)殿，两侧分别为拉布楞(活佛)殿，却日(哲学)殿，满巴(医务)殿和珠多都巴(天文数学)殿。在庙宇后方，大家可以看到很多台阶，我们沿着台阶向上就可直通额尔敦十三敖包群。额尔敦敖包始建于 1753 年(清乾隆十八年)，在文化大革命中被毁。1973 年这里建起一座人民英雄纪念碑，2002年纪念碑迁至烈士陵园。经过近两年的规划建设，重新恢复了额尔敦敖包。额尔敦敖包有近二百年的祭祀历史。传统祭祀日为每年的农历五月十三。目前，每年以祭祀额尔敦敖包为序幕的游牧文化节，已作为锡林浩特的一种节庆品牌得以推广。

恢宏博大草原文明——文化苑[①]

文化苑位于锡林浩特市新区中心地带，始建于 2005 年，2009 年 8 月正式对外开放，是锡林郭勒盟重要的文物保护、研究、展示及收藏机构，也是集中展示蒙古族地区历史文化的综合性景区。

千百年来，众多游牧民族在蒙古高原不断繁衍、兴衰、更替，留下了辉煌的足迹。蒙古族优秀首领成吉思汗带领蒙古族建立了横跨欧亚大陆的蒙古帝国，影响所及，震撼了当时整个世界。他的孙子忽必烈在锡林郭勒草原上建立元朝，设立都城——元上都，建立了中国历史上第一个由少数民族统一全国的封建王朝。锡林郭勒地区也逐渐成为元朝政治统治的中心。在这里，东西方文化交流空前繁盛，草原文明与农耕文明高度融合，锡林郭勒大草原成为蒙古族文化发展的摇篮，孕育了丰

---

① 　本篇讲解资料由曲红光编写、刘春玲修编，部分资料来源于锡林郭勒博物馆网站。

富灿烂的蒙古族文化。

文化苑是由清华大学景观规划设计院和中国建筑设计研究院规划设计的，同时结合了内蒙古各高校研究专家的意见。现在所看到的圆形文化广场、雕塑、歌舞剧院、绿地等，均属于景区范围。围绕着文化广场，分布着博物馆、歌剧院、群艺馆、会议中心、多功能演出中心、数码影院和历史名人雕塑等建筑物。

成吉思汗骑马雕塑：广场的中心是成吉思汗骑马雕塑，以它为中心，形成了雕塑群。雕塑群涵盖的内容包括：蒙古族起源——苍狼白鹿的传说、成吉思汗蒙古黄金家族产生的艰辛历程、蒙古帝国建立史等。下方是元朝建立者忽必烈汗以及元朝雕塑群，主要讲述了忽必烈在锡林郭勒大草原上的元政权，以及与欧亚各国间经济文化交流的内容。

民族歌剧院与群艺馆：雕塑东侧是民族歌剧院与群艺馆等建筑。民族歌剧院占地约 1 万平方米，可容纳 814 人，主要通过动态的形式，如民族歌舞、民族婚礼、好来宝、马头琴演奏、长调歌曲等活动，再现元朝辉煌的历史与文化，同时还可以召开大小型会议。群艺馆占地约有 7000 平方米，由 4 个展厅构成，主要举办一些特色的民俗文化展览。

锡林郭勒博物馆：正前方圆形的建筑物是文化苑的核心部分——锡林郭勒博物馆。博物馆于 2005 年开始修建，2008 年正式开放，展厅面积 12000 平方米，是锡林郭勒盟重要的文物保护、收藏、研究、展示单位。博物馆由一个向上倾的实圆台与向下倾斜的虚圆锥相扣而成，整体外观圆润挺拔。外围布置有玻璃幕墙，呈网格状，仿照"哈那"（蒙古包围墙）而建。接下来我们将沿着面前这 999 级台阶，拾级而上，进入博物馆的内部。博物馆地面建筑一共三层，呈螺旋状自上而下延伸，展现三大主题内容。（详细资料请看"知识链接"）

草原珍珠——锡林河草原文化旅游度假区①

锡林河草原文化旅游度假区位于锡林浩特市东南大约 15 千米处，锡林河的南岸，总面积 17.5 平方千米，是集餐饮、住宿、娱乐、休闲、观光为一体的综合性草原旅游度假区，为国家 AAA 级旅游景区。

锡林郭勒盟，蒙古语意为"高原上的河流"。因锡林郭勒高原上流淌的锡林河而得名。锡林浩特市位于锡林郭勒大草原的腹地，锡林河绕城而过，因而被誉为"草原中的城市，城市中的草原"。在这里，我们可以看到草原与城市伴生共存的美丽景色。

锡林河是内蒙古最大的内陆河水系——乌拉盖河的支流，是锡林郭勒草原赖以生存的母亲河。它发源于赤峰市克什克腾旗境内大兴安岭西侧余脉，上游为东西流向，中下游由于地势发生变化，流向折向北，至锡林浩特市巴彦宝拉格苏木查干淖尔消失。它横穿锡林浩特中南部草原，仿佛草原的一条银色腰带，风景美丽迷人。观赏锡林河风光的最佳地段在锡林浩特市南大约 15 千米处，当地人称之为九曲湾。

知识链接
锡林郭勒博物馆
展厅内讲解资料

知识链接
锡林河草原文
化旅游度假区
单元讲解资料

① 本篇讲解资料由曲红光编写。

锡林河河水流淌到这里，河面突然变得开阔，河流右岸土地坡面陡峭，左岸坡面平缓，造成河流流动时摆动次数频繁，形成众多的河曲。大量的芦苇及其他水生植物布满河流两岸，为锡林河九曲弯增添了绿色的美。为了更好地维护这里的生态环境，我们在锡林河九曲湾的下游修建了水库，每年春季都会有大量的野生珍禽在此栖息，更为锡林九曲湾带来了勃勃生机。

关于锡林河，有许多美丽的传说故事。据说，这片草原上有个名叫锡林的奴隶，为了给患有重病的母亲寻找传说中的"神泉水"，跑遍了整个草原，历尽千辛万苦。他的孝心和执着感动了"水神"，便指引他找到了"神泉"，治好了他母亲的病。善良的锡林又将"神泉水"分享给众多贫苦的牧民，为这片草原带来了吉祥安康。还有一个传说：成吉思汗在攻金的途中，路过锡林河九曲湾，看见河水蜿蜒流淌，牛羊似珍珠洒满沿岸，被深深吸引，表示战争结束后还要回到这里。传说固然是传说，但却可以看到草原儿女对这片土地的热爱及自豪。（详细资料请看"知识链接"）

恐龙之乡——二连浩特盆地白垩纪恐龙国家地质公园①

二连浩特盆地白垩纪恐龙国家地质公园位于二连浩特市区东北 9 千米，是一处集恐龙遗址保护、科学教育、旅游观光为一体的综合性公园，先后被评为自治区级地质公园（2006 年）、国家级地质公园（2009 年）、AAAA 级旅游景区（2009 年）。

在远古时代，二连浩特就是古生物的栖息地，属于古兴安海的浅海区，具有适合恐龙等爬行动物生长的气候、植被、生态等条件，是爬行类动物生活的乐园。二连浩特地区的恐龙化石最早是被俄国地质学家奥勃鲁切夫发现的。1894 年，奥勃鲁切夫组建了一支探险队，他们以新疆天山为起点，途径新疆、甘肃、青海交界地区，开始了亚洲探险历程。二连浩特恐龙化石首次被发现后，震惊了世界古生物学界。古生物学家纷纷来到这里，进行科学考察，发现了大量的恐龙化石，包括恐龙骨骼化石、恐龙胚胎化石、共生动植物化石 300 多件，其中出土的恐龙蛋化石数量开创了全国的新纪录。二连浩特地区也被古生物学家称为"恐龙墓地""恐龙之乡"，恐龙化石已经成为二连浩特市的城市标签。

这里还发现了世界上其他地方未曾发现的恐龙种类，经考证属于白垩纪晚期亚洲地区所特有的古生物群。这些发现对研究世界古生物的演变有着重要的价值，同时为研究恐龙的繁衍、进化提供了宝贵的实物资料。为了更好地对这些遗址遗迹进行保护研究，二连浩特市整合所有恐龙遗迹资源，修建了二连浩特盆地白垩纪恐龙国家地质公园。

公园面积为 134 平方千米，目前已建成恐龙科普馆、矿物晶馆、化石埋藏馆、伊林驿站遗址博物馆等主要场馆。公园的主体景观为白垩纪晚期恐龙化石群遗迹，同时还有相关地层遗迹、地表花岗岩等景观。公园是内蒙古地区最早进入国际古生物史册记载的恐龙化石产地。这里发现了大量的恐龙蛋化石，结束了世界生物史上

---

① 本篇讲解资料由曲红光编写、刘春玲修改。

对于恐龙卵生还是胎生的争论，为恐龙卵生提供了有利的证据；出土了目前亚洲地区最大的恐龙骨骼化石——查干淖尔龙；发现了"世界上最大的似鸟"恐龙——二连巨盗龙的骨骼化石，化石上存留有羽毛的痕迹，为恐龙进化为鸟类增添了新的证据。巨盗龙的骨骼化石现已入选全球八大著名化石，被美国《时代》杂志评为2007年度科学领域十大发现之一。这些发现足以证明二连浩特地区的恐龙遗址对世界自然生物学研究的重要作用。

我们现在进入的是恐龙科普馆。面前看到的是模拟白垩纪时期恐龙生活的场景。白垩纪时期，二连浩特地区属于亚热带地区，气候湿润，水分条件良好，生长着大量的绿色植被，活跃着种类繁多的古生物。其中最引人注目的便是这体型庞大的爬行类动物——恐龙。据生物学家们的考证，地球上最早的生命出现在寒武纪时代，距今大约5.4亿年以前。随后经历了亿万年漫长的物种繁衍进化，开始出现各种生物形态，散落于地球的各个角落，恐龙也作为一种新的生命形体登上生命进化的舞台。到了侏罗纪时期，恐龙成为地球上最大的爬行动物群体。因其体积庞大，数量众多，而成为地球上的霸主，统治地球大约8000万年。直至白垩纪时期（大约距今1.37亿年前—6500万年前），恐龙在地球上才开始由繁盛走向衰败。这时候，地球上适合恐龙生存的亚热带潮湿温热的气候不断发生变化，地理环境也不断地动荡变迁，恐龙的生长繁衍受到了极大影响，直至消亡。恐龙的消失，为我们留下了亿万年的未解之谜。无数生物学家、地质学家、科学家至今都在寻求解决这个迷，但是目前都没有定论。这里，我讲两个比较流行的解释。第一种说法：行星撞地球。当时有颗类似于珠穆朗玛峰大小的行星撞向了地球，撞击深达地壳，熔浆高达数千米，千万吨的灰尘、有毒物质遍及地球，阳光消失、植物停止生长。在这样的环境下，恐龙也越来越少直至消失。第二种说法：地球造山运动使板块发生位移，洋流产生变化，潮水倒退，气候变得严寒而干燥，地壳表面被厚厚的冰雪覆盖，恐龙赖以生存的绿植大量死亡，体温急剧下降，进而造成种族的消亡。

现在看到的这具恐龙骨骼化石是镰刀龙，镰刀龙是目前在二连浩特地区发现的比较奇特的一类恐龙。它有巨大的像镰刀一样的爪子，外形具有肉食龙的特点，但是从牙齿形态上看，却是典型的以植物为食的恐龙。

这具恐龙骨骼化石是巨盗龙，发现于2005年，是窃蛋龙科下的一属恐龙。窃蛋龙是恐龙的一种，长有羽毛，有海龟般的喙，但是不会飞行。学术上对恐龙一直有两种观点：一种是我们刚才介绍的，恐龙已经在地球上彻底灭绝；还有一种观点认为恐龙只是部分灭绝，有一部分进化成了鸟类，依据就是这些带有羽毛痕迹的恐龙化石。这具巨盗龙化石长8米，高约4.9米，重约1.4吨，已经被吉尼斯世界纪录总部认证为"世界上最大的似鸟恐龙"。

大家随我进入展厅。首先我们看到的是一个模拟地层。二连浩特是世界最大的白垩纪恐龙化石埋藏地，化石保存在"标准地层"中。白垩，是拉丁文，意为"黏土"，因在这一时期的地层中，多见一种微细的碳酸钙沉积物，呈白色，质地较软，故称为白垩纪地层，恐龙化石多发现于这一地质层面中。大家看，下面是恐龙化石的模拟发掘现场。二连盆地的恐龙化石种类多、分布广、保存完好，反映了白垩纪晚期恐龙生物群的主要特征，是这个时期恐龙生物群的典型代表。1922 年，美国"中亚考察团"首次进行考察发掘后，又有俄、美、瑞典、苏联、加拿大、日本、比利时、意大利等国的古生物学家来这里进行科学考察，发现了大量的恐龙化石，取得了重要研究成果。这里模拟的就是化石挖掘的场景。

这个展厅是恐龙化石原地化石埋葬馆，是恐龙化石出土的原址，并播放着中外联合考古发掘的纪录片。原址 1999 年被发现，2005 年发掘，2008 年开始修建展馆。原址被发现后，探测面积至少达 3000 平方千米。为了更好地保护这些化石遗存，只进行了部分地区的挖掘，馆区内包含了 400 多平方米，其余的仍保存在自然地层环境中。

科学家认为在白垩纪时期，我们现在所处的位置并不是茫茫的荒原戈壁，而是一处流动性的水域，死亡后的恐龙被水流带到这里，形成了恐龙的墓地，经过地壳的变迁，最终形成了恐龙化石的聚集区，成为世界上著名的面积巨大的恐龙化石埋葬区。近百年时间里，这里出土了 10 多种恐龙化石，包括有蜥脚类、兽脚类、鸟脚类，发掘出似鸟龙、鸭嘴龙、镰刀龙、巨盗龙等多种类型。目前所发现的恐龙化石，以植食性种类居多，大多数体型较为高大，头部较小，脖颈长而柔软，有利于啃食高处的植物。同时，它们大多数有比较粗壮的尾巴，用以辅助支撑身体的平衡。从出土的骨骼化石来看，多数肉食性恐龙比植食性恐龙体型要小，后肢发达，强而有力，有利于奔跑捕捉猎物。展馆内还有许多与恐龙生活在同一时代的其他动植物化石，有鱼、鸟、树木等，全面反映了白垩纪时期这个地区的生态环境。

祖国北大门——二连浩特国门旅游区[①]

二连浩特国门旅游区位于锡林郭勒盟二连浩特市，是著名的边境旅游景区，是一座集旅游观光、军旅体验、爱国教育于一体的景区。

二连浩特市是内蒙古自治区计划单列市，被国务院列为 13 个沿边开放城市之一，位于内蒙古自治区的正北部，锡林郭勒盟的西部，是我国边境线上较为重要的交通节点，与蒙古国最南边的扎门乌德市，仅仅只有 9 千米的距离。二连浩特市是一座美丽的边疆城市，是内蒙古自治区目前对蒙古国开放的最大的公路、铁路口岸，是内蒙古唯一一处有铁路通向蒙古的口岸，是"茶叶之路""草原丝绸之路"的重要节点城市。2020 年二连浩特市入选国家全域旅游示范区。

二连浩特因在额仁淖尔盐湖附近（现名为"二连盐湖"）而得名。额仁淖尔是蒙古语，意为"色彩斑斓的湖泊"，是草原牧人对荒漠戈壁景色的一种美好描述，有海市蜃楼的意思。据考证，二连浩特最早有人类居住的地方就是在这个盐池附近。

在远古时代，二连浩特就是古生物的栖息地，曾经是恐龙等爬行类动物的乐

---

① 本篇讲解资料由曲红光编写，部分参考资料来源于二连浩特市政府网站。

园。我们行车的正前方，有两只巨大恐龙雕塑组合成的一座拱形门，这就是我们进入二连浩特市的标志——二连浩特市恐龙门。这座恐龙门建于 2006 年，是为庆祝二连浩特市成立 50 周年而建的。市门雕塑的原型来源于目前世界上发现的第二大恐龙"腕龙"的复原造型。这两只恐龙高为 19 米，东西跨度为 34 米。两只恐龙总长 80 米，体积 4080 立方米，共用钢材 60 吨，石料 1000 方，混凝土 360 方，堪称世界最大的钢结构恐龙雕塑，是"恐龙之乡"二连浩特的标志性建筑。两只恐龙一雌一雄，昂首曲颈，成亲吻状，象征"和谐、友好、博爱、团结"的主题，喻意着二连浩特将以最诚挚的情感打动世界、拥抱世界。

我们脚下的这条路是 208 国道，沿道路分布着大大小小、形态各异的恐龙雕塑，是二连浩特重点打造的景观大道，现已申报了吉尼斯世界纪录，成为对外形象的展示性窗口。

国门景区位于二连浩特市北郊的军事管理区，占地 130 万平方米，最北边直至中蒙边境。从这里的口岸可以直接进出蒙古国。我们现在位于景区入口的迎宾区，即游客服务区。这是迎宾广场，这里有一组雕塑，主题为"驿路"。清朝时这里曾经是"伊林"驿站的所在地，现如今又是我国对外开放的重要交通节点，因此我们以"驿路"为主题建造了这组塑像。雕塑高度 8.6 米，铸铁制成，有 10 余吨重。大家看一下上面的雕塑，是不是像很多车轮的变形体？的确，雕像由下而上依次是勒勒车轮、汽车轮、火车轮和飞机涡轮，涵盖了二连浩特作为"驿站"所用到的所有交通工具，以此来展现二连浩特城市沧桑历史的演变。碾过千年的勒勒车轮，驶过百年的汽车车轮，驰过 50 年的火车车轮和头上飞过的飞机涡轮……这座小城在不断地变化着。

我们看到前面和中国汉字"门"字一样的建筑，就是国门景区的入口了。被誉为"祖国北大门"的新国门，建成于 2007 年，总投资 1200 万元。在"门"字形景区的入口后面，依次整齐地排列着 12 座引景门，与千米引景大道相互辉映，看起来气势恢宏大气。

接下来，我们将乘坐游览车穿越千米引景大道，前往火车纪念广场参观游览。二连浩特城市的发展，可以说与火车密不可分。新中国成立初期，国家为了经济建设及发展对外关系的需要，开始勘测设计一条连接我国与蒙古国、苏联的铁路，初步规划了集宁—二连浩特—乌兰巴托—莫斯科线路。在修筑铁路的过程中，中苏技术人员团结协作，集宁至二连浩特的火车很快就全线开通。同年，二连浩特至蒙古国国境线的铁路也修建完成。1956 年中蒙两国在二连浩特举行了隆重的火车接轨仪式，庆祝中蒙两国铁路顺利接轨。随后，中蒙苏三国联合宣布北京—乌兰巴托—莫斯科的铁路全线通车。从此后至今，二连浩特成为我国唯一有火车通向蒙古的口岸，也是连接东欧各国的重要咽喉。中蒙苏三国铁路联运线开通后，蒙古国总理泽登巴尔和我国的朱德将军等，都曾乘坐这列专线进行互访。同时这条铁路线也开始承担国际货物运输任务，二连浩特市也因承当重要的运输节点而逐步诞生发展。经过多年的发展扩建，二连浩特口岸现已能够接运和换装上千万吨的货物，每年运送十几万人次旅游者，为二连浩特市的发展奠定了良好的经济基础。所以，有人说"二连浩特是一座火车拉来的城市"，经济是"绑在火车轮子上的经济"。这句话一点也不夸张，这座城市带有浓重的铁路情节。

现在看到的火车纪念广场，是根据联运线开通时所建的二连场站的原景修建的，占地面积8500平方米。我们可以看到站台上有辆火车，那是新中国成立初期普遍使用的蒸汽火车的机头和车厢。蒸汽火车是世界火车的鼻祖，是世界火车史的第一代产品。瓦特发明了蒸汽机，斯蒂芬森制造出了世界第一台蒸汽机车。因为在机车的运行过程中，主要通过用煤炭烧水变为蒸汽，来作为机车的动力，推动火车前行，故将这种机车称为"火车"。我们面前的这辆火车机头和车厢即属于最初级、最古老的火车。

大家看站台的北侧，在那里有一面艺术围墙，面积有530平方米。墙面用剪影的形式展现了我国当代军人的军旅生活。在它的后面就是二连浩特市驻扎部队的工作区域了，是军事管理区域，禁止参观。历史上，由于二连浩特市地理位置特殊，所以它的主要功能是守边戍防。国门关系到祖国边境的安宁与稳定，所以属于军事管理区范围，在改革开放前，是不对外开放和不允许参观游览的。

我们将参观国门景区的核心部分。大家请看，在路的两侧放有形状不一、大小各异的石块，有20多块。这些石头全部是泰山石。在历史上，二连浩特是名副其实的边塞地区，因此我们在这些石块上刻了很多关于边塞的诗句，时间大约从汉代到宋朝。大家可以来赏析一下。

我们现在看到的即是被誉为"祖国北大门"的二连国门。二连国门横跨了中蒙两条铁路。这条铁路是连接首都北京和乌兰巴托、莫斯科的交通大动脉，被誉为"欧亚大陆桥"。国门主体为钢结构减力墙，外墙是由花岗岩、钢骨架、玻璃丝、绵保温组成的复合墙体，高21米，长71.4米，宽13米，共4层，建筑面积2406平方米。其中一层为纪念品销售处，二层为墨宝室、中蒙友好关系发展史，三层设立有国门博物馆、高档休息区、国门影吧，四层设立有国门会务室展区、眺望区、休息区。全部安装有闭路监视系统和防雷接地系统。站在国门顶层向北方远眺，即是蒙古共和国。通过高倍望远镜，可清晰地看到蒙古国边境城市扎门乌德市。

这两块界碑，是中蒙两国的分界标识，具有非凡的意义。两块界碑分别是815号和816号，是我国所有边界站点唯一的双号双立界碑。这两块界碑不论是到二连浩特还是到蒙古国的扎门乌德市的距离均为4.5千米。2003年8月15日，原来立在这里的界碑357号，完成了它40年的戍边使命，正式退役。同时新界碑815(1)号正式接过哨岗，开始了新的生命历程。从此以后815(1)、815(2)、816(1)和816(2)号界碑分别矗立在两条铁路的两侧。中蒙两国的镀金国徽分别镶嵌于界碑两面，看起来肃穆庄严，气势非凡。

看到界碑，一股民族自豪感油然而生，我们不禁感只有国家繁荣强大，边疆才能如此安宁稳定。

天边草原——乌拉盖草原①

美丽的乌拉盖草原位于锡林郭勒盟、通辽市和兴安盟的交界处。它就像一块硕大的翠绿宝石，镶嵌在祖国的北疆，构筑起一道天然的生态屏障。

乌拉盖草原，素有"天边草原"的美誉。这里保存着世界上最完好的天然草原，属于森林草原向典型草原的过渡地带，以典型草原为主，草原可利用面积 4618 平方千米。由于乌拉盖草原具有完好的草原生态性，电影《狼图腾》就在这里取景，并在这里杀青。2015 年电影上映，乌拉盖草原也因此名声大噪。

自古以来，我国北方许多游牧民族曾先后在乌拉盖草原生息、繁衍和征战，在乌拉盖河畔创造了灿烂的草原游牧文化。现如今，这里还留有布林庙、农乃庙、成吉思汗边墙、固腊卜赛汗敖包等历史文化遗迹。在乌拉盖河与其支流色也勒吉河汇合处的高尧乌拉山附近，就存在一处闻名的古战场遗址。成吉思汗统一蒙古过程中的两次重要战役，即阔亦田之战和歼灭塔塔儿部落之战就发生在这里。

乌拉盖草原因乌拉盖河得名。乌拉盖系蒙古语，汉语意为"弯弯曲曲"，意指乌拉盖河。在历史上，不同时期，乌拉盖河的名字也不尽相同。例如，《蒙古秘史》曾记载为"浯泐河"，明代记载为"兀鲁河"，清代曾记载为"芦河"或"乌尔虎河"。乌拉盖河全长 360 多千米，是内蒙古第一大内陆河，发源于宝格达山西麓，由泉水汇集而成，流经乌拉盖管理区境内 100 千米，向西流入东乌珠穆沁旗境内的乌拉盖戈壁湖泊中。湖区周边生活着黄羊、旱獭、狼、仙鹤、天鹅、大雁、黄羊等数十种野生动物和黄花、蘑菇、蕨菜等几十种野生植物，湖区周边还有天鹅湖、贺斯格淖尔湿地、原始次生白桦林、芍药谷、黄花沟等著名景点。

九曲湾属乌拉盖河最为蜿蜒曲折的河流，向西与乌拉盖湖入口相连。沿河床北岸生长的红柳，将其装点得清澈而美丽。九曲湾最佳观景点位于东侧的高尧乌拉，汉语意为"美丽的山"。高尧乌拉处于低山丘陵地带，秀丽挺拔，明显高于其他山峰，山间草木茂盛，有多种名贵中草药。从山上俯瞰蜿蜒的乌拉盖河，河水百转千回，旖旎妖娆，形成了草原上令人叹为观止的著名景观。

乌拉盖水库位于乌拉盖河的中上游，风景秀丽，可以用"蓝天、白云、青草、绿水、飞禽"等来形容。每年四、五月，数以千只的天鹅、大雁来此暂住，为这里增添了无限的生机与活力。届时，草原上那一座座白色的蒙古包，就成为游客休闲度假的好去处了。近几年来，乌拉盖水库以"穿越草原时空，体验水上生活"为特色，吸引了来自全国各地成千上万的游客。

斯格淖尔景区位于贺斯格乌拉牧场北 45 千米处，面积 42700 公顷。这里泉眼密布，有宽阔的沼泽湿地，形成了典型的草甸草原，是锡林郭勒湿地资源最丰富的地区。1983 年开引水渠，筑堤坝，修节制闸，形成了水域面积为 6000 亩的小型水

---

① 本篇讲解资料由刘春玲编写，参考资料部分来源于乌拉盖管理区管理委员会官网，部分来源于"乌拉盖河的博客"。

库。在这里大家可以品尝亲手钓上的天然鲫鱼，在宽广的湖面上划船，在芦苇荡中穿行，也可在野花丛中野营，品尝当地特有的蒙古族手把肉及奶食品。

原始次生白桦林位于乌拉盖哈拉盖图农牧场场部东北40千米处，面积约55万亩。林内植被茂密，是野生动物理想的栖息地。在这里大家可以进行原始森林探秘、乌拉盖河漂流、河边垂钓等活动。

芍药谷也是让我们大饱眼福的地方。它位于贺斯格乌拉牧场场部东北12千米。芍药谷占地面积约2000亩，土质为黑钙土，平均气温19.9℃，具备芍药花生长所需要的得天独厚的自然条件和气候条件。每年6月中下旬，漫山遍野开满芍药花，绿草如茵的草原一时间花香四溢，如诗如画，吸引了无数旅游者纷至沓来，一睹芍药花之美。芍药又称野牡丹，属毛茛科，多年生草本植物，株高60～80厘米，地下有圆柱形、纺锤形块根。花期10～20天，花多为白色、红色和浅粉色，生长在北温带，大部分产于亚洲。野生芍药的根茎可入药，开红色花的芍药根茎为赤芍，赤芍生性微寒、味苦。因为芍药能入药，有可观的经济价值，所以，前些年有些人专门靠采挖野生赤芍谋求利益，最终导致野生芍药锐减。近几年，乌拉盖管理区加大了草原生态环境保护与建设的力度，严厉打击非法采挖和收购野生药材违法活动，使草原又恢复了勃勃生机。先前很难寻觅的野生芍药花，如今又在草原上恣意盛开。芍药谷的芍药花，最珍贵之处就在于其全部是野生的，而且也是国内最晚盛开的。所以，大家一定要树立保护意识，珍惜这大自然赐予我们的礼物。

布日都淖尔是一处天然湖泊，位于贺斯格乌拉牧场东南3千米处，水域面积2000余亩。淖尔（湖泊）长年积水，芦苇丛生，是天鹅、大雁等珍稀候鸟迁徙的必经之地。每年4—5月，水面上停留着数以千计的天鹅、大雁，因此这里也被称为"天鹅湖"。

乌拉盖草原保留着独特的乌珠穆沁部落蒙古族民俗风情文化。在每年农历六月初四（多在草绿花红、马壮羊肥的7、8月）会举行草原盛会——那达慕大会。"那达慕"是蒙语的译音，意为"娱乐、游戏"，以表示丰收的喜悦之情。那达慕大会上一个隆重的环节就是祭敖包。此外，那达慕大会上还有武术、马球、乘马斩劈、马竞走、摩托车等表演。夜幕降临时，马头琴声会在草原上飘荡，蒙古包前男女青年会围着篝火跳舞。

(九)赤峰市代表性景区景点资料

封爵显赫、风雨沧桑——喀喇沁蒙古亲王府博物馆[①]

喀喇沁亲王府博物馆位于赤峰市喀喇沁旗王爷府镇，是国内现存建府时间最早、封爵等级最高、建筑面积最大、现状保存最好的清代蒙古王府古建筑群。2001年被列为全国重点文物保护单位，2005年晋升为国家AAAA级旅游景区，2006年

---

① 本篇讲解资料由杨智勇编写。

入选"56 个最具民族特色旅游景区"。

王府始建于清康熙十八年(1679 年),占地 8.7 万平方米,房屋 380 间。2002 年作为清代蒙古王府博物馆对外开放。馆内分别开辟了"蒙满联姻""盟旗制度""蒙古民俗""漠南书画展""开明蒙古王—贡桑诺尔布""贡王办学""特睦格图印刷馆""尹湛纳希文学馆"等 20 多个展室,展出了喀喇沁亲王府传世文物数百件,具有较高的历史、艺术和科学价值。(详细资料请看"知识链接")

石砌史书、洪荒石阵①——阿斯哈图石阵旅游区②

阿斯哈图石阵旅游区坐落在赤峰市克什克腾旗境内大兴安岭的支脉北大山上。石阵沿北大山山脊呈东北向分布,平均海拔 1700 米左右,东西宽 3 千米,南北长 5.5 千米,面积约为 15.6 平方千米。石阵相对高度 5～30 米,是克什克腾世界地质公园的核心区。2018 年被评为国家级 AAAAA 级旅游景区。

阿斯哈图是蒙古语,意为"险峻的岩石"。同云南的路南石林相比,二者有很大的区别。云南石林石头的纹理是垂直上下的,好似刀劈斧砍;石阵的石头的纹理是横向的,一层一层的,好似千层饼。

阿斯哈图石阵是花岗岩地貌与石林地貌相结合的一个花岗岩地貌新类型,是世界上独有的一种奇特的地貌景观。那么石阵是怎样形成的呢?据专家分析,阿斯哈图石林主要是在冰盖冰川的刨蚀、掘蚀以及大量冰川融水的冲蚀作用下形成的,所以叫"冰川石林"。第四纪冰川长期的精雕细刻,造就了阿斯哈图冰石林这一方神秘独特的自然风貌。这里兼具华山之险峻、黄山之秀丽、泰山之雄奇。这里山连着山,峰连着峰,山山各具特色,山山不同,峰峰各异。

按照岩石成因的不同,石阵岩石主要有以下 10 种形态,分别是石林、石柱、石棚、石墙、石壁、石塌、石缝、石洞、石胡同和险石。

石阵旅游区主要由草原石林、草原天柱、草原鲲鹏、草原石城和草原石堡 5 个核心旅游区组成。主要代表性景点为石林迷宫、月亮城堡、城市风光、将军床、北京猿人、天下粮仓、乘风破浪、飞来石、书山、七仙女、拴马桩等。

草原石林景区

壮丽山河:壮丽山河是由花岗岩石墙构成的石林。有的高耸入云,有的绵延巍峨,有的层层叠叠,好似向人们讲述着这里曾经发生过的不为人知的故事。

月亮城堡:这片拔地而起的石林,好似古城堡独踞一方;从远处看又似新月出谷,因此我们把它取名为月亮城堡。它是由古代冰斗的花岗岩刃脊,经过长期的风化及重力崩塌作用而形成的。

玉兔迎宾:大家看,这块石头像不像一只玉兔?在鲜花和碧草丛中,它静静地

---

① 原名阿斯哈图石林景区。2016 年 8 月,南开大学旅游与服务学院白长虹院长赞美阿斯哈图石林鬼斧神工、世界罕见,并建议称石林为"洪荒石阵"。——消息来源于赤峰旅游官方网。

② 本篇讲解资料来源于赤峰文化和旅游局官网、克什克腾石阵旅游区官网、克什克腾石阵景区微信公众号,经刘春玲改编而成。

蹲守着，淡定从容地迎接着八方来客，见证着地球亿万年来的沧桑变迁。

鱼尾塔：这块花岗岩岩体，以近似水平的节理顺坡倾斜，差异风化后形成了底部宽大、向上逐渐变小的形状，两侧残留的三角形岩块好似鱼鳍一样，因此我们把它叫作"鱼尾塔"。

仙人对弈：这是一组石错景观。远远看去，两位仙人正下到关键时刻，其中一位仙人手夹棋子正在低头思索，好像这亿万年的棋局胜败只在这一子之上。

天下粮仓：这是一组典型的石柱景观。两组擎天石柱组成一个偌大的粮仓，储天下粮，济万世民，显示着顶天立地的宏伟气势。

七仙女：大家看这组岩石，它们以垂直节理为单位，经过剥蚀、风蚀、水蚀等自然侵蚀的作用，形成了七个形态各异、婀娜多姿的仙女。因此，我们便以民间传说中的七仙女为她们命名了。

平衡石：这是一组险石，由两组垂直节理切割而形成的菱形柱石组成，上大下小。经过专家测算，上端的石块重 60 多吨，两端不平衡程度不超过 100 吨。

罗汉阵：这组岩石在冰川学上被称为刃脊和角峰，这是古冰川一个冰斗的后缘。大家仔细观察，这组石林中，弥勒佛面南而坐，对他身旁预要起身攻击的眼镜蛇不理不睬，体现着佛家的大智大慧。

草原天柱景区

卧驼峰：花岗岩在冰川时期，垂直方向上受到顶部冻结的压力，而在后来的融化时期，紧压的形态反弹，如此反复，形成了卧驼状的岩体。

拴马桩：大家看到的这块岩石，高 26 米，重 2500 多吨，是景区内最高的一组石景。相传，成吉思汗率军攻破金边堡后，在此地休息时把自己的战马拴在了这个石柱上。

书山：这是一组规则的柱状石墙，岩体中垂直节理均匀，风化后形成方格状石墙。这组石墙全长 90 米，高 10 米左右，好像一摞摞摆放整齐的巨书，因此称为"书山"。

三结义：这组岩石由两组垂直节理发育、经过长期风化和重力崩塌作用形成的相邻石柱组成。由于底座相连，形成三位一体，又像是刘关张三位异姓兄弟在焚香结拜。

双足宝鼎：外形像古代宝鼎，又像是上海世博会中国馆。经过长期的风蚀和磨蚀作用，形成顶部断开、底座相连的石柱，顶面布满了大小不一的岩臼。

草原鲲鹏景区

姐妹峰：两个独立的石柱由于长期的风蚀作用，塑造成浑圆状的优美姿态，高度分别为 13 米和 14 米，犹如一对草原上放牧的姐妹。

卧虎石：从不同的角度观赏，呈现出不同的姿态，从侧面观察，好像捕食归来的老虎，静卧在山冈上，正在享用食物。

试剑石：花岗岩垂直节理发育，经风化剥蚀，在风化和重力崩塌作用下，花岗岩岩体如同被利剑劈开，形成现在所看到的形态奇特的试剑石。

飞来石：高 6 米，近似水平节理与坡角一致，底部南面仅局部与地面相连，是典型的险石。属于冰川漂砾，经过了亿万年的变迁，这块飞来石依然屹立在山巅。

草原鲲鹏：上部风化较底层严重，差异风化后的岩体形态酷似一只落在草原的鲲鹏。整个岩石长 29 米，宽 24 米，头部高近 20 米。这块岩石可用一首诗来形容："鲲鹏本应在西天，为何万里来草原。风光旖旎美如画，占据山巅不思还。"

金蟾石：高 20 米，重 13000 多吨。岩性为中粗粒花岗岩，岩石面不光滑，由于长期受到风化剥蚀而形成了金蟾的形状。

草原石城

雄狮：花岗岩岩体水平节理发育，而垂直节理稀疏且不连贯，因此受风化较弱而形成石墙，好像一只矫健的雄狮慵懒地卧在丹花碧草间，守护着自己的领地。

竞秀：垂直节理发育不连续，使得两个石柱风化崩塌后位置相连，形状相似，却又形态各异，好像正在进行竞秀赛美。

城市风光：是由两组垂直节理切割而形成的四个花岗岩石柱，单个石柱长 3～4 米，高达 5 米，排列错落有致，远看像一栋栋高楼林立。只是它们不是由人工雕琢的，而是古冰川刨蚀而成。

叉阵石：花岗岩岩体中水平节理发育，垂直节理倾斜，底部由于重力而倒塌。石体长约 6 米，宽约 4 米，形状好像举重物的叉车。

草原石堡

骆驼城堡：由高大的花岗岩石墙、狭长的节理和奇特的石洞共同组成的石林迷宫。外形酷似两头骆驼，前方像负重的大骆驼，正缓慢前行，后方跟着一头小骆驼迤逦而行。

别有洞天：岩石被海水涮蚀及冰剥蚀的现象较为明显。在初秋的月夜，月光从洞里幽幽射出，会呈现出神秘的褐色，别有一番神韵。

一线天：冬季严寒把石柱的一部分与冰雪冰冻成一体，春季时，巨冰分成若干块，冰裹着石块随海水移动，形成石缝，最窄处仅有 20 多厘米。

地球之肺、鸟类天堂——达里诺尔湖[①]

达里诺尔湖位于赤峰市克什克腾旗经棚镇西北约 90 千米处，水域面积 40 多万亩，是内蒙古第二大淡水湖。"达里诺尔"古时候称为"答儿海子"。"达里诺尔"是蒙古语，汉语意思是"像大海一样的湖泊"，所以"达里诺尔"又称"达里诺尔湖"。它的四周被水草丰美的贡格尔草原环抱着，在保护环境、调节自然生态平衡等方面起着十分重要的作用，所以，国家在这里建立了"达里诺尔国家自然保护区"。2009 年被评为国家 AAAA 级旅游景区。

保护区内生态系统复杂多样，自北向南依次为玄武岩台地、湖积平原、湖盆低

---

① 本篇景点讲解资料由周云斌编写。

地和风成沙地，对应分布的是台地高原植被、湖积平原草原植被、低湿地植被和沙地疏林草原植被。值得一提的是，这里的鸟类品种堪称全区之冠。近年来随着白天鹅、丹顶鹤等珍稀水禽的不断增多，这里已经被列为"中国重要湿地"。因在迁徙的鸟类中以白天鹅居多，最多时竟能达 7 万多只，所以达里诺尔湖又有中国第三大"天鹅湖"的美誉。

经测定，很久以前，这里曾经是一个巨大的火山喷发口。后来随着地壳激烈的升降活动，地面下降后形成了一个洼地，并逐渐形成了达里诺尔湖。现在，在达里诺尔湖周围仍然有许多宽广辽阔的火山熔岩台地、火山锥和微观的火山地貌。此外还有火山弹、火山渣等火山喷发物和堆积物。达里诺尔火山群是东北九大火山之一，也是克什克腾旗国家地质公园的重要组成部分。

达里诺尔湖的水源来自贡格尔河、沙里河、亮子河、耗来河及自身的地下涌泉。正是因为有这么多丰沛的水源，才使得达里诺尔湖一直保持着广阔的水域面积。在上述四条河流中，耗来河的全长只有 17 千米，平均水深也只有 50 厘米，一般最窄处只有几厘米，放一本书就可以当桥，故又叫"书桥河"。"耗来"翻译为汉语就是"嗓子眼"的意思，这就非常形象地形容了它的细小。如果我们以"世界上最窄的河"来申请吉尼斯世界纪录，它肯定当之无愧。

达里诺尔湖景区主要有六大类景观：一是草绿花红、天蓝地净的草原景观；二是山势雄阔、怪石林立的山地景观；三是白沙似雪、绿树苍翠的沙地景观；四是水草繁茂的湿地景观；五是百鸟聚集的珍稀候鸟集群景观；六是历尽沧桑的人文景观。（详细资料请看"知识链接"）

知识链接
达里诺尔湖单元讲解资料

红山文化、玉龙故乡——玉龙沙湖国际生态文化旅游区[①]

旅游区位于内蒙古赤峰市翁牛特旗乌丹镇东北处，是国家级 AAAA 级旅游景区，是距北京、天津、沈阳等一线城市最近、最美的沙漠旅游区。

1971 年，新石器时代红山文化的标志物——"中华第一龙"在这里出土，将我国的古文明史起源又向前追溯了 1000 多年。旅游区也因此得名"玉龙沙湖"，翁牛特旗也因此被叫作"玉龙之乡"。

旅游区总面积 100 平方千米，是集响沙、草原、湖泊、湿地、怪石、奇松等元素为一体的世界东方史前文化旅游地。

2013 年，景区一期投入 1.5 亿元，建设了"龙盘沙海、寻脉红山"玉龙文化长廊徒步观光旅游线路，将第四纪冰川遗存冰岩臼群，通过全新的"红山文化寻根之旅"木栈道串联起来。同时，还建设了神女峰能量之源体验岭、大石硼红山神女祭祀文化广场、3 处大型文化主题宣传亭以及原生态集装箱星级酒店建设项目。2014 年又建设了国家沙漠公园、西拉木伦河温泉酒店、老柳林露营基地等旅游基础设施。（详细资料请看"知识链接"）

知识链接
玉龙沙湖国际生态文化旅游区单元讲解资料

---

① 本篇讲解资料由武岳编写。

天然画廊、百花草甸——乌兰布统旅游开发区①

乌兰布统草原位于克什克腾旗最南端，与河北围场县的赛罕坝林场隔河相望，距北京只有300多千米，是清朝木兰围场的一部分，因康熙皇帝指挥清军大战噶尔丹而著称于世，更以其迷人的草原风光，成为中外闻名的影视外景基地。

乌兰布统大草原地处丘陵与平原交错地带，森林和草原在这里有机结合，既具有南方优雅秀丽的阴柔之美，又具有北方粗犷雄浑的阳刚之美。这里具有三大特色景观：一是迷人的百花草甸景观。每到夏季，这里的草甸子上百花盛开，10余天就换一茬，有名的、没名的，千姿百态，万紫千红，编织出一块块五彩缤纷的地毯，因此这里也被称为"百花草甸"。二是独特的桦树林景观。在草甸边缘的慢坡地段长满了桦树，大片的桦林密不通风，形成了一处天然的"桦林"景观。三是辽阔的草原风光。这里的草原，广阔无垠，仿佛让人一下子就进入"天似穹庐，笼盖四野。天苍苍，野茫茫，风吹草低见牛羊"的意境中。

正因为乌兰布统草原具有无与伦比的美，因此这里被美术家称为"油画临摹的范本""天然画廊"，被摄影家称为"创作基地""摄影之乡"，已经成为各级各届大赛大展获奖及优秀作品的高产园地。这里还被影视家称为"露天影棚"，我们所熟悉的《还珠格格》《康熙王朝》《汉武大帝》《三国演义》等著名影视剧的大部分场景都是在这里拍摄的，而到这里拍摄部分镜头的影视及广告、专题片更是不计其数。

乌兰布统草原旅游区现有将军泡子、大峡谷、古战场、十二连营、五彩山、坝上草原、公主湖、盘龙峡谷、影视外景等众多景点。

将军泡子：这里的水面开阔，四面环山，是拍晚霞照的最佳地点。水中的芦苇长得一丛丛的，而且还错落有致，好像是给摄影师安排的道具。每天下午6点多钟时，会有一大群马飞奔到湖边来喝水，群马入水，溅起的水花非常漂亮。夜幕降临，在泡子边的蒙古包里住一晚，围坐在篝火旁欣赏马头琴和蒙古长调，会让您拥有无限的草原情怀。据史书记载和民间说法，将军泡子是当年康熙皇帝击溃噶尔丹叛军的地方。漠西蒙古准噶尔部分布在物产丰富的伊犁地区，随着势力的不断扩大，首领噶尔丹的野心也不断膨胀。1685年，噶尔丹率兵打到了塞罕坝，在将军泡子布下了由几万峰骆驼组成的骆驼阵，但是却被清军的大炮惊散，只好落荒而逃②。大炮所带来的强烈震动，改变了这里的地理结构，致使地下水涌出，形成了一个大泡子。在大战中，康熙皇帝的舅父——佟国纲将军血浴沙场，于是这个地方便被叫作将军泡子。

大峡谷：塞罕坝上还有好几处叫大峡谷的地方。当然，并不是像三峡、虎跳峡那样险峻，而是两岸坡势平缓，曲线优美的大洼地。本地人把它们叫作沟，如对长

---

① 本篇讲解资料主要参考相关网站资料，由刘春玲编写。

② 噶尔丹在几年后和清廷的又一次较量当中又溃败，溃退伊犁后发现汗位已被其侄子夺取，次年服毒自尽。

沟、北沟等，大峡谷的名字是摄影师们起的。谷底的树木长得比较低矮，弯弯曲曲的小河在树木的遮掩下断断续续。成群的牛羊漫步其间，有的峡谷里还坐落着小村庄。有雾的时候大峡谷最美，雾气不高，只在地面上飘荡，美丽的树冠都冒出来，甚至连牛、马的脊背都在雾气之上，让人有一种置身仙境的感觉。站在北沟口最高的山梁上，极目北望，一层层的大山绵延不断，远处隐约可见一片很大的湖。那是摄影师都还没去过的地方，据说是因为没有路可走，但是却让人更加向往。

古战场：位于浑善达克沙地南缘，与塞罕坝林场隔河相望，属于原来皇家猎场的一部分。在沙漠与草原接壤处，突起一座乌兰布统山峰，那是康熙大战噶尔丹的地方。山峰前面有著名的将军泡子，西南部有乌兰公河绕山而过，东部为著名的坝上草原，东北部的白沙、白桦、红柳相映成趣。古战场景点内还有十二座连营、点将台、乌兰布统草原度假村、将军泡子度假村等旅游景点。

十二连营：康熙二十九年（1690 年），康熙出师乌兰布统，平息民族分裂分子噶尔丹叛军，史称乌兰布统之战。当年 6 月，康熙皇帝的哥哥，裕亲王福全（时称抚远大将军）遵康熙帝的命令，与安北大将军进行汇合。他带领军队，出古北口，经热河，上塞罕坝，行至距敌 40 余里的吐力根河安营扎寨。营房分布于吐力根河南北两岸，范围为东西 60 里，南北 20 里，立营 140 座。这里是将军的本营，共计12 座，时称"十二座连营"，后来索性将这个地方也命名为"十二座连营"。今天，这里仍然留有当时的土墙、木栅、壕沟等遗迹。站在十二座连营的遗址上，我们仿佛可以嗅到 300 年前狼烟的气息，能够感受到古战场迎面扑来的烽火热浪，又仿佛可以看到十万大军安营扎寨的壮观场面。

五彩山：原名叫"于家大山"，是观赏次生林秋景的主要景点之一。五彩是虚指，实际上这里岂止五彩？每年 9 月下旬至 10 月上旬，在微霜冻的作用下，因抗寒能力的差别，山上不同的树种呈现出不同的颜色，赤橙黄绿青蓝紫，百花争艳，可谓是"万山红遍，层林尽染"。五彩山有沙杨树、柞树、桦树、枫树、松树、杉树、槐树、榆树、柳树等树种，还有虎榛、山玫瑰、藤条、柠条等 10 余种灌木类植物。山林中还有狼、獾、鹿、狍、狐等 10 多种哺乳动物，以及喜鹊、乌鸦、山鸡、黑禽鸡①等 30 余种鸟类。这里是摄影爱好者的天堂，以五彩山为背景的无数照片，发表在中外报纸、杂志上，其中有近百幅获得了国际大奖。

坝上草原：总面积约 350 平方千米，是内蒙古草原的一部分，平均海拔 1486米，最高海拔约 2400 米，是滦河、潮河的发源地。旅游季节平均气温为 17.4℃，是一处绿色、健康、休闲的旅游胜地。这里芳草如茵，野花遍地，牛马羊成群，白桦林枝繁叶茂，山珍野味随处可见，远处的山峰兀然耸立，美丽的闪电河如玉带环绕，还有牧人粗犷的歌声和清脆的长鞭声。清晨看草原日出，夜晚篝火旁纵情歌舞或躺在草地上看星空。

---

① 也称斗鸡，属国家二级保护动物。

公主湖：位于原乌兰布统乡境内，原是沙漠中涌出的甘泉，后被建成人工湖，水面约 50 亩，深 3～5 米。大家看，这湖边的白桦树和各种灌木、杂草、野花，是不是组成了一幅天然而美丽的画卷呢？

盘龙峡谷：位于原乌兰布统乡境内，是乌兰公河汇入西拉沐沦河的深谷河道。峡谷两岸陡峭，丛林茂密，谷底湿地水草丛生，野花怒放，河水九曲十八湾，像一条巨龙盘卧，所以又被称为"盘龙峡谷"。

欧式风光：位于红山军马场境内，2003 年全国政协副主席赵南起视察时说道："好、好、好，此处完全可以和欧洲草原风光媲美。"后来人们便把这里称为"欧式风光区"。景区内丘陵绵延，水草丰美，又有白桦树间或点缀，幽静又极具情调。

将军墓：1690 年（康熙二十九年）秋，康熙皇帝御驾亲征，在乌兰布统地区平定了噶尔丹的武装叛乱。康熙皇帝的舅父、领侍卫内大臣佟国纲阵亡。遗体被运回北京隆重安葬。在留守戍边将士的请求下，他的战袍被埋在了战场附近，建了一座衣冠冢。后来在墓旁塑造了一座"戎装跨马"雕像，供人们纪念、瞻仰、凭吊。

影视外景：位于原北京军区红山军马场境内，集原始风貌和自然风光于一体，风景独特，是著名的影视外景拍摄基地。近几年，曾经有 70 余部影视作品在这里拍摄过，如《汉武大帝》《康熙王朝》《还珠格格》《大汉天子》《贞观长歌》《昭君》《新射雕英雄传》《血泪情仇》《静静的艾敏河》《狼草原》等。

（十）通辽市代表性景区景点资料

沙漠绿色大峡谷——大青沟国家自然保护区[①]

知识链接
大青沟国家级
自然保护区
单元讲解资料

大青沟距科尔沁左翼后旗政府所在地甘旗卡镇 25 千米，1980 年建立大青沟珍贵阔叶林自然保护区，1988 年被列为国家级自然保护区。保护区的四周是著名的科尔沁沙地，沙地总面积 4.34 万平方千米。大青沟是万里沙海中的一片绿色，素有"沙漠绿洲""沙海明珠""天然野生动植物基因库"等诸多美誉，被称为"沙漠绿色大峡谷""沙漠中的江南"。

大青沟有奇特的地貌、茂密的原始森林、清澈的溪流、湖泊和周边地区广袤的沙漠，还有独特的蒙古族民俗和特色饮食。它们不仅在内蒙古享有盛誉，而且在大半个东北也颇有盛名。

大青沟面积 8183 公顷，沟深 50～100 米，宽 300～400 米，由北向南绵延 20 余千米，沟内终年流淌着千眼泉水，沟底及两侧古木参天，乔灌草木丛生。这里生长着 700 多种原始稀有植物树种，如珍贵的水曲柳、黄菠萝、紫椴、白皮柳、黄榆等，属于内蒙古、东北、华北三个植物区系[②]，被联合国教科文组织列为世界科学

---

① 本篇讲解资料由王旭丽编写，部分资料来源于通辽大青沟地质公园网站。
② 保护区内拥有内蒙古、华北和长白山植物区内的植物种类，生长着 122 种木本植物和 587 种草本植物，其中国家级重点保护植物近 10 种。

考察项目，先后有 57 个国家和地区的专家、学者来此进行学术考察和研究。沟里还分布着三四十种观赏价值很高的植物，如野玫瑰、野菊花、芍药、大花杓兰等；还有 261 种中草药，如五味子、五加、黄檗、天麻、忍冬等。由于具有保存完整的森林生态系统，所以有多种动物和鸟类在这里栖息繁衍。目前发现的野生动物有野猪、狍子、狼、梅花鹿、狐狸、黄羊、蛇、秃鹫、雕、鹰、灰鹤等；鸟类 96 种，其中国家级重点保护鸟类 17 种。

大青沟旅游区共分三处景区，分别是原始森林景区、三岔口漂流探险景区和小青湖度假村景区。在不破坏生态环境和原始风貌的前提下，现已开发建成了漂流探险、空中游览、大漠漂流、草原赛马、民俗风情等项目，其中骑马、漂流、空中游是大青沟最著名的三大旅游项目。自 2001 年以来，每年举办大青沟民俗文化旅游节，吸引了大量游客。有一首诗是这样赞美大青沟的："林密泉水涌，花香野果稠，玉盘滴翡翠，本是神工琢。"好了，还是让我们迈开脚步，去领略大青沟美丽的自然风光吧！（详细资料请看"知识链接"）

孝庄园文化旅游区①

通辽市孝庄园文化旅游区，简称"孝庄园"，是以清代孝庄文皇后出生地为主题的大型历史文化景区。景区位于内蒙古科尔沁草原腹地，通辽市科尔沁左翼中旗境内，原达尔罕亲王府旧址，距离通辽市区 48 千米。目前，已被列为"内蒙古自治区第二批文化产业示范基地"和"十二五"期间内蒙古自治区最具影响力的文化产业园区，是国家 AAAA 级旅游景区。

知识链接
孝庄园文化
旅游区单元讲
解资料

景区总占地面积 1 万亩，规划有 10 多处景点，如孝庄园故居·达尔罕亲王府、孝庄博物馆、嘎达梅林纪念馆、达尔罕兵营、白塔寺、白龙湖、科尔沁与后金盟誓碑、科尔沁蒙古风情园等。其中，"孝庄故居·达尔罕亲王府"是旅游区的核心景区。王府始建于明朝万历年间，至清末逐渐衰败。2008 年开始复建，2011 年 7 月复建完成。复建后的王府，成为清代中期至今 200 多年来最大的古建筑复建工程，是中国目前现存规模最大的亲王府邸，被誉为中国"王府之最"。

达尔罕亲王府是清朝孝庄文皇后的出生地。她从这里出嫁后金，成为皇太极的后妃。在 400 多年的历史长河中，这座王府见证着科尔沁地区的发展历史与沧桑岁月。王府内现设四座博物馆或展馆，分别是孝庄博物馆、科尔沁蒙古马文化博物馆、科尔沁民俗博物馆和达尔罕亲王府历史展馆。这四座博物馆或展馆集中展示了科尔沁地区的历史文化和民俗文化。（详细资料请看"知识链接"）

国家级湿地公园——孟家段湿地旅游区②

孟家段湿地旅游区位于奈曼旗八仙筒镇西北部，国道 111 线北 20 千米处，距

---

① 本篇讲解资料由庄元编写，刘春玲修增。部分资料来源于通辽市孝庄园文化旅游区官方网站。

② 本篇讲解资料由周云斌编写。

通辽市 150 千米,处于老哈河、西辽河流域下游。旅游区具有湿地、沙湖、草原、森林等优势旅游资源,集休闲、度假、娱乐为一体。

孟家段湿地旅游区总占地面积 893 万亩,其中渔业养殖水域面积 2.7 万亩,用于休闲渔业活动区域 560 亩,鱼类品种有草鱼、鲤鱼、鲢鱼、鲇鱼、青鱼、鲫鱼、嘎鱼等 10 多种,年产量达 100 万斤以上。2010 年孟家段水库被内蒙古农牧业厅认定为无公害农产品产地,孟家段水库鲢鱼被国家农业部产品质量安全中心认定为无公害农产品。孟家段水库 2013 年被评为"全国渔业示范基地"。

孟家段湿地旅游区是一处集水上娱乐、生态观鸟、民族风情、休闲垂钓和巡游探险于一体的综合性旅游景区,内有水上乐园、民俗风情园、百亩荷花池、国际垂钓中心、特色渔村等多处景点。2015 年 12 月,孟家段湿地正式通过国家林业局的批复,成为通辽市唯一一处国家级湿地公园。

沙湖国际垂钓竞技中心:中心位于奈曼旗孟家段水库管委会办公区南侧,是集休闲娱乐、竞技比赛、旅游度假等多功能为一体的旅游项目。中心总占地面积 134 亩,其中休闲垂钓池占地 23.5 亩、儿童戏水池占地 11.5 亩、竞技比赛池占地 15 亩,其他附属设施占地 160 亩。

孟家段水库:旅游区依托孟家段水库而建,水库始建于 1958 年,库区面积 90 平方千米,设计库容 1.08 亿立方米,设计灌溉面积 11.7 万亩,可养鱼水面 3 万多亩,有鱼池 287 个,宜林地 1 万多亩,农田 1000 多亩。孟家段沙湖是目前我国沙漠淡水湖蓄水量最多、植被景观保护最好的沙湖。

孟家段水库渔家村:孟家段水库渔家村被国家七部委列为国家重点旅游扶贫村、入围全国首批乡村旅游"千千万万"品牌名单,是自治区确定的乡村旅游扶贫重点村。这里村民靠种植、养鱼和捕捞为生,这里的鱼种全部是天然生长,无人工喂养,是绿色无公害鱼产品供应地。近年来,随着乡村旅游业的发展,这里渔家乐旅游也逐渐兴起,渔家村迎来了一批又一批的游客,打响了渔家乐旅游品牌。在这里游客可以乘坐游艇,尽享水上乐趣,也可以怡然垂钓,放松身心。来到这里一定要品尝一下这里的全鱼宴,每个鱼馆各具特色。

(十一)乌海市代表性景区景点资料

沙海风光——金沙湾生态旅游区[①]

金沙湾生态旅游区位于乌海市海勃湾区北 14 千米处,东靠桌子山,西濒黄河,北拥草原,南接市区,是一块神奇的风水宝地。这里沙丘连绵,植被珍稀,酷似海湾大漠之地,沙色金黄,于是被人们称为"金沙湾"。

金沙湾历史源远,文化底蕴深厚。相传,汉武帝为了征服匈奴,曾在沙湾前沿黄河修筑城池。北宋名将杨延昭(杨六郎)西征时曾在这里屯兵,南宋抗金名将岳飞

知识链接
金沙湾生态
旅游区单元讲
解资料

---

① 本篇景点讲解词由杨智勇编辑、刘春玲修编。

征战贺兰山时曾在这里驻扎，西藏僧人传经时曾专门从这里走过。

金沙湾旅游区总面积约 30000 亩，具有典型的荒漠特点。但是在这片开阔的荒原上顽强地生存着多种国家一级和二级保护植物，其中就包括四合木。四合木被学术界称为珍贵的"活化石"，被誉为"植物大熊猫"，已经受到了国内外专家的广泛关注，先后有美国、日本、英国、瑞士、加拿大等国的专家专程来考察。在金沙湾保护区内，四合木星罗棋布，以顽强的生命力，为金沙湾添上了光彩的一笔。这里还有很多沙地植物，例如，终年碧绿的冬青、高大茁壮的沙霸王、艳丽飘香的半日花等；还有珍贵的沙地树种——沙拐枣，具有绿化功能，果实还可食用；珍贵的沙地药用植物——黄芪、锁阳，前者补气固表，后者壮阳固精；还有革苞鞠、棉刺、白茨、沙蒿、骆驼蓬、胡杨等珍稀保护物种。（详细资料请看"知识链接"）

医方明经院——满巴拉僧庙①

满巴拉僧庙位于乌海市海南区拉僧庙镇民乐社区图海山腰。其始建于乾隆五十五年（1790 年），由第一代贝勒东日布斯仁捐赠，第一世夏仲（活佛）贡期格阿日布吉主持兴建，曾是内蒙古西部地区规模壮观、建筑宏伟、风格独特的佛教圣地。全盛时期拥有大殿 1 座，小殿 5 座，药师佛塔 1 座，僧人接待室 9 间，僧人个人住房、厨房 300 余间，大小牲畜 1000 余头。

拉僧庙的建成和藏传佛教的传播有很大关系。清朝以前，蒙古各部落崇尚萨满教。到了达延汗时期，藏传佛教开始流传到塞北，并逐渐在蒙古盛行开来。达延汗的孙子俺答汗派人到西藏学习佛教，并请三世达赖索南嘉措到青海会晤讲经。康熙年间，佛教盛行，康熙亲临大召寺（在呼和浩特市内），并请五世达赖喇嘛到京。拉僧庙是西藏到塞北的必经之路。这么一来二去，拉僧庙成了重要的驿马站。后来的喇嘛来到此地，觉得这里背山面海，风景很好，就决定在这里住下来，并修建寺庙，布道讲经，弘扬藏医。

满巴拉僧庙系藏语，意为"医方明经院"，是一个专门研究医学的宗教场所。经医双修是满巴拉僧庙的独有特点。学僧入寺，先经后医，医经双修。当时，庙里的喇嘛要诵的经分为 4 个部分：沙德尔经（病理学）、码德珠玛经（药理学）、西码珠德经（诊断医疗方法）和医点要领（基础理论），合称为《四部集》。经过对藏文、经文和各种医学典籍的长期学习，僧人们在医学方面能达到较高的造诣，进而培养出了大量精通医宗教义的蒙医药人才，也曾经研究出几十种蒙药秘方流传民间。

据史料记载，每逢庙会，300 名僧人聚在一起诵经学医，当时求医看病、参拜佛祖者络绎不绝。因此，满巴拉僧庙成为内蒙古西部地区最有名气的庙宇之一。拉僧仲庙、查汉卡布其尔庙、敖包图庙、千里庙是其隶属庙宇。据当地老人回忆：在清末民初，拉僧庙每年要举办两次盛大的庙会，西有西藏、青海、甘肃、宁夏的僧人喇嘛；东有北京、天津、河北、绥包等地的客商、戏班；南有鄂尔多斯、达拉特

---

① 本篇景点讲解资料由杨智勇编辑。

旗、杭锦旗的王爷贵族；北有俄罗斯、蒙古国及乌拉特草原的商旅、驼队、蒙古族教民，最多人数超过 10 万。在庙会期间，除拜佛、烧香、奉神外，还有二人台、山西晋剧、地方小戏、杂技班子助兴演出；还有耍把卖艺的、剪纸画画的、求婚说媒的、当行品茶的、餐饮小吃的，五花八门，应有尽有。

除此之外，拉僧庙在丰收的季节（秋季）还要举办一次隆重的那达慕。来自四面八方的草原民众，竞相参加骑马、摔跤、射箭等比赛。庙东有个会圪卜村，就是那时赶庙会、办交流会、举行那达慕大会的主要场所，村子的得名也与此有关，保留至今。

近年来，民族特色药品，已经率先走出一步，为民族药的发展辟出了新路。但由于受到地理条件和人才、技术、资源、资金等因素的制约，尚有许多的民族民间药未得到开发利用。内蒙古把蒙药开发列为大开发战略项目之一，是国家"绿色工程"建设中的重要组成部分。因而作为专研两百年蒙医绝学的拉僧庙，在今天更显得弥足珍贵。

（十二）阿拉善盟代表性景区景点资料[①]

苍莽贺兰山，幽深古寺庙——南寺旅游区[②]

南寺旅游区位于贺兰山西麓，在巴彦浩特镇东南 30 公里处，距宁夏银川市约 70 公里。南寺旅游区内建有阿拉善盟第一大寺——广宗寺。广宗寺始建于 1757 年，当时的名字叫潘代加木措林寺，藏文称作"噶旦丹吉林"。1760 年乾隆皇帝赐名"广宗寺"。因位于巴彦浩特镇，也就是清代定远营的南面，故俗称南寺。鼎盛时庙宇、僧舍达 2859 间，僧侣人数达 1500 余人，故有"小塔尔寺"之称。

南寺旅游区是一个集藏传佛教文化与贺兰山自然风光为一体的旅游区。2002 年被评为国家 AAAA 级旅游景区，2006 年被评为全区历史名胜十大景区之一，列为内蒙古自治区重点文物保护单位。

南寺旅游区由南寺区、詹卯山、原始森林区三部分组成，总面积为 3900 公顷。南寺旅游区地势东高西低，山峦重叠，沟谷狭窄。贺兰山主峰——巴彦笋布尔位于旅游区南端，相对高差 1580 米。旅游区内人文自然景观丰富多样，各具特色，或古朴神秘，或灵秀幽深，置身其间，令人流连忘返。旅游区具有温带干旱和半干旱山地的典型特点，系草原至荒漠的过度地带，有复杂多样的动植物区系和比较完整的山地生态系统。

金刚口：这个山口，名叫"瓦其尔巴尼口子"，是梵语，意为"金刚手"。为什么叫金刚口子呢？传说六世达赖为寻找吉祥之地建寺，一日独自来到这里，正在为自己向哪个方向走而犹豫不决时，忽然有两个人迎面走来，双方互相问候之后，六世达赖问两人的姓名，一位自称沙格达尔，另一位自称达木丁。六世达赖听罢，顿生

---

① 阿拉善盟景点讲解资料全部由伊丽娜编辑整理、刘春玲修增。
② 本篇景点讲解资料部分资料由贺兰山南寺旅游景区提供。

疑惑："咦，怎么这么巧，这两个人的名字竟然和护法神的名字一样？一个是金刚手，另一个是马首金刚，莫非……"思索之间，两位来者已不见踪影。六世达赖明白了，原来是佛祖派两位护法神来做指点，这里必是殊胜吉祥之地。后人为了纪念这一重要事件，就把南寺的入口处称为"瓦其尔巴尼口子"，还在两侧山石上雕刻了两位护法神的神像。大家看，右侧的是马首金刚，左侧的是瓦其尔巴尼——金刚手。

摩崖石雕：步入瓦其尔巴尼口子，就走进了佛教艺术长廊。请大家向山路两侧石崖和岩石上观望，上面布满了难以计数的石刻、彩绘佛像以及大量的经文咒语，这是内蒙古地区规模最大的摩崖刻石。石刻工艺精湛，佛像妙相庄严，色彩鲜艳夺目，都是用天然颜料绘制的，虽然久经风吹日晒，依旧艳丽如初。

卫拉特行营：大家现在看到的蒙古包群称为卫拉特行营，共有大小蒙古包75座。历史上，蒙古由很多部落组成，有的生活在森林中，有的生活在草原上。内蒙古地区从东到西就有10多个部落，如布里亚特、巴尔虎、科尔沁、喀喇沁、乌珠穆沁、察哈尔、土默特、鄂尔多斯、卫拉特等。他们在语言、生活习俗上都有细微差别，也有各自不同的历史发展过程。阿拉善地区主要分布着卫拉特部落。为了展示卫拉特蒙古族人的风情，这里特意修建了卫拉特行营。行营是多功能的，既有休息室，又有餐饮室，还有艺术展示室。

寺庙区：历史上，南寺经过几次扩建、修复，当时的规模超过了青海塔尔寺，寺中珍藏有甘丹赤巴的斗篷，唐代高僧玄奘的铃钎，六世达赖的五佛冠，八世班禅所赐的银壶，章嘉国师制定的寺规，光绪皇帝封迭斯尔呼克图时御赐的藏袍、朝珠，以及各种大小印章等稀世文物。但在文化大革命期间南寺遭受过严重破坏。现又新建黄庙、红庙、塔林等建筑，庙宇僧房达到70多间。

詹卯山：南寺向北一公里即是詹卯山。据传是一千多年前，十六罗汉被请至汉地作夏安居的圣地，也是第十七罗汉达摩居士诞生之所。飞来石、木鱼石上可见清晰的罗汉足迹。此处蕴藏着丰富、神奇的传说故事，吸引了许多游客前来游览观光。

雪岭子森林及高山草甸风景区：从詹卯山向北行进3公里，可进入雪岭子沟，沟内原始森林繁密，如天公拔起一般。顺沟而上，到达山顶，有一块绿草如茵的平坦草地，平整柔软，似绿色的大地毯，这是旅游者安营扎寨、休憩放松的绝好地方。同时也是进行野炊和体育活动的理想场所。再往上走，达到极峰，可东望宁夏首府银川市，西望阿拉善盟府巴彦浩特镇，从西南山口可远眺腾格里沙海、苍茫戈壁。

沙漠英雄树——额济纳胡杨林①

胡杨是额济纳荒漠和沙地上的主体树种，主要分布在额济纳河两岸，形成近千里的"绿色走廊"。据调查，额济纳地区现存有胡杨林44万亩。额济纳旗胡杨林是现在世界上仅存的三片天然胡杨林区之一，其余的两片，一片分布在新疆的塔里木

---

① 本篇导游词部分资料由额济纳胡杨林景区、原阿拉善盟旅游局提供。

河流域，还有一片是在南非。《水经注》记载塔里木盆地有胡同。《汉书·地理志》记载西域多"怪柳、胡同、白草。"其中的胡同就是我们今天所看到的胡杨。在新疆的库车千佛洞和敦煌铁匠沟的第三季岩层中都发现了胡杨树的化石，距今已经有6500万年的历史了。

温家宝同志2009年2月2日在剑桥大学演讲时，曾说过这样的一段话："我年轻时曾经长期工作在中国的西北地区，在那浩瀚的沙漠中，生长着一种稀有的树，叫胡杨。它扎根地下50多米，抗干旱、斗风沙、耐盐碱、生命力极其顽强。我非常喜欢胡杨，它是中华民族坚韧不拔精神的象征。"余秋雨也曾赞颂胡杨"铮铮铁骨千年铸，不屈品质万年颂。"

胡杨又称异叶杨、梧桐、胡桐，属杨柳科，它是第三纪残留的古老树种，是一种因沙化后而转化的植物，其珍贵的程度与银杏齐名，有"活化石"之称。胡杨具有惊人的抗干旱、御风沙、耐盐碱的能力，能顽强地生存繁衍于沙漠之中，故此又被人们赞誉为"沙漠英雄树"。

胡杨在逆境中顽强地生长，这也造就了它奇异的三个生物学特征：一是叶形多变，堪称奇观。实际上，这是胡杨为了减少体内水分蒸发和消耗，对干旱环境的一种适应能力。大家看，上面的叶片狭长如柳，中间部分是它中年的时候，叶子就变成菱形、椭圆形、半圆形，最上面是它老年的时候，叶子变成了带有锯齿状的枫叶形。因为胡杨具有一树三叶的特点，故又有"变叶杨""异叶杨"之称。也有人认为一株胡杨上能出现5种叶子，因而戏称它为"五同树"。二是胡杨的花期、种子成熟期长，每年4月下旬至8月下旬，都可以看到漫天飞舞的白色种絮，长达100多天，酷似盛夏飘雪，这在其他树种中是绝无仅有的。三是胡杨的繁殖能力强，它的天然繁衍形式有根蘖、落种和萌芽三种，而以根蘖最为普遍。一般情况下一株胡杨大树可根蘖一亩林，而且这种能力能维持100多年，因此人们夸赞胡杨的生命力是"活一千年不死，死一千年不倒，倒一千年不朽，朽一千年不散"。每一棵胡杨都是独特的旗帜和图腾。

此外，胡杨浑身是宝：它的木质坚韧，耐水抗腐，历千年而不朽，是上等建筑和家具用材。汉晋时期的居延汉简历经2000年岁月，至今保存基本完好，这都要归功于胡杨的这一特征。胡杨树叶富含蛋白质和盐类，是牲畜越冬的上好饲料。胡杨木的纤维长，又是造纸的好原料，枯枝则是上等的好燃料。

现在您看到的这些触手可及的胡杨都是野生的，原来只有5棵，现在经过人工保护已经发展到200多棵了。您看到在大胡杨身边长出来的这些小胡杨，就是它们生生不息的繁衍证据了。

一道桥

景区大门：在进入景区之前，首先看到的是胡杨林景区的西大门，也叫"M"门。它的造型源于景区内2棵千年相望的胡杨姿态。它如同一只在天空展翅翱翔的雄鹰，俯视守卫着这片胡杨林海，同时也寓意着景区内的微缩景观以及八道桥沙海王国连绵无尽的沙丘；更似土尔扈特少女手中圣洁的哈达，对来自四海的朋友们致以最诚挚和最热情的欢迎！

陶来林：额济纳旗胡杨林沿着额济纳河两岸生长分布，是保护最早、管护最好、林姿最丰富的一片胡杨林区。走上木栈道，首先映入眼帘的这一片浸润在水中的幼小胡杨便是"陶来林"。胡杨，蒙古语称为"陶来"，"巴彦陶来"意为富裕的胡杨树，"阿拉腾陶来"意为金色胡杨。胡杨还有一个名字，叫作"眼泪树"，它能够生长在含盐量很高的土地上，通过根部吸收土壤中的盐分，然后在身体内的含盐量达到一定程度并开始影响它正常生长的时候，再通过树干的裂痕和结疤处将多余的盐分排出来，在裂痕处形成一层白色或是淡黄色的颗粒，称"胡杨泪"，俗称"胡杨碱"。在以前生活条件不好的时候，当地居民就用它来发面蒸馒头，因为它的主要成分是小苏打，其碱的纯度高达 57%～71%。除供食用外，胡杨碱还可制肥皂，也可用作罗布麻脱胶、制革脱脂的原料。一棵成年胡杨每年能排出数十千克的盐碱，胡杨堪称"拔盐改土"的土壤"改良功臣"。这一片胡杨绿洲在这片土地上生长了数千年的时光，见证了举世闻名的"丝绸之路"。我们称胡杨为"沙漠英雄树"，也有人叫它"沙漠的脊梁"。

二道桥

祈福树：我们面前的这三棵高大的胡杨树叫祈福树。在民间，福、禄、寿为天上三吉星。福星怀抱婴儿，表示五福临门；禄星手捧如意，寓意高官厚禄，寿星手捧寿桃，意为长命百岁。这三棵神树就分别代表福、禄、寿。

黑河：额济纳旗大地上所有的植被以及生活用水都是来自高大的祁连山，祁连山上的雪水融化以后流经浪形山分闸，形成东、西两条大河。东大河流入额济纳三角洲以后形成 19 条细流，因为南高北低的地势因素又逐渐汇聚成 8 条河流，形成了胡杨林景区一至八道桥的景色，最后汇入居延海形成 40 多万平方米的水域面积。在前方我们将看到一处水域环绕的小岛——"湖心岛"，在休息平台有景区专门提供物资的小商亭，以及星级卫生间，大家可以在那里稍稍休息一下。大家可以在鸳鸯桥边的嬉水胡桐那里拍照留念，那里是最佳的拍摄点。

额济纳旗历史悠久，早在原始社会就有人类活动。先秦至宋代，被称为"弱水"。因为那个时候的人不会造船，他们都是把粗壮的树木中心掏空作为舟使用的，而这里的水道浅宽而多沙，不能供舟通过，所以被称为"弱水流沙"。"弱水三千，只取一瓢饮"，说的就是流入我们额济纳境内的这条河。西夏党项语称"弱水"为"黑水"，元代的时候曾经在这里设有"亦集乃路"。"亦集乃"意为"黑水"，也是额济纳的转音。因此，这里又被称为黑水河。自汉朝到西夏统治前后的 1100 年，是古居延地区发展的鼎盛时期，自汉到北魏 300 多年，创造了古居延、古黑城文化，在额济纳大地留下了驰名中外的居延城、红城、绿城、黑城等历史遗迹。在苍茫戈壁中，黑河孕育出这样一片 70 多万亩的天然绿洲，所以当地人把它称作"母亲河"。

怪树林：现在我们来到了景区非常有特色的一个地方——怪树林。这里是摄影爱好者们最喜欢的地方之一。怪树林中的胡杨干枯的树枝扭曲着、挣扎着，树干崩裂出千奇百怪的纹路，就像是生命结束前的最后一秒，干渴的姿态被永远定格下来，但偏偏也是这枯木，充满了生命的号召力。在这里找不到相似的形态，每一颗胡杨都用自己独特的样貌诉说着生命的永恒。怪树林实际是枯死的胡杨树，这里还有一个悲壮的故事。相传在很早以前，驻守在黑城的黑将军、率军从城中突围后，且战且引，退进了当时还是浓荫丛密的"怪树林"里。然而，怪树林西边的涛涛弱水却挡住了他们的去路。黑将军誓死不投降，带领将士们与来犯之敌进行了最后的拼搏，最后全部战死。一场恶战，烟消云散，古战场成为历史的永恒。苍凉的怪树林，据说是黑将军及将士们不死的灵魂。

诺尔金敖包：这是诺尔金敖包。敖包原来是在辽阔的草原上人们用石头堆成的道路和境界的标志，后来逐步演变成祭拜山神、路神和祈祷丰收、家人幸福平安的象征。人们外出远行，路经有"敖包"的地方，都要下马向"敖包"参拜，祈祷平安，还要往敖包上添加几块石头或几捧土，然后才跨马上路。

倒影林：下面我们将要去参观的这个景点叫倒影林，这里也是摄影爱好者们的天堂，因为这里拍出的照片给人一种宁静的美。在这里，黑河从高大的祁连山中蓬勃而出，流戈壁，过盐泽，收纳万川之水，神奇地点化了荒芜的沙漠，滋润出了万顷胡杨绿洲。在这里，斑斓的胡杨林与静默的黑河交相辉映，成就了中国最美的秋色，一年一轮回，惊艳世人。

情侣树：这两棵胡杨树被称为情侣树。相传，在这片胡杨林里，处于不同世界的飞鸟和鱼产生了超越时空的爱情。飞鸟只能在空中飞翔，鱼只能在水中游走，飞鸟和鱼都希望能够触摸到对方，哪怕只有百分之一秒的亲密接触。于是它们相互约定，在飞鸟掠过水面时，鱼儿奋力跃起。飞鸟扇动着美丽的翅膀贴着水面飞行，就在鱼儿看到飞鸟与自己最接近的那一刹那，使尽浑身的力气冲出水面，鱼儿的头与飞鸟的头碰在了一起。然而悲剧也随之发生，飞鸟的头被撞得流血不止。飞鸟死的时候脸上满是微笑，因为它终于体会到了触摸最心爱之人的感觉。后来，胡杨树神将它们化作了两棵胡杨，用千年的胡杨精神使它们同根相连。就这样，它们在同一片胡杨林中千年生长，千年相扶，千年不离不弃。因天鹅是爱情忠贞的象征，情侣树旁的小桥我们命名为"天鹅桥"，寓意一生一世一双人，青丝华发相伴不离。

塔王府：这座具有独特风格的建筑就是塔旺嘉布王爷的官邸，当地居民称它为王爷府或塔王府。额济纳土尔扈特蒙古族，原驻牧于新疆塔尔巴哈台一带。17世纪30年代，因草场纠纷等问题，土尔扈特部与准噶尔部发生了争端。为寻找安定的生活环境，土尔扈特举部西迁到当时俄国沙皇政权尚未掌控到的伏尔加河流域。清康熙三十七年（1698年），土尔扈特部首领阿玉奇汗的侄子阿拉布珠尔与其母率500余部众到西藏礼佛，随后阿拉布珠尔遣使入京请求内附。康熙皇帝于四十三年（1704年）准奏，并册封阿拉布珠尔为固山贝子之职，赐牧地于党河、色尔腾一带（今甘肃省嘉峪关以西到敦煌市附近）。康熙五十五年（1716年），阿拉布珠尔病故。

其子丹忠继位后，因惧准噶尔部骚扰，于雍正九年(1731年)呈请内迁。经陕甘总督查郎阿同意，迁徙至阿拉腾特布西、阿拉克乌拉等处(今阿拉善右旗境内)游牧，后定于额济纳河流域。自康熙四十三年(1704年)始封阿拉布珠尔固山贝子之职，传到最后一代郡王塔旺嘉布(1949年)，额济纳土尔扈特部共历10代12王。这座官邸修建于1938年9月，当时正值塔旺嘉布继任额济纳旗扎萨克郡王位，并兼任旗防守司令部少将司令。这座碑是为纪念土尔扈特部回归祖国300周年而建立的，建于1998年。塔王府占地1900平方米，坐西向东，分前后两院，布局严谨。后院具有北京四合院的建筑风格。大门左右两边的四间房屋是厢房，进门两间是佣人的寝室，南边这间是厨房，北边那间是库房。北侧的三间房屋是塔旺嘉布处理日常政务的办公房屋，现已改作展览陈列室。这间主要介绍关于额济纳的传说。这间陈列着土尔扈特的服饰、生活用品和文化娱乐用品。这间悬挂着有关单位和领导赠送的锦旗。南侧的四间房屋是塔旺嘉布和子女的卧室。正面的这栋是塔旺嘉布供奉先祖的房间，集中展示了额济纳土尔扈特历代王爷的画像和照片。这两幅已经褪色的黑白照片，是第十代王爷达西，由俄国探险家科兹洛夫在盗掘黑城期间拍摄的。这塔旺嘉布晋升为中将司令时的画像。现在看来，塔王府的建筑是比较简单了，但是在20世纪30年代它已经是很豪华的了。在这座看似很平常的王府里，曾经发生了决定额济纳旗前途和命运的重大历史事件。1949年9月27日，塔旺嘉布致电毛泽东主席、朱德总司令，宣布和平起义，接受中国共产党的领导。大家看墙上，这就是通电起义的全文。1949年9月至1958年，塔旺嘉布担任额济纳旗人民政府主席。1960年7月20日因病去世，享年60岁。塔王府在"文化大革命"期间曾遭到破坏，后经过两次维修，依然保持了原有的样貌。

三道桥

这里被称为"柽柳海"。柽柳是沙漠中最常见的一种植物，又名桑树柳、红柳，蒙古语称"苏海"。额济纳红柳主要分布在沿河一带。截至2009年年底，额济纳境内红柳面积126万亩。2010年8月20日，额济纳举办了首届"五彩柽柳节"。我们在中心位置倾心打造了供游客观景和摄影的最佳平台。站在这里，置身粉色的花海里，既可以欣赏美景，又能够成为景色的一部分。

在额济纳旗境内生长的柽柳种类主要有多枝红柳、长穗红柳、细穗红柳及刚毛红柳。红柳耐干旱、耐盐碱、固流沙、改善环境，是维护全旗生态环境的主体植物之一。它的根能扎入沙漠地下50~60米。柽柳的茎秆为枣红色的，叶子为墨绿色，属于鳞片叶，非常瘦小。柽柳的茎秆很有韧性，细的可以用来编筐，粗的可以当框梁，还可以做农民扬场用的叉和平整土地的耙子。因为燃烧值很高，所以也可以当柴火。柽柳一般在春夏之交开花，花为粉红色，属于柔荑花序，果实为白色的絮状。到了开放季节，这戈壁滩上就会呈现一片片如火如荼、绚烂奔放的图画，令人赞叹不已。柽柳生命力顽强，虽顶风冒雪，仍傲骨依旧，它集浪漫、韧性、坚强于一身，常常被人们肯定和崇拜。

关于柽柳，还有这样一个传说。话说当年成吉思汗骑马征战到此地，天气非常燥热，而这里一片荒凉，连一片乘凉的地方都没有，非常不适合部队休整再战。但是因为赶路，他身体十分倦乏，便坐在沙地上思考应对的办法。他随手把马鞭往沙地里一插，瞬间马鞭变成了一棵茂密高大的类似柳树的植物，而且从它的根部向四周快速地蔓延生长出好多枝干。成吉思汗大惊，仔细观察这植物，只觉得这植物挺神奇，看似和柳树很像，但枝干却是红色的，叶子又不像柳树叶那样细长，随即给它取名"柽柳"。就这样，成吉思汗的部队在这片神奇的植物下蓄养精神，整装迎战。从那以后，柽柳和胡杨树就像兄弟似的相依为命，用它们特有的方式生活着，保护着额济纳不再被风暴侵略，绿化着额济纳的寸寸土地。

四道桥

这里就是四道桥英雄林。这片景区就是电影《英雄》的取景地。这里的胡杨大多拥有超过百年的树龄，而且姿态万千，每棵树的每一个侧脸都是一个故事。额济纳旗人多数是土尔扈特人，土尔扈特部和准格尔部发生了摩擦，后来土尔扈特人西迁到伏尔加河，他们在那里生活了140年。18世纪的时候，俄国皇帝要求他们向俄国俯首称臣。这个时段正好是沙俄侵略扩张的时代，于是俄国皇帝向土尔扈特部征兵，每年向土尔扈特部落征兵10万人，但是能活着回来的最多2万人。土尔扈特部面临着种族灭绝的危险，他们想要回到太阳升起的地方，回归祖国。于是，渥巴锡率领族人，踏上了艰难险阻的东归旅途。沙俄女皇闻讯后立即派兵数万进行追击和阻截。在前有各部人马堵截，后有俄军穷追不舍的严重形势下，渥巴锡和他的族人们历尽艰险，跋涉万里，喋血苦战，历九死而不悔，出发时的17万族人，到达伊犁者竟不足7万[①]。经过为期七个月的长途跋涉与征战之后，土尔扈特人终于回到了故乡，完成了人类历史上一次悲壮的民族大迁徙。大家可以根据英雄林的导览图，进入景区游览。

五道桥

这里有多户土生土长的土尔扈特蒙古族人家。他们搭建了这些蒙古包，在这里过着舒适、幸福、富足的生活。淳朴的土尔扈特人依旧保留着传统的蒙古族生活习惯，伴着悠扬的蒙古长调，日出而作，日落而息，蓄养肥壮的牛羊。每当游客来到这里，热情好客的土尔扈特主人会拿出自己亲手做的奶食品来招待大家。在这里还可以购买到很多蒙古族特色商品。

七道桥

七道桥的胡杨林是额济纳胡杨林中黄得最早的一片。那是为什么呢？大家看，这里大多是小树，树叶细长、椭圆，叶面薄嫩，入秋后，最容易受到霜降影响而提前变黄，所以这里是胡杨生命绽放的开端，也是唤醒额济纳美人的地方。

---

① 据清宫档案《满文录副奏折》记载：离开伏尔加草原的十七万土尔扈特人，经过一路的恶战，加上疾病和饥饿的困扰，"其至伊犁者，仅以半计"。

七道桥也被称为"梦境林"。这里给大家讲一个美丽的传说。很久以前，一个驼队要穿过巴丹吉林沙漠，但是因遇见沙尘暴而迷路了，走了好久，最终还是原地打转。他们的饮用水已经用完，于是决定派一个人出去寻找水源。可是大家都害怕迷路，害怕渴死在沙漠里，所以没有人愿意去。这时一个小伙子主动站出来为大家去找水。他牵着骆驼在沙漠里走啊走啊，走了好久，终于看见了一片绿洲，绿洲里村庄的树上挂满了水果，院子里种满蔬菜，孩子们嬉戏玩耍，年轻人在地里忙碌，老人们坐在树下乘凉，远处牛羊悠闲地吃着青草，真是一派其乐融融的景象啊。于是，他来到一户人家，对正在做饭的妇女说明了情况，妇女为他准备了丰盛的饭菜和水果，并挽留他住下来。但他惦记着自己的同伴，执意要走。临走时，妇人给他装满了水，还带了很多水果和饭食。他回到大家身边后，讲述了发生的一切。大家也想去看看，于是沿着原路寻找，可哪还有什么村庄啊，只有长满金黄色叶子的胡杨树，还有地上的几个果核。原来，只有勇敢、善良、无私的人才能见到那美丽的村庄。这就是梦境林的一个传说。

这棵树被称为飞天树。飞天树取自东方航天城卫星发射成功以及敦煌飞天图腾，寓意中国飞天梦达成。它就如同胡杨树精灵，看着它，我们的心灵也仿佛变得纯净了。

这片林子被称作少年林。这里的胡杨都是树龄很小的小树，所以这里都是最年轻的胡杨。它们孕育在春天，绽放在秋天，用特有的方式向人们展示着青春的活力，与蓝天白云一起制造着梦一般的童话。

大家随我一同走上这水上木栈道。大家是不是有一种仿佛走进"水中天地、梦幻天堂"的感觉呢？我们仰头看天，清风蓝天白云，我们低头看水，竟又是水中天，静静的水面上倒映着胡杨与蓝天白云，走着走着，仿佛分不清哪里是现实，哪里又是梦境了。

八道桥

这里是八道桥。八道桥沙漠是我国第三大沙漠巴丹吉林沙漠的北缘部分，也是阿拉善世界沙漠地质公园的一部分。八道桥沙漠集"雄""秀""奇""险""幽""旷"为一体，是摄影艺术创作和沙漠探秘旅游的最佳场地。这里有雄浑壮美的大漠日出和绚丽夺目的夕阳晚霞，是零距离领略"大漠孤烟直，长河落日圆"意境的绝妙场所。这里有很多沙漠娱乐活动，骑骆驼、沙漠冲浪车、沙漠卡丁车、沙漠自驾车等。大家可尽情体验沙漠带给我们的震撼、刺激以及无限的乐趣。

这里是沙雕区。这是三易旗府沙雕。额济纳被誉为"神舟家园"，因为这里有令全中国人民骄傲的东风航天城。当年，深明大义的额济纳人民全力支持国家的国防建设，怀着对家园无限留念的心情，让出了水草丰美的上游牧场，旗政府也曾三度搬迁。从此，额济纳与东风航天城成了不可分割的整体，成了中华大地"神舟"号升起的地方。

这是东归英雄沙雕。土尔扈特部回归祖国的壮举，在人类历史上谱写了一曲可歌可泣的爱国主义篇章，东归壮举维护了祖国的完整统一和民族的大团结。

为了让大家更好地了解胡杨，我们这里建了胡杨文化陈列馆。在这里可以观赏姿态多样的胡杨根雕，了解详尽的胡杨科普知识。这里是免费开放的。

中国航天第一港——东风航天城

东风航天城位于额济纳旗政府所在地达来呼布镇西南150千米处，隶属于原中国人民解放军原总装备部，现隶属于战略支援部队，是我国创建最早、规模最大的综合型导弹、卫星发射中心，也是目前国内唯一的载人航天发射场。

东风航天城是中国科学卫星、技术试验卫星和运载火箭的发射试验基地之一。从1955年1月开始，遵照毛泽东主席"我们要搞人造卫星"的指示，我军专门人员在全国范围内寻找试验场地。1958年3月3日正式将试验场地确定在了辽阔的额济纳草原上。4月，近十万建设大军悄然进入额济纳草原，拉开了大规模的基地工程建设帷幕，在额济纳旗南部创建了我国第一个综合导弹试验靶场。1992年8月，江泽民同志在视察基地时亲笔题写了"东风航天城"五个大字。这就是基地名称的缘由了。

2017年3月28日，这里被原国家旅游局（现文化和旅游部）、中国科学院推选为"首批中国十大科技旅游基地"。现已开放的参观点有展览馆、发射塔、东风烈士陵园等。

展览馆：这座展览馆的馆名是由张爱萍将军题写的，橱窗里展示着创业者们当年吃过的干菜、窝头，用过的铁锹、钢钎等实物及许多的图片资料，还有"神舟"号宇宙飞船发射过程的模拟演示。这里是我们了解中国航天史、航天人、航天精神，接受生动感人的爱国主义教育、国防教育，对祖国、对军人有更深理解和更高敬意的最佳场所。

发射塔：自1958年创建以来，酒泉卫星发射中心曾为中国航天事业的发展创造过骄人的成绩。1970年4月24日，中国的第一颗人造地球卫星在这里升起。1975年11月26日，第一颗返回式人造地球卫星在这里升空。1980年5月18日，第一枚远程弹道导弹在这里飞向太平洋预定领空。1981年9月20日，第一次用一枚火箭将三颗卫星送上太空。2003年10月15日，第一次发射的载人航天飞行器"神舟"五号将我国首位航天员杨利伟送上太空……从1960年使用国产原料发射的首枚进程导弹，到2008年"神舟"七号成功发射，东风航天城在我国航天史上创造了14个第一，神五、神六、神七的成功发射更是圆了中华民族千年飞天的梦想。

这座高耸入云的卫星发射塔是东风航天城的主要建筑，发射塔通体粉绿色，为钢架结构，承担的主要任务是：完成飞船火箭组合体功能检查、推进剂加注、航天员进舱、点火发射、航天员应急救生等。在发射前夕，如若出现紧急情况，航天员可迅速通过逃逸滑道进入地下安全掩体。我们的"神舟"系列飞船就是从这里发射的，我国的航天员也是从这里开始了遨游太空的旅程。截至目前，中国载人飞天共有六次：2003年，航天员杨利伟乘坐"神舟"五号飞船绕地球飞行14圈后，胜利降落在内蒙古四子王旗格根塔拉草原。2005年，航天员费俊龙、聂海胜乘坐"神舟"六号载人飞船，多人多天飞行后成功返回。2008年，航天员翟志刚、刘伯明、景海鹏乘坐"神舟"七号首次实现了空间出舱活动。2012年，中国首位女航天员刘洋与景海鹏、刘旺乘坐"神舟"九号飞船联合出征太空，成功实施首次载人交会对接任务，三名宇航员乘坐返回舱顺利返回地面。2013年6月，航天员聂海胜、王亚平和张晓光乘坐"神舟"十号飞船顺利升空，并首次开展中国航天员太空授课活动，任务完成后顺利返回地面。2016年，航天员景海鹏和陈冬乘坐"神舟"十一号飞船顺利升空，总飞行时间长达32天，顺利返回着陆。作为我国唯一的载人航天发射场，它为祖国和民族赢得了荣誉，在中华民族辉煌的史册上谱写了灿烂的华章。

东风革命烈士陵园：始建于20世纪60年代初。1988年进行过一次规划整修，并为国防科技战士建立起了纪念碑，聂荣臻元帅题写了"东风革命烈士纪念碑"碑名，张爱萍将军题写了"东风革命烈士陵园"园名。这里有聂荣臻元帅和590多名将士的坟茔。下面，大家可以祭拜聂帅，祭拜为中国航天事业献身的将军、士兵，每一座墓碑都是一个感人的故事，都有一首动人的诗歌。

关于"东风基地"选中的"落户地"——额济纳旗绿园草原，还有这么一段感人至深的历史背景。绿园草原曾是额济纳土尔扈特人祖祖辈辈赖以生存的绿色家园。深明大义的额济纳旗人民深知"有国才有家"的道理。他们顾全大局，全力支持国防建设，怀着留恋美好家园的心情，让出了这片世代生存的沃土。4000多牧民和10万头牲畜，从绿园这片最好的牧场转移到了弱水河下游地区，旗政府也曾随着三度搬迁。这无不表明额济纳人民为国家辟建"东风基地"而做出了巨大的牺牲和杰出的贡献。

曾任国家国防科学技术委员会主任的聂荣臻元帅，对额济纳旗人民做出的牺牲、贡献深有感触。他在接见基地领导时深情地说："额济纳旗人民为国防建设做出了巨大的牺牲，有机会一定要回报。"现在，聂帅生前的嘱托，正在逐步得到实现。1987年陈士榘上将重访故地，回忆起当年的建设情景，挥笔写下一首七绝：战士壮怀凌云志，热血尽撒戈壁滩。化作惊雷振环宇，东风常度玉门关。这座航天城，是用第一代创业者们的精神奠基的。

沙漠明珠——月亮湖①

月亮湖沙漠生态旅游区位于腾格里沙漠腹地，核心区范围达150平方千米，是距国内中心城市半径最短、设施最全、规模最大、旅游内容最为丰富的高品位沙漠生态旅游区，是全球最具影响力的沙漠深度旅游体验地之一。

旅游区资源组合极为独特，集游牧文化、大漠风光、戈壁神韵、原生态湖泊和藏传佛教为一体，使自然的神奇与人类内心精神的需求得到完美的融合，被誉为"大漠深处的香格里拉"。2009年1月16日，月亮湖与西湖、新疆天池等世界名湖，同时被评为"中国十大魅力休闲旅游湖泊"，获得"中国最具浪漫气质湖泊"的称号。

现在我们所处的位置是腾格里沙漠边缘、月亮湖景区游客接待中心，待会儿我们要换乘专业的越野车，经过15千米非常刺激的沙海冲浪，进入月亮湖。

月亮湖沙漠度假酒店：这座酒店以其难以模仿的特色，在短短几年内，成长为中国乃至世界沙漠腹地的顶级度假酒店。2007年该酒店荣获中国酒店行业至尊大

---

① 本篇导游词部分资料由月亮湖旅游景区提供。

奖"金枕头奖"之"中国最佳原生态度假旅游酒店"。2008年《国家地理发现之旅》推介其为"中国最后的20大稀世美景",该酒店又被全国工商联旅游商会等机构评为"中国最美度假酒店"。

梭梭墙:大家看到的这片枯木是梭梭。梭梭是沙漠中生命力极强的一种植物,具有防风固沙的作用。种植梭梭3年后,可在它的根部培育肉苁蓉。肉苁蓉的药用价值非常高,是一种非常珍贵的中草药。大家回过头来看这堵墙,我们称之为"忏悔墙",放在月亮湖最重要的位置,是景区建设宗旨和经营理念的一个集中体现。众所周知,我们阿拉善是沙尘暴的发源地之一。近几十年来由于过度放牧、滥砍滥伐,致使土地沙化、河水断流,大片的绿树变为枯木,从而导致沙尘暴肆虐。这是大自然对人类的惩罚,警示人们在注重经济发展的同时,也要注意对生态环境的珍惜和保护。在这里,我希望能够有更多的人,从一个普通的旅游者变成一个对生态环境的了解者、理解者、支持者,最终成为保护生态环境的参与者。

大漠文化墙:大家请看这个墙面,它是远古阿拉善人类文明的缩影。它的外形像沙漠中起伏的沙丘,又像阿拉善的双峰驼,点缀的材料全部来自月亮湖周边的兽骨、鸟类羽毛以及植物的半化石——沙龙骨、陶片、彩色石头等。沙龙骨是一种质地坚硬,且类似于骨头的东西,是由沙漠中的植物根部下的沙粒吸收水分、氧分,再经过长期风化而形成的。河西走廊有一条"南丝路",而在这堵墙上呈现的则是"北丝绸之路"。它是在蒙古族崛起后,由官方修建,通向中西亚乃至欧洲各国的经济文化交流的纽带。后来,元帝国分列为多个汗国,由于种种原因,这条"北丝绸之路"也逐渐被人淡忘。大家请看,这破碎的骆驼头骨,也许就是当初商队中的领头驼,不知已在沙漠中穿行了多少次,终于魂归沙海。这片羽毛的所有者,也许曾是一只遨游苍穹的大鹏鸟,但终究也未能飞出浩瀚的沙海。这些碎瓷片,就是在古丝绸之路上挖掘出的。这堵大漠文化墙就地取材,物尽其用,并给人一种悲壮和苍凉的感觉,能够唤起人们对历史和自然的关注和了解。

月亮湖:大约1亿年前,月亮湖一带曾是汪洋大海。6500万年前,这里曾是恐龙的家园,目前这里已经出土了许多完整的恐龙化石。后来由于地质变化,地势抬高,古代海洋消失,残留下了丰富的地下水和星罗棋布的湖泊,月亮湖就是其中最有代表性的一个湖泊。

月亮湖是一个天然湖泊,总面积4.5平方千米,水深2~5米。它与大风流沙抗衡,顽强地演绎着生命的奇迹。乘飞机俯瞰,其形状像极了一幅中国地图,从东部看,又像极了一牙弯弯的月亮,所以当地人称它为"中国湖"或"月亮湖"。

大自然的鬼斧神工造就了月亮湖的"三奇":一奇是它的形状酷似中国地图,尤其是从空中或高处沙丘俯瞰,一幅完整的中国地图映入眼帘,芦苇的分布更是将各省区一一标明。二奇是湖水成分为天然药浴配方,湖水矿物质含量达5~7克/升,富含钾盐、锰盐、少量芒硝、天然苏打、天然碱,氧化铁及其他微量元素,与国际保健机构推荐的药浴配方极其相似。三奇是千万年黑沙,其质地远远超过死海泥,更是天然泥疗的宝物,有美容和保健的作用。

月亮湖湖水大部分均由地下水补给。湖水极具净化能力,能迅速改善和恢复原生态环境。月亮湖一半是淡水,一半是咸水,芦苇和鱼类都生长在淡水中。月亮湖鱼类以鲫鱼、草鱼为主。成群的野鸭、灰鹤、鸿雁、鸳鸯常在湖中嬉戏。在湖的西北角芦苇丛中有 6 个泉眼,几只灰鹤在此长期定居;每年 3 月和 10 月会有白天鹅在此停留。如果 10 月来到月亮湖,会有幸看到数万只灰鹤、野鸭的迁徙过程,这可是月亮湖的一大壮丽景观。

在月亮湖,还有很多有趣的活动和体验性娱乐项目,如骑马、骑骆驼、划船、游泳、卡丁车、沙滩摩托车、动力三角翼、沙滩排球和足球等,尤其是乘坐"动力三角翼"飞机,可以让您在月亮湖畔体验"扶摇蓝天"的刺激,感觉就像化身一只雄鹰,在月亮湖上空任意翱翔,感受飞翔于大漠的惬意。

沙漠探险王国——巴丹吉林沙漠[①]

阿拉善沙漠地质公园规划面积 630.37 平方千米,由巴丹吉林、腾格里、居延 3个园区 10 个景区组成,是我国目前唯一的沙漠国家地质公园。巴丹吉林园区以高大沙山、鸣沙、沙漠湖泊和典型的风蚀地貌为主,包括巴丹吉林沙漠、曼德拉山岩画、额日布盖峡谷和海森楚鲁风蚀地貌四个景区。腾格里园区以多样的沙丘,沙漠湖泊和峡谷景观为主,包括月亮湖、通湖和敖伦布。居延园区以戈壁景观、胡杨林和古城遗址为主,包括居延海、胡杨林和黑城文化遗存三个景区。

大家现在看到的就是巴丹吉林园区,我们身后就是浩瀚的巴丹吉林沙漠。巴丹吉林沙漠总面积 4.7 万平方千米,东西最长 270 千米,南北最宽 240 千米,是世界第四大沙漠、我国第三大沙漠。巴丹吉林沙漠有五绝,即奇峰、鸣沙、湖泊、神泉、寺庙。一会儿我们将逐一解开这五绝的神秘面纱。

巴丹吉林沙漠海拔高度在 1100~1700 多米,沙峰相对高度在 200~500 米,其中高大沙山占总面积的 61%。在沙漠腹地,呈规律排列的巨大复合型沙丘连绵不绝,沙涛起伏,宛如卷起的巨浪,气势蔚为壮观。沙山顶端,蜿蜒曲折如刀刃,沙壑纵横,沙壁如峭。最高沙峰必鲁图峰,海拔高度 1609 米,相对高度近 500 米,堪称"世界沙漠珠峰"。

巴丹吉林沙漠年降水量不足 40 毫米,蒸发量却高达 4000 多毫米。如此巨大的蒸发量,沙漠湖泊为什么永不干涸,这几乎成了巴丹吉林的一大难解之谜。据河海大学水文研究所所长陈建生教授勘察,巴丹吉林沙漠地下水的年补给量达到 5 亿立方米。关于沙漠地下水的来源,中外科学家有不同的说法,一说是通过地下大裂谷来自祁连山,一说是来自雅鲁藏布江。

巴丹吉林沙漠已探明的湖泊有 140 多个,其中淡水湖 12 个,俗称"沙漠千湖"。这些湖泊千姿百态,风光迥异。湖边绿树成荫,花草斗艳,有的沙水相映,有的水天相接,形成了独特的沙漠景观,被人们美称为"漠中江南"。最大的湖泊诺尔图海子,面积 2205 亩,水深 28 米。

---

① 本篇导游词部分资料由巴丹吉林旅游区、阿拉善盟旅游局提供。

巴丹吉林沙漠中还有丰富的动植物资源和矿产资源。湖泊中盛产卤虫等微生物，湖畔栖息着几十种野生动物和鸟禽，如天鹅、野鸭、盘羊、黄羊、獾猪、狐狸等；沙漠中有丰富的盐、芒硝等矿藏资源，此外，还盛产甘草、麻黄、锁阳、苁蓉等沙生药材。

为庆祝中华人民共和国成立55周年，国家邮政总局于2004年10月1日发行一套12枚的《祖国边陲风光》特种邮票，其中一枚是"巴丹吉林风光"。2005年巴丹吉林沙漠成为阿拉善沙漠地质公园核心区，被《中国地理杂志》评选为"中国最美丽的沙漠"。2006年，又入选"中国最值得外国人去的50个地方"，并荣获金奖。2009年成功晋级为世界级沙漠地质公园，2014年被评为国家AAAA级旅游景区。

巴丹湖：巴丹湖是巴丹吉林沙漠中的第一个湖群，由13个湖泊组成。此处我们能看见6个。眼前是其中一个淡水湖，与它相连的湖泊是咸水湖。冬天两湖会神奇地连接在一起，但咸淡却各自为政。作为巴丹吉林景区游览线路的大本营，这里高耸入云的沙山、激情奔放的鸣沙、绿草如茵的湿地、如梦如幻的湖泊倒影、憨直质朴的骆驼，俨然就是巴丹吉林沙漠的浓缩景观。巴丹湖风景秀丽，宛如镶嵌在巴丹吉林沙漠南端的一颗璀璨的明珠，所以又被称作"宝石湖"。湖里盛产"巴丹鱼"，肉质鲜美，深受广大食客的追捧。

宝日陶勒盖：这里是世界上最大的鸣沙区。中心区均为相对高度在200～500米的鸣沙山，被誉为"世界鸣沙王国"，比已知的敦煌鸣沙山还要大数倍。从高处用双手拨动沙子往下滑，可发出类似飞机的轰鸣声，又酷似雷声，沉闷而深远，几千米以外清晰可闻，甚至用手指在沙坡上划写时也会发出"滋滋"的响声，令人不禁叹为神奇。

诺尔图海子：诺尔图海子分南、北两个。北海子叫诺尔图，是巴丹吉林湖群中最大最深的湖泊，自然景观十分独特，被五湖四海的游客称为"漠中江南"。

苏敏吉林：我们现在来到的是巴丹吉林嘎查委员会所在地——苏敏吉林。"苏敏"是蒙语，是"寺庙"的意思。苏敏吉林湖分为南、北两处，北边叫苏敏吉林，南边叫巴润吉林。苏敏吉林湖面积约878亩，盛产卤虫资源，是巴丹吉林出产卤虫最丰富的海子之一。苏敏吉林湖的造型酷似一个侧卧的美丽少女，巴丹吉林庙和嘎查都建于少女丰满的胸前，意在永葆丰收和吉祥。湖泊四周芦苇丛生，水鸟嬉戏，湖面沙峰倒影更令人叹为观止。湖东北面有一金色沙峰，当狂风骤起时，即发出犹如母驼吟唤小驼的"呜呜"鸣声。

苏敏吉林东沙峰是巴丹吉林沙漠中享受第一缕阳光的地方，因此有了一个美丽的名字"娜仁肖润"，意为"太阳峰"；而与之相辉映的西沙峰，俯瞰如圆月，远观如弯月，得名"萨仁都贵"，意为"月亮弯"。

苏敏吉林是宗教朝拜圣地，这里有著名的巴丹吉林庙。它始建于乾隆二十年（1755年），已有200多年的历史了，是阿拉善地区保存较好的具有民族文化特色的寺庙之一，有"沙漠故宫"之称。传说，当年阿拉善七个活佛之一的康布玛尼奇喇嘛，途经巴丹吉林，修建了这座庙宇，以供奉他携带的玛琴尼布达嘎活佛像。据说，寺庙的一砖一石一木全部都是用骆驼驮进沙漠腹地的，庙里的大梁、顶柱也全部是人工抬进去的。当时建庙所付出的代价和对佛神的虔诚，可见一斑。寺庙总建筑面积近 274 平方米，庙室分上、下两层，呈楼阁式，下层长 13.57 米，宽 20.17 米，高 3.15 米；上层长 9.20 米，宽 9.2 米，高 2.2 米。最鼎盛时期曾有 60 多个喇嘛。玛尼喇嘛是阿拉善地区佛教造诣非常深的大喇嘛。传说，每当他诵经的时候，苏敏吉林的泉水就自动地喷涌出来，后人将这眼泉誉称为"听经泉"。

音德日图湖神泉：音德日图湖是巴丹吉林沙漠中水域面积最辽阔的湖泊之一，总面积为 1579 亩，是个咸水湖，形状恰似一位慈祥的母亲怀抱着婴儿。巴丹吉林沙漠湖泊中有成千上万眼甘泉，其中最著名的就是音德日图湖的"神泉"。在一个面积不到 3 平方米的湖心小岛上，共有 108 个泉眼，泉水涌于石上，甘洌爽口，水质极佳。经德国专家化验，"神泉"水中含有 10 多种人体所需的微量元素，具有提精养神、延年益寿和治疗多种肠胃疾病的功效。

扎拉特：扎拉特为蒙语，意为"像刺猬一样"。因为从周围的沙山看下去，音德日图湖中的芦苇形状酷似一只趴伏的刺猬，所以用蒙语命名为"扎拉特"。这里是巴丹吉林沙漠腹地各类候鸟的主要栖息地，被誉为"大漠中的鸟岛"。

必鲁图峰：我们身后的就是必鲁图峰了。它位于巴丹吉林沙漠腹地，海拔 1617 米，相对高度 500 多米，被誉为"沙漠珠峰"。据考证，它比非洲撒哈拉沙漠中的最高峰还高出 70 多米，是沙漠界名副其实的第一高峰，是世界级的黄金精品景点之一，也是巴丹吉林沙漠首选的旅游景观。登上必鲁图峰后，可以观看到周围七个湖泊，当地人叫"七仙女湖"。传说，玉帝特别喜欢巴丹吉林，所以就派他的七个姑娘到巴丹吉林考察。七仙女下凡后，被巴丹吉林的美景迷住了，说什么也不想离开这个人间天堂，就在这里成家立业，过上了普通人的生活。据说这里的七个湖泊，就是当年七仙女下凡时留下的痕迹。因此，巴丹吉林这块地方自古以来出美女，并且个个勤劳、勇敢、贤惠。

巴润伊克日："巴润伊克日"意为南双海子。这里是巴丹吉林沙漠中水草最丰美的绿洲，也是水域辽阔的湖泊之一。湖区内有呈东西走向的两大咸水湖，交相辉映，为区别于北双海子，而得名"南双海子"。两湖之间有一季节性淡水湖，春夏蒸发量大，湖面分为许多水洼，珍珠般散落在翠绿的草甸之间。秋冬两季，涌出的泉水淹没整片草甸，一个琥珀般的淡水湖悄然复出，令人赏心悦目，更添几分神奇。湖区海拔低，四周沙山挺拔险峻。缺乏气魄与胆识的人置身其中，会有一种四面楚歌之感。

巴润伊克日东海子仅有一眼泉，涌于湖边，冬季湖水上涨则被淹没。经检测，泉水水质极佳，可与任何名泉相媲美。离此泉十几米的湖边紧靠陡峭的沙壁，因此水草极少，但却有一簇红柳在这里望海而生，枝繁叶茂，遒劲坚韧，似钢铁卫士般死死抵着压顶而来的沙壁，保卫着妩媚柔静的东海子。红柳下的湖岸垂直而下，深不可测，危险至极，只可远观，请大家注意安全。

巴润伊克日西海子，北岸紧靠高大的沙山。狭长的湖岸上，泉水日夜奔涌入湖。东西两端分布有很多明镜般的小淡水湖,宁静地滋润着湖区的牧场。牛、马、骆驼、羊在此悠闲地吃草饮水,天鹅、野鸭、狐狸、黄羊等飞禽走兽各得其乐,一派祥和、宁静,胜似世外桃源。

策力格日:这个海子名叫策力格日。海子的南沙梁中有一个神奇的颗粒堆,约蒙古包大小,是由沙子自然结成的。如果将它清扫掉,第二天又会恢复原样。关于它的形成有这样一个传说:很久以前,玛尼在内蒙古转世还没有被确认的时候,背着背架子穿越巴丹吉林沙漠,经过策力格日这块地方时,恰逢烈日当头,无法行走,于是,饥渴交加的玛尼就在这个地方卸下行李架子稍作休息。由于天气炎热,汗流浃背的玛尼随手就从地上抓起一把沙子擦了擦脸上的汗珠,之后将沙子扔在地上。玛尼走后,这个地方就形成了这些神秘的沙颗粒堆。

从高处俯瞰,策力格日海子宛如硕大的一面镜子,镶嵌在浑圆妩媚的沙涡之中。湖边有一座敖包,每年农历七月二十五日,牧民们就会从四面八方不约而同地聚到这里,举行一年一度的祭敖包仪式。祭祀完毕,还要举行传统的摔跤、赛驼等游艺活动,场面热闹非凡。

项目二　蒙古族专题讲解能力训练[①]

>> 任务八　蒙古族生活习俗讲解能力训练 <<

【实训设计】

实训任务	蒙古族生活习俗导游讲解
实训目标	1. 知识目标：能够复述蒙古族生活习俗的相关知识； 2. 技能目标：能够向游客进行蒙古族生活习俗导游讲解； 3. 素质目标：具备良好的语言表达能力和民俗文化素养
实训建议	1. 为学生提供参考书目，指导学生阅读、理解； 2. 可按衣、食、住、行四个讲解单元进行分项训练； 3. 可利用微课等手段，制作分段授课视频
实训流程	1. 划分学习小组，明确讲解内容和讲解任务； 2. 学习小组编写蒙古族生活习俗导游词； 3. 教师点评导游词，并指导学生进行讲解训练； 4. 课堂或实训室导游讲解展示； 5. 讲解测评
实训学时	4～6学时
实训考核	1. 考核内容：导游词文稿＋导游讲解； 2. 考核方式：导游词文稿评价＋导游讲解评价； 3. 考核主体：教师、学生； 4. 考核百分比：态度10％＋纪律10％＋过程30％＋成果展示50％

【理论知识】

　　蒙古族是一个历史悠久而又富于传奇色彩的民族。千百年来，蒙古族过着"逐水草而迁徙"的游牧生活。在长期的游牧生活中，蒙古族逐渐形成了带有浓郁民族特色和地域特色的生活习俗。

---

① 项目二由刘春玲编写，苏鹏飞、刘伟东编审。

一、服饰习俗

民族服饰是民族物质文明和精神文明的主要标志之一。蒙古族服饰款式风格独特、制作工艺精湛，在我国乃至世界服饰之中占有重要的地位。有不少国家和地区，对蒙古族服饰有着浓厚的兴趣，不仅热衷于研究和仿制，而且还有人以穿戴蒙古族服饰为荣。经国务院批准，"蒙古族服饰"已被列入第四批国家级非物质文化遗产代表性项目名录。

蒙古族服饰是适应高原气候和游牧生活而产生的。历史上，蒙古族主要分布在气候寒冷、风高沙多的蒙古高原，过着"逐水草而居"的游牧生活。因此，御寒、防风沙且便于骑乘，便成为蒙古族服饰最大的特点。在一般人的心目中，蒙古族的服饰似乎很简单，无非就是一件袍子、一双靴子而已。事实上，因为内蒙古地域辽阔，各地区自然环境、经济状况、生活习惯不尽相同，所以也形成了数十种各具特色、丰富多彩的蒙古族服饰。如巴尔虎、布里亚特、科尔沁、乌珠穆沁、苏尼特、察哈尔、鄂尔多斯、乌拉特、土尔扈特、和硕特等蒙古族服饰特点各有区别，一看服饰就知道是哪个部族的蒙古族，尤其是女性的头饰，简直就是各部的服饰标签。如巴尔虎部落蒙古族妇女头饰为盘羊角式，科尔沁部落蒙古族妇女头饰为簪钗组合式，和硕特部落蒙古族头饰为简单朴素的双珠发套式，鄂尔多斯蒙古部落妇女头饰最突出的特点是两侧的大发棒和串有玛瑙、翡翠等粒宝石珠的链坠，这也使得鄂尔多斯头饰成为蒙古族各部中的佼佼者。

蒙古族服饰主要包括长袍、腰带、靴子、首饰等。

长袍，即蒙古袍，蒙古语称"的勒"，是蒙古族服饰中最重要的组成部分。蒙古袍长而宽大，长襟高领，右方开襟，左方多不开衩。袍子肥大，不开岔，这样乘马放牧时，能护膝，能防寒，能避风。袖子长，领子高，乘马时冬防寒，夏防蚊虫。蒙古袍的衣领、衣襟、袖口等部分，一般绣有艳色的镶边。老人袍子镶边一两行，年轻人至少三行以上。蒙古族春秋穿夹袍，夏季着单袍，冬季着棉袍或皮袍。单夹袍一般以布、绸缎为衣料，冬袍多以老羊皮或羔羊皮缝制，外罩布、绸缎为面。蒙古袍的颜色因人、因时而异。因长期的游牧生活及经年累月与朝霞、红日、蓝天、绿草、白雪、黄沙为伴，蒙古族对纯净的颜色产生了浓厚兴趣。男子多喜欢蓝色、棕色，女子多喜欢红色、绿色、紫色，姑娘多喜爱粉红色、雪青色。男袍除了青海以外，各地差别不大。女子长袍，科尔沁、喀喇沁地区的蒙古族，多穿宽大直筒到脚跟的长袍，两侧开叉，领口和袖口多用各色套花贴边；锡林郭勒草原的蒙古妇女则穿肥大窄袖、镶边不开叉的蒙古袍；布里亚特妇女穿束腰裙式起肩的长袍；鄂尔多斯的妇女袍子分三件，第一件为贴身衣，袖长至腕，第二件为外衣，袖长至肘，第三件无领对襟坎肩，钉有直排闪光纽扣；而青海地区的蒙古妇女穿的长袍与藏族的长袍较为相近。蒙古族穿袍子时，也有很多讲究，例如：端茶敬酒不能挦袖子、袒胸露颈；袍子的下摆不能从锅碗盆上扫过；存放袍子时衣领不能朝向西北，不能对门，更不能从衣领上跨越；收拾袍子，前襟要朝上，朝下是不吉利的，意味着是死人的衣服。

　　帽子和腰带既具有实用价值，又具有审美作用。蒙古族人认为，头是人体之首，帽子是头衣，扎腰带是"郑重的礼节"，具有"尊严在身、禄马奔腾"的意思。因此，但凡一些郑重的场合，例如集会、会客、敬酒、敬茶，必须戴帽子、扎腰带。蒙古牧人无论春夏秋冬都戴帽子，以抵御高原气候和自然的侵害。草原上牧民的帽子主要有两种：礼帽和草原帽。礼帽是一种椭圆形的、四周有一圈宽边檐的帽子。一般用精致呢料制作，多为黑色、棕色或灰色。帽筒前高后低，帽顶中央稍凹陷，帽筒与帽檐相接处，缀以花纹镶边。穿蒙古袍或西服，佩戴礼帽，显得文雅美观。草原帽，蒙古语称为"布其鲁日""玛胡萨"，帽顶尖，帽后宽而长，能够遮风挡雪，外面罩上绸缎面，面上绘有花纹图案，两边有鲜艳的飘带。牧区的蒙古族，一年四季都喜欢包袱头，是将三四尺长的绸子或布，在头上由后至前缠几圈，最后头巾两头垂下，左右各一，因此又称垂巾袱头。包袱头的绸子，男的多喜茶色、栗色；女子多喜粉红色、浅绿色。腰带既是一种漂亮的装饰，又能防风抗寒。骑马持缰时，又能保持腰肋骨的稳定垂直，而且还可以在怀里放东西。腰带一般多用棉布、绸缎制成，长三四米不等，色彩多与袍子的颜色有区别，但是要协调。男子扎腰带时，从脐带周围通过肋骨和胯骨间绕过来，然后把袍子向上提，束得很短，骑乘方便，又显得精悍潇洒。女子则相反，扎腰带时要将袍襟向下拉展，以显示出娇美的身段。有的地方讲究未婚女子扎腰带，一出嫁，便成为"布斯贵浑"，意为不扎腰带的人，说明这个妇女是可以生育了。

　　佩饰是蒙古族服饰不可缺少的重要组成部分。蒙古族佩饰较为丰富多彩，大致可分为头饰、项饰、胸饰、腰饰、手饰五大类。女子头饰多用玛瑙、珍珠、珊瑚、宝石、金银等制成。贵族妇女还讲究戴"固姑冠"。这种冠高一尺余，用绒锦制成，上缀珠玉，顶插翎毛。我国著名蒙古族歌手德德玛在舞台上唱蒙古族民歌时，有时就戴这种冠。女子外衣衣襟上还带有各种装饰品，蒙古语叫"哈布特格"，一般用翡翠、玛瑙、珊瑚、金银等制成。手上一般喜欢佩戴金、银、玉、翡翠材质的镯子和戒指，耳上喜欢戴耳坠。男子佩饰比较简单，一般腰间佩戴餐刀（蒙古刀）、象牙筷子或驼骨筷子，还有的佩戴鼻烟壶。嗜好吸烟的男子，腰的左部戴烟荷包和烟袋，

图 2-1　女性配饰（刘春玲摄）

右部披褡裢(鼻烟壶袋)和火镰①。男青年结婚时一般在大拇指、无名指上戴戒指。牧区妇女一般不戴帽子，常以红色、白色、绿色绸缎缠头。妇女冬季戴耳套，外用丝线绸布绣花。

蒙古靴，蒙古语称为"古图勒"，是蒙古族人民在长期的劳动生产和日常生活中创造出来的，非常适应牧区的自然环境。蒙古靴行路时能防沙，减小阻力，又能防寒、防蛇、防蚊虫；乘马时能护踝、护膝，还能减少小腿肚同马身、脚镫的摩擦，避免马镫硌脚，马受惊时也不至于被马伤到。按式样来说，蒙古靴大体有靴尖上卷、半卷、平底不卷、尖头、圆头几种。其中，上卷尖的靴子(又称马海靴)适合在沙漠上行走，以减少风沙的阻力；半卷的靴子适合在干旱的草原上行走；平底不卷的靴子则适合在温润草原上行走。按材料来说，蒙古靴分布靴、皮靴、毡靴。布靴，也称夏靴，通常用厚布、大绒布或帆布制成，穿起来柔软、轻便，靴头和靴筒以金丝绣花，具有浓郁民族特色。皮靴用牛皮、马皮或驴皮制成，结实耐用，美观大方，利于抗寒防水。旧式皮靴用涩面香牛皮制作，靴头笨重，靴尖上翘，靴筒一尺多高，筒口宽大，马蹄形状，靴底较厚为多层底，状如船形；新式皮靴用光牛皮制作，俗称马靴，分单、棉两种。毡靴用羊毛模压而成，俗称"毡圪达"。牧民在冰天雪地里劳动、行走或骑马，穿上"毡圪达"，就能度过严寒。

二、饮食习俗

蒙古族的饮食文化源远流长，是中华民族饮食文化中重要的组成部分。在长期的游牧生活中，蒙古族形成了非常独特的饮食习惯和饮食文化。蒙古族饮食体现了其粗犷豪放的民族性格，造就了蒙古族强悍刚健的体魄。广义上的蒙古族饮食，主要包括饮品和食品。蒙古族传统饮品主要有奶饮料、茶饮料、汤饮料、酒饮料；而蒙古族传统食品则可以按颜色分为白食、红食、紫食、青食几大类。

奶饮料是指以奶为原料(包括牛奶、马奶、驼奶、羊奶等)制作的饮品。在很早的时候，蒙古族便掌握了用奶制作各种饮品和食品的技能。牛奶中含有100多种有利于人体的元素；驼奶可以做奶茶和凝结加工；绵羊奶有热性高、凝乳多、乳油厚等特点，而山羊奶则油脂少，属于清淡、凉性的物质，所以更适合发酵；马奶则可以制作马奶酒。

茶饮料指奶茶，蒙古语"苏台柴"。奶茶营养丰富，具有提神、开胃、助消化、解渴等作用，是蒙古族日常生活中不可缺少的饮料，也是招待客人的必备饮料。牧民早、午、晚喝奶茶，一般要同炒米、黄油、白油、奶豆腐、手把肉等一起食用。至今，牧区的蒙古族还是保持早、中午喝茶，晚上吃一顿饭的习惯，如果忙起来，甚至晚饭也会用茶来替代。真可谓："宁可一日无饭，不可一日无茶。"如果有客人来，蒙古族是一定要给客人敬茶的，这是蒙古族的一种待客礼节，往往并不单是为

---

① 取火工具，多用白银和珠宝装饰，再用银链子与精美的玉石图海连接，放在用丝线做的火镰袋内，被悬挂在腰带的左侧，作为一种装饰。

图 2-2 奶茶(刘春玲摄)

了给客人解渴。

汤饮料是指用各种肉和骨头熬制的饮品。蒙古族非常重视煮肉汤，认为肉汤的营养价值比肉本身还要高。他们用牛羊的肉和骨制汤，甚至用不同部位的肉和骨制作不同功效的汤。其中全羊汤、精肉汤、排骨汤、骨头汤就是他们经常喝的汤饮料。肉汤营养丰富，具有提神补气、恢复体力、解渴充饥等多种作用，每当劳累、天冷时，牧民都要喝肉汤。

酒饮料是指用酸奶酿制的奶酒。蒙古族把奶酒当作饮品的精华，主要用于祭祀和待客，还当作礼品相互赠送。奶酒的度数普遍很低，一般为 20°左右。每年夏秋之际的丰奶时期，牧区的蒙古族，家家户户都用酸奶酿造奶酒。酿酒的方法和工具基本与内地相同，所不同的是原料不一样，工具更加简陋和小型化。蒙古族酿制奶酒时，先把鲜奶入桶，然后加少量嗜酸奶汁(比一般酸奶更酸)作为引子，每日搅动，3~4 日待奶全部变酸后，即可入锅加温，锅上盖一个无底木桶，大口朝下的木桶内侧挂上数个小罐，再在无底木桶上置一个装满冷水的铁锅，酸奶经加热后蒸发遇冷铁锅凝成液体，滴入小罐内，即成为头锅奶酒，如度数不浓，还可再蒸二锅。每逢节日或客人朋友相聚，蒙古族都有饮酒的习惯。

白食是指以奶为原料加工制作的各种奶食品。奶食品是蒙古族的主要食物之一，最常见的有奶皮、奶酪、奶豆腐、奶油(黄油)、白油、卓克、奶粉、炼乳等。因使用的原料、制作方法、发酵程度等不同，生产出来的奶食品在口味、硬度、颜色、食用方法方面也不同，例如仅是奶酪，就有十多种不同的产品。(关于奶食品的资料，请看教材特色旅游商品相关内容)

红食是指用牛羊肉加工制作的各种肉食品。肉食品是蒙古族的主要食品之一。在长期的生产和生活实践中，蒙古族形成了一套完整的宰杀、加工、储存、烹制的独特方法和程序。蒙古族肉食品自成体系，其中常见的特色食品有烤全羊、烤羊腿、手把肉、火锅、驼掌、驼峰、烤牛排、肉肠、血肠、肉饼等。(关于特色肉食品的资料，请看教材特色旅游商品相关内容)

紫食是指用粮食制作的各种食品。蒙古族主要食用米和面两大类粮食。炒米是蒙古族的传统食品。他们把糜子淘去沙土，放入大锅中，加适量的开水，用慢火焖至半熟出锅，经炒锅炒熟，再碾去皮，即成炒米。炒米香脆味美，可口耐饥，与蒙古民族的游牧生活和喝奶茶的习俗相适应。面类粮食中，主要是用白面做出来的各种各样的茶点以及面条、包子、肉饼等。

青食是指蔬菜瓜果类食品。蒙古族虽然一直经营小规模的农业，作为牧业经济的补充，但历史上几乎没有种植蔬菜瓜果的习俗。早期蒙古族主要采集野生的蘑菇、沙葱、韭菜、沙芥、黄花等青食。从近现代以来，随着农业化的发展，蒙古族人开始大量种植和食用各种蔬菜瓜果食品。

三、居住习俗

蒙古族的住房，古时候称为"穹庐""毡帐"或"毡房"等。蒙古语称格儿，满语称蒙古包或蒙古博。"包"是"家""屋"的意思。自匈奴时代起，蒙古包就已出现，并一直沿用至今。蒙古包是亚洲游牧民族的一大创举。蒙古包的形状、结构、布局、颜色以及迁居习惯，不仅完全适应草原上的自然环境和游牧生活，同时充分体现了蒙古族的文化风俗和思想智慧。随着蒙古族游牧习俗向定点放牧或舍饲、半舍饲转变，蒙古族大多定居在砖瓦房或楼房里。只有在牧区或旅游区才能见到传统意义上的蒙古包了。

蒙古包是一种综合艺术，它浑身上下都充满着游牧智慧，是游牧人民传统民居中的一朵奇葩。它充分利用薄壳原理、火罐原理、保温原理、力学原理、几何原理和光学原理[1]，具备十分突出的优点。具体体现在以下几个方面。

第一，蒙古包完全符合游牧生活的特点。蒙古包的最大优点是易拆易装，便于搬迁，非常适合"逐水草而迁徙"的游牧生活。一顶简单的蒙古包只需要两峰骆驼或一辆勒勒车就可以运走，一两小时就能搭盖起来。而且牧民在蒙古包内就能随时监测包外的天气，并采取应对措施，尤其是在夏季，当蒙古包的包门打开和围毡撩起时，牧民坐在包内就可以随时观察到草原上的畜群，在非常省力的情况下轻松地放牧。

第二，蒙古包具有鲜明的环保特性。一是在搭建的时候，不挖取土石，不破坏生态环境，在拆迁的时候也不留建筑垃圾；二是建筑材料主要采用畜产材料而非土石材料，不污染环境，对人体也没有任何危害；三是可以频繁搬迁，减少了对草场的压力，能够合理利用和保护水草，有效防止草原沙化和退化。

第三，蒙古包的造型既包含了科学的建筑原理，又反映了蒙古族朴素的自然观。一是蒙古包的圆形锥顶，适应蒙古高原风大的特点，从任何角度来讲都能够减小风的阻力，而且不易被大风刮倒。二是草原上雨季集中、多暴雪，蒙古包的圆形

---

① 郭雨桥在《细说蒙古包》中详细论述了蒙古包的这几大建筑原理。

锥顶具有快速出水的特点，可以及时排出雨雪，防止蒙古包被大雨冲漏，被大雪压垮。三是蒙古包的圆形锥顶蕴含着蒙古族人对天地日月的崇拜。蒙古族人认为苍天护佑着万物，大地无私地哺育人类，日月给人类带来光明和温暖，于是他们用哈那、乌尼杆、套脑（也写为陶脑、套瑙等）组成天幕状，体现了人与自然和谐相处的科学思想。

第四，蒙古包的颜色多呈现白色。蒙古族尚白贵白，认为白色象征着纯洁和真诚、光明和希望、富有和高贵，所以蒙古族用白色作为建筑的基本颜色，以此祝福大草原的光明未来和蒙古包中人们生活幸福吉祥。草原上谁家的蒙古包最白，就说明他家的牛羊最繁茂、生活最富有，同时也表示主人高贵的地位。新婚夫妇必须住在洁白的蒙古包里，以祝愿新人生活纯洁美好。

第五，蒙古包具有计时功能。早期的蒙古包一般由 4 个哈那组成，每个哈那可安装 14 根乌尼，4 个哈那共安装 56 根乌尼，再加门框上安装的 4 根乌尼，一个蒙古包总共有 60 根乌尼杆。两根乌尼之间形成几乎等分的角度，围绕天窗的 60 根乌尼形成 360°角。蒙古包的这种角度分配方法完全与现代钟表相一致。日出到日落，阳光从天窗射入蒙古包内，每天的光线在包内顺时针绕一周，牧民根据太阳光线照射的不同位置，把一昼分为 12～14 小时，而且对每小时给予了准确的命名，以便准时安排生产和生活。近代钟表在草原普及之后，蒙古族才不再使用蒙古包的计时功能。

搭建蒙古包，首先要搭建框架，框架主要由木材、羊毛、牛皮、驼皮和马鬃等材料制作而成。框架的主要构件包括套脑、乌尼、哈那、木门、木柱等。蒙古包框架搭建起来以后，还要进行装饰，一般要上顶毡、顶棚、围毡、外罩、毡门、毡门头、毡墙根、毡幕等，这些都是蒙古包必不可少的装饰性附件。

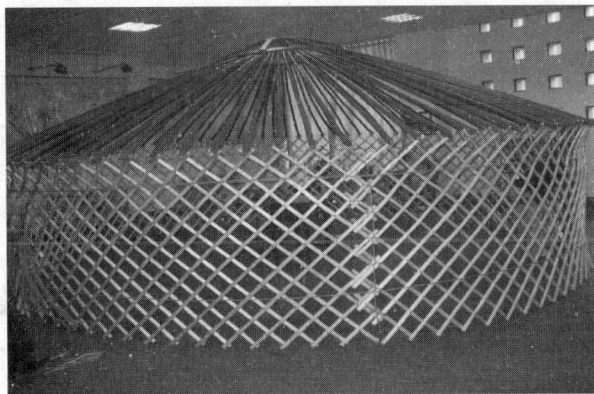

图 2-3　蒙古包框架(刘春玲摄)

套脑是蒙古包的天窗，面对苍天，如日月般圆，同时具有一定的圆拱状，像打开的雨伞。制作蒙古包要先制作套脑，因为套脑的大小决定乌尼的长短和哈那的高低及多少。制作套脑的木质要好，一般用柏木、榆木或檀木。套脑分联结式和插椽式两种。联结式套脑的横木是分开的，插椽式套脑则不分开。联结式套脑一般有三个圈，外面的圈上有许多伸出的小木条，用来连接乌尼，因为套脑和乌尼能一分为二，所以拆运起来十分方便。

乌尼是蒙古包的肩，通译为椽子，是连接套脑和哈那的木杆。乌尼要粗细一致、浑圆光滑，一般由松木或红柳木制作，其数量和长短都由套脑决定。乌尼的长度一般是套脑直径的 1.5 倍。乌尼上部稍细，头为方形，稳定在套脑的方形插孔内，而且要光滑稍弯曲，否则造出的毡包容易偏斜倾倒；下端一般卡在哈那端头的叉丫子中，所以其粗细由哈那决定，下端头为圆形且有孔，孔内有绳圈，与哈那头套在一起。

哈那是支撑蒙古包的网状木墙，数量最少 4 个，具体由套脑大小决定。野柳条柔韧性好，是制作哈那的最佳材料。制作哈那一般都有专门的工具，要特别注意掌握弯度，头要向里弯，面要向外凸出，腿要向里撇，上半部比下半部要挺拔正直一些。这样才能稳定乌尼，使蒙古包包形浑圆，也便于用三道围绳箍住。哈那具有很强的伸缩性①，高低大小可调节。雨季要搭得高一些，避免漏雨和保持包内凉爽；风季要搭得低一些，减少风的阻力和保持包内的温度。

蒙古包的门一般是木质的，都绘有彩绘和雕刻。蒙古包的门由门框而定。哈那立起来以后，要把网眼大小调节好，哈那的高度就是门框的高度。因此蒙古包的门不能太高，人得弯着腰才能进入。如果蒙古包太大了，重量就会增加，为了使蒙古包更加稳固，一般 8 个哈那的蒙古包就要安木柱。大型的蒙古包有 4 根木柱，中型蒙古包有 2 根木柱。木柱直接支撑套脑，上面都刻有花纹，如龙、凤、水、云多种图案，但一般只有王爷才能用龙纹。

顶棚是蒙古包顶上苫盖乌尼的部分，每半个像个扇形，一般由 3～4 层毡子组成。里层叫其布格或其日布格。制作的时候特别讲究看吉日。剪制顶棚时，要以套脑的正中心到哈那头（半个横木加乌尼）的距离为半径，画出来的毡片为顶棚的襟，以半个横木画出来的部分为顶棚的领，把中间相当于套脑大的一个圆挖去，顶棚就剪出来了。剪领的时候，忌讳把乌尼头露出来。顶棚裁好后，外面一层周边要镶边和压边。襟要镶四指宽，领要镶三指宽。两片相接的直线部分也要镶边。这样做，可以把毡边固定结实，同时看起来也比较美观。

外罩，蒙古语叫"胡勒图日格"，是顶棚上披苫的部分，它是蒙古包的装饰品，也是等级的象征。它的起源很早，从前一般的人家都有，后来才变成贵族喇嘛们的

---

① 一般习惯上说多少个头、多少个皮钉的哈那，不说几尺几寸。皮钉一般有 10 个皮钉，11 个皮钉等（指 1 个哈那）。皮钉越多，哈那竖起来越高，往长拉的可能性越小；皮钉越少，哈那竖起来越低，往长拉的可能性越大。头一般有 14、15、16 个不等。增加 1 个头，网眼就要增加，同时哈那的宽度就要加大。这一特点给扩大或缩小蒙古包提供了可能性。做哈那的时候，是把长短、粗细相同的柳棍等距离互相交叉排列起来，形成许多平行四边形的小网眼，在交叉点用皮钉（以驼皮最好）钉住。这样蒙古包可大可小、可高可矮。蒙古包要高建的话，哈那的网眼就窄，包的直径就小；要矮建的话，哈那的网眼就宽，包的直径就大。哈那的这一特性决定了它装卸、运载、搭盖都很方便。

专利。外罩的领正好和套脑的外圈一般大；腿有4个，和乌尼的腿平齐；襟多缀带子，领和襟都要镶边，有云纹、莲花、吉祥图案，刺绣非常美丽。

顶毡是蒙古包的顶饰，素来被看重。顶毡是正方形的，四角都要缀带子，它有调节空气新旧、包中冷暖、光线强弱的作用。

围毡是围绕哈那的那部分毡子，呈长方形，里外三层，里层的围毡叫哈那布其。一般的蒙古包有4个围毡。[①]

毡门用三四层毡子纳成。长宽用门框的外面来计量。四边纳双边，有各种花纹。普通门多白边，蓝边，也有红边。上边吊在门头上。门头和顶棚之间的空隙要用一条毡子堵住，有三个舌(凸出的三个毡条)，也要镶边和纳花纹。

绳带主要是为了保持蒙古包的形状，防止哈那向外炸开，使顶棚、围毡不致下滑或在大风中被掀起来，既可以稳定、坚固蒙古包，又能延长蒙古包的使用寿命。蒙古包绳带一般是用马鬃和驼鬃搓制而成的，非常结实耐用。主要的绳带有围绳(固定网状墙面和外面围毡的绳子)、压绳(固定顶毡的绳子)、网带(固定顶毡下摆的绳子)、拽带(防止蒙古包被大风掀翻而从天窗垂在蒙古包内的绳子)等。

四、传统交通工具习俗

蒙古族的传统交通工具主要有役畜和车辆两种。役畜以马和骆驼为主，车辆主要为勒勒车。随着生产生活方式的转变以及人们生活水平的提升，这些传统的交通运输工具已经逐渐被淘汰，而摩托车、拖拉机、汽车等现代化交通工具开始走进蒙古族的生活，使生产生活变得更加方便、快捷，更加丰富多彩。

历史上，马曾经是草原民族最主要的交通工具。蒙古族号称"马背民族"。马在蒙古族的生产和生活中占有着极为重要的地位。正如蒙古族谚语所说的那样："歌是翅膀，马是伴当。"蒙古马的体质不但结实强健，而且极耐粗放饲养，以忍苦耐劳著称，日行可达100～150千米。无论外出放牧、搬迁转场，还是传递信息、探亲访友，甚至婚嫁等，蒙古族都要骑马去完成。蒙古族十分爱马，甚至视马为珍宝。他们崇尚马，以马喻人，留下了许多赞美马的诗词名句、谚语等。给马的命名也充满了赞赏之辞，如追风马、流云马、白龙马、青龙马、千里马等。由于爱马，草原上还形成了一些关于马的节日，如马奶节、打马鬃节等。

骆驼被誉为"沙漠之舟"，是蒙古民族重要的交通工具。历史上，骆驼是草原丝绸之路和茶丝商道的最主要交通运输工具。蒙古族驯养的双峰骆驼，体形巨大，耐力极强。骆驼不仅能供骑乘，还能作为远距离运输的重要工具。现如今，勘探队考察沙漠，治沙队绿化沙漠，旅游队遨游沙漠，都仍离不开这傲视沙漠的骆驼。

---

① 裁缝围毡的时候，比哈纳要高出一截。围毡的领部要留抽口，穿带子。围毡的两腿上也有绳子。围毡外边露出来的部分要镶边和压条。有压条的围毡要压在没压条的围毡上面。围毡的襟没压条，也不镶边。

勒勒车古称"辘轳车""罗罗车""牛牛车""哈尔沁车"等，是北方草原上的古老交通运输工具，有"草原之舟"的美誉，通常由草原上常见的桦木或榆木制作而成，适用于草地、雪地、沼泽和沙漠地带。勒勒车车身小，车轮高大（直径一般均在一米五六左右），结构简单，使用方便，载重可达数百斤乃至千斤①，用牛拉、马拉、骆驼拉均可，牧民们运水、运牛粪、搬家、运输生活用品，甚至进行长途运输都离不开它。勒勒车简单实用，一个妇女或儿童即可驾驶七八辆乃至数十辆，因此，过去在草原上会常常出现一辆辆首尾相连，状如列车的勒勒车队，但实际上仅有一个人或很少的几个人在驾驶。蒙古族还利用勒勒车原理，制作过蒙古包式的大型战车。这种战车有许多轮子，车上有蒙古包式的固定斡鲁多（宫帐），用几十头牛牵引，周围有许多卫士，这种战车在蒙古帝国远征过程中曾经起到重要作用。蒙古族还在勒勒车的基础上制作出蒙古轿车，蒙古语称"哈木特儿戈""毛黑勒格儿戈"，是专门乘坐人员的车。这是一种在勒勒车车体上再安装用柳木弯曲成半圆形的车棚，棚上用毛毡固定，似帐篷，能遮阳光、挡风雪，主要用于探亲访友、接送亲人以及婚姻嫁娶。

---

① 勒勒车一般分下脚和上脚两部分。下脚由车轮、车辐、车轴组成。车轮的制造一般是先用硬木削刻 12 付车辋，将 12 付车辋连结固定在一起便形成圆形车轮，支撑车轮的车辐条一般有 36 根左右。上脚由 2 根车辕和 10 条车撑构成。车辕长约 4 米，中间用 10 条车撑固定即可。一辆勒勒车自重约 100 斤，可载货五六百斤至千余斤。

>> 任务九 蒙古族文化与艺术讲解能力训练 <<

【实训设计】

实训任务	蒙古族文化与艺术导游讲解
实训目标	1. 知识目标：能够复述蒙古族文化与艺术的相关知识； 2. 技能目标：能够向游客进行蒙古族文化与艺术导游讲解； 3. 素质目标：具备良好的语言表达能力和文化艺术素养
实训建议	1. 为学生提供参考书目，指导学生阅读、理解； 2. 可按语言文字、历史文化著作、医学、艺术等讲解单元进行分项训练； 3. 可利用网上相关视频资源，辅助教学； 4. 可利用微课等手段，制作分段授课视频
实训流程	1. 划分学习小组，明确讲解内容和讲解任务； 2. 学习小组编写蒙古族文化和艺术导游词； 3. 教师点评导游词，并指导学生进行讲解训练； 4. 课堂或实训室导游讲解展示； 5. 讲解测评
实训学时	2～4 学时
实训考核	1. 考核内容：导游词文稿＋导游讲解； 2. 考核方式：导游词文稿评价＋导游讲解评价； 3. 考核主体：教师、学生； 4. 考核百分比：态度 10％＋纪律 10％＋过程 30％＋成果展示 50％

【理论知识】

　　蒙古族文化是草原文化的主体，属于游牧文化范畴，是中国当代文化的有机组成部分，也是中华文明长期保持多元化的重要体现。从 13 世纪开始，蒙古族在成吉思汗的旗帜下统一草原部落，建立了疆域横跨欧亚大陆的蒙古帝国，用国家形式重新整合各种社会力量，从而把部落与民族文化提升为"文明的进步状态"。成吉思汗的继承者们入主中原，建立了元朝。在历史的进程中元朝虽然消亡，但是蒙古族却成为草原的主体民族，成为草原文化的承载者，在语言、文学、历史、医学、天文、地理、艺术等方面都取得了重大的成就。今天，蒙古族文化和艺术虽然也受到了农业文明、工业文明、城市文明的冲击，但是也呈现出从未有过的繁荣局面。

一、蒙古族语言文字

(一)语言

　　蒙古族有自己的语言文字。蒙古语属阿尔泰语系蒙古语族。13 世纪初蒙古汗国建立时，蒙古语言基本上是统一的。后来，由于蒙古族散居在横跨欧亚大陆的广大疆土上，各地蒙古族来往日益减少，统一的蒙古语开始分化，逐渐形成各种方言。

中国境内的蒙古语分为 3 种方言。[①]

中部方言，也称内蒙古方言，包括内蒙古、辽宁、吉林、黑龙江、河北、北京等地区；有察哈尔土语族、鄂尔多斯土语族、科尔沁土语族、巴尔虎土语族、喀尔喀土语族、霍特盖特卡尔喀土语族。

东北部方言，也称巴尔虎布里亚特方言，包括内蒙古自治区东北部的海拉尔区陈巴尔虎、新巴尔虎、布里亚特等土语；有布里亚特东部、西部和南部及色楞格河土语群。

西部方言，也称卫拉特方言，包括新疆、青海、甘肃地区。

这三种方言中，内蒙古方言分布最广，使用的人口也占中国蒙古族人口的 90%以上。1980 年内蒙古自治区人民政府批准以察哈尔语音为现代蒙古语的标准音。[②]现在察哈尔蒙古语已经成为自治区推广的蒙古语普通话，包括准格尔土语族、科布多土语族、伏尔加土语族。

(二)文字

蒙古族最初没有文字，同我国其他兄弟民族一样，也经历过刻木、结草、木契和在兽皮骨上画画等记事的阶段。随着交际的扩大，这种方法逐渐不能满足需要，于是开始借用邻近部落或其他民族的文字。在蒙古族的发展进程中，不同地区、不同时期曾使用过回鹘文、回鹘式蒙古文、八思巴字、索永布文、瓦金德拉文、托忒文、基里尔文(或斯拉夫)蒙古文，还曾用汉文、阿拉伯文、满文、藏文以及"阿里嘎里"音标记录或标记过蒙古语。其中，在回鹘文基础上形成的"回鹘式蒙古文"使用的时间最长，范围最广，影响力也很大，竞争力也最强，现已成为我国蒙古族通用的文字，一般称之为"蒙古文""老蒙文""胡都木文"。

回鹘式蒙古文是一种拼音文字。1204 年，成吉思汗征服乃蛮部落后，俘虏乃蛮的文臣塔塔统阿后，命其"教太子诸王以畏兀字书国言(蒙古语)"，即用回鹘字母(或叫畏兀儿字母)拼写蒙古语。

元朝时，忽必烈命令国师八思巴创制蒙古新字。八思巴在藏文和梵文字母基础上创制了一套方形竖写的拼音字母，后来被称作八思巴文。这是元代时的官用文

---

① 还有一种意见是把蒙古语分为 4 种方言：第一种，中部方言，包括喀尔喀、察哈尔、鄂尔多斯等土语；第二种，东部方言，包括喀喇沁、科尔沁等土语；第三种，西部方言，包括杜尔伯特、土尔扈特、额鲁特、明安等土语；第四种，北部方言，包括布里亚特等土语。另外，在 4 种方言之间还有若干过渡性土语。

② 蒙古国的标准音是以乌兰巴托方言为主的喀尔喀蒙古语，俄罗斯卡尔梅克共和国的标准音为卫拉特蒙古语，俄罗斯布里亚特共和国的标准音为布里亚特蒙古语。

字，皇帝下达的诏书等官方用书都采用了这种文字，使文字得到了一定程度的统一①。因为元朝统治者是入主中原的少数民族，所以使用八思巴文字对其统治帮助很大。② 元代后期，回鹘式蒙古文又逐渐通行。

到 17 世纪时，回鹘式蒙古文发展为两支，一支是通行于蒙古族大部分地区的现行蒙古文，一支是只在卫拉特方言区使用的托忒文。清顺治五年（1648 年），卫拉特部高僧札亚·班智达（那木海札木苏）在回鹘式蒙古文基础上改造和炮制了托忒蒙古文③。但因主要以卫拉特方言为基础，导致文字无法推广到其他方言地区。于是托忒文成为卫拉特方言文字，并沿用至今。今天的新疆蒙古族地区仍然在沿用。

蒙古国现在通用的拼音文字是在俄文字母基础上创制的，又称斯拉夫蒙古文，1946 年正式使用，我国习惯称为新蒙古文，与传统蒙文即"老蒙文"相区别。

蒙古文字是拼音文字，竖写，从上到下连写（一个单词为一个单位），从左到右移行。现行蒙古文有 29 个字母，其中包括 5 个元音、24 个辅音，这些字母除个别不出现在词首外，其余的在词首、词中和词尾均有三种不同的变体。

蒙古族文字的信息处理工作在少数民族语言文字信息处理领域中起步较早、发展领先，我国计算机信息处理少数民族文字工作首先就是从蒙古文开始的。20 世纪 80 年代就在计算机上实现了蒙古文信息处理系统，为内蒙古自治区以及 8 个使用回鹘蒙古文的省区推广应用计算机处理蒙古文信息创造了良好的条件。后来又先后开发了与蒙古语文研究有直接关系的多种文字系统（传统蒙文、回鹘文、托忒文、八思巴文、新蒙文、布里亚特文等）、蒙文词类分析研究系统、词典编纂系统、传统蒙文转译系统、激光排版系统、蒙古作家用语风格分析系统、蒙文图书管理系统、蒙医诊查系统、电视节目安排系统、汉蒙对照名词术语编纂系统、蒙文 Windows 操作系统、蒙文矢量字库及蒙汉文混排软件系统等 20 多种管理系统。

如今，除学龄前儿童外，所有的中国人差不多每天都能接触到蒙古文，但注意的人可能确实不会很多。不知大家注意到没有，中国人民银行发行的人民币，除汉文外还有四种少数民族文字，打头的就是蒙古族的通用文字。在其近 800 年的使用过程中，经过不断改进与提高，已成为比较先进而又相当成熟的文字。它符号简单，书写简便，以词为单位书写，使用起来比较方便，草写时具有速记文字的特

---

① 但八思巴字在蒙古族集中的岭北行省和伊儿、金帐等汗国宫廷中并未真正使用，其使用范围主要是元朝朝廷上，如圣旨、懿旨、令旨、法旨、经文、牌符、禁约榜等。

② 元灭亡后，蒙古贵族退回草原，八思巴字已失去了使用价值。但作为昔日大国国字的一种文字传统，它没有被遗弃，北元蒙古朝廷中仍继续用八思巴字制造印玺，仍有蒙古贵族用八思巴文刻制碑文。

③ 又称卫拉特文，是清代额鲁特蒙古使用的一种文字，比较准确地表达了卫拉特方言的语音系统。托忒蒙古文字母表包括 31 个字母。其中，表示元音的 7 个，表示辅音的 24 个。16 世纪末至 19 世纪，托忒文在卫拉特蒙古历史上发挥了重要的作用。卫拉特蒙古的几个政权以及中亚诸多民族在与清朝的交往中曾把托忒文作为外交文字使用。

点，在蒙古族中有着深厚的群众基础。

二、蒙古族历史文化著作

蒙古族有三大历史巨著，即《蒙古秘史》《蒙古黄金史》[①]《蒙古源流》[②]。《蒙古秘史》[③]是蒙古民族第一部用蒙古文写成的历史和文学巨著，该书充分肯定和高度赞扬了成吉思汗统一蒙古各部的伟大业绩，歌颂了新兴的蒙古汗国，是研究蒙古族早期历史、社会、风俗、语言和文字的宝贵资料，一直深受中外学者的关注与重视。

蒙古族还有著名的英雄史诗《江格尔》，与藏族民间说唱体长篇英雄史诗《格萨尔》和柯尔克孜族传记性史诗《玛纳斯》被并称为中国少数民族的三大英雄史诗。2006年《江格尔》被列入第一批国家非物质文化遗产名录。

三、蒙古族医学

蒙古族传统医学，简称蒙医学，是蒙古民族逐渐积累的独特的医药学理论和治疗方法。蒙医学既是蒙古民族丰富的文化遗产之一，也是中国传统医学的重要组成部分。它以长期与疾病斗争中所积累起来的传统医疗实践经验为基础，吸收了藏医、汉医及古印度医学理论的精华，逐步形成具有鲜明民族特色、地域特点和独特理论体系、临床特点的民族传统医学。

蒙医学有一千多年的历史，结合蒙古族生活在高寒地区、多户外活动、多肉食的特点，发展了自己独特的优势。蒙医学基本用草药、针灸、推拿等方法治病，受

---

① 亦译称《蒙古黄金史纲》《阿勒坦·托卜赤》。为别于无名氏的《黄金史纲》，俗称《大黄金史》。蒙古族编年史，蒙古族学者罗卜藏丹津著，成书于明末清初，是一部承上启下较为完整的古代蒙古史。书中记述了蒙古族从古代至明末清初的历史，书的前半部转录了《蒙古秘史》全书282节中的233节，补充了蒙古族兴起前后的一些历史和其他内容。后半部主要利用了无名氏的《黄金史纲》等书，对窝阔台之后至明末清初的蒙古史做了较为完备的记述和补充。由于作者笃信佛教，书中充满了浓厚的佛教色彩，但仍不失为研究蒙古史，特别是明代蒙古史的重要著作。

② 原名《哈敦·温教苏努·额尔德尼·托卜赤》，蒙古编年史。清康熙元年（1662年）鄂尔多斯部蒙古族学者萨囊彻辰用蒙文著成，乾隆四十一年（1776年）喀尔喀亲王成衮扎布把家传手抄本进献清高宗，次年奉敕译成满文，后又由满文译成汉文，定名为《钦定蒙古源流》，简称《蒙古源流》。全书共分8卷，第一、二卷叙述印度、西藏佛教概况，第三至第八卷按时代顺序和蒙古世系记述蒙古的历史。该书是作者利用了《本义必用经》《汗统记》《崇高至上转轮圣王敕修法门白史》《古蒙古汗统大黄史》等7种蒙藏文资料，并结合自己的亲身经历和见闻写成的。其内容广泛，从世界的形成、佛教的起源与传播，到蒙古族的起源、元明两代蒙古各汗的事迹等，均有涉猎，其中对达延汗和俺答汗的活动记述尤详。书中关于蒙古族的起源等内容虽有牵强附会之处，史事和纪年也有错乱，但仍是研究蒙古族历史、文学、宗教，特别是明清蒙古族历史的重要贡献。

③ 编年体史书，又称《元朝秘史》《元秘史》，蒙古语为《忙豁仑纽察脱卜察安》，作者不详。约成书于13世纪中叶，具体年代有戊子（1228年）、庚子（1240年）、壬子（1252年）、甲子（1264年）之说，尚无定论。全书共282节，有12卷和15卷两种分法。根据古代蒙古族人民世代相传的口头故事，生动地记述了12世纪以前发生在蒙古草原，包括成吉思汗先世的动人传说的种种事件，同时如实地叙述了当时蒙古社会政治、经济状况、阶级关系，以及成吉思汗的生平事迹，窝阔台时期的史实等。

中医的影响很大,逐渐科学化,如同中医学一样,成为中华人民共和国卫生行政部门承认的一种医学方法。

蒙医学以朴素的唯物论和自发的辩证法为理论指导。在蒙医学理论中,阴阳、五元、三根、七素、三秽是生理、病理、诊断治疗原则的辩证理论基础。

蒙医学著作《饮膳正要》是重要的医学发明成果之一。该书为元朝饮膳太医忽思慧所撰,是一部古代营养学专著,为我国现存第一部完整的饮食卫生和食疗专书,也是一部颇有价值的古代食谱。此书著成于元朝天历三年(1330年),全书共3卷。卷一讲的是诸般禁忌,聚珍品撰。卷二讲的是诸般汤煎,食疗诸病及食物相反中毒等。卷三讲的是米谷品、兽品、禽品、鱼品、果菜品和料物等。书中记载的药膳方和食疗方非常丰富,特别注重阐述各种饮撰的性味与滋补作用,并有妊娠食忌、乳母食忌、饮酒避忌等内容。它从健康人的实际饮食需要出发,以正常人膳食标准立论,制定了一套饮食卫生法则,对于研究我国的医药和蒙古民族的医药科技史具有重要的意义。

四、蒙古族艺术

蒙古族能歌善舞,被称为"舞蹈民族""音乐民族"。在长期的生产生活中,蒙古族创造了光辉灿烂的民族文化和民族艺术。

(一)民歌

蒙古族民歌分长调和短调两种体裁。长调流传于牧区,短调主要分布在阴山和兴安岭以南的地区,其中以通辽市、鄂尔多斯市和兴安盟最集中、最典型。长调,蒙古语称"乌日图道",意即长歌。长调在蒙古社会享有独特和受人推崇的地位。婚礼、乔迁新居、婴儿降生、马驹标记以及其他社交活动和宗教节庆仪式上,都能听到长调的演唱。长调民歌的代表作有《辽阔的草原》《小黄马》等。长调字少腔长、高亢悠远、舒缓自由,宜于叙事,又长于抒情;歌词一般为上、下各两句,内容多描写草原、骏马、骆驼、牛羊、蓝天、白云、江河、湖泊等。蒙古族长调民歌以鲜明的游牧文化特征和独特的演唱形式,讲述着蒙古民族对历史文化、人文习俗、道德、哲学和艺术的感悟,被称为"草原音乐活化石",被列入第一批国家级非物质文化遗产名录。2005年中国和蒙古国共同将"蒙古族长调民歌"成功申报为"人类口头和非物质遗产代表作"。短调①,蒙古语称"宝格尼道",与长调民歌相对而言,泛指那些曲调短小、具有明确节奏节拍的歌曲。短调节奏规则,节拍固定,往往是即兴歌唱,灵活性很强。不论高亢嘹亮还是低吟回荡,都表现出蒙古民族质朴、爽朗、热情、豪放的性格。短调民歌主要流行于蒙汉混居的半农半牧地区,多用汉语演唱。2008年,鄂尔多斯短调民歌被列入第二批国家级非物质文化遗产名录。

---

① 也叫爬山调,山曲儿,多用汉语演唱。

（二）好来宝

好来宝意为"连韵说唱"，流传于内蒙古科尔沁草原及周边地区，至今已有近千年的历史，它的产生与蒙古族分散游牧的生产生活方式密切相关。

好来宝的表演主要有"当海"好来宝、"代力查"好来宝和"额乐古格"好来宝三种形式。"当海"好来宝即单口好来宝，其中又可分为古代无伴奏诉说和用四胡自拉自唱两种形式，它由一人演唱，以诗歌叙事，多用赞颂、讽刺、比喻等手法描绘事件和人物，也常用渲染烘托、夸张想象的手段叙述情节、表达情感。"代力查"好来宝即对口好来宝，其中又可分为"比图"好来宝和"扎得盖"好来宝两种形式，两者都属知识性、趣味性的娱乐形式。"比图"好来宝重在问答、辩论、猜谜，"扎得盖"重在比知识、比智慧，有一定的叙事性。"额乐古格"好来宝即多人好来宝，系由前两种好来宝发展融汇而成。演出时演员一般用低音四胡自拉自唱，多人好来宝则用小乐队伴奏。好来宝曲调丰富，音乐变化多样，节奏轻快活泼，多人演出时会采用领唱、对唱、齐唱、伴唱等演唱形式，同时还辅以优美的动作。唱词一般为四句一节，各句第一音节谐韵，故又称联头韵，可兼押腹韵和尾韵，各段可联韵或交叉换韵，也有几十句唱词一韵到底的形式。

号称"一个人、一把琴、一台戏"的好来宝艺术集说、唱、舞、乐于一体，具有多样性、综合性、完整性、即兴性、群众性的特点。它是蒙古族历史文化的重要载体，具有民俗学、社会学、民族学、语言学、艺术学等多方面的研究价值。在现实生活中，它又是蒙古民族团结进步的推动力，为中华民族精神血脉的保持和延续发挥着积极的作用。2008年，好来宝被列入第二批国家级非物质文化遗产名录。

（三）呼麦

蒙古呼麦又名"浩林·潮尔"，是蒙古族复音唱法潮尔的高超演唱形式，在中国各民族民歌中，它是独一无二的。呼麦又可以分为"泛音呼麦""震音呼麦""复合呼麦"等。呼麦是一种"喉音"艺术，即运用特殊的声音技巧，一人同时唱出两个声部，形成罕见的多声部形态。演唱者运用闭气技巧，使气息猛烈冲击声带，发出粗壮的气泡音，形成低音声部。在此基础上，巧妙调节口腔共鸣，强化和集中泛音，唱出透明清凉、带有金属声的高音声部，获得无比美妙的声音效果。相传，古代蒙古族参加战争，作战前必须高声歌唱潮尔合唱，狩猎成功后也会尽情宣泄，狂热歌舞。在排山倒海般的潮尔声浪中，自然产生出缥缈的泛音效果。据考证，呼麦的历史可以追溯至匈奴时期，至迟在蒙古族形成前后就已经产生。蒙古族试图将潮尔合唱艺术的基本要素巧妙地移植到一人身上，经过长期探索，终于创造出这一奇特声乐形式。呼麦的产生和发展，是蒙古音乐发展进步的产物，在声学规律的认识和掌握方面出现了质的飞跃。呼麦在内蒙古草原已绝迹了100多年，为了使这个古老而神奇的演唱艺术获得新生，从2001年起，内蒙古民族歌舞剧院对呼麦进行了抢救性发掘。他们聘请蒙古国专家，几次前来内蒙古讲学并进行现场指导，终于培养出来自己的呼麦手，使古老的蒙古族文化遗产得以延传。2006 年，蒙古族呼麦被列入第一批国家级非物质文化遗产名录。

(四)乐器

蒙古先民很早就开始使用各种乐器，其民间乐器以弦乐为主，代表乐器有马头琴、胡琴、三弦、火不思①、口琴②、木琴及奚琴。马头琴是蒙古族最具特色的传统乐器，又名"胡兀儿""胡琴""马尾胡琴""莫林胡兀儿"等，为擦弦类弦鸣乐器，因琴杆上端雕有马头装饰而得名。马头琴由共鸣箱、琴杆、琴头、弦轴、马子、琴弦和拉弓等部分组成。共鸣箱多为梯形，也有方形、长方形、六角形、八角形的。箱框板用硬质木板制作，两面蒙以马皮或牛皮、羊皮，也有正面蒙皮、背面蒙以薄板的。琴杆用色木、梨木或红木等制作，上部左右各有一个弦轴，顶端为琴头。拉弓多用藤条或木杆与马尾作成，两条琴弦分别用 40 根(里弦)和 60 根(外弦)左右马尾合成，两端用丝弦结住，系于琴上。马头琴的演奏方法与其他拉弦乐器不同，它的弓不是夹在琴的里外弦之间，而是在两弦外面擦弦拉奏的。马头琴多用作独奏或自拉自唱，其发音柔和、浑厚而低沉，音色悠扬、醇美，富有草原风味，因而有人形容说：对于草原的描述，一首马头琴的旋律，远比画家的色彩和诗人的语言更加传神。近几十年来，蒙古族民间乐器制作技师、演奏家们对传统马头琴进行了改革，扩大了共鸣箱，改用蟒皮蒙面，增加了拉弓的弹性，用尼龙弦代替了马尾弦，使音量显著增大并将定弦提高了 4 度，既保持了马头琴原有的柔和、浑厚的音色，又增加了清晰、明亮的特点。2006 年，蒙古族马头琴音乐被列入第一批国家级非物质文化遗产名录。

(五)舞蹈

蒙古族舞蹈产生于民间，特点是节奏明快、热情奔放、语汇新颖，风格独特。动作多以抖肩、翻腕来表现蒙古族姑娘欢快优美、热情开朗的性格。男子的舞姿造型挺拔豪迈，步伐轻捷洒脱，表现出蒙古族男性剽悍英武、刚劲有力之美。代表性舞蹈有安代舞、筷子舞、盅碗舞、牧马舞等。

1. 安代舞

安代舞主要行于内蒙古通辽地区以及辽宁阜新蒙古族自治县和黑龙江郭尔罗斯蒙古族自治县等地区。安代舞由古代"踏歌顿足""连臂而舞""绕树而舞"等集体舞形式演变而来。安代舞最初产生时有驱除病魔、祈求上天保佑的含义。集体表演时，队形呈圆形，每人手持一条手巾或彩带，一人领唱，众人相和，载歌载舞，无乐器伴奏。最初舞蹈动作简单，以歌为主，所以也称"唱安代"。现已发展了曲调有 30

---

① 火不思是蒙古族弹拨乐器，见于元代，盛行于明代，清朝列入国乐，清后失传，新中国成立后重新研制成功。四弦、长柄、无品、音箱梨形，发音清晰、明亮，音色柔和、优美，富有草原情调，可用于独奏、合奏或为歌舞伴奏。

② 口琴亦称口弦、口簧，铁制拨奏体鸣乐器。蒙古语称之为"特木尔·胡尔"。

多种，舞蹈动作也达 20 多个。安代舞有两种基本形式：一种是在广场上自娱性的集体舞，一种是在舞台上表演。2006 年，蒙古族安代舞被列入第一批国家级非物质文化遗产名录。

2. 筷子舞

筷子舞是蒙古族民间舞蹈形式之一，最初多为男子独舞。舞者手拿一束筷子，拍打着肩、手、腰、腿、脚等部位，有时打地，边打边舞，时而旋转，时而跪下，两肩和腰随之相应扭动，动作健壮，节奏强烈。新中国成立后，发展成为男女共同表演的群舞。筷子舞凝结着蒙古族人民热爱生活的情意和美化生活的智慧，是蒙古族人民精神生活的组成部分。

3. 盅子舞

盅子舞，又称打盅子，流行于内蒙古鄂尔多斯草原。舞者两手各握两个酒盅，随着音乐的节奏，每一拍碰击一下盅子，击打出快、慢、碎、抖等声音。腿部有跪、迂回步等动作。舞者起立，双手边碰击盅子边舞，双脚一前一后踏动，形成"手在舞、腰在扭、眼跟手、脚步稳"的典雅优美的舞姿。伴奏乐器有三弦、扬琴、四胡、笛子等。曲调采用当地流行的民歌。有时头上还顶碗、顶灯。顶碗舞是鄂尔多斯蒙古族从元代承传下来的传统民间舞蹈，形式新颖，动作优美，气质高雅，风格独特，具有浓郁的民族特点，在整个蒙古族民间舞蹈发展史上占据重要的位置。在婚宴和喜庆佳节的聚会上，1 人或 2 人头顶茶杯或碗状小油灯或碗，里面盛满清水或奶酒；双手各拿两个酒盅或一束竹筷在歌声和乐声中翩翩起舞。顶灯、顶碗舞的动作没有固定的套数、掌握好基本动作和击盅、打筷子的规律之后，舞者现场即兴发挥，情绪越激昂，动作、舞姿的变化越丰富多彩，充分展现出舞者的技艺、智慧和民间舞蹈丰富、灵活、多变的特性。

4. 牧马舞

马在蒙古族人民的生产与生活中起到至关重要的作用。在蒙古族的观念里，马是吉祥的化身、兴旺的象征。因此，马步构成了蒙古族舞蹈的重要内容，例如，"牧马舞""厄拉特走马舞""祭马舞"等。"牧马舞"步伐模拟马的各种姿态和动作，其动作繁复，包括轻骑马步、轻跑马步、奔驰马步、刨吸马步、技巧马步五类。舞者有时模拟牧人骑在马背上，舒缓轻松地行走；有时又模拟牧人在一望无际的草原上纵马奔驰；有时模拟马在行走时，被意外惊吓得躲闪；有时又模拟马如风雷电掣般飞腾。仅以手的姿势而论，具有特点的就有扬鞭、抽鞭、提鞭、绕鞭、套马式、牵马式、拴马式。腿的动作更为灵活多样，有左右翻腾跳、跃马大跳、勒马仰身转、空中打马转等。

>> 任务十　蒙古族节庆习俗讲解能力训练 <<

【实训设计】

实训任务	蒙古族节庆习俗导游讲解
实训目标	1. 知识目标：能够复述蒙古族节庆习俗的相关知识； 2. 技能目标：能够向游客进行蒙古族节庆习俗导游讲解； 3. 素质目标：具备良好的语言表达能力和民俗文化素养
实训建议	1. 为学生提供参考书目，指导学生阅读、理解； 2. 可按那达慕、祭敖包、白节等讲解单元进行分项训练； 3. 可利用相关视频资源，辅助教学； 4. 可利用微课等手段，制作分段授课视频
实训流程	1. 划分学习小组，明确讲解内容和讲解任务； 2. 学习小组编写蒙古族节庆习俗导游词； 3. 教师点评导游词，并指导学生进行讲解训练； 4. 课堂或实训室导游讲解展示； 5. 讲解测评
实训学时	2～4 学时
实训考核	1. 考核内容：导游词文稿＋导游讲解； 2. 考核方式：导游词文稿评价＋导游讲解评价； 3. 考核主体：教师、学生； 4. 考核百分比：态度 10％＋纪律 10％＋过程 30％＋成果展示 50％

【理论知识】

　　蒙古族节庆习俗是蒙古族为适应生产和生活而创造的一种民俗文化，是我国民俗文化的重要组成部分。蒙古族的节庆有很多，如那达慕大会、祭敖包节、白节、兴畜节、马奶节、点灯节、打鬃节、狩猎节。此外，蒙古族也过端午节、中秋节、重阳节等中华传统节日。

一、那达慕大会

　　"那达慕"是蒙古语的音译，也称"那雅尔"，意为"娱乐、游戏"。在蒙古族人民的心中，那达慕古老而又神圣。根据铭刻在石崖上的《成吉思汗石文》记载，早在蒙古汗国初期就已经有了那达慕活动。在蒙古汗国初期，成吉思汗为检阅部队、维护和分配草场，每年 7～8 月间都会举行"忽里勒台"（意为大聚会），将各个部落的首领召集在一起，为表示团结友谊和祈庆丰收，都要举行那达慕。起初那达慕只举行射箭、赛马或摔跤的某一项比赛。在元朝时，那达慕已经在蒙古草原广泛开展起来，并逐渐成为军事体育项目。元朝统治者规定，蒙古族男子必须具备摔跤、骑马、射箭这三项基本技能，称为"男儿三艺"。这在当时成了衡量蒙古男子有无本事的标志，也成为那达慕大会比赛的固定项目。到了清代，那达慕逐步变成了由官方定期召集的有组织、有目的的游艺活动，以苏木（相当于乡）、旗、盟为单位，半年、一年或三年举行一次，此俗沿习至今。现在，那达慕或以嘎查（村屯）、苏木（区乡）为单位或以旗县为单位举行，无论何种民族与宗教信仰的人，均可报名参加。

那达慕大会分为大、中、小三种类型。大型那达慕，一般摔跤选手为512名，骏马300匹左右，会期7～10天；中型那达慕，一般摔跤手256名，骏马100～150匹，会期5～7天；小型那达慕，一般摔跤手64名或128名，骏马30或50匹左右，会期3～5天。那达慕大会的内容主要有摔跤、赛马、射箭、赛布鲁①、套马②、下蒙古棋、赛骆驼等民族传统项目，有的地方还有田径、拔河、马球③、排球、篮球等体育竞赛项目。此外，在那达慕大会上往往还能观看到精彩的马术表演④。

赛马是蒙古民族的传统娱乐项目。蒙古族儿童五六岁时就学习骑马，到十一二岁时就随大人骑马放牧，十五六岁时就可进行马上战斗。赛马的起源可以追溯到2000多年前。《史记·匈奴传》载，早在公元前3世纪末到2世纪初就有了赛马的运动。匈奴到秋季马肥之季，大会于蹛林，课校人畜。所谓课校人畜，类似现在的越野赛马和竞速赛马。参赛的多者万骑，少者数千骑，其规模之宏大，可窥豹一斑。蒙古族从匈奴人那里发展了赛马运动，逐渐划分为赛奔马和赛走马，增加了赛马的技艺和惊险激烈程度。走马要求马在行进中保持前后蹄交错的步伐，这是要经过训练才能达到的。比赛走马要备鞍，骑手多为成年人，比赛中，马走起来不失步伐，稳健快速，步伐优美者为上乘。赛走马在鄂尔多斯、阿拉善等地区较为盛行。赛奔马，又称赛跑马，是比赛马的速度、耐力，有草原上直线赛跑和圆圈场地上赛跑两种。长距离赛程一般为25千米、35千米，短距离赛程为5千米、10千米，先到达终点者为胜。赛马前有专人精心调教饲养马，并进行人马配合的训练。一般只有个人赛，一次决出胜负。如果是在圆圈场地赛马，在参赛人多的情况下，要分组进行，以计时结果决定名次。具体赛程、规则由组织者做出决定。参赛者男女老少不限，少则二三十人，多则上百人，一般是本地区的牧民参加，也有邀请邻近地区牧民参加的，也有闻讯后从百里之外赶来参加的。比赛时，骑手身着鲜艳的民族服装，头束彩色的飘带，足蹬皮马靴，为减轻马的负重，也有不穿马靴、不备马鞍

---

① 布鲁是蒙古族的传统体育活动。布鲁为木制，长约50厘米，宽6厘米，厚1.5厘米，头部弯曲，形似镰刀，顶端包铅，重约375克，原为狩猎工具。比赛分投远和投准两种。投远时以投掷距离远近定胜负，一般均能掷出100米外。投准时，在场地上竖立三根高50厘米、上端直径4厘米、下端直径6厘米的圆形木柱为目标，木柱的间隔为10厘米。投掷距离一般为30米。投中目标即按规定得分。投远与投准均以每人三次为限。三次投掷需在30秒内完成。投掷姿势无规定，以三次投掷中的最好成绩定名次。

② 套马一般分为绳索套马和挥杆套马。绳索套马原为牧民放牧时约束马匹的一种手段。比赛时，选一烈性难驯的马，先令其疾驰。参赛的骑手，手持长约3米、打有活结的绳索套马杆，骑马紧追，到一定距离，抛出绳索套马，以先套准并能束住烈马者为胜。挥杆套马多在喜庆节日举行。

③ 参加比赛的双方队员手持"T"形拐棒，骑在马上击球射门，纵马互相追逐，比赛场面既紧张激烈又饶有风趣。

④ 马术表演有很多项目，如"跨越障碍""乘马斩劈""马上技巧"等表演。

的。骑手准备就绪后，在起点处排成一行，裁判员挥动旗帜（或鸣枪）发令，霎时，骑手们蜂拥而出，跃马扬鞭，奋力争先，匹匹骏马奋蹄奔驰在广阔无垠的草原上。赛马的场面非常热闹，方圆百里的牧民乘车骑马，身着节日盛装赶来观看，为自己喜爱的骑手呐喊助威。比赛结束后，按照传统仪式，获得名次的骑手和马要列队入场，接受命名和奖励。夺魁的骑手受到人们的尊敬和羡慕，马也披红戴花，备受青睐。这时，有人手捧哈达和盛满鲜奶的银碗，满怀激情地赞美获得优异成绩的骏马。

蒙古族在历史上被称为"引弓之族"，"用弓马之利取天下"。蒙古族"不鞍而骑，大弓长箭尤善射"，射箭是蒙古族最古老的体育项目之一。成吉思汗曾规定，每个战士必须带有下列武器：弓二张至三张，其中至少有一张好弓，三个装满箭的大箭筒。当时涌现了众多的射箭能手，成吉思汗麾下名将木华黎即是"猿臂善射，挽弓二石强"的神射手。成吉思汗的侄子移相哥（哈萨尔之子，约1192—1267年）也是一位神箭手。1224年，成吉思汗西征花剌子模国，为庆祝胜利，在蒙古国西境的不哈速赤忽举行了一次由蒙古全体贵族参加的射箭比赛，移相哥在此次大赛中创下了矢中335庹（两臂伸展之间的距离为1庹，约1.7米。335庹相当于1000米）的射程，并获得成吉思汗降旨刻碑记功的殊荣①。蒙古族射箭比赛不分男女老少，是一个广泛的群众性活动。射箭比赛可分为立射、骑射两种。一般规定每人射9箭，分3轮射完，以中环多少评定名次，比赛实行淘汰制。立射是在距离射击处四五十米远处竖一个木桩裹皮袋为靶，宽1米，长2米。参赛者可分为小组，在固定地点轮流立射，以中靶多少决定名次。由于这种比赛灵活方便，几个人聚集一处，可即兴演练。骑射一般在大的集会或喜庆节日举行，射手骑马持弓箭沿跑道边跑边射。通常跑道为85米长、4米宽，沿跑道设3个靶位，每个靶位相距25米。第一靶在高2米的木架上挂一个约0.3立方米的彩色布袋，第二靶是一个0.3立方米的白色布袋，第三靶为另一种颜色的等边三角形布袋。第一、二靶置在射手左侧，第三靶置在射手右侧。比赛时，射手身着各色蒙古袍，背荷弓箭，跨马立于起跑线。发令后，立即策马疾驰，同时迅速抽弓，瞄靶劲射，比赛场面激烈而刺激。

摔跤既是蒙古族的一项体育活动，也是一种娱乐活动，在祭敖包和那达慕大会时都要进行，也可随时随地进行。蒙古语称摔跤为"博克·巴依勒德呼"，早在13世纪时已经盛行于北方草原。起初具有很大的军事体育性质，主要用于锻炼力量、体魄和技巧。经过改革，古老的蒙古式摔跤以其音译——搏克驰名中外。改革后的

---

① 这就是《成吉思汗石文》，亦称《也松格碑》，1224—1225年立。石高202厘米、宽74厘米、厚22厘米。铭文共有畏兀儿蒙古文单词21个。内容为成吉思汗之弟哈萨尔次子也松格跟（即移相哥）随成吉思汗西征，返回途中在不哈速赤忽之地举行盛大庆祝大会时，也松格远射335庹之地，为此立碑纪念。石碑是19世纪初俄国人于蒙古额尔古纳河上游发现的，今收藏在圣彼得堡市艾米塔尔博物馆。国内外很多学者研究过此碑文。《成吉思汗石文》是迄今为止发现的第一部蒙古文石刻文献，它向我们展示了蒙古文书面语书法及有关蒙古文碑刻模式，具有很高的文献学价值。

博克运动，常以单独项目构成比赛。这种比赛不仅设有个人冠军赛，还设有团体赛、表演赛和安慰赛等内容，重大的那达慕大会还设有女子博克比赛。蒙古族的摔跤有其独特的服装、规则和方法。摔跤手身着摔跤服①，下身穿宽大多褶的摔跤裤②，脚上穿蒙古靴或马靴，头缠红、蓝、黄三色头巾，著名的摔跤手脖子带"江嘎"③。参加比赛的摔跤手（称"博克庆"）必须是偶数，而且是 2 的某次乘方数，如 8、16、32 等，最多可达 1024 人。比赛胜负采取单淘汰法，即每轮淘汰半数。没有时间限制，一跤定输赢，败者不能再上场，最后两人决冠亚军（决赛出冠军手、亚军手和第三名，分别授予荣誉称号和奖品）。比赛前，由德高望重的裁判员或族中的长者对参赛对手进行编排和配对，不征求摔跤手的意见。然后双方都要高唱摔跤歌，以助声势。唱三遍后，双方摔跤手挥舞双臂，跳着狮子步、鹰步或鹿步顺时针绕场一周，之后双方握手致意比赛开始。摔跤技巧很多，可以用捉、拉、扯、推、压等 13 个基本技巧演变出 100 多个动作。比赛中任何选手膝盖以上任何部位着地都为失败。摔跤时可以抓住摔跤衣、腰带、裤带，不许抱腿，不准打脸，不准突然从后背把人拉倒或触及眼睛和耳朵，不许拽头发、踢肚子或膝部以上的任何部位。优胜者可以得到一匹骏马，获得"巴特尔"称号。牧民们在闲时，常随时随地举行摔跤比赛。比赛场地很简单，只要有一片草坪或松软空地，观众席地围坐，摔跤手就可以在中间进行比赛了。

那达慕是具有广泛群众性和娱乐性的节庆活动，具有广泛、深刻的文化内涵，反映了蒙古民族的价值观和审美观。发掘、抢救和保护那达慕，对中国体育史乃至世界体育史的丰富和完善都有着重要价值。2006 年那达慕大会被列入第一批国家级非物质文化遗产名录。如今的那达慕已增加了物资交流、文艺演出等许多新内容，这一传统的民族盛会也变得更加喜庆、吉祥、欢乐而富于实效。

随着内蒙古旅游业的发展，各地区充分融合区域独特的资源要素，形成了诸如冬季那达慕、冰雪那达慕、沙漠那达慕等很多新形态的节庆活动。例如，2018 年呼伦贝尔市陈巴尔虎旗举办的内蒙古冰雪那达慕，主要包括开幕式、中国冷极节、巴尔虎草原祭火文化节、滑雪节等活动，不仅举办雪地赛马、雪地搏克、射箭等传统民族体育赛事，还邀请游客打雪地高尔夫、坐骆驼爬犁、欣赏北方少数民族服装服饰表演和体验民族风情。

可以说，那达慕大会已经成为内蒙古旅游的一枚文化标签，越来越丰富时尚，也越来越多姿多彩了。

---

① 摔跤服蒙古语叫作"昭德格"，多用香牛皮、鹿皮、驼皮或帆布制作，类似于现在的坎肩，前胸敞开，上用铜或银制作镶包，亦称袍钉，便于对方抓紧；后背有圆形银镜或吉祥图案（图案呈龙形、鸟形、花蔓形、怪兽形），腰间系红黄蓝三色绸缎做成的围裙（蒙古称为"希力布格"）。

② 用十五六尺长的白绸子或各色绸料做成，裤套前面双膝部位绣有别致的图案，如孔雀羽形、火形等。

③ 江嘎，也写作"景嘎"，是摔跤手在比赛时获奖的标志，彩带多少标志获胜的次数。

二、祭敖包

"敖包"是蒙古语音译，亦作"鄂博""脑包""堆子""石堆""鼓包"等，汉语的意思为"堆子"[1]。祭敖包是蒙古族的传统节庆活动，也是蒙古族重要的祭祀活动。

敖包历史悠久。原始先民时期，每当获取巨兽等猎物时，常于山巅磊石为包以示纪念，并作为指示道路、辨明方向的标志——路标；随着原始人群地域观念的产生，又将其作为表明领土界限的标志——界标。据说，当年铁木真统一蒙古高原时，每征服一个部落，总是在征服地的高处垒起土堆或石堆，上面插上旗帜作为征服领地的标志。[2] 后来蒙古族牧民产生了神灵观念、图腾崇拜等原始信仰，认为万物有灵，日月山川甚至树木石头都被作为神灵和崇拜物，于是根据需要，选址建造敖包进行祭祀和供奉。敖包就成为各种神灵的象征——神灵的居所，祭敖包就是祭祀山神、路神和保佑丰收、家人幸福平安的象征。元朝时期，随着外来宗教，尤其是藏传佛教的传入，祭敖包成了重要的宗教仪式。今天，祭敖包不仅仅是宗教仪式，而且已经成为一种文化现象。

敖包通常建在蒙古族以为神圣的地方，高山、丘陵、森林、草原、江河湖泊以及交通要冲等。多是在石台基上堆垒二层或三层重叠性的石头堆。各地敖包在建筑形制上不尽相同，数目也不一。按数量来分，有一个敖包单独存在，也有以一个大包为中心，周围建数目不等的小敖包组成的敖包群。敖包群中，3 个敖包群的，分别代表天、地、人。有 7 个敖包并列的，以正中最大者为主体，两旁各陪衬 3 个小敖包，名为"七曜之神"，代表日、月、金、木、水、火、土。还有一种最高形制的，即 13 个敖包组成的敖包群，1 个大的和 12 个小的。1 个大敖包居中，代表浩日穆斯特腾格尔，天之长者；东、南、西、北各陪衬 3 个小敖包，代表天之长者的护法。敖包顶端插旗杆，从旗杆上垂下数条经旗，旗杆周围插大量树枝，树枝上挂满五颜六色的布条和哈达。这体现了蒙古族最尊贵的敖包形制理念，即遵循蒙古族崇尚数字 13 和 12 护卫敖包围绕主敖包的民族传统。以 13 为基数所建的敖包，是元朝时期形成的最为规范的敖包形制。12 座护卫敖包如同太阳四射的光芒般，在主敖包的圆周线上围绕和簇拥着主敖包。这种模拟太阳形状的敖包所承载的文化寓意深远。12 座护卫敖包除了固有使命之外，分别还象征 12 属相之坐标。

祭敖包是蒙古族隆重的祭祀活动之一。蒙古族传统的敖包祭祀形式大致有以下几种：一是血祭，即宰杀壮牛肥羊供奉在敖包前。蒙古族认为牛、羊是天地所赐，只有用牛、羊祭祀才能报答天地之恩。二是洒祭，就是"洒注礼"，即在敖包前滴洒

---

[1] 《大清会事例》《理藩院·疆理》中记载：游牧交界之处，无山河又为识别者，以石志，名曰：鄂博。《中华全国风俗志·卷九》记载：鄂博随在皆有……其形圆，其顶尖，颠立方角蒙经旗，其上下则埋哈达一方，粮食五种，银数钱，每年必一祭。阮葵生《蒙古吉林风土记》记载：垒石象山冢，悬帛以致祷，报赛则植木表，谓之"鄂博"，过者无敢犯。

[2] 但是也有另一说是成吉思汗为纪念布尔罕山。成吉思汗当时被泰亦赤兀人追杀，逃进布尔罕山，躲过了敌人的搜捕。因此，萨满巫师认为是布尔罕山救了成吉思汗的命。

鲜奶、奶油、奶酒等物，以祈求幸福。到了近代，还增加了白酒、点心等祭物。三是火祭，即在敖包前堆干树枝或干牛马羊粪点燃，祭祀者排队绕火三圈，边转圈边祈福；然后走近火边，供上祭品，将肉食、奶食象征性地投入其中，并进行叩拜。火烧得越旺越好，因为这象征家族各业兴旺。四是玉祭，古代人以最心爱的玉器当供品祭祀，因玉石珠宝十分贵重，后来不再用，而通常用简单易移的石块代替，也有用硬币或纸币代替的。现今的祭祀形式并不严格按这些划分，多按各地风俗而举行。

历史上敖包有盟旗苏木之分，也有部落、氏族和家庭之分。由于其各自来历和性质不同，祭祀的日期、供品、规模和组织也不同。一般来说，蒙古族祭敖包的时间，通常选择在农历五月下旬六月上旬或七八月[①]，正值水草丰美、牛羊肥壮的季节。祭祀场面非常隆重、热烈。届时，蒙古族群众纷纷扶老携幼，携带着哈达、整羊肉、奶酒和奶食品等赶来。有条件的地方，还要请上喇嘛，穿起法衣，戴上法帽，摆成阵势。先献上哈达和供祭品，然后由喇嘛诵经祈祷，众人跪拜，再往敖包上添加石块或以柳条进行修补，并悬挂新的经幡、五色绸布条等。最后参加祭祀的人都要围绕敖包从左向右转三圈，祈神降福，保佑人畜两旺，并将带来的牛奶、酒、奶油、点心等祭品撒向敖包，然后在敖包正前方叩拜，将带来的石块添加在敖包上。祭祀活动结束后，一般要举行传统的赛马、射箭、摔跤、唱歌、跳舞等多种具有民族特色的娱乐活动，并开怀畅饮，尽兴狂欢。其间，老年人要取出圣水给畜群洒注；青年男女往往借此溜出，登山游玩，相互追逐，谈情说爱，约定终身。著名的蒙古族歌曲《敖包相会》中所唱的，就是这种青年男女在敖包前约会的情景。

现代蒙古族祭祀敖包，实质上就是传统祭祀神灵、赐福消灾习俗的传承。在草原上逐渐形成了许多不成文的规矩：人们每逢外出远行，凡是路经有敖包的地方，都要下马向敖包参拜，祈祷一路平安；还要往敖包上添加几块石头或者几捧土，然

图2-4　锡林浩特贝子庙敖包（刘春玲摄）

① 阿斯钢、特·官布扎布所译的《蒙古秘史》一书中指出：蒙古族牧民通常选择在农历五月十三或六月二十四祭敖包。

后才跨马上路。牧羊人在放牧时路过这里，总要往敖包上添加一块石头，以保佑人畜两旺。各位游客朋友们也可以入乡随俗，绕敖包顺时针转三圈，再添几块石块，来祈求大地神灵的护佑，祈求自己和亲人幸福安康。

三、白节

白节又称"白月"，是蒙古族一年之中最大的节日，相当于汉族春节的年节，传说与奶食的洁白有关，含有祝福吉祥如意的意思。古代蒙古族人把农历春节叫"希恩吉尔"，即新年。自古以来，蒙古族以白色为纯洁、吉祥之色，最崇尚白色，故称春节为"白节"。

蒙古族过"白节"的习俗可以追溯到元朝初年。元世祖忽必烈在位时，就非常重视过白节。意大利旅行家马可·波罗在他的游记中对此做了非常详细的描绘：其新年确始于阳历二月，届时大汗及其一切臣属复举行一种节庆……是日依俗大汗及其一切臣民皆衣白袍，致使男女老少衣皆白色，盖其似以白衣为吉服，所以元旦服之，俾此新年全年获福……臣民互相馈赠白色之物，互相抱吻，大事庆祝，俾使全年纳福。

与国内其他民族一样，生活在中国境内的蒙古族也十分注重过春节。但由于生产生活条件和客观环境的不同，蒙古族过春节，草原游牧文化特色十分浓厚。腊月三十晚上，全家即穿上节日盛装，欢聚一堂，拜贺新年，彻夜不眠。通常全家老少先烧香拜佛，然后晚辈向家长献哈达、敬酒、礼拜。初一凌晨，全家老少以及族人走到蒙古包外，在长者的主持下举行向长生天祈祷仪式。然后家族亲友开始互相拜年，直到正月十五或月底才结束。整个白月期间，草原上的男女青年纷纷骑上骏马，带上崭新的哈达和美酒等，三五成群，挨家挨户给各浩特（定居点）的亲友、家长拜年。不过现在，草原上看到的更多的是骑摩托车或开吉普车的男女青年。拜年的路途，是青年男女赛马、追逐、嬉戏的绝好机会。佛教传入后，还流行敬献洁白的哈达，这一习俗一直延续到今天。

>> 任务十一　蒙古族礼仪习俗讲解能力训练 <<

【实训设计】

实训任务	蒙古族礼仪习俗导游讲解
实训目标	1. 知识目标：能够复述蒙古族礼仪习俗的相关知识； 2. 技能目标：能够向游客进行蒙古族礼仪习俗导游讲解； 3. 素质目标：具备良好的语言表达能力和民族礼仪素养
实训建议	1. 为学生提供参考书目，指导学生阅读、理解； 2. 可利用微课等手段，制作分段授课视频； 3. 可组织学生到草原旅游区实地参观，让学生亲身体验蒙古族礼仪习俗； 4. 利用角色扮演法，在课堂或实训室演示蒙古族敬酒礼俗与下马酒礼节、蒙古族献哈达、蒙古族敬献鼻烟壶等礼仪
实训流程	1. 划分学习小组，明确讲解内容和讲解任务； 2. 学习小组编写蒙古族礼仪习俗导游词； 3. 教师点评导游词，并指导学生进行讲解训练； 4. 课堂或实训室导游讲解展示； 5. 讲解测评
实训学时	2～4学时
实训考核	1. 考核内容：导游词文稿＋导游讲解； 2. 考核方式：导游词文稿评价＋导游讲解评价； 3. 考核主体：教师、学生； 4. 考核百分比：态度10％＋纪律10％＋过程30％＋成果展示50％

【理论知识】

一、蒙古族敬酒习俗与下马酒礼节

　　据相关资料记载，蒙古族饮酒有未饮先酹的礼数。"凡饮酒，先酹之，以祭天地。""客醉，则与我一心无异也。"这就是蒙古族的献斯日吉莫礼。"斯日吉莫"是蒙古语，汉意为酹酒、乳、茶。所以蒙古族在敬酒、敬乳、敬茶时都有酹的礼节，就是用右手无名指敬弹三次，表示敬天、敬地、敬祖先。也有的说法是：一愿蓝天太平，二愿大地太平，三愿人间太平；还有的说法认为是：表示敬天、敬地、敬人或者对佛、法、僧三宝的祈祷。

　　蒙古族自古就是一个豪放勇敢的民族，喜欢饮酒，认为"无酒不成席""无酒不成礼""无酒不成俗"。酒会给宾、主带来隆重的气氛，带来欢乐，深深表达着蒙古族对宾客的尊敬和深情厚谊。因此，蒙古族把向客人敬献醇香的马奶酒或白酒，当作一种增进友谊的方式。蒙古族敬酒礼节可表现在祝福酒、洗尘酒、下马酒、上马酒中，而且会一边敬酒一边唱祝福歌。

图 2-5 下马酒(刘乐摄)

下马酒是蒙古族人民向客人表达热情欢迎和美好祝福的最隆重的接待礼仪。关于下马酒，还有这样一段传说。相传成吉思汗有两件心爱的宝物，一件是象牙做成的扳指，戴在大拇指上作为射箭时勾弦之用；另一件是雕花银酒杯，每次饮酒时都用它。没想到，成吉思汗的这两件宝物还曾救了他的性命。成吉思汗在呼伦贝尔草原崛起之后，他自小结义的兄弟札木合十分嫉恨，总想伺机加害于他。札木合暗中拉拢了他的世仇——塔塔尔人的姑爷伊拉固，以让成吉思汗与塔塔尔人联姻结盟为名，邀请成吉思汗到克鲁伦河下游的阿拉坦宝勒格赴宴。成吉思汗接到札木合派人送来的信后，与众将进行商议。大家都说，成吉思汗的父亲就是被塔塔尔人用毒酒杀害的。这次"联姻结盟"是假，借机杀害成吉思汗是真，所以大家都反对他去赴宴，但是成吉思汗却有自己的打算。他如约来到了阿拉坦宝勒格。他刚刚下马，就见札木合从伊拉固手中接过一杯酒，装出十分谦恭的样子，双手递到成吉思汗面前说："以前都是小弟不识时务，错怪了你，导致你我两家大动干戈，今天小弟设宴，还望你不记前仇，先干此杯！"成吉思汗大度地接过酒杯，顺势将大拇指的象牙扳指伸到酒中，谁知雪白的象牙扳指立即变了色。成吉思汗心头一惊，酒中果然有毒。但他还是装出十分坦然的样子，灵机一动，左手端杯，右手无名指轻轻朝天弹了一下说："有上天的保佑，才让你我结盟，这杯酒就敬天吧。"说着双手将酒杯高举过头，朝天泼去。札木合一看就有些慌了，赶紧示意伊拉固又斟了第二杯酒。伊拉固双手颤抖着将杯递到成吉思汗面前，结结巴巴地说："大汗饮下这杯酒，消除前仇，永结同心。"成吉思汗早已看穿了他们的阴谋，但还是若无其事地将酒杯接过来，又将扳指伸到酒杯中，扳指变灰黑了。成吉思汗冷眼看着伊拉固，将手举向空中轻轻一弹说："你我原本都是这块大地上的子孙，这杯酒应该敬给生养我们的大地。"说着将酒轻轻泼洒在大地上。札木合和伊拉固这时真的慌了手脚，你争我夺地又斟了第三杯，硬塞到成吉思汗的手中说："天也敬了，地也敬了，这杯请大汗喝下！"成吉思汗冷笑一声，脸上露出不屑一顾的神色说："虽然我们有上天庇护，有大地养育，今日结盟怎能黑着心肠忘了我们是同一个祖宗！"说着又用扳指蘸了一下酒，此时3次浸酒的扳指已经完全变黑了。他强忍着怒火，重重地朝天弹了一下说："在天之灵的祖宗啊，睁开慧眼看分明，不肖子孙捧浊酒，别怪孩儿大不敬！"说完遥望北方，将酒狠狠地泼下，然后，成吉思汗仰天大笑，并将扳指偷偷地揣到怀里，对跟随他的人说："拿杯来，我要用这个银亮的酒杯与他们二人对饮三杯，以表示我的诚意！"当成吉思汗拿出那只雕花银杯的时候，札木合和伊拉固一看，知道成吉思汗早就有了准备，只好换上好酒，斟满了成吉思汗的银杯，成吉思汗躲过了札木合的暗算。

在那金戈铁马的年代，各部落间的厮杀不断，为防止被暗害，人们每次在饮酒时都要学着成吉思汗的样子，将拇指上的象牙扳指伸到酒怀中。如果扳指不变色，敬完天地祖宗之后就将酒一饮而尽。朋友来了，主人为了表示坦诚，都会用雕花银杯斟满酒，醇香的美酒清澈透底，客人就会毫不怀疑地一饮而尽。到了清代后期，扳指射箭勾弦的作用逐渐被淡化，佩戴的人也越来越少，或者很多人用玉扳指来替代，扳指也不再用于试毒，而成为显示身份的装饰品。但在蒙古族中，由成吉思汗传下来的用银杯喝酒和敬天、敬地、敬祖先的习俗却一直流传到今天。

来到草原，穿着蒙古族盛装的姑娘小伙就会捧着雕花银碗或酒杯，向客人敬上圣洁的美酒和甜美的酒歌。这时候，客人可遵从蒙古族的习俗：双手接过银碗或酒杯，然后用左手端起银碗或酒杯，用右手无名指蘸酒弹向天空，称为"敬天"；再用右手无名指蘸酒弹向地面，称为"敬地"；最后用右手无名指蘸酒向前方平弹，称为"敬祖先"①；然后双手端碗，一饮而尽（一饮而尽视为对主人的尊敬）。不会喝酒可沾唇示意，表示接受了主人纯洁的情谊。切忌扭扭捏捏、推推让让，会被认为是对主人的不敬，不愿以诚相待。

二、蒙古族献哈达礼节

献哈达是蒙古族的一种传统礼节。拜佛、祭祀、婚丧、拜年以及对长辈和贵宾表示尊敬等，蒙古族人都要使用哈达。处于游牧经济形态下的古代蒙古族，在外出途中，常常要携带奶食品，如奶酒或其他干粮，遇有路人，不管相识与否，都要主动攀谈、问候，并互相交换食物。随着时间的推移，这些慢慢发展成一套易物的习俗，发展到后来，就有了交换哈达的习俗。

"哈达"一词，发音上贴近藏语"卡达尔"，蒙古语称"哈达噶"。一般认为，哈达

---

① 蒙古族民间习俗中，如若父母等亲人已过世，那么第三下就抹向额头（蒙古族认为人的身体受之于父母，如果父母不在了，抹向额头则表示祖先的赐予），或者仅向天、向地敬弹两下就可以了。

是元代由西藏传入蒙古草原的。1247年，萨迦法王八思巴随父萨班·贡嘎坚赞在凉州(今甘肃武威)会见元太宗次子阔端，并在宫廷生活数载。1260年，元世祖忽必烈继位，封八思巴为国师，统领全国佛教。1265年，八思巴第一次返藏至萨迦寺，并向各大寺院的佛像和高僧敬献了哈达。传说，当八思巴向拉萨大昭寺的菩萨像敬献哈达时，一旁壁画中的一尊度母也伸出手来，向他讨要一条哈达。这位度母就被称为"卓玛塔尔联玛"，即"要哈达的度母"。在民间，哈达还被说成是仙女的飘带。

哈达是蒙古族作为礼仪用的丝织品，是社交活动中的必备品，类似于古代汉族的礼帛。方志《蒙古·二卷》："所谓哈达者，帛也。或以绸，或以白，或蓝、长短不一，长约一尺五寸或一尺二寸，两端有拔丝，约半寸许，其长短视受者分级而定。"也就是说哈达越长，受献者的级别也就越高。

蒙古族表示敬意和祝贺用的哈达，多为白色、蓝色，也有黄色等。蒙古族认为白色象征着纯洁、美好、吉祥、善良；蓝色象征着永恒、兴旺、坚贞和忠诚。此外，还有五彩哈达，颜色为蓝、白、黄、绿、红。蓝色表示蓝天，白色表示白云，黄色象征大地，绿色象征江河水，红色象征空间护法神。五彩哈达是献给菩萨和近亲时做彩箭用的，是最珍贵的礼物，只在特定的情况下才使用。

在不同情况下，献哈达代表着不同的意义。佳节之日，人们互献哈达，表示祝贺节日愉快、生活幸福；婚礼上呈献哈达，意味着祝愿新婚夫妇恩爱如山、白头偕老；迎宾时奉献哈达，表示一片虔诚、祝福客人幸福吉祥；葬礼上献哈达，是表示对死者的哀悼和对死者家属的安慰。

献哈达是一种文明与礼貌的表现，因此十分讲究。献哈达者应将哈达对叠，再对折成四幅双楞，把双楞一边整齐地对着被献者，躬身俯首，双手奉献，表示恭敬，切忌单手敬献；接受哈达者也千万不可单手接受或者将哈达挂在手上、胳膊上，也不可随意丢掉或当作玩物摆弄。献哈达的方式也有许多区别：下级向上级，晚辈向长辈，或向活佛献哈达，应躬身低头，双手举哈达呈上或放在座位前的桌子上面或对方脚下，对方并不回赠哈达。这时的哈达表示敬意和感谢。同辈、平级献哈达，表示友好，应该献在对方手上，对方回赠哈达。上级对下级、长辈给晚辈赠哈达，表示亲切关怀和慈祥的爱意，可直接将哈达挂在对方颈上。如果是喜庆典礼，主人往往将所献哈达回赠给献者，并绕在他的脖子上。一般场合下，接受哈达时应将身体微微前倾，恭敬地双手接过，然后绕过头顶挂在自己颈上，以示谢意。主人向尊贵的远方客人献哈达时，同样将哈达折口处朝向对方，双手举哈达；客人应弯腰俯首，双手承接，表示回敬，然后把哈达对折叠起来收好或挂在自己颈上，不回赠哈达。

三、蒙古族敬献鼻烟壶的礼节

当你来到草原上做客时，好客的主人一见面总是热情地问候，随后把右手放在胸前，微微躬身，邀请客人走进蒙古包，全家老少围着客人坐下，热情谈话。主人还常常拿出一个讲究而精美的小壶，敬给你闻一闻，这个精美的小壶就是鼻烟壶。

鼻烟是一种烟草制品，鼻烟壶是用来装盛鼻烟的容器。鼻烟壶是蒙古族牧民日常交往中的一种诚挚信物。蒙古族的男女老少都有鼻烟壶。鼻烟壶多用玉石、象牙、水晶、玛瑙、翡翠、琥珀和陶瓷等料制成，样式多样，外形精美，被蒙古族视为珍贵之物。蒙古族姑娘们恋爱，也以精心刺绣美丽的鼻烟壶袋子作为信物。

相传鼻烟是舶来品，明朝时由"欧洲汉学之父"意大利人利玛窦带进中国，它同今天人们抽的香烟完全不同。香烟的成分是尼古丁，刺激人体，对身体百害而无一利。而鼻烟则是把优质的烟草研磨成极细的粉末，并加入麝香等名贵药材，以其芬芳之气，借以提神醒脑，驱晦避疫。所以，很多游牧民族都有吸闻鼻烟的习俗。相传元朝著名太医忽思慧在元仁宗年间入元朝中宫供职，负责侍奉文宗皇后"卜答失里"。春季一日，皇后忽然感到鼻塞、流涕、喷嚏不断，忽思慧见状，遍寻民间偏方制成药粉，再加以膳食调理，短短几日，皇后的病就痊愈了。后来这种药粉便在元朝宫内使用，成为各种治疗鼻炎的宫廷秘方。

鼻烟虽是舶来品，但鼻烟壶却是地道的中国发明。清代道光时期沈预在《秋阴杂记》中记载："鼻烟壶起于本朝，起始止于八旗并士大夫，今日贩夫牧竖无不握此壶……"鼻烟最初传入中国时，用来盛放它的容器主要是鼻烟盒或玻璃瓶。在《红楼梦》第五十二回《晴雯补裘》中就有对鼻烟盒的描述，晴雯得了风寒，吃了两天药都不见好，宝玉就命麝月取些鼻烟来给她嗅。麝月取来一个金星玻璃扁壶递给晴雯，晴雯忙用指甲挑了鼻烟嗅入鼻中，忽觉鼻中一股酸辣投入囟门，连打了五六个喷嚏，眼泪鼻涕都流了出来。这段情节说明鼻烟具有提神明目、祛除疾病的功效，而《红楼梦》中所说的"金星玻璃扁壶"就是鼻烟壶。这时的鼻烟盒还存在很多缺陷，盒盖打开后非常容易走气，盖子也不易盖严，所以鼻烟非常容易翻洒，因此不宜随身携带。后来，人们发现盛放中药丸的瓷瓶存放鼻烟效果较好，鼻烟不容易变质走味，而且还便于携带和嗅吸，造型也具有美感。于是，清代宫廷造办处开始在小药瓶的基础上加以改良，烧制出盛放鼻烟的瓷瓶，这就是鼻烟壶的雏形。

鼻烟壶从清代发展至今已经有300多年的历史了，上到帝王将相，下到布衣百姓皆嗜鼻烟，鼻烟壶也成为人际交往的贵重礼品、对外交往的馈赠物品、清朝皇帝的重要奖赏物品。后来，随着纸烟和旱烟的广泛流行，吸用鼻烟的人逐渐减少，但是在一些蒙古族人群中，吸用鼻烟的习惯仍被保留了下来。

作为一种民族礼仪，蒙古族敬献鼻烟壶一般在献哈达之后。但是不献哈达时，也可用敬献鼻烟壶或换鼻烟壶来代表尊敬。敬鼻烟壶一般是相互交换，而且有着独特的规定和讲究：有客来到，便从长者开始，依次与客人递换鼻烟壶。接过对方的鼻烟壶后，打开壶盖，将鼻烟取出少量，轻轻地闻一闻，盖好再把鼻烟壶归还原主。如果双方是平辈，则只相互交换。如果其中有一人是长者，需请长者上坐，晚辈原地站立，然后交换鼻烟壶，待长者闻过以后，把鼻烟壶举过头顶，双手恭敬地捧还给长者，表示对长者的尊敬。

　　虽然目前敬献鼻烟壶礼仪已经不多见，但是鼻烟壶却作为一种精美的艺术品流传下来。它汲取了书画、雕刻、镶嵌等工艺，采用青花、五彩、内画等技法，可谓是"集多种工艺之大成的袖珍艺术品"。小小的鼻烟壶，承载着文化，承载着习俗，承载着一个民族丰厚的精神内涵。

>> 任务十二　蒙古族马文化与骑马注意事项讲解能力训练 <<

【实训设计】

实训任务	蒙古族马文化和骑马注意事项导游讲解
实训目标	1. 知识目标：能够复述蒙古族马文化和骑马注意事项的相关知识； 2. 技能目标：能够向游客进行蒙古族马文化和骑马注意事项导游讲解； 3. 素质目标：具备良好的语言表达能力和马文化知识
实训建议	1. 为学生提供参考书目，指导学生阅读、理解； 2. 可利用微课等手段，制作分段授课视频； 3. 可组织学生到草原景区进行实地参观，让学生了解马文化、体验骑马娱乐活动
实训流程	1. 划分学习小组，明确讲解内容和讲解任务； 2. 学习小组编写蒙古族马文化导游词； 3. 教师点评导游词，并指导学生进行讲解训练； 4. 课堂或实训室导游讲解展示； 5. 讲解测评
实训学时	2～4 学时
实训考核	1. 考核内容：导游词文稿＋导游讲解； 2. 考核方式：导游词文稿评价＋导游讲解评价； 3. 考核主体：教师、学生； 4. 考核百分比：态度 10％＋纪律 10％＋过程 30％＋成果展示 50％

一、蒙古族马文化

马是人类最早驯服的动物之一。大约 50 万年前，人类开始接触马，把马作为一种捕猎的工具。大约在 4000 年前，马在黑海北部的大草原(现在属于俄罗斯、乌克兰)开始被驯化。自此以后马一直与人类朝夕相伴、为人类服务，如军事、运输、邮递(驿站)、耕作等。长期以来，许多国家都有专门管理马的行政管理部门(马政)。

历史上，马作为一种重要的工具，为一个国家的安全提供保障，也一度成为国家综合国力的重要标志之一。早在商代就应用马御战车，"御"(驾驭车马)即当时的六艺之一。周朝的马政将马分为种马、戎马、齐马、道马、田马、驽马 6 种。春秋战国时期有"百乘之家，千乘之国，万乘之王"的说法。《汉书》上说"行天莫如龙，行地莫如马。马者，甲兵之本，国之大用"。秦汉、隋唐以及元朝的强盛，都与当时拥有一支强大的骑兵军事力量有关。成吉思汗的子孙倚仗一支强大的骑兵，东征西战，建立起一个横跨欧亚大陆的蒙古大帝国。

我国是世界上马文化内容最丰富的国家之一，春秋时期赛马已十分盛行。而由军事、生产发展而来的马术运动，愈发历史悠久，种类繁多，早在汉唐时期就盛极一时，形成了独特的马文化。马戏在汉魏时期已有记载，当时最具代表性的是马球，包括舞马和马伎、马秀。到元、明时期，马球和骑射仍受到重视，但清代因为禁止异族养马和开展军事体育活动，使马术运动由盛而衰。

蒙古民族素有"马背上的民族"之称，而历史上始终托起蒙古民族的就是蒙古马。蒙古马是以主要原产地命名的世界古老马种之一。特殊的物种基因、严酷的生存环境和长期的遗传变异，造就了蒙古马耐寒、耐旱、耐力强的特殊品格和精神。蒙古马原产于蒙古高原和蒙古大草原，基本处于半野生的生存状态，既没有舒适的马厩，也没有精美的饲料，但它们却能忍受大草原的风霜雪雨，在狐狼出没的草原上顽强地生存。蒙古马长得并不高大，体形矮小，头大颈短，其貌不扬，但是它们却体魄强健，胸宽鬃长，皮厚毛粗，耐力十足，夏日能忍受酷暑和蚊虫，冬季能耐得住−40℃的严寒，能抵御西伯利亚暴雪，扬蹄就能踢碎狐狼的脑袋。经过调驯的蒙古马，在战场上不惊不乍，勇猛无比，历来是一种良好的军马。13世纪初叶，蒙古民族从大分裂走向大统一，史称那是"蒙古马的时代"。成吉思汗统率的蒙古军，不论是进攻还是退守，只要蒙古马一马当先便万夫难挡。蒙古马为蒙古大军赢得了时间，占据了有利的地形，使成吉思汗的战事经常处于主动地位。在激烈的战斗中，蒙古马食宿简便易行，围追防范能力特别强。它吃下牧草后，便可以不分昼夜和冷热，站立着就能睡眠，极快地恢复体力，所以在战争中始终能保持健壮的体魄和充沛的力量。当年蒙古大军远征欧洲、连战皆捷的原因之一，就归功于马队行军的速度。在行军的时候，军纪不仅施于人，也同时施于马。如果需要赶路，蒙古马会采用一种特殊的"走马"步伐，可以日夜前行而不需要长时间的休息，还能在30天之内都保持同样的速度。所以，当欧洲各国领地的君主以他们自己马队的行进速度，来估计蒙古军队的抵达日期时总会发生错误，总是会在还没有准备好的时候，就被那不可思议的疾如闪电一般地来到眼前的蒙古大军惊吓到，甚至毫无招架之力。

蒙古族认为，马是世界上最完美、最善解人意的牲畜。蒙古族谚语常说：人生最大的不幸是在少年的时候，离开了父亲；在中途的时候，离开了马。蒙古马性烈、剽悍，对主人却十分忠诚。主人如果受伤、醉酒，只要把他放在马背上，它就会十分温顺地驮着主人将他送回家；在赛场上，它会按照主人的意愿拼死向终点奔跑，为了主人的荣誉，它会拼尽最后的气力，宁愿倒地绝命也不会半途放弃比赛。关于蒙古马，流传着许多生动的故事。13或14世纪的叙事诗《成吉思汗的两匹骏马》，在蒙古族中几乎是家喻户晓。叙事诗中描述的两匹骏马在参加成吉思汗围猎中超群出众，贡献巨大。但这样辉煌的业绩没有得到主人应有的赞扬，两匹骏马于是遁逃而去。这两匹马，一匹是倔强自信、桀骜不驯，追求自由；另一匹是愿意忍受役使而眷恋主人。最终在"恩君"的感召下，它们重又回到原来的马群，受到成吉思汗的欢迎、问安和封奖。这一寓言诗以两匹骏马的人格化，反映出蒙古族人与蒙古马的美好关系。蒙古马对蒙古族人的忠诚，还有很多美丽的故事。例如，蒙古族英雄嘎达梅林率领义军，在与军阀和王爷军队激战中被冷弹击中落马。在敌军就要追上的千钧一发之际，嘎达梅林的坐骑咬紧嘎达梅林的衣角，将嘎达梅林拖到河畔密林中，使嘎达梅林死里逃生。19 世纪的蒙古族大作家尹湛纳希从外地返回家乡的原野上，不慎落马昏厥过去，这时有两条狼扑了过来。尹湛纳希的坐骑高扬四蹄和鬃尾，与两条狼展开了殊死搏斗。尽管两条狼轮番进攻，但是这匹马却丝毫不畏惧，始终以一敌二，奋不顾身，寸步不离主人，最终挡住了两条恶狼，迎来了尹湛纳希的家人。

蒙古马很重亲情，它们三五百为一群，每隔三四年分一次群。强健的公马带领众多母马繁衍生息。它们多年乃至到死，都能准确地认出父马、母马与兄妹马，并保持亲密的家族关系。有的马离群多日回到家族中间，以互咬鬃毛来表示亲热。蒙古马从不与自己的直系亲缘交配。待自己的"儿女"长大成熟，儿马会将它们逐出自己的马群。一匹儿马拥有 30～50 匹骒马，骒马群的秩序、安全都由儿马来管理，如有其他儿马敢冒大不韪，侵入自己的骒马群，它就会扬鬃奋蹄教训对方一顿，因而蒙古族称马为"义畜"。在家畜中马的寿命最长，最高能活 60 岁。蒙古族人对马的年龄计算以双岁为一岁，如 23 岁马实际已是 44 岁。

蒙古族人常说："马不食夜草不肥。"蒙古马好运动，故食量大，但胃却小、消化快，边食边排便，一天多数时间都要不停地吃草。夏季天热蚊虫多，马在白天躲蚊虫、避酷暑，所以主要在夜间吃草抓膘。蒙古马食用大量的草，需用水助消化，夏季出汗多，如不勤为马饮水，马就不爱食草。牧马人都知道："宁少喂一把草，不可缺一口水。"草原上有"旱羊、水马、风骆驼"之说。蒙古马从不喝死水和脏水，而主要喝河水、湖水、井水。有经验的牧马人常将马赶到河边，以方便其洗浴、饮水。蒙古马吃草也总是找新鲜的，有时宁肯挨饿，也不吃腐烂变质的草。

蒙古族视马为亲人，对蒙古马非常珍爱，与马有着深厚的情缘，马堪称蒙古族的朋友和伙伴。蒙古族认为马以头为尊贵，因此严禁打马头，不准辱骂马，不准两个人骑一匹马，秋天抓膘期不准骑马狂奔让马出汗。马死亡后都要进行埋葬，以示报答马对主人的一片深情。生过十个马驹的母马和年久的种公马，蒙古族视为"功臣"，给予特殊待遇，马鬃系上色彩鲜艳的绸缎条，以区别于一般的马。蒙古族对蒙古马的习性和爱好了如指掌。马倌、骑手要随身携带刮马汗板、马刷子，随时为骑乘的马刷洗身子、刮除马汗，为马舒筋活血、放松肌肉、消除疲劳。同时，这也是主人与马亲近、增强感情的途径。牧马人说，"为马刮一刮，刨一刨，胜似喂精料"。蒙古族还按照马的毛色和雌雄不同，分别给予爱称和昵称。蒙古马大致分为红色(又分为枣红和骝红)、白色、黄色(又分为金黄和米黄)、黑色、紫色、棕色和斑马。许多蒙古族小孩都能按毛色特点，准确无误地讲出马的爱称和昵称。蒙古族还十分讲究马具，如马鞍上镶嵌金银饰品，镂刻美丽图案的花纹。乘马分颠儿马和走马，走马尤其受欢迎。走马价值连城，许多富户不惜重金购买走马。走马速度快，跑起来平稳，主人如同坐轿一般，赶远路更显走马之可贵。如今蒙古马已走出草原，走出国门，到众多国家落户。

蒙古马在蒙古族心中如同日月星辰。蒙古马已成为蒙古民族的历史文化传承者。马已深深地融入蒙古族的精神世界之中。蒙古族以马为主题的赞美诗、寓言故事、警句格言、民间传说、民歌、音乐、美术、雕塑数之不尽。蒙古族还有许多与马有关的节日，如赛马节、马驹节、马奶节、神马节等。鄂尔多斯高原上的成吉思汗陵，奉养着一匹成吉思汗的神马——温都根查干和两匹成吉思汗的白骏马。每年阴历三月二十一日，国内外成吉思汗的子孙从四面八方云集到成吉思汗陵祭祀神马。这个仪式在忽必烈时便以法律的形式定下来，一直传承到现在。据说，为了寻找温都根查干神马，成吉思汗的守陵人达尔扈特人找遍了鄂尔多斯全盟七旗，在盛产名马的乌审旗①，看到一匹一身雪白、四蹄纯黑、眼睛又黑又亮的儿马。儿马看到来访的达尔扈特人，又刨前蹄又嘶鸣。达尔扈特人上前拜见马的主人，问询马的情况。主人说，这匹马是阴历三月二十一日出生，马诞生时门前的湖面上升起一道彩虹。达尔扈特人听后立即上前参拜神马，认定这就是苦苦寻觅的温都根查干了。

如今，无论在都市还是在牧区，蒙古马逐渐失去了骑驭的作用，数量也在迅速减少。然而，蒙古马与蒙古族有着难以割舍的深厚情感。有蒙古族的地方，蒙古马是不会绝迹的。蒙古族意识到蒙古马已越来越少，开始建立各种有关蒙古马的组织，研究蒙古马、抢救蒙古马的工作正在内蒙古草原上开展起来。"蒙古马精神"深深植根于优秀民族文化的沃土，又在与时俱进中融入了新的时代内涵，具有重要的时代价值。

二、骑马注意事项

来到大草原，我们就会看到草原上成群的马在悠闲地吃草，而每个草原旅游景点也都会有经过良好训练的马匹供大家骑乘。不骑马就无法深刻体会蒙古族的马文化，就无法真正了解蒙古族与马的不解之缘。骑马是一种很安全的活动，尤其是景点的马，大多都是服务了很多年的"老司机"。但是任何一种活动，都有潜在的危险性，为了出游愉快，在骑马时必须了解一些注意事项，主要有以下五个方面：第一，注意上下马要领。上下马时，要记住 15 字口诀，即摸马脖，远马后，在马左，防马右，脚内蹬。上马前要先摸摸马的脖子（不是拍），与马有个简单的交流。上马、下马都是从左面，左上左下，不要到马的后面，以免被马踢到。上马时，脚尖内蹬；下马时，先左脚尖内蹬，然后松开右脚再下马。第二，注意骑马姿势。骑马时，脚前半部踩马镫，上身直立坐稳马鞍，这是小走的姿势。上坡身体重心向前

知识链接
马的演化和类型

---

① 蒙古马分几大系列，有乌珠穆沁马、乌审马、三河马、科尔沁马、上都河马等。乌珠穆沁马是较典型的蒙古马，强壮、抗病、耐劳，善于长途奔跑，适宜作战行军，在古代战争中屡建功勋。据说，世界著名的唐昭陵六骏中就有一匹乌珠穆沁马。乌审马短小精干，清秀机敏，很有灵气，戈壁沙地行走如飞，因此这种马很受西部荒漠草原牧民的喜爱。成吉思汗陵内那匹"温都根查干"白神马就是乌审马。科尔沁马、三河马属于高头大马，有洋马的血统，高大骏美，四肢修长，爆发力强，速度快，在国内外赛马会上风头露尽，常拔得头筹。

倾，臀部后移，并抓稳马鞍前部。下坡身体重心后仰，臀部后移，两手一前一后抓稳马鞍，双腿夹紧。看到马儿脱离了马队也不要慌张，想让马儿往哪边走，就拽哪边的缰绳，马儿就会一点点向你拽的方向走；如果想让马停下来，就把缰绳往一边拽。第三，注意穿着和动作。骑马时，不能戴没有系带的帽，如果帽子掉落，有可能惊吓到后面的马，导致后面的游客有危险；不能背斜跨包，如果要背的话，也要把背带缩短到腰部以上。上马后不能有突然性的动作，不能大声尖叫，也不要拍照、传递物品，更不要在马背上脱换衣服，尤其是鲜艳的衣服，以免惊吓到马。第四，注意听从马倌指挥。骑马时马倌会在一旁指导和指挥，一般马倌会选择平坦的草原，也不会让马跑得太快，因此要听从马倌指挥，不能随便打马或夹马肚子，因为马一旦接收到这种信息，就会跑起来甚至狂奔，乘骑的人有可能会被颠下马背。第五，注意自身情况。患有高血压、心脏病等特殊人群不能骑马。出于安全考虑，老人、小孩及喝了酒的游客也不能骑马。

项目三 内蒙古特色旅游商品讲解能力训练[①]

>> 任务十三 内蒙古特色旅游商品讲解能力训练 <<

【实训设计】

实训任务	内蒙古特色旅游商品导游讲解
实训目标	1. 知识目标：能够复述内蒙古特色旅游商品的相关知识； 2. 技能目标：能够向游客进行内蒙古特色旅游商品导游讲解； 3. 素质目标：具备良好的语言表达能力和地方文化知识
实训建议	1. 为学生提供参考书目，指导学生阅读、理解； 2. 可利用微课等手段，制作分段授课视频； 3. 可组织学生到旅游特产店进行参观，让学生了解内蒙古特色旅游商品
实训流程	1. 划分学习小组，明确讲解内容和讲解任务； 2. 学习小组编写内蒙古特色旅游商品导游词； 3. 教师点评导游词，并指导学生进行讲解训练； 4. 课堂或实训室或旅游商品特色店内导游讲解展示； 5. 讲解测评
实训学时	2～4 学时
实训考核	1. 考核内容：导游词文稿＋导游讲解； 2. 考核方式：导游词文稿评价＋导游讲解评价； 3. 考核主体：教师、学生； 4. 考核百分比：态度 10％＋纪律 10％＋过程 30％＋成果展示 50％

【理论知识】

旅游活动有六大要素，即食、住、行、游、购、娱。旅游购物是旅游活动的重要组成部分，提供丰富的旅游购物商品，满足游客的购物需求，已成为彰显旅游目

---

① 项目三由刘春玲编写。

的地特色和吸引力的重要方面。发展旅游购物是提高旅游经济效益的重要途径，是振兴地方经济的重要手段。

一、旅游购物服务

受旅游业发展程度和旅游市场发展程度的制约，现阶段游客对旅游活动中的"购"一直很敏感，所呈现出来的矛盾和问题也很突出。但就实际的旅游活动来看，购物始终是许多游客非常感兴趣的一项活动。所以，作为一名导游人员，我们必须熟悉当地的特色旅游商品，当好购物参谋，帮助游客购到自己喜欢和满意的商品。从某种意义上说，一个不讲当地特色旅游商品的导游不是合格的导游，一个不能带客人买到好的特色旅游商品的导游不是一个好导游。

（一）树立正确的购物服务态度

导游人员应该始终把服务放在第一位，优质的服务是博得客人信任和好评的基础。如果导游人员的功利性太强，在服务过程中除了特色商品之外什么都不讲，反而容易使客人反感。因此，导游人员应站在服务的角度，通过优质的服务，努力拉近与客人之间的距离，取得客人的信任，并在此基础上，适宜地向客人推荐和介绍好当地的特色商品，普及当地特色商品的相关知识，帮助游客购买到称心如意的旅游商品。

（二）熟练运用旅游商品推销技巧

向游客介绍和推销当地的特色旅游商品是导游服务的既定内容。在推销旅游商品的时候，导游人员首先要掌握心理学、消费行为学、市场营销学等专业知识，在此基础上学会熟练运用相关的推销技巧，提升自身的购物服务水平。下面介绍几种推销技巧。

1. 欲扬先抑式：导游在面对游客时，尽量少说一些空话和套话，不要让客人形成固定的观点，让客人的心理状态稍低一点，然后在实际游览过程中，用优质的服务使客人获得最好的旅游体验，升华游客的旅游价值认同感，从而引导游客对当地的特色旅游商品产生兴趣，激发客人的购买欲望。

2. 专家博学式：客人出来消费，最害怕买到假货或物无所值，他们需要的是一个购物和消费的专家。这就要求导游特别熟悉当地的旅游商品，能够从产品的产地、历史、种类、市场价格、优缺点、质量鉴别等各个方面进行专家式的讲解，让游客全方位了解旅游商品，并在商品信息对等和透明化的基础上做出购买选择。

3. 主动示范式：在从众心理的驱使下，示范的效果往往是惊人的。也就是说，导游在陪同客人购物的过程中，可以自己主动或带动部分游客主动购买一些商品，以此来引出游客的从众心理。因为游客普遍会认为：导游或大家都要买的东西肯定不会错的。所以他们也会积极购买，而且购物的数量甚至超出预期。当然，运用这种方法时，一定要保证商品本身是物有所值的，万不可虚假诱骗。

4. 心理暗示式：在与游客的接触过程中，导游经常性的言谈举止和经常提及的事物都会给游客留下深刻的印象，这就是一种心理暗示。所以，导游在服务过程中要渐进地、点滴式地渗透当地的旅游商品信息，以"润物细无声"的方法在游客心理上留下痕迹，进而促成游客"水到渠成"的购物行为。

5. 价格对比式：在服务过程中，导游人员应不断了解市场行情，比如一件商品在不同地区销售的价格，同类商品不同档次的销售价格等信息，做到心中有数，并在购物服务过程中能够为游客客观、透彻分析所推荐的旅游商品价格和性价比，以此赢得游客的信任和理解，达到促使游客自愿选择和购买目的。

旅游商品推销技巧千差万别，需要根据游客、购物场所、购物时机等情况进行选择。但总体说来，购物就应该以微笑和礼貌为前奏，以博学和轻松为铺垫，以优良的产品为保障，以诚信和服务为依托，这样才能产生好的效果。

（三）旅游商品导游讲解的注意事项

1. 注重分析游客的心理特点。旅游团队是千差万别的，每个团的特点都不一样，所以导游人员要注意分析游客的心理特点，要运用心理学知识，拉近与游客之间的心理距离，迎合游客的心理需求，为宣传和促销打下良好的基础。

2. 注重讲解的时机。导游人员应该在路上、车上等旅游途中多给游客讲解旅游地的风土人情，得到游客的信任和好感，然后自然过渡到介绍当地的特色旅游商品，潜移默化、不知不觉地将当地特产渗透给游客，激发游客的喜爱和购买意愿。

3. 注重教游客如何鉴别产品。导游人员在平时要大量积累相关知识，学会鉴别和判断真伪，并通过自己的讲解教会游客如何从价格和质量上判别产品的价值，不要回避产品的缺点和不足，做到诚实告知、信息对等，把选择权和决定权交给游客。

4. 注重游客的反映。导游人员要学会察言观色，既要注意引导和激发游客的兴趣，又要时刻留意游客的反映，要有针对性和灵活性，不能自顾自进行兜售或强迫游客听讲解。

二、内蒙古特色旅游商品资料

（一）驼绒以及驼绒产品

在游览途中，我们看到很多骆驼。不知大家注意到没有，骆驼的颜值是非常高的，那可真是大眼睛、双眼皮、长睫毛，而且还有两双大长腿。所以，它们是名副其实的"帅哥""美女"。

骆驼被称作"沙漠之舟"，是我们内蒙古的五畜①之一。亚洲北部的蒙古高原②是典型的荒漠戈壁草原。这里没有工业污染，没有农药化肥残留，是地球上仅有的

---

① 五畜指马、牛、羊、山羊和骆驼。
② 包括蒙古国、吉尔吉斯斯坦、塔吉克斯坦、哈萨克斯坦、土库曼斯坦以及中国的内蒙古、新疆等地。

天然原生态牧场。这里生长着 60 多万峰双峰驼，是与地球共同生存了 5500 万年的稀有珍贵物种。据资料显示，中国有 30 多万峰骆驼，主要分布在内蒙古与新疆。内蒙古的骆驼主要分布在阿拉善盟与巴彦淖尔市，共有 15 多万峰。内蒙古阿拉善盟生产的驼绒产量大、质量好，在国内外都享有盛名。

自古以来，骆驼就与人类有着不解之缘。它曾是人类穿行沙漠最重要的交通工具，而且骆驼浑身是宝。根据最新发现，驼奶有助于降糖、稳定血糖，调节和修复免疫系统，激活胰腺的 β 细胞，还利于胰岛素的分泌。但在市面上驼奶却很少，因为大部分牧户都饲养小骆驼，这几年才慢慢有人专门饲养奶驼。骆驼身上最好的宝贝就是驼绒了。驼绒是取自骆驼腹部的绒毛，驼绒色泽杏黄、柔软蓬松，是制作高档毛纺织品的重要原料之一，已经成为一种重要的出口物资。内蒙古的驼绒比山羊绒还要防潮、保暖、保健，被誉为钻石纤维和软黄金。驼绒的产量十分有限，一峰骆驼一般只能产 0.3 千克净绒。因此，驼绒往往比山羊绒更为珍贵。

驼绒具备卓越的防潮性和保暖性能。在显微镜下，我们能够看见驼绒表面呈鳞片结构，表层有高密度的胶质保护层，绒质本身不吸收水分，因而具有极好的隔潮性。驼绒纤维细度高，有极强的保暖性，是动物绒中耐寒最强的，所以驼绒是理想的天然御寒保健品。天冷时能降低热传导率，保暖性胜过皮、棉；天热时又能排出多余的热量，使绒内温度保持舒适。蒙古族自古游牧，逐水草而居。冬季寒冷、潮湿，所以蒙古族把驼绒做成床垫、被褥、裤子，既经久耐用，又防寒保暖。过去，蒙古族牧民都是凭借驼绒衣裤度过寒冷、漫长的冬季的。驼绒衣裤不仅保暖性好，而且能够有效地防御风湿性关节炎、类风湿、腰腿痛等顽疾。据说，在成吉思汗弥留之际，他的口鼻之处就放着一撮白驼绒，成吉思汗的灵魂和最后一口气息就依附在了白驼绒上。还传说成吉思汗棺木中遗体下面也垫着骆驼绒，可见蒙古族对驼绒的喜爱和珍视。关于驼绒的保暖性还有一段真实的故事。有一位参加过抗美援朝的蒙古族老人，临终前留给儿子一顶驼绒帽子。老人说，当初在朝鲜上甘岭的战斗中，多亏了这顶从家中带来的驼绒帽子，他才能在朝鲜的寒冷冬季里保住了耳朵。当时，为了支援朝鲜战场，内蒙古的牧民赶制了一批驼绒皮帽子，送给远在朝鲜的战士们，不仅保护了战士们的耳朵，更给战士们送去了祖国的温暖。所以老人特别珍惜那顶帽子，嘱咐儿子要好好保管。在当年的茶马古道上，拉骆驼是一项很艰苦的职业，可以说是风餐露宿。当时的人们，除了备足粮食与水以外，一个驼绒睡袋就成为他们必不可少的随行物件。驼绒睡袋又轻又暖，而且防潮、便于携带，冬夏皆宜。冬季野外宿营，羊皮大衣、羊皮裤都抗不了草原冬夜的寒冷，而驼绒却能起到很好的抗寒冷的作用。到了夏季，把驼绒睡袋铺在草地上睡觉，绝对不会因为受潮腰痛。

驼绒具有超强的耐久耐磨特性。这在一般的纺织纤维中首屈一指。驼绒本身具有纤维细长、拉力大、弹性强、光泽好的特点，再经过先进的加工工艺，它那超强耐磨的特点就更加突出了。在牧区，人们经常会捡到一短截一短截的绳子，多是牧民用驼毛手工拧成的，一般只有指头粗细，但却非常结实，毫不逊色于最结实的尼龙绳。这些废弃的短绳头，历经多年风吹日晒却仍旧结实如初。在放大400倍的专业显微投影仪器下，我们能看到驼毛的外层有像蛇皮一样的鳞片状角质，成分如我们的指甲或牛角一样，这可能就是它经久耐磨的原因吧。

驼绒含有天然蛋白质成分，不易产生静电，不易吸灰尘，对皮肤无刺激过敏现象。实验表明：驼绒是一种天然蛋白质纤维，化学成分含18种氨基酸，与皮肤亲密接触没有任何副作用，亲肤性非常好，所以像驼绒裤、驼绒马甲等驼绒产品都可以贴身穿着。

现在越来越多的人意识到睡得好、休息好的重要性了。因此，睡觉时选择一条适合的被子太重要了。这里就给大家重点说说驼绒被子。首先我们看一看驼绒被与各种材质的被子的区别。化纤被、不透气、不透湿、带静电、保暖性一般，容易感觉闷湿。棉花被、透湿不强，人体感觉湿黏，游离纤维易入呼吸道，易藏皮屑灰尘和螨虫等，易饼结。羽绒被：保暖性好、透湿透气、柔软但不贴身，易缩拢，产生异味，羽枝易从被胎中钻出来，不适合过敏体质。普通蚕丝被：透气透湿无静电，舒适、贴身，但易结饼，需年年翻拆，保养极不易。驼绒被：轻盈、蓬松、柔软舒适、保暖性强、弹性好、无异味、防虫蛀，并对腰腿疼及风湿病痛具有良好辅疗作用。品质好的驼绒被能让人有一个极度舒适与愉悦的睡眠。在阴冷的屋子里，不会感觉冰冷，也不会像棉被、蚕丝被那样，半天才能捂热。有人做过实验，重感冒出汗的时候，如果盖棉被或蚕丝被，不一会儿被子就又湿又冰，但如果盖的是驼绒被却照样干爽舒适。这是为什么呢？这是由驼绒的回潮率系数和弹性恢复系数及其鳞片结构决定的。比如，蚕丝的公定回潮率为13％，而驼绒的公定回潮率却能达到17％。由于驼绒具有这种性能，所以被专家称为"人体的天然空调"。凡是用过驼绒被的客人，都反映驼绒被特别轻暖，透气好，贴身不压身，非常干爽舒适。从长江两岸到南部的深圳、广州、香港、台湾等湿度比较高的地方的顾客更是赞不绝口。此外，驼绒还有一个特别重要的特性——蓬松性好。无论是羊毛被、蚕丝被还是棉花被，新被子用起来都是蓬松的，体感都不错，但是用一段时间后，就会慢慢地沉硬起来，要想恢复新被子那种蓬松的感觉，就得拆洗翻新。棉花被和羊毛被可以找弹棉花的地方弹松梳理翻新，而蚕丝被却比较麻烦，很难再恢复了。唯有驼绒被，用过多年后也还是蓬松的，不板结、不僵硬，尤其是做垫褥，特别明显。用久了，在太阳下晒晒，拍拍打打就又恢复到新被子那样蓬松了。驼绒被一般不需要清洗。为防止被子被弄脏，使用时应套被套。它的护理也非常简单，选择一个好天气，将被子的被套取下，晾在通风良好且无阳光直射的地方阴晒就可以了，一般以上午10点至下午3点为最佳时间。驼绒被不怕晒，经常晒晒不仅能吸收新鲜空气，保持被子清新，阳光里的紫外线也能消毒灭菌。

（二）蒙古族刀具

蒙古族信奉长生天。在那个古老的传说中，美丽的长生天赐予蒙古族"三大宝"

和"三小宝"。其中"三大宝"为蒙古包、草原、牛羊，三小宝为蒙古刀、马头琴、奶酪工艺。蒙古族将"六宝"传承至今。蒙古族男子一般在腰带右侧佩戴蒙古刀，和鼻烟壶、火镰佩挂在一起，显得格外威风，更加表现出男性英武、潇洒的风采。

蒙古刀是蒙古族牧民的生活用具。它可以用来宰畜、吃肉、健身、防身，也可镇宅避邪，还可以当装饰品、陈设物。蒙古族男人都会有一把属于自己的蒙古刀，同时也是他们身份的象征。蒙古刀现在已经成为非常流行的馈赠礼品，是生日、节日、纪念日的最佳赠品。

蒙古族将蒙古刀分为六大系列：勇、智、礼、亲、忠、姻。勇：扶正压邪，阳刚之美。智：正气冲天，运筹帷幄。礼：和中无邪，宾朋连绵。亲：镇宅辟邪，全家平安。忠：引领霸气，得道多助。姻：正气融通，两情相悦。

蒙古刀刀柄和刀鞘很讲究，有钢制、木制、银质、牛角制、骨头制等多种，有的还镶嵌银质、铜质和铝制的花纹图案，有的甚至镶嵌宝石，有的还填烧珐琅，也有的还配有一双兽骨或象牙筷子（象牙筷的大头一端还套有银束子。民间传说，饭菜下毒用银束子就可以试出来）。驼骨彩绘鞘蒙古刀更成为工艺珍品，畅销海内外。蒙古刀刀鞘上一般有环，环上缀有丝线带子。丝线带子一头有环，可以挂在胯上；一头编有蝴蝶结，下面是穗子。蒙古刀上一般还有勃勒。勃勒是一种银子打的圆形饰件，上面有花纹，中间嵌有珊瑚大珠。蒙古刀的勃勒，也有用绸缎刺绣的。刀鞘上一般还刻有龙、虎、兽头、云纹图案。蒙古工匠最拿手的技术就是做刀身。蒙古刀刀身一般采用优质钢打制，长十几厘米至数十厘米不等。

精美绝伦的蒙古刀延续并记载着蒙古族的勇敢、智慧与辉煌。在蒙古族的心中，蒙古刀是腾格里（长生天）所赐的圣物，象征着给自己和身边朋友带来运气和平安。在今天，蒙古刀承载的是勤劳、和平、幸福的祝福。

蒙古刀不能随身携带，所以大家购买以后要记得托运。一般卖蒙古刀的商场都会有相应的托运服务。

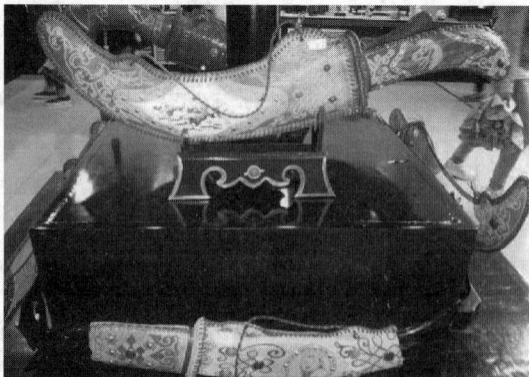

图 3-1　蒙古刀（刘春玲摄）

(三)皮画

皮画是蒙古族人民发明的一种很有艺术价值的工艺品。皮画,顾名思义,就是在羊、牛等皮子上作的画。蒙古族皮画有着十分悠久的历史。皮画的起源可以追溯到游牧时代,以羊皮地图、简单的装饰画最为常见。现代蒙古族皮画除保持古朴韵味外,更加融入现代民族技法,极具收藏价值和欣赏价值,是装饰、馈赠、收藏的首选佳品。蒙古族皮画表面具有浮雕般的立体效果,画风冷峻、凝重,具有猛烈、尖锐的视觉冲击力,往往令观赏者感到无比震撼,给人全新的艺术享受。

蒙古族皮画精选天然优质牛皮,经过特殊描绘、着色、层染、抛光、定形、浮雕凹凸压制等几十道工序,采用纯手工制作而成。[①] 与普通的皮画相比,蒙古族皮画有如下特点:第一,色彩艳丽。没有经过染色的真皮是淡黄色的,略微泛红,在上色的过程中真皮本身对颜料特殊的融合性使得原本的色彩更加鲜明。第二,生动逼真。经过立体装裱后的画面,图案线条具有浮雕效果,并且画面会随着内容的变化而跌宕起浮,与艳丽的色彩相配合,造形生动逼真。第三,质感强烈。皮画精选牛皮等上等全皮(未经过分层)制成,皮质细腻柔软,色调柔和,视觉舒适,质感无与伦比。第四,高贵典雅。皮画一般表现浓缩的草原风情,欣赏时便能感受到浓郁的草原气息,作为室内装饰品,具有十分特殊的高贵气质与非凡艺术品位。

那如何选一幅高品质的皮画呢?第一,要看画面是否完好。画面上没有皮伤,没有疤痕。第二,要看皮画的浮雕效果。浮雕不是越高越好,而是层次越多越好。第三,要看皮画表面的触感。摸上去虽有高低不平,但十分光滑,没有划手的感觉。第四,要看画面的颜色。画面用水质颜料绘画的面积较大,糊状颜料绘画的面积小,这样的皮画比较好。如果都是用水状颜料绘画出的皮画,画面会很暗,直观看上去会不如糊状绘画的鲜亮。

买了皮画以后,还要注意它的保养:皮画千万不要用水来清洗,如果没有留白的(就是没有留下一点皮子原来的颜色),可以用潮湿的布擦拭。如果你想让皮画的表面更加有光泽,可以用干燥的纯棉布在画面上来回擦拭。

蒙古族皮画充分体现了蒙古民族的艺术精髓和文化内涵,具有极高的艺术鉴赏和收藏价值,备受海内外各界人士的青睐。

---

① 蒙古族皮画充分利用和展示天然皮革所具有的皮质皮色,雕刻艺术独特,具有线条流畅、勾描别致、立体感强、色彩柔和、永不褪色等特点。

图 3-2　皮画(刘春玲摄)

(四)牛角梳

牛角梳是以牛角为原料,采用传统的手工工艺制作而成的。牛角梳材料有水牛角、黄牛角、牦牛角等。据《本草纲目》记载:"牛角,酸咸、清凉、无毒。"牛角本身是中药的一种,因此牛角制品有一定的保健作用。经常使用牛角梳能有效地减少脱发、断发、黄发及消除头皮屑,长期使用能疏经通络,促进头部血液循环。

内蒙古盛产黄牛,因此内蒙古的牛角梳以黄牛角为主。黄牛角色泽为黄色半透明,或多或少掺杂黑色或棕红色的血丝纹路。

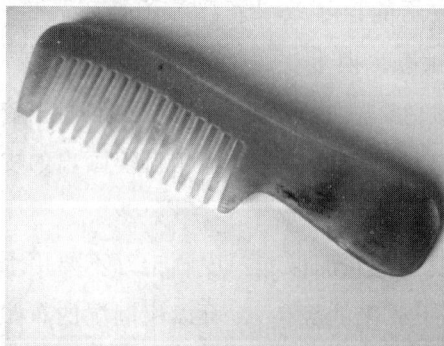

图 3-3　牛角梳(刘春玲摄)

那么怎么辨别真假牛角梳呢?最简单、最有效的鉴别方法就是用小刀在梳子上刮一些碎屑下来,然后把它们放到小刀上面用打火机烤,当烤焦的时候闻到烧焦的毛或烧焦的头发的臭味,说明它是真的;闻到烧焦的塑料的臭味则是假的。此外,真牛角梳是不会起静电的,摸上去有手感,比塑料要重一些,而且一般会有血色和纹路。因为牛角梳是天然的东西,所以一般都会存在一定的瑕疵,又因为多为全手工打磨,因此,每一把角梳都是独一无二的。总之,好的牛角梳手感温润、厚实,牛角色泽圆润,不起静电。

牛角梳也有质量优劣之分。一般来说,质量低劣的牛角梳手感差,缺乏光泽,色泽暗淡,有裂纹,容易断齿。还有一点要注意的是,品质较差又较便宜的牛角梳，一般是用牛角粉再经机器压制而成的，使用寿命较短，容易断齿，而且药用价值也不高。

买了牛角梳以后，要掌握正确的使用方法和保养方法。使用方法：每天早晚用牛角梳，由前向后，再由后向前轻轻触及头皮并梳刮数遍，用力要均匀。保养方法：牛角梳很脆，忌摔；还比较怕潮湿，遇潮湿后容易发生不同程度的弯曲或变形。长时间在潮湿或有水的环境中，就会弯曲变形，严重的还可能出现裂纹，所以在梳过湿头发后应及时擦干，并放在干燥通风处。如果有弯曲，可以放在火上烤一下，然后用适当的重物压一段时间即可恢复。还要特别注意的是，不要把牛角梳放在热水里，若万一受热发出牛角臭味的话，要马上放入冷水冷却。

(五)银饰品

银的化学符号 Ag，来自银的拉丁文名称 Argentum，是"浅色、明亮"的意思。银的本义是"价值接近于黄金的金属"。

银具有很高的经济价值。由于银具有独有的优良特性，人们曾赋予它货币和装饰的双重价值。在古代，银的最大用处是充当商品交换的媒介——货币。新中国成立前用的银元，就是以银为主的银铜合金。

银还能做验毒工具。李时珍在《本草纲目》中曾写道：用银器饮食，遇毒则变黑；中毒死者，亦以银物探试之，则银之无毒可征矣。其入药，亦有平肝镇怯之义。我国古代法医早就懂得用"银针验尸法"来测定死者是否中毒而死，帮助破获了不少谋杀案件。因此，古人常说：身带银，健康富贵会相伴。

银饰鉴别方法：第一，看印记。银首饰一般应打上银的英文缩写"S"或"Sterling"的印记。标准银的印记是 S925 或者是 9.25、925[①]，足银的印记是 S990，也有千足银的印记或者 S999，但也有许多国家在银首饰上不打印记。第二，看颜色。纯度愈高，银色愈洁白，首饰表面看上去均匀发亮，有润色。如果含铅，首饰会呈现出青灰色；如含铜，首饰表面会显得粗糙，颜色没有润泽感。第三，掂重量。白银密度较一般常见金属略大，一般地讲，铝质轻，银质重，铜质不轻又不重。因而掂掂重量可对其是否为白银做出初步判断。若饰品体积较大而重量较轻，则可初步判断该饰品属其他金属。第四，查硬度。白银硬度较铜低，而较铅、锡大，可用大头针划首饰不起眼的地方进行测试，如针头打滑，表面很难留下痕迹，则可判定为铜质首饰饰品；如为铅、锡质地，则痕迹很明显、突出；如实物留有痕迹而又不太明显，便可初步判定为白银首饰饰品。第五，听声韵。纯银饰品掷地有声，无弹力，声响为"卟哒卟哒"。成色越低，声音越低，且声音越尖越高而带韵；

---

① 银的硬度为 2.7，为了提高其硬度和获取最佳的成型效果，在做首饰时需要在银中加入 7.5% 的铜。这种含银 92.5%、含铜 7.5% 的合金，国际上称为标准银，在英国也称为英镑银（Sterling）。它与 9.999 银有所不同，因为 9.999 银的纯度比较高，非常柔软，难以做成复杂多样的饰品，而 925 银能做到。

若为铜质，其声更高且尖，韵声急促而短；若为铅、锡质地，则掷地声音沉闷、短促，无弹力。

银是一种比较活泼的贵重金属，在空气中极易与硫或硫化氢反应而生成黑色的硫化银。这就是为什么银首饰在使用后会出现发乌变黑的现象。很多银首饰常常是由银铜合金制作的，这类银首饰更应注意防腐蚀。为了防止银首饰发黑，要注意以下保养方法：第一，表面涂膜处理。在首饰表面涂上一层透明的清漆膜，使银和外界空气隔绝，一般的佩戴者可以用无色透明的指甲油在首饰上做涂膜，这种方法特别简单，且不影响银首饰的光泽。根据佩戴者的具体磨损情况来决定涂指甲油或透明漆膜的时间间隔。由于工作的环境不同，磨损快的可每个星期涂一次，而一般很少接触硬物或很少戴着首饰干家务的人，可隔半个月或更长时间涂一次。在存放长期不用的首饰时，也应进行表面涂膜处理。第二，经常保持银首饰清洁干燥，尽量不要让银首饰与含硫的化学气体接触，不要用硫黄香皂清洗银首饰，也不要和其他金属饰品或者含有化学物质的发胶、香水、护肤品等放在一起。第三，游泳（尤其是海里）、洗澡、睡觉的时候最好不要佩戴（爱出汗或者汗水特别多的人也不适合佩戴银饰），暂时不佩戴的银饰品可以放入干燥的密封袋或者首饰盒中，不要放在阴暗、潮湿的地方。

（六）羊绒产品

羊绒是生长在山羊外表皮层，掩在山羊粗毛根部的一层薄薄的细绒。入冬寒冷时长出，抵御风寒，开春转暖后脱落。羊绒属于稀有的特种动物纤维，是一种珍贵的纺织原料。羊绒之所以十分珍贵，不仅由于产量稀少（仅占世界动物纤维总产量的0.2%），更重要的是其优良的品质和特性，交易中以克论价，被誉为"纤维宝石""纤维皇后"。目前人类能够利用的所有纺织原料都无法与羊绒相比拟，因而它又被称为"软黄金"。

世界山羊绒生产国主要有中国、蒙古、伊朗、印度、阿富汗和土耳其。其中，中国产量约占世界总产量（16000～17000吨）的50%～60%，而且质量也最好，主要产地为内蒙古、新疆、辽宁、陕西、甘肃、山西、山东、宁夏、西藏、青海等省区，尤其以内蒙古的产量最高、质量最好。内蒙古是世界上最大的羊绒加工基地，年产羊绒4200吨，主产于鄂尔多斯市、巴彦淖尔市、阿拉善盟、锡林郭勒盟和赤峰市。内蒙古的羊绒纤维细长、手感柔软、拉力大、光泽好、颜色正白，多呈冰糖色，呈圆球状或馒头状，含粗毛少，净绒率高。一般西部地区品质好于东部地区，颜色以白绒为主。

只有出自山羊身上的绒叫羊绒，也就是山羊绒，就是我们所说的开司米，羊绒衫就是指用山羊绒做的衫子。出自绵羊身上的叫羊毛，行业上叫绵羊毛，绵羊毛即使很细，我们专业上也叫它羊毛，而不叫羊绒。

内蒙古主要的羊绒产品是羊绒衫①。内蒙古的羊绒衫具有质地柔软、光泽柔和、轻薄保暖②、舒适保健③的特点。这里教给大家一些鉴别羊绒衫的方法：一是摸。羊绒比普通的羊毛细，平均细度在14～16微米，因此摸上去有种丝滑的感觉，相当舒适。但有些羊绒衫，摸上去很滑，摸完后手指搓搓还有滑的感觉，那是衣服上面撒了滑石粉。二是抓。羊毛的毛有髓质，是实心的，而羊绒衫的毛是无髓空心的，因此相当有弹性。用手抓握一把，有一种糯米弹性板的感觉。三是放。抓一把羊绒在手，然后放开，羊绒因是动物蛋白，会立即恢复平整，难以起皱。四是照。拿着羊绒衫，对着光亮处照一下，查看羊绒衫的密度，纹路清晰整齐，不易透出光线。密度松的则显得条理粗乱，易透光。一件好的羊绒衫不仅要求有好的羊绒纯度，还要求有一定的用量。这就是判断羊绒衫质量的一个重要标志。五是掂。掂一下羊绒衫的重量，太轻的用量可能打折扣，制造密度不够，而太重的则可能混有羊毛。六是烧。羊绒衫燃烧时不仅发出蛋白质与火石的焦臭味，燃烧速度也慢，烧后的灰呈现粉状，一碰即碎。而羊毛燃烧时虽然也有蛋白质与火石的焦臭味，但纤维灰则因化纤的燃烧而快速收缩成球状。

羊绒是蛋白质纤维，特别容易被虫蛀蚀，收藏时应洗净晾干，并放置适量的防虫蛀剂，注意通风、防潮湿。在洗涤时要注意以下几点：必须选用中性洗涤剂；水温控制在30℃～35℃；小心轻搓，不可用力，清水漂净，平铺晾干，不能曝晒。

（七）肉苁蓉

肉苁蓉是一种寄生在沙漠树种——梭梭树根部的寄生植物，主要靠吸取寄主梭梭树的养分及水分而生长，素有"沙漠人参"的美誉。肉苁蓉主产于新疆和内蒙古的阿拉善盟，甘肃、宁夏也有分布。

肉苁蓉具有极高的药用价值，是中国传统的名贵中药材。肉苁蓉中含有的主要活性成分——苯乙醇总苷，具有改善微循环，软化血管，增加心、脑及外四肢末梢血管循环，从而保护心脑血管和神经系统的作用。历史上肉苁蓉曾被西域各国作为上贡朝廷的珍品，也是历代补肾壮阳类处方中使用频度最高的补益药物之一。此

---

① 羊绒衫分纯羊绒衫和混纺羊绒衫。纯羊绒衫应含有100％的山羊绒纤维，考虑到山羊绒纤维存在形态变异及非人为混入羊毛的因素，按照中国纺织行业标准，成品羊绒线山羊绒纤维含量最高可以达到98％。山羊绒含量在30％以上可称为羊绒衫，羊绒含量30％以下的只能称为毛绒混纺产品，山羊绒含量在95％以上的可标为100％羊绒或纯羊绒衫。

② 一款羊绒服饰只有300克左右，羊绒纤维细度在15微米左右，因此织物纹路密而薄，并有天然卷曲、松轻而含空气，故保暖性好。而且羊绒本身就是山羊在严寒时为抵御严冷而在山羊毛根处生长的一层细密、丰厚的绒毛，天气愈寒冷，细绒愈丰厚，纤维生长愈长，保暖性也越强。

③ 羊绒服饰具有良好的吸湿性和透气性。羊绒的吸湿能力非常强，回潮率在15％左右，羊绒衫贴身穿能够在外界气温多变的条件下，自动吸湿，具有良好的排汗作用，并与人体皮肤快速自动调节出适合肌肤生活的温度。羊绒服饰贴身穿着，可以促进毛囊活动，刺激血液循环，有助于减少疲劳。

外，肉苁蓉类药物的水煎剂具有明显的通便作用，可改善肠蠕动，抑制大肠的水分吸收，缩短排便时间。对老年人习惯性便秘、体虚便秘和产妇产后便秘疗效显著。

研究表明，肉苁蓉还富含人体所需多种微量元素，如含有大量氨基酸、胱氨酸、维生素和矿物质等珍稀营养滋补成分。肉苁蓉还可防治运动所导致的血睾酮降低，促进垂体性腺激素的分泌，加快疲劳恢复，提高运动能力，也可使定量负荷运动后的人的血乳酸堆积减少，清除加快，机体耐酸能力提高。

肉苁蓉属于高大的草本植物，高为 40～160 厘米，大部分生长于地下，花期在 5—6 月，果期在 6—8 月。肉苁蓉表面灰棕色或棕褐色，长满覆瓦状排列的肉质鳞片，鳞片菱形或三角形，并可见鳞片脱落后留下的叶迹呈弯月形。肉苁蓉的肉质茎呈长圆柱形或下部稍扁，略弯曲，下部较粗，向上渐细，质地坚硬，不易折断。一般认为，质量最佳的肉苁蓉具有肥大肉质、黑棕色、油性大、质地柔润的特点。

肉苁蓉鲜干片是用新鲜肉苁蓉直接切片风干，即将肉苁蓉拣净杂质，清水浸泡，每天换水 1～2 次，润透，切片（纵切），晒干。肉苁蓉鲜干片比传统整根肉苁蓉口感、颜色、效果更好。肉苁蓉鲜干片可直接泡水、泡酒①、炖汤。

（八）风干牛肉

牛肉是中国人的主要肉类食品。牛肉味道鲜美，蛋白质含量高，而脂肪含量低，享有"肉中骄子"的美称。风干牛肉，又称风干牛肉干、牛肉干，是用黄牛肉和其他调料一起腌制而成的肉干，曾是蒙古民族独享的草原美食。牛肉干中含有人体所需的多种矿物质和氨基酸，既保持了牛肉耐咀嚼的风味，又久存不易变质。草原牧民自古就有晾晒牛肉干的习俗。牛肉干也是草原牧民招待贵客的一种传统美食。

资料显示，蒙古骑兵与牛肉干有着不解之缘。"出入只饮马乳，或宰羊为粮"，只要有供马匹和畜群食用的水草，蒙古族人就可以自给自足。牛肉干携带方便，并且有丰富的营养，在远征作战中起着很重要作用，被誉为"成吉思汗的远征军粮"。一头牛宰杀后，百十斤重的牛肉，晾干后捻成末只有十几斤，装袋后背在身上，只要有水便可冲饮。在作战中，蒙古骑兵就是依靠马匹和畜群来给养的，这在后勤上大大减少了军队行进的辎重。可见牛肉干对蒙古军队的重要作用。牛肉干也和烈马、弯刀一起，被称为成吉思汗征战中的三大法宝。

制作牛肉干，首先要选择上等的原料，其次要采用特殊的制作工艺和把握制作的时间，在晒干时还得考量日照的时间，道道工序都得紧密把关。所以，每一条牛肉干都凝结着制作者的心血，都含有比牛肉干本身更让人感动的"工匠精神"。一般来讲，风干度比较好的牛肉干，2.5～3 斤牛肉才出 1 斤牛肉干。

---

① 《本草纲目》：此物补而不峻，故有从容字号。凡使先须清酒浸一宿，至明以棕刷去沙土、浮甲，劈破中心，去白膜一重如竹丝草样。有此能隔人心前气不散，令人上气也。以甑蒸之，从午至西取出，又用酥炙得所。

西藏也有牛肉干，是用牦牛肉为主要原料制作的，口味也非常好，也很著名。我国南方也有牛肉干，特点是辅料多，最典型的是喜好加肉松，把肉打碎重新压缩。我国港台地区的牛肉干也很美味，一般选用上等牛肉，用柴炭烧烤，有时还加上不同口味的烤汁及配方，如蜜糖、果皮等。与这些地方的牛肉干相比，内蒙古的牛肉干有什么特点呢？内蒙古的牛肉干主要精选草原绿色无污染的黄牛肉为原料，佐料为各种天然食材，制作出来的牛肉干是原汁原味的，不仅美味营养、携带方便，而且还很有嚼劲。经过现代工艺和精心改良，内蒙古的牛肉干的做法也越来越多，口味也更加符合大众的需求，例如，五香牛肉干、微波炉沙茶牛肉干、香辣牛肉干、腊味牛肉干、香辣牛肉干等。

图 3-4　牛肉干（刘春玲摄）

那么如何选择好的牛肉干呢？大家要记住以下几点：新鲜牛肉干比较有光泽、红色均匀、稍暗，脂肪为洁白或淡黄色，外表微干或有风干膜，不粘手，弹性好，有鲜肉味。嫩牛肉干颜色浅红，质坚而细，富有弹性。而老牛肉干的颜色深红，质地较粗。不建议大家选择湿度较大的牛肉干，湿度越大越容易滋生细菌，保质期也比较短。如果大家买了散装的牛肉干，一定要放在低温、通风干燥处保存，不能存放于阴潮的地方，所以不建议冰箱保存，因为冰箱内有潮气，会加速牛肉干长毛和变质。

（九）奶制品

据畜牧专家确认，南北纬 $40°\sim45°$ 是最佳的奶源纬度带，如欧洲、南美、新西兰这些国家都处于这个地带上，我国的内蒙古也不例外。内蒙古大草原的日照十分充分，更有利于植物的光合作用，丰富自然的植被食物链，尤其是独特的饲草料资源，富含奶牛所需的粗蛋白、粗脂肪、钙、磷等多种营养元素，为奶牛提供了最优质的营养。正因为内蒙古牛奶好，所以内蒙古不仅盛产奶制品，而且奶制品质量也特别好，种类也特别丰富。内蒙古的奶制品主要有蒙古奶茶、奶贝、奶酪、奶干、奶酥、奶皮、奶棒、奶片、奶提、奶豆等。

固体奶茶：就是可以冲成奶茶的固体干粉，呈现像奶粉一样的粉末状。由于里面加了砖茶的成分，颜色略发淡茶色，口味有咸和甜两种。固体奶茶携带方便，即冲即饮，同液体奶茶一样具有去油腻、助消化、提神醒脑、利尿解毒、消除疲劳的作用。

奶酪：又名干酪、起司、起士，完全干透的干酪又叫奶疙瘩。奶酪是一种发酵的牛奶制品，其性质与常见的酸牛奶有相似之处，都是通过发酵过程来制作的，也都含有可以保健的乳酸菌。但是奶酪的浓度比酸奶更高，近似固体食物，营养价值也因此更加丰富。它基本排除了牛奶中的水分，保留了牛奶中营养价值极高的精华部分。奶酪含有丰富的蛋白质、钙、脂肪、磷和维生素等营养成分，是纯天然的食品，被誉为乳品中的"黄金"。奶酪不但是钙的来源之一，它对牙齿还有保护作用。除了含有丰富的钙、磷等有利于牙齿的营养物质外，奶酪还含有独特的酪蛋白。酪蛋白能有效阻止牙菌斑的形成，可修复牙齿的损伤。此外，奶酪还可以刺激唾液的分泌，平衡口腔内的酸性环境，抑制细菌生长，坚固牙胚。就工艺而言，奶酪是发酵的牛奶；就营养而言，奶酪是浓缩的牛奶。每千克奶酪制品大约需要 10 千克的牛奶才能制成。

牛初乳片：母牛产犊后 3 天内的乳汁称为牛初乳。与普通牛奶相比，牛初乳含有高蛋白质和大量的免疫因子、生长因子，但其脂肪和糖含量较低。初乳是大自然赐予的天然免疫药物，是哺乳动物自身免疫系统引擎的启动器。经科学实验证明：初乳具有免疫调节、改善胃肠道、促进生长发育、改善衰老症状、抑制多种病菌等一系列生理活性功能，被誉为"21 世纪的保健食品"。牛初乳片是牛初乳提炼而成的片状固体，浓缩了牛初乳中的各种营养，吃起来相当方便。牛初乳片富含多种活性免疫因子和丰富的维生素及矿物质，有助于提高孕妇及儿童的抵抗力和免疫力，更添加了叶酸、胡萝卜素等物质，非常有利于儿童大脑和视觉系统的发育，可促进儿童的生长发育。牛初乳片还含有乳铁蛋白，能有效预防儿童或成人缺铁性贫血。

奶皮子：蒙古语称为"乌如木"，是指牛、羊奶上面漂浮的一层脂肪和奶蛋白的混合物。奶皮子是奶食品系列中的佳品，营养丰富、奶香浓郁、光滑绵软，能够滋补身体、调理气血。奶皮子是以鲜牛奶为原料的奶制品，制作 1 斤奶皮子，大约需要用 8 斤鲜奶。奶皮子的制作方法有两种。一是将鲜奶盛放于器皿中存放 1～2 日，奶子发酸后，其表皮形成薄薄一层生奶皮，蒙古语称为"图黑乌如木"或"卓黑"，是提炼黄油的主要原料。二是用微火煮沸鲜牛奶，并用勺子反复扬洒，直到锅里起泡沫为止，然后将其冷却至次日，便可凝结出厚厚一层奶脂，此为熟奶皮，是做酥油的原料。奶皮子味道香甜可口，是喝奶茶、拌炒米的最佳选择。

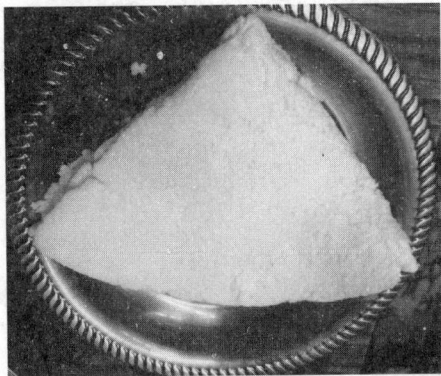

图 3-5　奶皮子(刘春玲摄)

　　黄油：被称为"奶食之上品"，也称奶油，蒙古语"协日陶斯"。黄油可以从奶皮子里提取，可以从白油中提取，也可以从鲜奶凝结出的油皮中提取。蒙古族是世界上最早加工食用黄油的民族。其制作方法是：鲜奶发酵凝固成老豆腐状后，用勺子撇去凝结在表层的奶脂，存放于器皿中，储存一定量后，在器皿中用木棒类的物品向着一个方向搅动，直至呈现出颗粒状油块，此为白油，再将白油放入锅中用微火熬制，待油脂呈淡黄色便可分离出黄油。提炼黄油后锅底残留的颗粒状物被称作"楚其格伊"，微带酸甜味道，可现吃或拌炒米吃。黄油一般主要用作调味品，营养丰富，但含脂量很高，所以不要过量食用。

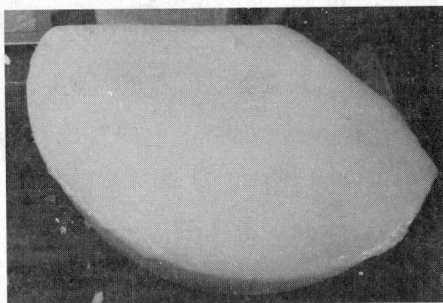

图 3-6　黄油(刘春玲摄)

　　奶豆腐：蒙古语称"胡乳达"，是蒙古族牧民家中常见的奶食品，一般是用牛奶、羊奶、马奶等经凝固、发酵而成，因形状类似普通豆腐而得名。奶豆腐味道独特，有的微酸，有的微甜，乳香浓郁，牧民常泡在奶茶中食用，或出远门当干粮，既解渴又充饥。奶豆腐还可以做成拔丝奶豆腐，是宴席上的一道风味名菜。奶豆腐可谓牛奶的精华，营养丰富，味道鲜美，其蛋白质含量高达 70.84％，富含氨基酸及其他有益身体的微量元素，是营养丰富、提高免疫力、美容养颜的佳品。奶豆腐一般的做法是：将放置两三天(夏季为一两天)的脱脂酸奶中的凝结部分，放入锅中用微火熬，并不时搅拌，待呈黏稠状时，用勺头不停地揉搓挤压，使其更筋道后盛于模具中，晾干即可。

图 3-7　奶豆腐(刘春玲摄)

(十)羊肉、烤全羊、诈马宴

在内蒙古,肉食又被称为"红食"。所谓的"红食"是指牛羊肉等加工制作的各种食品,蒙古语称为"乌兰伊德"。常见的"红食"有手把肉、火锅、烤全羊、烤羊腿、全羊席、肉肠、血肠、烤羊排、羊肉饼等。

手把肉

手把肉,蒙古语为"布呼利"。做"手把肉"多选用草原牧场上生长的两龄羊,采用传统的"掏心法"宰杀。因为这种方法宰杀的羊,由于心脏骤然收缩,全身血管扩张,肉质最为鲜嫩。宰杀后,把羊带骨分解成若干小块(不要头蹄和内脏)放在清水锅里,不加盐等任何调味佐料,用旺火煮,待水滚沸,肉无血丝,立即出锅上桌,蘸少许芝麻盐,用手拿着或用蒙古刀剔着吃,其肉鲜嫩,原汁原味,易于消化。为适合大多数游客的口味,现在很多地方的"手把肉",一般煮好后都要进行二次加工,将大块再分解成小块,再辅以盐面、米醋、花椒、八角、味精、辣椒油、姜丝、葱段等调味佐料,进行特殊烹制后再食用,其鲜嫩不变,但味道更加独特。

烤全羊

烤全羊是内蒙古非常著名的地方特色菜肴,是蒙古族的一种传统风味肉制品。烤全羊,色、香、味、形俱全,别有风味,承载着蒙古民族古老的历史和文化内涵。因此,到内蒙古吃烤全羊,我们不仅享受的是美食,更是在感受一种文化。

据资料证实,12世纪时期的蒙古族人"掘地为坎以燎肉"。到了13世纪,肉食方法和饮膳都已有了极大的改进。《朴通事·柳羔羊》中对烤羊肉做了较详细的记载:"元代有柳羔羊,于地做炉三尺,周围以火烧,令全通赤,用铁箅盛羊,上用柳子盖覆上封,以熟为度。"不但制作过程复杂讲究,而且还用了专门的烤炉。至清代,各地蒙古王府几乎都以烤全羊宴招待上宾。

关于烤全羊,还有一段传说。很久以前,一户牧民家的院子里突然起了火,火势凶猛,很快就烈焰冲天,把院子里的东西都烧光了。这时宅院的主人匆匆赶回家,只见一片废墟,惊得目瞪口呆。忽然一阵香味扑鼻而来,主人循着香味找去,发现原来是从一只烧焦的羊羔身上发出来的。主人看那小羊烤得皮开肉绽,红扑扑的，就随口尝了尝，顿感味道十分好。院子烧掉了，他很伤心，但他却为发现了吃烤羊肉的新方法而感到欣慰。

内蒙古的烤全羊有一整套特殊的烤制方法。烤羊要选择膘肥体壮的 3 岁羯羊做原料。什么是羯羊呢？就是在出生的时候被牧人阉割过的羊。屠宰时必须采用蒙古族特有的杀羊方法"掏心法"。用这种方法杀死的羊，血会集在胸腔里，倒出来用来灌血肠、做血豆腐，一点都不浪费，肉也会格外可口。

羊宰杀后，去蹄及内脏，用精面粉、盐水、鸡蛋、姜黄、胡椒粉和孜然粉等调成糊状，均匀地抹在羊的全身，再用钉有铁钉的木棍，从头穿到尾，放在特制的烤坑里（或烤炉里），盖严坑口，并要不断地翻动观察，约 1 小时即成。全羊烤成后即放置餐车上，并在羊头上系上红彩绸，打成花结，羊嘴放置香菜或芹菜，餐车备有小刀，服务人员推着餐车围绕餐桌转动，恭请客人启刀食肉。之后，会有改刀服务人员在客人面前将羊改刀，按不同部位分割成小块，以方便客人食用。一般在 2～5 分钟内，改刀服务人员就会把烤全羊呈现在客人面前的餐桌上。烤全羊外表金黄油亮，肉焦黄发脆，内部肉绵软鲜嫩，羊肉味清香扑鼻，颇为适口，别有风味。在整个食用过程中，还有一整套礼仪程序，有专人主持，还会伴随着蒙古族文艺演出。客人一边享受美食，一边感受蒙古族歌舞的魅力，聆听马头琴的悠扬，美食美酒在口中，长调呼麦在耳边，酒不醉人人自醉。

图 3-8　烤全羊（刘乐摄）

诈马宴

诈马宴，起源于 700 多年前，是元朝时期的内廷大宴，被誉为"蒙古族的第一宴"，是蒙古族的满汉全席。诈马，蒙古语意为"去除毛发的家畜"，是一种分食整羊整牛的传统名词。据罗布桑却丹《蒙古风俗录》中记载，蒙古食谱中最为贵重的膳食是整牛、整羊宴席，蒙古族统称"诈马宴"。这种席面是蒙古庆典中较为隆重的宴席。根据《历史上蒙古族的诈马宴》一文记述，诈马宴是古代蒙古民族最为隆重的宫廷宴会，是融宴饮、歌舞、游戏和竞技于一体的娱乐形式。

诈马宴又称"质孙宴"。"质孙"是蒙古语"颜色"的音译。因为诈马宴是众多宴会中最为盛大的一种，赴宴者必须穿戴质孙服，故称质孙宴。这种大宴展示出蒙古王公重武备、重衣饰、重宴筵的习俗，场面盛大，欢宴三日，不醉不休。赴宴者穿的质孙服每年都由工匠专制，皇帝还常给大臣赏赐，得到者觉得莫大光荣。有时在宴席上也商议军国大事。元世祖忽必烈每年来到元上都时都会大摆宴席，招待自己的族亲、子孙、王公大臣们。

诈马宴是元朝宫廷最高规格的食飨，宗旨是纵情娱乐，增强最高统治集团的凝聚力。它有适宜的地点、固定的场所，对赴宴者的身份、服饰均有严格的规定。周伯琦《近光集》对诈马宴也有记载："国家之制，乘舆北幸上京，岁以六月吉日，命宿卫大臣及近侍，服所赐只（质）孙珠翠金宝衣冠腰带，盛饰名马，清晨自城外名持采杖，列队驰入禁中，于是上盛服御临观，乃大张宴为乐。惟宗王、戚里、宿卫大臣前列行酒，馀各以所职叙坐合饮，诸坊奏大乐，陈百戏，如是诸凡三日而罢。其佩服日一易；太宜用羊二千，马三匹，他费称是，名之曰只（质）孙宴。只（质）孙，华言一色衣也，俗呼为诈马宴。"

"至高苍天之上，统领万物众生，光辉普照瞻洲，恩赐十方百官千职。圣哉！可汗创建的诸颜们之宴，崇福二岁不毛全羊诈马宴，呈祥瑞举献矣！"这是一首诈马宴的赞词，从中我们可以看出蒙古族诈马宴的规模。2015 年，在第二届中国（西安）餐饮供应链展览会上，蒙古族传统宴席——诈马宴荣获中国名宴奖。

诈马宴曾失传多年，近年来，蒙古族餐饮研究者依据史书记载，基本复原了这一古代蒙古民族最为隆重的宫廷宴会。一般来说，诈马宴的菜分 6 大道：第一道叫天赐乳香，主要是奶制品；第二道叫那颜朝会，吃的是羊腿肉；第三道叫可汗赐福，指的是烤全牛；第四道叫蒙古八珍，用草原上生长的绿色无污染的草原蘑菇、沙葱、枸杞、黄花、山野菜等原料制作而成；第五道叫塞外三宝，主要是黄金炸糕、莜面饺饺等；第六道是盛宴惜别，喝黄金茶。按照元朝宫廷大宴的传统习惯，赴宴者要在外厅更换质孙服，即衣冠颜色完全一致的蒙古族服饰。身着华丽质孙服的宾客们依次落座后，由德高望重者宣读成吉思汗的法令，由此拉开宴会的帷幕。与传统诈马宴比较，现代诈马宴有了很大改进。现代诈马宴在烹制方法上融入了很

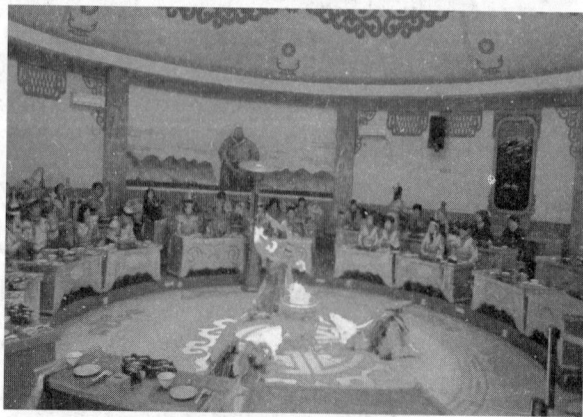

图 3-9　诈马宴（刘乐摄）

多现代因素。如史书记载，烤全牛是将剥过皮的全牛放入烤窑里，烘烤两天两夜才能出窑。而今天的烤全牛用烤箱烘烤 8 小时就能上桌。现代诈马宴的时间也由史书上记载的三日缩短为两小时。现代诈马宴也是一场蒙古族原生态音乐的盛宴。宴会上演唱《天马吟》《牧马歌》等从元代流传下来的音乐，表演优美的宫廷舞蹈。

2004 年，内蒙古饭店历时一年，广泛收集、整理有关资料，结合现代人的饮食习惯及营养搭配，对昔日的宫廷历史名宴——诈马宴进行了科学合理的研发。他们遍请蒙古学专家、考古学专家、民俗学专家，经过多方论证和深度挖掘，让失传了几百年的菜品和物品重新焕发了青春。内蒙古饭店推出的诈马宴共有三种形式。第一种叫作至尊诈马，适合 25 人的高档宴会，此种宴会以蒙古宫廷的分桌餐式，席间配有蒙古歌舞以及烤全羊。第二种叫金帐诈马，适合 50～150 人的大型商务宴会，此宴会以分餐就食，席间配有大型歌舞、游戏、娱乐等活动，并且配有金顶全牛。第三种叫吉祥诈马，适合 100～300 人的大型旅游团队和会议，此宴会以自助形式就食，席间配有歌舞表演、互动游戏活动，并且配有金顶全牛。诈马宴共分七个部分：一是金帐迎宾。重点表现的是主人迎客的隆重礼仪。二是千官质孙。按照蒙古宫廷大宴的传统习惯，赴宴者要在外厅更换质孙服，以示尊贵。三是诸王入宴。来宾入场，届时将推出金顶全牛开宴仪式，展现 800 年草原饮食文化的精髓，追忆那似水流年的历史情愫。四是祈福求祥。金杯斟酒带给远方客人最深切的祝福。五是御膳珍肴。古老的蒙古八珍上席。六是可汗赐福。草原上有盛宴后分享美食的习俗，在客人即将离去的时候，将功勋羊腿让客人带走，以此寓意把欢乐与祝福分享给更多的亲人和朋友。七是盛宴惜别。主人送别客人时，敬献上马酒，老额吉扬鲜奶祈福平安，请远方的客人喝一杯承载草原人民无限深情祝福的蒙古黄金茶。

(十一)马奶酒

奶酒，蒙语称"阿日里"，是蒙古族接待上宾的必备佳酿。据专家考证，奶酒起源于春秋时期，自汉代开始便有"马逐水草，人仰潼酪"的文字记载，极盛于元，流行于北方少数民族已有两千多年，是历史十分悠久的传统佳酿。敬献哈达和奶酒，是蒙古族给贵客的最高礼仪。因此，奶酒一直承担着游牧民族礼仪用酒的角色。

每年七八月牛肥马壮，是牧民酿制马奶酒的季节。勤劳的蒙古族妇女将马奶收贮于皮囊中，加以搅拌，数日后便乳脂分离，发酵成酒。① 现代马奶酒以纯鲜奶为原料，辅以活性菌群，经长时间发酵、窖存精制而成。随着科学的发达，蒙古族酿制马奶酒的工艺日益精湛、完善，不仅有简单的发酵法，还出现了酿制烈性奶酒的蒸馏法，六蒸六酿后的奶酒方为上品。

马奶酒性温，营养丰富，具有驱寒、健胃、舒筋、活血、解热、止渴的功效。因此，马奶酒也被称为元玉浆，是"蒙古八珍"之一，曾为元朝宫廷和蒙古贵族府第

---

① 马奶酒是鲜马奶经发酵制成，不需蒸馏。

的主要饮料。忽必烈还常把它盛在珍贵的金碗里，犒赏有功之臣。草原鲜奶杂质少，不含植物纤维，用其酿出的奶酒所含甲醇、异丁醇、异戊醇成分极低；铅、汞等重金属含量极低，不到国家标准的十分之一。

（十二）山珍野菜

内蒙古地域广阔，地貌独特，草原、山地、森林面积广大，日照充足，这为山珍野菜的生长提供了优越的条件。内蒙古的山珍野菜种类多，营养价值高，无污染、纯绿色，名扬海内外。下面简单介绍几种。

猴头蘑：蘑菇的一种，盛产于大兴安岭林区，长在柞树干上，素有"山珍之首为猴头"的说法，具有助消化、治疗消化道疾病和抗癌的药理作用。

发菜：俗称地毛，黑色，形如头发。发菜是名贵副食品，营养丰富，其蛋白质含量高于鸡蛋。发菜其味甘性凉，有利尿、化痰、解毒、除热等作用。内蒙古的发菜主要产于乌兰察布市北部、锡林郭勒盟中西部草原。

口蘑：历史上锡林郭勒大草原的蘑菇都经张家口加工出售，遂称为口蘑。口蘑分为白蘑、香蘑、青腿蘑、鸡爪蘑、黑蘑等，尤以白蘑为上品，味道奇香、肉质厚嫩、营养价值最高，有"素中之荤"的美称，有强身滋补作用。口蘑的主要产地在锡林郭勒盟的东乌珠穆沁旗、西乌珠穆沁旗和阿巴嘎旗以及呼伦贝尔市、通辽市等草原地区。

蕨菜：又称龙头菜、野鸡膀子等。蕨菜营养丰富，含胡萝卜素和多种维生素。干鲜蕨菜有祛暴热、利尿、解毒等作用。内蒙古的蕨菜主要产区在赤峰市、兴安盟等地，年产量约 200 吨。当地采摘期一般在 6 月。

野山杏：是内蒙古大宗出口商品。甜杏仁可直接食用，苦杏仁提出苦味素后可食用。杏仁有安神、润肺等功效，可加工成各种杏仁产品和杏仁露。内蒙古野山杏主要产于呼伦贝尔市、兴安盟、通辽市、赤峰市等地。

榛子：是榛树的籽实，为球形坚果，是国内外市场上畅销的名贵干果。榛子果仁酥香可口，营养丰富，深受人们喜爱。果仁不但可以制作糕点、糖果等食品，还可以制作榛子乳和榛子粉等营养品。内蒙古的榛子主要产于呼伦贝尔市、兴安盟和赤峰市的次生灌木林带中。

黑木耳：黑木耳是一种味道鲜美、营养丰富的食用菌，含有蛋白质、脂肪、碳水化合物及维生素等多种营养成分，被称为"素中之荤"，可益气强身、活血、止痛。黑木耳是低等植物中的一种好气性腐殖真菌，主要生长在腐烂的柞、榆、槐、桦等树上。内蒙古的黑木耳主要产于呼伦贝尔市林区和赤峰市等地。

附　录

全国导游人员资格考试科目五(内蒙古考区)训练题库①

| 知识链接 地方导游基础 知识测试题库 | 知识链接 "导游规范"能力 测试题库 | 知识链接 导游"应变能力" 测试题库 |

① 试题题库由刘春玲、苏鹏飞编写。

参考文献

[1]生延超，范保宁．导游理论与实务[M]．北京：中国旅游出版社，2007.

[2]汪亚明．导游词编撰实务：2版[M]．北京：旅游教育出版社，2016.

[3]马志洋．内蒙古实用导游词精选[M]．北京：中国旅游出版社，2007.

[4]马志洋．中国导游十万个为什么：内蒙古[M]．北京：中国旅游出版社，2006.

[5]马志洋．草原大漠内蒙古[M]．北京：中国旅游出版社，2015.

[6]陈永志．锡林郭勒文化遗产[M]．北京：文物出版社，2014.

[7]内蒙古自治区旅游局．内蒙古景区景点选介与讲解示例[Z]，内部资料，2007.

[8]李雯，杨智勇．内蒙古景区景点导游词精选[M]．北京：中国旅游出版社，2015.

[9]鄂尔多斯市旅游局．鄂尔多斯美：旅游景区导游词精选[M]．鄂尔多斯：鄂尔多斯市旅游局，2016.

[10]陈永志．通辽文化遗产[M]．北京：文物出版社，2014.

[11]特·官布扎布，阿斯钢．蒙古秘史[M]．北京：新华出版社，2006.

[12]内蒙古全国导游资格考试统编教材专家编写组．内蒙古全国导游资格考试统编教材：内蒙古现场导游考试指南及讲解范例[M]．北京：中国旅游出版社，2017.

[13]晴帆．自助游：内蒙古[M]．北京：中国大百科全书出版社，2003.

[14]郭雨桥．蒙古通[M]．赤峰：内蒙古科学技术出版社，2007.

[15]北方新报报社．魅力草原：第1～4辑[M]．呼和浩特：内蒙古人民出版社，2011.

[16]赵广华，内蒙古自治区旅游局．内蒙古精品旅游线路[M]．呼和浩特：远方出版社，2005.

[17]内蒙古旅游局．内蒙古导游基础知识[M]．呼和浩特：内蒙古人民出版社，1990.

［18］五当召文丛编委会．话说五当召［M］．呼和浩特：远方出版社，2015.

［19］包头市旅游局．导游包头：草原休闲之都［M］．北京：中国旅游出版社，2006.

［20］内蒙古师范大学旅游发展研究中心．内蒙古导游知识［M］．呼和浩特：内蒙古人民出版社，2001.

［21］盖山林，盖志浩．内蒙古岩画的文化解读［M］．北京：北京图书馆出版社，2002.

［22］林占德．呼伦贝尔考古［M］．香港：香港天马出版社，2001.

［23］唐荣尧．文字背后的美丽：巴彦淖尔旅游系列读本［M］．巴彦淖尔：巴彦淖尔市旅游局，2014.

［24］哈尔滨地图出版社．内蒙古自治区旅游交通地图册［M］．哈尔滨：哈尔滨地图出版社，2011.

［25］林斡．中国古代北方民族通史［M］．厦门：鹭江出版社，2003.

［26］布仁图．内蒙古历史文化［M］．呼和浩特：内蒙古大学出版社，2010.

［27］拉施特．史集［M］．于大钧，周建奇，译．北京：商务印书馆，1986.

［28］乌兰．关于成吉思汗"手握凝血"出生说［J］．中央民族大学学报（哲学社会科学版），2007(6).